LES INDIENS
D'AMÉRIQUE DU NORD

LES INDIENS D'AMÉRIQUE DU NORD

COLIN F. TAYLOR
WILLIAM C. STURTEVANT

SOLAR

Titre original de cet ouvrage :
THE NATIVE AMERICANS
The Indigenous people of North America

Traduction-adaptation :
Jean-Michel Frémont et Philippe Sabathé

Supervision :
Anne Vitart

ISBN : 2-263-01914-6
N° d'éditeur : 2007
Dépôt légal : septembre 1992

Photographies couleur : Don Eiler (© Salamander Books Ltd)
Illustrations couleur : Lois Sloan
Jeffrey Burn (© Salamander Books Ltd)
Cartes : Janos Marffy (© Salamander Books Ltd)
Photocomposition : Nord Compo, Villeneuve-d'Ascq
Imprimé en Italie

CONSEILLER TECHNIQUE

William C. Sturtevant est conservateur du département d'anthropologie et d'ethnologie d'Amérique du Nord du National Museum of Natural History, Smithsonian Institution, Washington, et rédacteur en chef de *Handbook of North American Indians*. En sa qualité de conseiller technique, William C. Sturtevant a pris en charge la sélection et la description des objets présentés dans les tableaux de la vie quotidienne, ainsi que la rédaction des textes de présentation de chaque tribu et groupe ethnique étudiés. Pour les illustrations réalisées par Lois Sloan, il a également effectué la sélection des personnages devant être représentés, dont il a fourni toute la documentation connue, ainsi que les informations sur leurs tenues vestimentaires, leurs ornements, les objets qu'ils utilisent et la nature de leurs occupations. Il a en outre rédigé les légendes des illustrations. Cette étroite collaboration avec l'artiste garantit l'exactitude et la fidélité des documents présentés dans l'ouvrage. William C. Sturtevant a également apporté sa contribution au choix des photographies provenant des National Anthropological Archives et d'autres organismes.

REMERCIEMENTS

Objets quotidiens

Cet ouvrage n'aurait pu voir le jour sans la collaboration des membres de l'American Museum of Natural History, New York, et de la Smithsonian Institution, Washington, qui ont mis leurs exceptionnelles collections iconographiques à la disposition de l'éditeur. A New York : Dr Stanley Freed, Laila Williamson, Anibal Rodriguez, Dr Lisa Whittall, Amy Rudnick. A Washington : Linda Eisenhart, Margaret Waddell, Dr Sturtevant. Nos remerciements également à Sally McLendon pour sa collaboration technique.

Illustrations

L'éditeur tient à remercier les National Anthropological Archives (Paula Richardson Fleming), Washington, et l'Office of Printing and Photographic Services (Jim Wallace, Joyce Goulait, Alan Hart, Nicholas Parella).

Toutes les photographies en noir et blanc, à l'exception de celles mentionnées dans la liste ci-dessous, sont publiées avec l'autorisation de la Smithsonian Institution.
Joslyn Art Museum, Omaha, Nebraska : pages 1, 3, 15, 33 (gauche), 66 (haut gauche et droite), 76, 94 (haut), 237 (haut), 249 (haut). Toutes les aquarelles sont de Karl Bodmer.

L'illustration de la page de titre représente Mató-Tópe (Four Bears), un chef mandan.
Stark Museum of Art, Orange, Texas : pages 102 (haut), 176 (haut), 180, 192, 236 (peintures et aquarelles de Paul Kane).
Pitt Rivers Museum, Oxford : pages 63, 225, 231 (haut).
Royal Ontario Museum, Toronto, Canada : pages 102 (bas), 103, 240 (bas).
Bancroft Library, Université de Californie, Berkeley : page 130 (haut).
Peter Palmquist : page 136.
Mendocino City Historical Society, collection Robert J. Lee : page 130 (bas).
American Museum of Natural History, département bibliothèque : pages 188 (bas) et 189 (photos de P. E. Goddard), 193, 196, 205 (photos de H. D. Chichester), 220 (haut) (photo de V. Stefansson), 221 (bas) (photo de George Comer).
The Anchorage Museum of History and Art : pages 206, 207 (haut), 210 (haut gauche et droite). Toutes les aquarelles sont de Louis Choris.
Lois Sloan ; pages 26, 40, 51, 84, 117, 125, 144, 149, 174, 198, 211, 230, 238.

La plupart des vêtements et des équipements figurant dans les illustrations de Jeffrey Burn (pages 77, 95, 112-113, 165, 170, 197), ainsi que sur celle de la jaquette, sont basés sur des détails de la collection C. F. Taylor, Hastings, Angleterre.

L'éditeur remercie également, pour leur contribution : Colin et Betty Taylor, Valérie Chaussonnet, Nigel Duffield et Mark Holt, ainsi que le Federal Writer's Project, pour son autorisation de publier la citation de la page 128, extraite de *California : A Guide to the Golden State*.

SOMMAIRE

AVANT-PROPOS

Il y a 100 000 ans, la Terre subit le stade ultime de l'ère glaciaire : d'immenses plaques de glace recouvrirent la majeure partie de l'Amérique du Nord, et le niveau de la mer s'abaissa au point de laisser émerger des couloirs de terre. Au cours de cette période, l'homme de Néanderthal commença à utiliser le feu pour se chauffer et cuire ses aliments. L'*Homo sapiens sapiens* apparut il y a environ 35 000 ans : chasseur habile, fabriquant des outils sophistiqués, il était doué de grandes capacités intellectuelles. Bien que de constitution physique moins robuste que celle de l'homme de Néanderthal, il était mieux adapté aux variations des conditions climatiques. Les familles vivaient dans des habitations solides et enterraient leurs morts avec un cérémonial funéraire. L'*Homo sapiens sapiens* se développa d'abord en Afrique, en Asie et au Proche-Orient, où il finit par prendre la place de l'homme de Néanderthal. Plusieurs millénaires plus tard, il faisait son apparition en Australie et en Sibérie. Tandis que l'Europe était soumise à la glaciation, le nord de l'Asie connaissait un climat froid et sec, dépourvu de glaciers.

La date de l'arrivée de l'homme en Amérique reste un sujet de controverse, bien que les vestiges archéologiques laissent supposer qu'elle remonte à moins de 14 000 ans. On sait que l'*Homo sapiens sapiens* (l'humain actuel) fut le premier à peupler les Amériques, à la fin de la période glaciaire. Pour vivre dans ces régions, il fallait disposer d'un certain niveau de technologie — vêtements chauds, abris, conservation de la nourriture, moyens de locomotion pour se déplacer sur la neige et sur la banquise — et avoir un mode de vie itinérant.

Les géologues s'accordent sur le fait que, durant deux longues périodes, il y a 75 000-45 000 et 25 000-14 000 ans, le détroit de Béring fut praticable, et que c'est par ce passage que les premiers Américains seraient venus de Sibérie. Des études ont démontré la survivance, de nos jours, de traditions culturelles et linguistiques identiques des deux côtés du détroit de Béring, de même que certaines similitudes des faunes et des flores.

Pendant plusieurs milliers d'années, le centre de la mer de Béring fut occupé par des terres émergées. Cette région froide, battue de vents violents et recouverte de neige, était probablement dépourvue d'arbres, mais offrait une végétation et des herbages suffisant à la survie des mammifères de la fin de la période glaciaire (mammouth, bison, cheval sauvage et caribou). L'étude de pollens fossiles laisse à penser que cette végétation pouvait être celle de steppes ou de toundras parcourues par des rennes. Ainsi la terre de Béring a-t-elle pu constituer un refuge pour les animaux et les hommes, dans les périodes de la fin de la glaciation, ces derniers suivant le déplacement des premiers lorsque les conditions climatiques changèrent.

Aux alentours de cette région, il y a 11 000 ans, les hommes s'étaient adaptés à des environnements variés : mer, toundra, vallées et montagnes. C'est ainsi que différents groupes culturels, au cours de la période glaciaire, peuplaient le Nord-Est asiatique, chacun développant son mode de vie en fonction de son environnement. Selon certains spécialistes, seuls de grands chasseurs auraient traversé le détroit de Béring, à la poursuite des gros gibiers, vers le sud de l'Amérique, avant d'évoluer en fonction de la géologie, du climat et des ressources disponibles.

Le niveau des mers remonta il y a approximativement 14 000 ans, et, il y a 9 000 ans, le pont de terre avait disparu. On admet aujourd'hui que les Indiens d'Amérique venaient de Sibérie.

Des sites paléo-arctiques ont révélé, près du Yukon et en Alaska, une présence post-glaciaire, datée d'environ 11 000 à 12 000 ans. On y a découvert des outils (racloirs, microlames) semblables à ceux qui ont été retrouvés près du lac Baïkal, en Sibérie. Les occupants de ces sites habitaient dans des sortes de tentes et vivaient de la chasse, de la pêche et de la cueillette.

Les crânes d'Indiens mis au jour sous de grands tumulus ont été comparés avec ceux des Indiens et des Mongols actuels. On a alors prétendu qu'il s'agissait des mêmes populations et que les premiers Américains étaient d'origine asiatique. Les biologistes ont également pu établir une relation entre la denture des populations du nord de la Chine et celles d'Amérique du Nord. Il semblerait qu'il y ait eu une première vague d'émigration de chasseurs-cueilleurs, qui évoluèrent en se distin-

Cette carte présente les territoires des tribus et des groupes linguistiques tels qu'ils existaient en 1850 pour la plupart des régions – un peu plus tôt en ce qui concerne l'Alaska et la côte du Labrador, et un peu plus tard pour le sud de l'Alaska et le Groenland. Par la suite, de nombreux groupes perdirent leur territoire, certains disparaissant totalement. Les couleurs correspondent aux neuf zones culturelles.

CI-DESSUS *Séminole – « L'Inconquis » – du Sud-Est. Tribu muskogéenne, les Séminoles se séparèrent des Creeks du Nord et se mêlèrent, avant 1600, au reste des Indiens originaires de Floride, qui constituaient plus de vingt-cinq tribus séparées.*

CI-DESSUS *Personnage du Sud-Ouest, de la tribu des Quechans (ou Yumas), qui s'était établie de chaque côté du fleuve Colorado, dans le sud-ouest de l'Arizona et l'est de la Californie. Leur langue, le yuma, appartenait à la famille hoka.*

CI-DESSUS *Guerrier cheyenne des Plaines. Le Cheyenne appartenait à la famille linguistique algonquine. Ce peuple émigra du Minnesota vers 1750 et finit par s'établir dans les Plaines du centre, formant une tribu nomade typique.*

guant culturellement. Deux autres vagues suivirent, qui donnèrent naissance aux Athapascans et aux Aléoutes.

Selon Christy Turner (1984), spécialiste de la denture des hommes de la préhistoire, la première pénétration en Alaska par des Asiatiques remonterait à environ 14 000 ans. Quelques milliers d'années plus tard seraient apparus, en deux vagues venues de Sibérie, les ancêtres des actuels Athapascans et des peuples de la côte Nord-Ouest, et ceux des Aléoutes.

Divers types de recherches ont permis de classer les peuples américains en trois groupes distincts de pré-Européens : les Paléo-Indiens (Pueblos, Pimas et Pais), les hommes de langue athapascane (Apaches et Navajos) et les Esquimaux-Aléoutes. Ces derniers, comme les Athapascans, ne pénétrèrent pas profondément dans le continent : les Indiens d'Amérique centrale et du Sud étaient des Paléo-Indiens (Fagan, 1987). Ces trois populations venaient toutes du nord-est de la Sibérie, mais il existait trois groupes linguistiques : l'amérindien (la plupart des langues d'Amérique du Nord et toutes celles de l'Amérique du Sud faisaient partie de la même famille amérindienne) ; le na-déné et l'esquimau-aléoute. Pour certains spécialistes, chacun de ces trois groupes correspondrait à trois vagues de migration : le groupe amérindien serait arrivé il y a plus de 11 000 ans, le nadéné voilà environ 9 000 ans et l'esquimau-aléoute il y a à peu près 4 000 ans.

Il existe une plus grande diversité linguistique dans l'extrême Nord-Ouest – région présentant des environnements très contrastés – que dans le Nord-Est, dont la déglaciation est plus récente. On suppose que l'aléoute, le na-déné et l'algonquin se diffusèrent des environs de la zone glaciaire vers les territoires non gelés. Les deux migrations suivantes limitèrent leurs établissements aux côtes Nord et Nord-Ouest, sans pénétrer plus avant.

La période séparant cette première arrivée de l'homme, il y a environ 14 000 ans, et celle de l'homme de Clovis, voilà près de 11 500 ans, est un sujet très controversé entre archéologues. On dispose néanmoins d'une datation assez précise, et admise, sur les outils des sites « Clovis ».

Les arrivants suivants s'établirent dans les sites qui soulèvent aujourd'hui le plus de polémiques.

Il a pu exister, dès le début de la période postglaciaire, il y a 14 000 à 13 000 ans, à l'ouest des États-Unis, des peuplements en provenance des régions côtières et intérieures, comme semblent l'indiquer les fragments de roches façonnés par l'homme que l'on a retrouvés. En Californie, sur l'île de Santa Rosa, il y eut des campements temporaires où des chasseurs dépeçaient des mammouths et s'installaient durant quelques jours au cours de leur migration saisonnière. Ce site est daté de façon certaine de 7 500 ans, et on a même prétendu qu'il existait des sites plus anciens encore. L'homme d'avant Clovis a pu occuper des sites du lac China, en Californie, mais la stratigra-

À GAUCHE *L'Amérique il y a 11 500 ans. Sur cette carte, on voit les déplacements des Paléo-Indiens à travers l'Amérique du Nord et du Sud. Les premiers Amérindiens arrivèrent de Sibérie par le détroit de Béring ; on a démontré la survivance de traditions linguistiques et culturelles communes de part et d'autre du détroit.*

Calotte de glace, 9 500 ans avant J.-C. Zone peuplée ultérieurement par les premiers Athapascans et Esquimaux-Aléoutes

Passage emprunté par les Paléo-Indiens au cours de la première vague de migration.

Route de la migration à travers l'Amérique au cours du Ier millénaire.

phie est remise en cause. D'autres régions des hautes plaines du Colorado et au Texas ont peut-être été investies par l'homme d'avant Clovis, mais nombre d'arguments contredisent cette hypothèse.

A l'est des États-Unis, Meadowcroft Rockshelter, à Cross Creek, sur la rivière Ohio, fut un des premiers sites occupés de l'Amérique du Nord, où l'on a retrouvé 45 espèces de mammifères, 68 d'oiseaux et 30 000 fragments végétaux. A cet endroit, l'environnement fut stable pendant 11 000 ans, et l'on a la certitude que cet abri rocheux fut utilisé 10 000 ans avant J.-C. et jusqu'au XIIIe siècle, les archéologues pensant que cette occupation est plus ancienne encore.

La région du sud de la Floride était plus fraîche et plus sèche qu'aujourd'hui ; les sites paléo-indiens semi-enterrés sont désormais submergés par la mer, mais datent sans doute de 11 500 ans. Leurs occupants y logeaient pendant de courtes périodes, pour la chasse, et ont peut-être exploité de vastes territoires grâce à l'outillage de l'homme d'avant Clovis.

Bien que cela dépasse le cadre de cet ouvrage, il est également intéressant de signaler les traces archéologiques de la présence de l'homme en Amérique du Sud et centrale. Selon l'archéologue MacNeish (1986), elle remonterait, au Mexique, à 20 000 ans, bien que les vestiges les plus probants ne datent que de 11 000 ans, période où l'on trouve trace de groupes de chasseurs utilisant des pointes de Clovis, au sud du rio Grande. En Amérique du Sud, des sites très anciens sont datés de 14 000 ans, tels que la grotte de Pikimachay, au Pérou, mais ils sont largement controversés. Au Brésil, de remarquables abris rocheux décorés de peintures ont été découverts, la plupart datant de 7 600 à 8 000 ans.

On discute encore l'authenticité d'objets façonnés par l'homme des Amériques il y a plus de 14 000 ans. Les spécialistes avancent que ces « premiers » objets sont intrusifs, que ces accumulations sont naturelles, que l'association entre os de mammouth et éclats de pierre est bien mince, ou que ce matériel est trop ancien pour être daté au carbone 14. Il est cependant admis que, voilà 12 000 ans, les Paléo-Indiens s'installèrent en Amérique du Sud, apportant du Nord leur technologie.

L'homme de Clovis était un chasseur, qui suivait la route migratoire des plus grands mammifères. Il campait à proximité des cours d'eau où venait boire le gros gibier et, l'hiver, se réfugiait dans des grottes. Il cueillait des fruits et baies sauvages, afin de varier son alimentation. Les petits mammifères faisaient également partie de son menu, comme l'indique la diversité des ossements que l'on a retrouvés dans ses campements. C'était un tailleur de pierre et un artisan de grand talent, qui produisait d'admirables pointes bifaces translucides cannelées, connues sous le nom de pointes de Clovis.

Population des territoires intermédiaires : Umatillas et Palus *du plateau de la Columbia. De tels groupes furent profondément influencés par les tribus des* Plaines, *après ce que l'on a appelé la* « Révolution *équestre », qui se produisit vers* 1750.

Ces Paléo-Indiens arrivèrent il y a environ 11 500 ans et, en quelques siècles, se déployèrent sur toutes les côtes du nord de l'Amérique, avant de descendre jusqu'au Mexique. Dans les Plaines, des objets de pierre de la culture de Clovis ont été mis au jour à côté des restes de grands mammifères disparus de la période glaciaire.

Alors qu'il est généralement admis que l'homme de Clovis migra du nord vers le sud à la fonte des glaciers, le problème, pour les archéologues, est de retracer ses origines. Le mystère réside en grande partie dans ses splendides outils de pierre, dont on ne connaît pas d'équivalent. Certains scientifiques pensent que la pointe de Clovis se serait développée dans les Plaines et non dans l'Arctique (les pointes retrouvées en Alaska sont différentes). Des pointes de Clovis ont été découvertes dans les provinces canadiennes, dans tous les États-Unis, dans les Plaines, en Amérique du Nord, au Mexique et en Amérique du Sud.

L'homme de Clovis, chasseur de gros gibier, s'épanouit dans les Plaines durant près de 500 ans, puis, il y a environ 11 000 ans, disparut brutalement. Il fut remplacé par une multitude de populations de chasseurs-cueilleurs. Plusieurs hypothèses ont été avancées pour expliquer sa disparition. On a suggéré un changement de cli-

mat, qui aurait réduit la quantité d'eau disponible. Les animaux se seraient alors regroupés autour des dernières sources, offrant ainsi des proies faciles, abattues sans discernement.

Paul Martin, quant à lui, a affirmé (1974) que les premiers Américains se trouvèrent en présence d'un environnement extrêmement favorable, où d'importants troupeaux de mammouths et d'autres mammifères ne manifestaient aucune méfiance à l'égard des chasseurs. En conséquence, la population humaine connut une grande expansion, qui entraîna une diminution de ces groupes d'animaux à la reproduction lente. La raréfaction du gros gibier aurait alors obligé les hommes à migrer à travers l'Amérique, et à la totale disparition de ce gros gibier aurait succédé un effondrement de la population humaine. Martin a développé une projection par informatique qui suggère que les Paléo-Indiens seraient arrivés au Panama voilà 10 930 ans, et en Terre de Feu il y a environ 10 500 ans. Il a estimé que le peuplement de tout le continent au sud des terres gelées aurait demandé près de 1 000 ans.

Après l'extinction du mammouth, le chasseur s'attaqua au bison, que les successeurs de

CI-DESSUS *Portrait d'une femme yurok du nord de la Californie. C'était une région aux contrastes marqués, avec, peut-être, la plus forte densité de population de toute l'Amérique du Nord, et au moins six groupes linguistiques distincts.*

CI-DESSUS *Habitants de la côte Nord-Ouest : femmes de la tribu des Tillamooks (nord-ouest de l'Oregon). Au début du XIXe siècle, c'était une importante tribu de 2 200 individus, parlant le salish, répartis dans huit villages. Vers 1850, ils n'étaient plus que 300.*

CI-DESSOUS *Images vivantes du passé : des Utes de la région du Grand Bassin. C'était la nation la plus septentrionale de la culture du Grand Bassin, restée inchangée et isolée pendant des décennies, disposant de peu de rivières débouchant sur la mer.*

l'homme de Clovis devaient harceler, dans les Plaines, durant les 10 000 années qui allaient suivre. Il y a environ 10 500 ans, le bison représentait l'espèce dominante, et tous les sites archéologiques de la région conservent des traces de sa présence. Il doit sa survie à son adaptation aux plaines herbeuses de la période post-glaciaire.

Dans le Colorado, les restes de ce mammifère sont particulièrement nombreux. Le seul site d'Olsen-Chubbock révèle 152 carcasses au fond d'un cañon où les bisons furent précipités il y a 8 500 ans. De telles chasses collectives étaient peut-être organisées de façon saisonnière, mais elles atteignirent leur plus haut niveau lorsque l'arc et la flèche firent leur apparition dans les Plaines, en l'an 500. En 1547, l'introduction du cheval par les Espagnols fut le prélude d'une mutation dramatique : les troupeaux de bisons, victimes d'une chasse plus efficace, diminuèrent considérablement, les populations nomades augmentèrent et exigèrent davantage de produits agricoles de la part des populations sédentaires. Des tensions apparurent, et les attaques se multiplièrent. Au cours du XIXe siècle, les Européens, armés de fusils-mousquets, contribuèrent largement à la décimation des troupeaux de bisons. Depuis le début du siècle, beaucoup d'efforts ont été faits pour sauver cette espèce, qui ont porté leurs fruits : si tous les endroits traditionnels ne sont pas encore repeuplés, des troupeaux paissent dans les Plaines.

Dans le Grand Nord, l'environnement ne pouvait accueillir qu'une population réduite, et contrainte à une migration saisonnière. Les premiers arrivants parlaient le na-déné. C'étaient des chasseurs-cueilleurs des forêts, qui se répandirent vers le sud, l'ouest et l'intérieur, où ils furent connus plus tard sous le nom d'Athapascans. Une autre branche se dirigea vers le sud et donna naissance aux actuels Navajos et Apaches. Les Esquimaux-Aléoutes arrivèrent après les Paléo-Indiens, avant la disparition du pont de terre (bien que certains soutiennent qu'ils seraient venus par la mer).

Les Esquimaux se répartirent sur des milliers de kilomètres et se détachèrent probablement des Aléoutes il y a environ 4 000 ans. Les liens se relâchèrent, chaque groupe ayant dû s'adapter à des environnements variés. Les Esquimaux chassaient dans des kayaks de peau et se déplaçaient en traîneaux à chiens ; ils se déployèrent du détroit de Béring jusqu'au Groenland, entre le Xe et le XIe siècle. Leurs ancêtres chassaient le caribou et le bœuf musqué sur terre, le morse et la baleine en mer. Leurs habitations étaient à demi enterrées dans le sol, pour lutter contre l'hiver arctique, et s'ouvraient par des trappes qui les protégeaient du froid. Les Aléoutes, excellents navigateurs, étaient des pêcheurs et des chasseurs maritimes, qui traquaient le phoque, l'otarie et la loutre.

Des chasseurs-cueilleurs venus d'Alaska, distincts des Esquimaux-Aléoutes, constituèrent la première vague de peuplement des régions côtières du Nord-Ouest. Le climat et le niveau de la mer s'y stabilisèrent il y a 5 000 ans, favorisant une abondance de nourriture d'origine marine et l'éclosion de sociétés de chasseurs-collecteurs plus élaborées, qui accordaient une importance vitale à la richesse et au statut social. Des individus s'attribuèrent le pouvoir, puis commencèrent à régler la vie rituelle et à contrôler les biens.

Les gens vivaient dans des villages, à l'intérieur de vastes demeures en bois, et utilisaient des canoës pour se déplacer entre des campements aussi anciens que ceux des îles de la Reine-Charlotte. Un autre site côtier fut mis au jour à Ozette, dans l'État de Washington, où un glissement de terrain ensevelit un village de baleiniers, il y a 500 ans, la boue ayant permis la conservation des habitations et des objets usuels. On y a retrouvé des paniers, des filets, des hameçons et des métiers à tisser à l'intérieur de bâtisses en bois de cèdre, compartimentées en petites chambres.

A l'arrivée des Européens, les Amérindiens occupaient tout le continent, aussi bien les forêts tropicales que les déserts, les plaines et les régions arctiques. Dans les régions désertiques et forestières, les premiers occupants avaient constitué des bandes disséminées, vivant dans des campements saisonniers, bien qu'une intensification de l'activité de collecte, il y a 9 000 à 4 500 ans, ait vu ces populations revenir régulièrement sur les mêmes lieux. La culture du maïs s'est développée voilà 1 500 ans : le cycle des semailles et des moissons réduisit la mobilité de la population, exigea de plus grands moyens de stockage et favorisa le développement des échanges.

Les Esquimaux-Aléoutes s'étaient établis dans le centre du Canada arctique, au cours des XIIe et XIIIe siècles, période durant laquelle le climat s'était réchauffé. Les Scandinaves firent du commerce dans cette région à partir du XIe siècle et se maintinrent jusqu'à l'arrivée d'une nouvelle vague d'Occidentaux, au XVIe siècle.

Dans les forêts de l'Est, il y a 4 000 ans, les agriculteurs développèrent un culte funéraire : la culture adena commença à édifier des tertres et des enceintes cérémonielles. Les tertres funéraires hopewells, plus élaborés, furent à l'origine d'une riche tradition artistique. La culture mississip-

A GAUCHE *Ahtnas de la Copper River Valley, Alaska. Comme nombre de tribus subarctiques, ces Indiens parlaient l'athapascan et menaient une vie semi-nomade ; chasseurs de petit gibier, leur principale source de nourriture provenait de la pêche.*

CI-DESSOUS *Un ancien habit chippewa (ojibwa), du Nord-Est, porté par le fils d'un chef mississauga. Typique de cette région, il est fait de peau de daim ornée de perles et de piquants de porc-épic.*

pienne apparut vers l'an 700, constituée de cultivateurs autant que de chasseurs-cueilleurs — le seul site de Cahdsia comptait 10 000 individus —, et les vallées étaient dirigées par des chefs de clans. A cette époque, la civilisation mexicaine construisait des villages fortifiés avec des tumulus, des temples et des places.

Sur les régions côtières du Pacifique, la plupart des sociétés vivaient de chasse et de cueillette, jusqu'à l'arrivée des Européens. Au XVIIe siècle, dans la région du Mississippi, les Cherokees s'étaient établis au nord, dans une centaine de villages d'environ 60 000 individus. En Californie, les Indiens vivaient de la terre et de la mer, et leurs grands villages, qui jouissaient de ressources importantes et étaient dirigés par de puissants chefs, favorisaient la croissance de la population.

Il y a quelque 2 000 ans, en Arizona, la culture hohokam inaugura une technique d'agriculture réglée sur le rythme des pluies, et des terrasses, canaux et digues furent édifiés pour optimiser l'irrigation. Vers l'an 900, les Anasazis (ancêtres des Hopis, des Zunis et autres Indiens Pueblos) étaient des agriculteurs vivant dans des habitations à chambres multiples, au Nouveau-Mexique.

L'archéologie contemporaine tend à diviser l'Amérique du Nord en neuf groupes culturels, définis en fonction de considérations géographiques, les premières populations ayant dû adapter leurs compétences à leur environnement. On a adopté la même répartition pour cet ouvrage : le Sud-Est, le Sud-Ouest, les Plaines, le Plateau et le Grand Bassin, la Californie, la côte Nord-Ouest, la région subarctique, l'Arctique et le Nord-Est.

L'arrivée des Européens changea irrémédiablement les conditions de vie des populations indigènes. Vikings, Anglais, Français et Espagnols explorèrent les côtes de l'Amérique et s'y établirent. Colons, missionnaires et explorateurs essaimèrent dans de nombreuses régions, où ils diffusèrent les maladies. En outre, ils contraignirent les Indiens à renoncer, petit à petit, à leurs traditions.

Après la Seconde Guerre mondiale, toutefois, la situation a commencé à évoluer, avec la prise de conscience de la nature multiculturelle de la société humaine. L'intérêt général pour les différents groupes ethniques de ces régions s'est accru, et le marché de l'art et de l'artisanat a largement bénéficié de cet engouement.

Les Amérindiens d'aujourd'hui sont reconnus dans le monde entier, et plus que jamais les objets et l'importance de leur fonction dans la société indienne sont appréciés à leur juste valeur.

Un groupe plein de ressources : des Esquimaux de la région du détroit de Béring. Les Esquimaux actuels se nomment eux-mêmes Inuit, ou « Humains », le terme « Esquimau » dérivant du mot algonquin qui signifie « mangeurs de viande crue ». Ils partagent avec les autres habitants de cette vaste région une grande variété de moyens de subsistance, essentiellement à base de caribou et de mammifères marins. Cette population a connu une rapide mutation : en 1982, la plupart des jeunes avaient suivi des cours professionnels et techniques dans les meilleures écoles de la région.

« Mon peuple est dispersé, parti ; si je crie, j'entends ma voix dans les profondeurs de la forêt, mais aucune voix ne me répond : tout est silence autour de moi. »

COLONEL COBB, DES CHOCTAWS

LE SUD-EST

Au XIXe siècle et dans la première moitié du XXe, les cultures indiennes de la région du Sud-Est étaient l'aboutissement d'une longue période marquée par les changements, les ruptures et la destruction (on peut presque parler de génocide, même si cette destruction ne fut pas exclusivement le résultat d'une politique gouvernementale). En effet, l'arrivée des Européens, au début du XVIe siècle, altéra gravement un développement culturel de plusieurs millénaires. On ne sait pas grand-chose sur la façon dont vivaient les peuples indiens à cette époque, les premiers observateurs ayant laissé peu d'écrits et l'archéologie ne répondant pas encore à toutes les questions importantes. Les traditions ne nous aident pas plus, car, sur une période de quatre siècles, et dans une société ayant connu des mutations sociales et culturelles très rapides, les détails d'un mode de vie ancestral ne pouvaient être préservés par la seule transmission orale. Toutefois, l'étendue du désastre culturel et biologique constaté chez les Indiens du Sud-Est a récemment été mise en relief par les progrès de l'archéologie, renforcés par les bribes d'information fournies par les rares témoignages des premiers Européens.

Il s'agissait d'une région favorisée par la nature, située dans la partie la plus chaude du nord de la

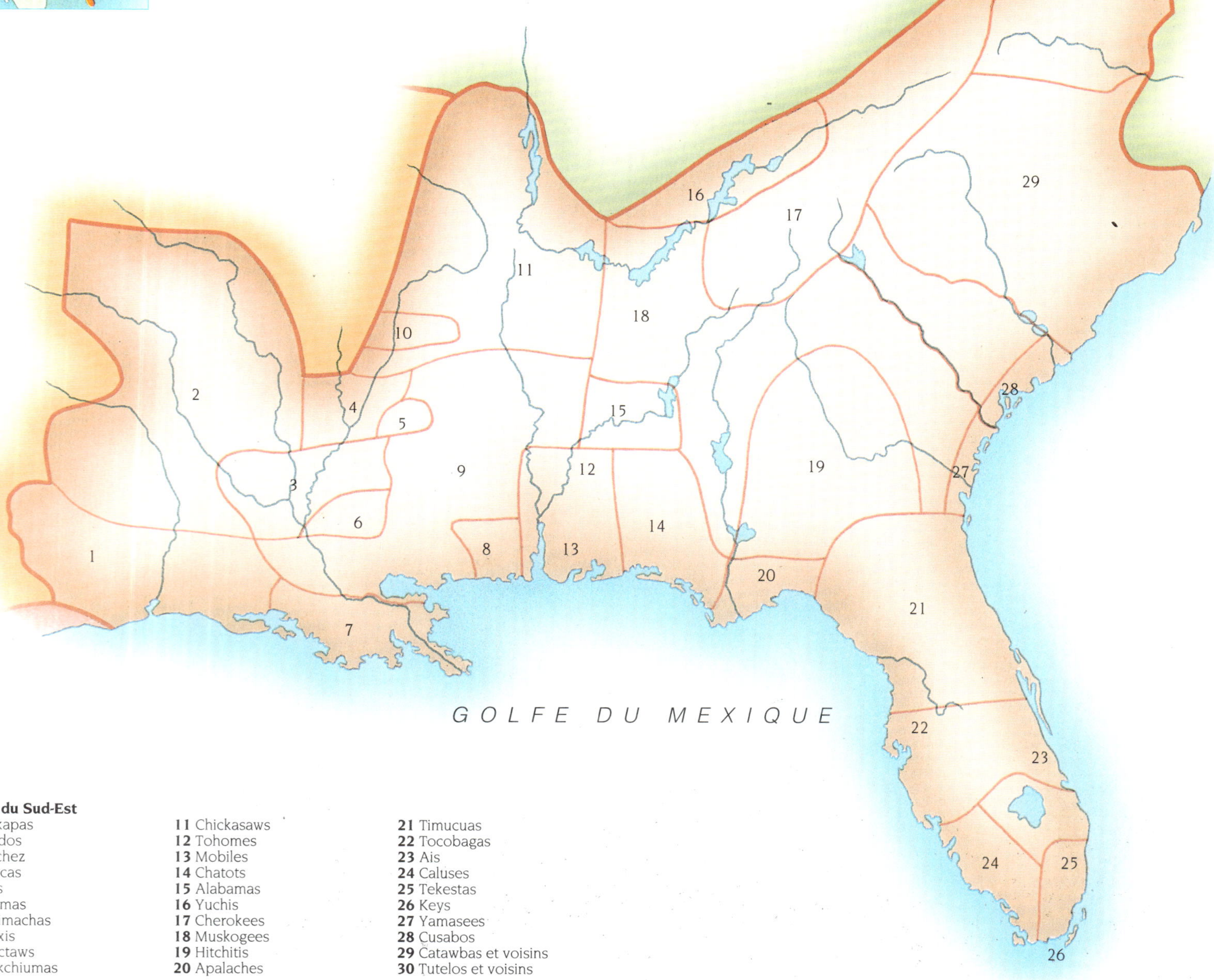

Tribus du Sud-Est

1 Atakapas
2 Caddos
3 Natchez
4 Tunicas
5 Ofos
6 Houmas
7 Chitimachas
8 Biloxis
9 Choctaws
10 Chakchiumas
11 Chickasaws
12 Tohomes
13 Mobiles
14 Chatots
15 Alabamas
16 Yuchis
17 Cherokees
18 Muskogees
19 Hitchitis
20 Apalaches
21 Timucuas
22 Tocobagas
23 Ais
24 Caluses
25 Tekestas
26 Keys
27 Yamasees
28 Cusabos
29 Catawbas et voisins
30 Tutelos et voisins

zone tempérée, le sud de la Floride étant, en réalité, de climat subtropical. Elle était essentiellement constituée des vastes plaines bordant l'Atlantique et le golfe du Mexique, où les méandres des rivières ont déposé leurs alluvions fertiles. Les vallées abritaient de nombreux bras morts et d'immenses marais où poussaient joncs et cyprès. Les rives des cours d'eau permettaient d'exploiter des champs dont la fertilité se renouvelait grâce au limon déposé par les crues saisonnières. Le poisson et le gibier d'eau étaient abondants, surtout dans les bras morts des rivières. Ainsi certains environnements, comme le cours du bas Mississippi, fournissaient-ils au moins la moitié des protéines nécessaires à l'alimentation des Indiens. La nourriture d'origine animale provenait également du daim, du raton laveur et d'autres mammifères. Les fruits sauvages et les baies constituaient aussi une importante ressource. La culture des céréales, des haricots, de la courge et du tournesol apportait la principale source de nourriture, excepté dans le sud de la Floride où, du moins sur la côte Sud-Ouest, les poissons et les crustacés étaient si abondants que les Caluses avaient pu développer une société sédentaire d'une complexité que seules atteignent habituellement celles fondées sur l'agriculture.

A GAUCHE *Cette carte montre les territoires des tribus et groupes tribaux vers 1600 pour la Floride et la côte atlantique, et vers 1700 pour les autres régions. Par la suite, ceux-ci perdirent leurs territoires ; beaucoup disparurent et d'autres se déplacèrent vers l'ouest.*

CI-DESSUS Ben P. Harris, *membre important de la tribu des Catawbas, vers 1899, dans la tenue traditionnelle des rites de médecine : coiffe en plumes de dindon (non catawba), veste et pantalon à franges, gilet de perles dans le style des Plaines, arc et flèches.*

L'extrémité nord-est de cette région offrait un environnement différent : le flanc sud des Appalaches, qui n'en était pas moins favorable. Plus étroites, ses vallées étaient tout aussi fertiles, et les rivières poissonneuses. Le cycle économique était réglé sur ceux des cultures et de la pêche, à la bonne saison, et de la chasse au cerf en hiver.

Quelle différence avec le paysage d'aujourd'hui ! Les forêts et les jonchaies n'existent plus, nombreux sont les marais asséchés et les rivières endiguées, et le limon est gravement appauvri et érodé à cause d'une exploitation commerciale excessive – de l'indigotier dans un premier temps, puis du tabac, du coton et enfin, du maïs. Les pigeons migrateurs ont disparu, et, depuis le début du XIXe siècle, le nombre des autres oiseaux, ainsi que des poissons et des animaux sauvages, a considérablement diminué.

La dégradation des conditions de vie des Indiens avait toutefois commencé avant celle de l'environnement. Cela débuta par une importante dépopulation due à l'introduction de maladies européennes telles que la variole, contre lesquelles les Indiens manquaient de défenses immunitaires. Dans de nombreuses communautés, la moitié, voire plus, des habitants mouraient en l'espace de quelques semaines. C'est à peine si l'on ose imaginer les conséquences de ce désastre, au niveau social et psychologique en général, et sur ceux qui détenaient les connaissances et les traditions en particulier. Par la suite, lorsqu'une certaine immunité fut acquise, les communautés indiennes furent davantage bouleversées par les

TRIBUS DU SUD-EST

Ais. Petite tribu de la côte est du sud de la Floride. Peut-être au nombre de 1 000 en 1650, ils disparurent vers 1720. Ils ne pratiquaient pas l'agriculture, vivant essentiellement de la pêche. On ne sait rien de précis au sujet de leur langue.
Alabamas. Leur langue, appartenant à la famille muskogéenne, est très proche du koasati, tous deux étant peut-être des dialectes d'une langue commune. Les Alabamas étaient moins de 1 000 en 1704 ; ils se dispersèrent après 1763, certains se joignant aux Séminoles et aux Creeks, la plupart émigrant au Texas avec les Koasatis. Vers 1910, il ne restait plus qu'environ 300 Alabamas, en plus de ceux qui avaient intégré les Creeks.
Apalaches. Leur langue était apparentée au muskogéen. A l'époque de l'occupation espagnole, leur population atteignait environ 5 000 individus, en 1676. Ils furent anéantis au cours du XVIIIe siècle par les assauts des Anglais et des Creeks. De rares survivants se joignirent aux Creeks.
Atakapas. Au nombre d'un millier au début du XVIIIe siècle, ils avaient disparu en 1900. Leur langue ne présentait aucune relation évidente avec un autre groupe.
Biloxis. Comptant quelque 1 000 individus en 1650, leur langue appartenait à la famille sioux. A la fin du XIXe siècle, on n'en trouvait que de rares survivants, en Louisiane, dans l'Oklahoma et dans l'est du Texas.
Caddos. Cette appellation rassemble plusieurs tribus, la plupart groupées dans trois confédérations, toutes parlant le caddo, branche septentrionale de la famille caddoéenne, dont les autres langues étaient parlées dans les Plaines. La population caddo a pu s'élever à 8 000 individus en 1700 ; vers 1910, il n'en restait plus que 550, en Oklahoma.
Caluses. Chefferie non agricole du sud de la Floride, d'une population d'environ 10 000 individus vers 1560. En 1750, il n'en restait aucun. Par manque d'informations sur leur langue, on ignore tout de ses affiliations.
Catawbas. Cette tribu du piémont de la Caroline du Sud résulte de la réunion, aux XVIIe et XVIIIe siècles, de plusieurs petites tribus. Ils parlaient sûrement différentes langues, mais seul le catawba, de la famille sioux, a survécu jusqu'au XXe siècle.
Chakchiumas. Petite tribu, désormais disparue, parlant probablement une langue muskogéenne (peut-être l'actuel choctaw).
Chatots. Autre petite tribu, parlant peut-être aussi une langue muskogéenne, chassée par les Creeks vers Mobile et la Louisiane. Ils se sont probablement mélangés aux Choctaws dans le Territoire Indien (Oklahoma).
Cherokees. La plus importante des tribus du Sud-Est, du XVIIIe siècle à nos jours, parlant une langue issue de l'iroquois. Certains se sont maintenus dans leur patrie des Appalaches, dans l'ouest de la Caroline du Nord, mais la plupart vivent aujourd'hui en Oklahoma.
Chickasaws. Ils étaient près de 8 000 en 1650. Ils ont été déplacés en Oklahoma, où ils vivent à présent. Leur langue est une variété de choctaw.
Chitimachas. Au nombre de 4 000 en 1700, il en restait moins de 100 en 1930. Leur langue n'offre aucune similitude avec d'autres.
Choctaws. Parlant une langue muskogéenne, ils étaient environ 15 000 en 1650. On en dénombrait 18 000 en 1930, la plupart en Oklahoma, mais certains dans le Mississippi et en Louisiane, leur patrie d'origine.
Creeks. Nom anglais désignant la Confédération centrée autour des Muskogees, et comprenant les Hitchitis et quelques autres.
Cusabos. Petite tribu d'environ 535 individus en 1715, désormais disparue, dont on ignore tout de la langue.
Hitchitis. Parlant une langue muskogéenne, il s'agissait de quelque sept grandes villes incorporées à la Confédération creek.
Houmas. Petite tribu de la Louisiane, estimée entre 600 et 700 individus en 1700, et à peu près autant en 1930. Leur langue, aujourd'hui disparue, appartenait peut-être à la famille muskogéenne.
Keys. Les habitants des Keys de Floride semblent avoir été politiquement indépendants de leurs voisins. Il ne nous reste rien de leur langage. Ils ont disparu vers la fin de la Floride espagnole, en 1763.
Koasatis. Tribu muskogéenne d'environ 250 personnes en 1750 ; ils étaient encore une centaine en 1910, au Texas et dans une ville de l'Oklahoma, parmi les Creeks. Leur langue est très proche de celle des Alabamas, peut-être la même.
Lumbees. Aujourd'hui une des plus grandes tribus du Sud-Est, avec 30 000 individus en 1970, les Lumbees descendent des Cheraws et autres voisins des Catawbas, ainsi que des réfugiés blancs et noirs des régions de conquête européenne. A partir du XVIIIe siècle, aucune langue indienne ne s'était maintenue parmi eux.
Mikasukis. Environ deux tiers des Séminoles de Floride parlent le mikasuki (hitchiti), de même que beaucoup de Séminoles de l'Oklahoma, jadis.
Muskogees. La principale composante de la Confédération creek. Leur langue, de la famille muskogéenne, est également parlée par environ un tiers des Séminoles de Floride et par la plupart des Séminoles de l'Oklahoma.
Natchez. D'une population d'environ 4 500 individus en 1650, leurs survivants finirent par être amalgamés aux Creeks et aux Cherokees. Leur langue ne présente de parenté avec aucune autre.
Ofos. Parlant une langue de la famille sioux, ils furent chassés vers le sud de la rivière Ohio par l'expansion des Iroquois.
Séminoles. Cette tribu prit naissance au XVIIIe siècle, lorsque des colons de la Confédération creek émigrèrent en Floride. Les guerres séminoles des années 1830 et 1850 se soldèrent par la déportation de la majorité d'entre eux en Oklahoma, un petit nombre se maintenant dans le sud de la Floride.
Tekestas. Petite tribu non agricole habitant la région de Miami, dont l'extinction débuta à partir du XVIIIe siècle. Leur langue est totalement inconnue.
Timucuas. Vaste ensemble de tribus du nord de la Floride, rassemblant quelque 13 000 Indiens en 1650. Leur langue ne présente de parenté avec aucune autre. Les derniers Timucuas quittèrent la Floride lors du retrait des Espagnols, en 1763.
Tocobagas. Petite tribu, presque totalement inconnue, de la région de la baie de Tampa, en Floride.
Tohomes et **Mobiles.** Deux groupes qui, semble-t-il, parlaient une variété de choctaw.
Tunicas. Alors qu'on dénombrait près de 2 500 individus en 1650, il en survivait moins de 50 en 1910. Leur langue, bien étudiée, ne présente de parenté avec aucune autre.
Tutelos. Parlant une langue sioux, ils étaient près de 2 700 en 1600. Vers 1800, leurs descendants s'étaient joints aux Iroquois du Canada.
Yamasees. Parlant peut-être une langue muskogéenne, ils étaient environ 1 200 en 1715, mais durent fuir vers la Floride espagnole, d'où ils avaient disparu en 1763.
Yuchis. Établis à l'origine sur les hauteurs des Appalaches, ils étaient environ 1 500 en 1650, et seulement 200 en 1930, vivant parmi les Creeks, en Oklahoma. Leur langue n'est apparentée à aucune autre.

CI-DESSUS *Un camp caddo, situé probablement près de la rivière Washita, Oklahoma, vers 1869. Les Caddos occupaient des secteurs des actuels Arkansas et Louisiane. A gauche, une habitation traditionnelle, avec son toit recouvert de chaume ou d'écorce.*

effets complexes de l'intrusion européenne et euro-américaine : commerce, nouveaux types de guerres, esclavage, usurpation des sources de nourriture, des biens, puis des terres, nouvelles épidémies, pour en arriver à l'actuel remplacement des Indiens par les peuples d'origine européenne et africaine.

Si l'on connaît bien la culture des Indiens du Sud-Est pour les 100 à 150 dernières années, leur mode de vie avant l'arrivée des Blancs, au milieu du XVIe siècle, garde, en revanche, tout son secret. Les premières bonnes descriptions de ces Indiens datent de la fin du XVIIIe siècle et du début du XIXe, époque à laquelle se produisirent d'importantes mutations et restructurations des sociétés. Quant aux témoignages les plus minutieux, aux collections muséographiques représentatives et aux séries de photographies dont l'intérêt est si précieux, ils n'ont vu le jour qu'un siècle plus tard, à la fin du XIXe et au début du XXe siècle, après que la majorité des Indiens survivants furent déportés dans des milieux naturels et culturels complètement différents, dans le Territoire Indien, à l'ouest du Mississippi (actuel Oklahoma).

Le tableau de la page précédente mentionne toutes les tribus indiquées sur la carte de la page 12, ainsi que celles apparaissant dans le texte et les légendes.

On ne sait rien, donc, des premiers contacts entre les Européens et les Indiens du Sud-Est. La première expédition relatée est celle de Ponce de Leon, qui accosta en Floride, probablement en territoire caluse, en 1513. L'hostilité dont les Indiens firent preuve à son égard le convainquit qu'ils avaient gardé un mauvais souvenir d'une précédente expérience avec les Blancs. D'autres brefs contacts suivirent, en Floride et le long de la côte atlantique, dont il ne reste que de maigres témoignages, mais dont on peut penser qu'ils eurent de graves conséquences pour les populations autochtones : des maladies dont l'apparition coïncidait avec la venue des Européens firent comprendre à beaucoup d'Indiens combien ces étrangers pouvaient être dangereux. Puis il y eut, en 1539-1543, la longue expédition de Hernando de Soto, qui débarqua dans la baie de Tampa avec quelque 700 hommes, 200 chevaux, un troupeau de cochons, et une énorme quantité d'armes et de provisions. Il se dirigea vers le nord, traversant les actuelles Géorgie et Caroline du Sud, jusqu'au Tennessee, puis redescendit en Alabama, remonta vers le nord, traversa le Mississippi, l'Arkansas, pour finalement revenir vers le sud, descendant le Mississippi jusqu'en Louisiane. Si cette aventure fut désastreuse pour de Soto et ses hommes, elle le fut davantage encore pour les Indiens qu'ils rencontrèrent : des centaines d'entre eux furent tués ou capturés, et beaucoup d'autres, sûrement plusieurs milliers, moururent des maladies introduites par les Blancs.

Les documents dont on dispose sur l'expédition de De Soto permettent de se faire une idée des sociétés indigènes du Sud-Est, mais ils sont malheureusement trop peu nombreux et imprécis. L'archéologie fournit plus d'informations, mais d'une nature différente, et il est difficile de faire coïncider les découvertes récentes avec les descriptions faiblement localisées des commentaires de De Soto. Ces dernières années, les scientifiques ont proposé des intégrations raisonnables de ces

CI-DESSOUS *Benjamin Paul, un chef chitimacha (tribu du delta du Mississippi, en Louisiane), vers 1910. Pour J.R. Swanton, qui l'a photografié ici dans sa maison, il fut la principale source d'informations sur la culture traditionnelle de son peuple.*

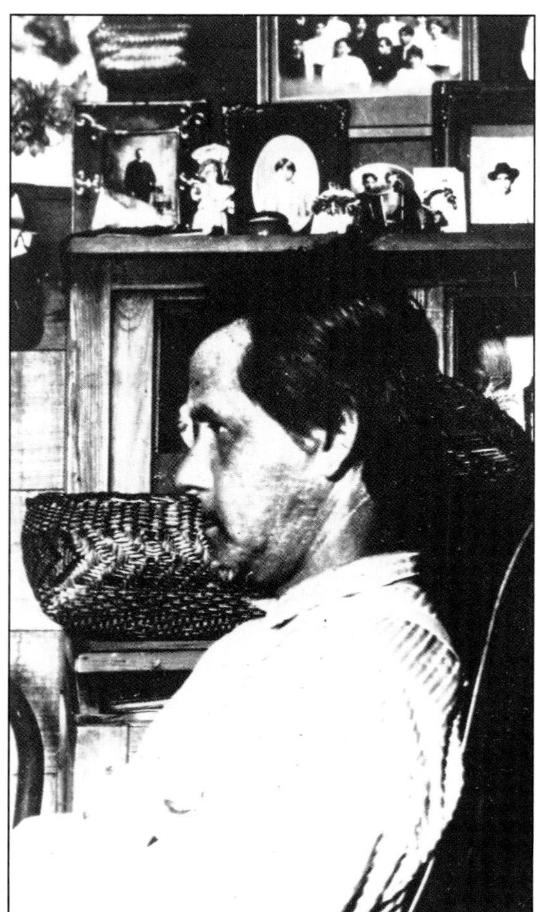

deux types de données, en observant des sociétés plus récentes du Sud-Est, et en effectuant des comparaisons avec des civilisations similaires d'autres continents.

Une reconstitution du Sud-Est autochtone à l'arrivée des Blancs montre un grand nombre de chefferies éparpillées à l'intérieur des terres et jusqu'aux différents endroits des côtes. C'étaient des sociétés complexes, chacune étant dotée d'une capitale possédant d'importants ouvrages de terre, sous forme de tumulus, sur lesquels s'élevaient des temples et des salles de conseil, parfois entourés de larges canaux, mais le plus souvent de palissades. Chaque chefferie comprenait généralement plusieurs petites villes satellites, avec seulement un ou deux tumulus. La plus grande capitale se situait à Cahokia, dans l'actuel Illinois, bien audelà du Sud-Est historique, une des principales conséquences des premiers contacts avec les Européens ayant été une réduction du territoire couvert par ces chefferies. L'apogée de Cahokia semble se situer vers l'an 1250 ; à partir de cette date, sa population commença à décliner. Avec une superficie de plus de 13 km² pour environ 10 000 habitants, c'était assurément, à l'époque, la

A DROITE *Johnnie, un Choctaw, visitant La Nouvelle-Orléans, par Karl Bodmer (1833). A cette époque, de nombreux Choctaws avaient été « déplacés », certains vivant en Louisiane et dans le Mississippi.*

CI-DESSOUS *Camp provisoire de Choctaws sur les rives du Mississippi, près de Natchez, par Karl Bodmer (1833). Ils cuisinent dans des récipients de métal aussi typiques que les paniers en vannerie.*

ville la plus importante au nord du Mexique et, donc, la plus grande communauté humaine de toute l'Amérique du Nord. Son tumulus central, constitué de quatre terrasses, haut de 30 mètres pour une surface à la base de 65 575 m² (215 mètres sur 305), était surmonté d'un édifice. Plus d'une centaine d'autres tumulus étaient regroupés autour des places ; à leur sommet, en général en plate-forme, s'élevaient des édifices publics et, peut-être, les résidences des dirigeants. On trouvait également des tumulus funéraires, de forme conique. Les 800 000 m² du centre de la ville étaient entourés d'une palissade constituée de poteaux disposés dans une profonde tranchée, et pourvue de tours et de portes.

Une autre chefferie avait sa capitale à Moundville, à environ 100 kilomètres de l'actuelle Birmingham, Alabama, en bordure nord-est de ce qui allait devenir le territoire des Muskogees (dont elle avait peut-être été la capitale ancestrale). Moundville couvre une superficie de 1,2 km² sur un promontoire au-dessus de la rivière Black Warrior. Là se dressent vingt tumulus, répartis sur deux côtés d'une place rectangulaire d'environ 72 000 m². De forme à peu près pyramidale, avec un toit plat, le plus grand d'entre eux mesure 18 mètres de haut. Des édifices s'élevaient à leur sommet, sans doute à la fois temples et résidences des dirigeants. Un mur séparait cette place d'une zone d'habitations, et l'ensemble était protégé par une palissade. Des personnalités de haut rang, probablement les dignitaires de la religion, étaient inhumées dans la moitié environ de ces tumulus. On enterrait souvent avec eux des enfants et des têtes d'hommes décapités. Une vingtaine de villages, la plupart

possédant un petit tumulus et situés dans la vallée, à quelques kilomètres au nord ou au sud de la capitale, étaient totalement contrôlés par Moundville. Celle-ci régnait en outre sur des centaines de hameaux. On a estimé que Moundville attirait la main-d'œuvre dans un rayon d'environ 70 kilomètres, et prélevait un lourd tribut, principalement sur les villages satellites qui se trouvaient dans ses proches environs.

Un autre site archéologique, plus modeste, témoigne d'une chefferie qui occupait le futur territoire cherokee ; peut-être était-elle subordonnée à un site plus important. Toqua, sur la Little Tennessee, présente deux tumulus à sommet plat : l'un de 7 mètres de haut, résultant de huit vagues de travaux d'agrandissement, l'autre, distant de 90 mètres, ne mesurant que 1,80 m et ayant été édifié en deux étapes. Tous les deux servaient de sépultures et étaient surmontés d'édifices. Le village, constitué d'une quarantaine d'habitations, s'étendait sur quelque 200 000 m^2.

La construction de sites d'une telle envergure a dû nécessiter une main-d'œuvre parfaitement organisée. Certains indices démontrent qu'il existait des sociétés hiérarchisées, chacune sous l'autorité d'un chef régnant sur une grande ville entourée de satellites et de villages, dirigés par des chefs subalternes. Le chef et ses parents, réputés descendre du Soleil, jouissaient d'un pouvoir et d'un prestige considérables. Entourés de serviteurs, ils étaient gratifiés de nombreux honneurs et tributs. Chaque chefferie, expansionniste, luttait contre ses voisines. Il y avait différentes classes à l'intérieur de la noblesse, tandis que la plus grande partie du peuple demeurait roturière. Chaque individu appartenait à l'un des différents clans, constitué à la fois de nobles et d'hommes du peuple. Ces clans étaient totémistes dans le sens où ils étaient tous associés à un esprit protecteur, généralement un animal, et où leurs membres étaient censés avoir le comportement et le caractère de cette figure totémique. Les clans étaient de lignée maternelle — l'appartenance au clan de la mère était acquise à la naissance — et exogames, le mariage à l'intérieur d'un même clan étant interdit. Toutefois, il ne s'agissait pas de groupes organisés, chaque clan étant disséminé à travers plusieurs villages, et ceux-ci, donc, habités par des membres de clans différents.

Si, dans l'ensemble, les membres d'un clan étaient égaux, il existait néanmoins une hiérarchie. Il y avait deux camps, ou moitiés, à l'intérieur d'un clan et dans un groupe social donné. Il semblerait même qu'une moitié pouvait être considérée comme supérieure à l'autre. Les privilèges des chefs étaient héréditaires, par lignée maternelle, de même que la plupart des fonctions des catégories sociales de rang inférieur, bien que certaines le fussent peut-être par lignée paternelle. Cependant, les nobles ne pouvaient épouser que des gens du peuple, et les enfants de chaque génération avaient un rang inférieur à celui de leur parent noble, devenant gens du peuple après quatre ou cinq générations.

Ces complexes structures politiques et sociales variaient certainement d'une chefferie à l'autre, et les quelques Européens lettrés qui furent en mesure de les observer eurent sûrement beaucoup de difficultés à les comprendre. Un des exemples les plus surprenants, qui fut assez minutieusement étudié par un missionnaire jésuite, vers 1560, est celui des Caluses du sud-ouest de la Floride. Là, le chef se différenciait du reste de la société par une exception au tabou de l'inceste : il devait épouser sa propre sœur (au grand dam du missionnaire). Cette coutume n'est connue que chez un petit nombre d'autres sociétés dans le monde, toutes présentant une importante hiérarchisation sociale et politique, et étant très attachées à la transmission dynastique du pouvoir. Le mariage entre frères et sœurs de sang royal est particulièrement en usage là où la noblesse est exogame et où les enfants ne peuvent hériter du titre de leur parent noble.

Un document français relatant la mort et les funérailles d'un chef natchez de haut rang donne un autre exemple de la stratification sociale typique du Sud-Est[1]. Chez les Natchez, il existait

Joe Silestine (Toshkachito), Choctaw de Bayou Lacombe, Louisiane, 1909, utilisant une sarbacane de bambou. La fléchette de bois, empennée avec du duvet de chardon, avait 8 mètres de portée.

CI-DESSUS *Jeu de balle chez les Choctaws, en 1925, près de Philadelphie. A l'extrême droite, David Jim. Sous sa forme choctaw, ce jeu d'équipe, qui a perdu beaucoup de sa violence, demeure très populaire.*

CI-DESSOUS *Haylaema, une femme choctaw de Louisiane, en 1909. Son solide panier en osier, tissé selon la technique du sergé, est maintenu par une courroie en peau de daim, passée autour de la poitrine.*

deux classes sociales : les nobles et les gens du peuple. La noblesse était divisée en trois groupes : les soleils, les nobles et les honorables. Exogames, ceux-ci ne pouvaient épouser que des gens du peuple. L'appartenance à une classe et à un rang nobles était acquise à la naissance, par la mère, à l'exception des fils de pères soleils ou nobles, qui appartenaient automatiquement au rang immédiatement inférieur. Bien qu'un rang fût généralement héréditaire, certains hommes du peuple et leurs épouses pouvaient accéder au rang d'honorables grâce à certains mérites. Le « roi », le chef du plus haut rang, était appelé le Grand Soleil, et il transmettait ses pouvoirs au fils de sa sœur. On peut imaginer quel prestige il avait et le respect qu'on lui témoignait. Les autorités civiles, militaires et, vraisemblablement, religieuses étaient également détenues par des soleils. A la mort d'un soleil, son ou ses épouses se sacrifiaient volontairement — on a pu parler de suicide —, afin d'accompagner le défunt dans l'autre monde.

En 1725 mourut un homme du nom de Serpent Piqué. C'était le chef de la guerre et l'un des frères préférés du Grand Soleil. Son décès fut immédiatement annoncé de village en village, et sa dépouille fut exposée sur une natte de bambou, dans sa demeure – probablement au sommet d'un petit tertre à proximité de la place – vêtue de ses plus beaux vêtements et le visage peint de vermillon. Ses armes furent attachées à son lit, et autour de lui furent disposés tous les calumets qu'il avait reçus au cours de sa carrière. On entassa ses effets personnels hors de sa résidence pour les ensevelir avec lui, tandis qu'un poteau peint en rouge, portant quarante-six cerceaux de bambou représentant le nombre d'ennemis qu'il avait abattus, était dressé.

Le premier jour, les proches du défunt jeûnèrent. Pour la plupart des Indiens du Sud-Est, c'était un moyen d'acquérir une force spirituelle. On prépara ceux qui devaient l'accompagner dans l'autre monde, au nombre de huit : les deux épouses de Serpent Piqué, cinq de ses serviteurs (dont un que les Français appelaient le « Premier Guerrier », ou « Chancelier » ; une noble, qui avait été son médecin et son amie privilégiée ; le serviteur principal du défunt et son épouse ; et, enfin, l'homme qui fabriquait ses armes), ainsi qu'une femme qui aurait été sacrifiée à la mort d'un soleil précédent si elle n'avait été l'otage des Français. Le Grand Soleil lui-même voulait se joindre à eux, mais les Français parvinrent à l'en dissuader. Un autre homme, qui avait échappé à un sacrifice antérieur, et que ses protecteurs français avaient abandonné, fut également amené, mais, comme il rechignait toujours à mourir, il fut rejeté par l'épouse principale de Serpent Piqué, qui l'estimait indigne de partir avec elle et ses compagnons pour l'autre monde. Celui-ci fut décrit aux Français comme un endroit où n'existaient ni la faim, ni la mort, ni la guerre, et où le climat était éternellement clément. Deux ou trois journées furent consacrées à des danses pour répéter les sacrifices prévus le quatrième jour suivant le décès. Enfin, ceux qui devaient mourir furent parés, on leur teignit les cheveux en rouge, et ils reçurent une grande conque. Chacun était accompagné par huit parents masculins aux coiffes de plumes rouges, qui portaient un objet rituel : un casse-tête, les nattes des victimes, la corde destinée à la strangulation, les bandelettes pour leur bander les yeux, un récipient en terre contenant six boulettes de tabac (ou quelque puissant narcotique) et, enfin, un cruchon

Yuchis

Depuis au moins le début du XVIIIe siècle, les Yuchis firent partie de la Confédération creek, et c'est avec les Creeks qu'ils furent déportés, en 1836, de leurs terres ancestrales de Géorgie vers le Territoire Indien, dans l'actuel Oklahoma. Leur longue association avec les Creeks a entraîné de nombreuses assimilations culturelles, bien qu'ils aient préservé une identité et, jusqu'au milieu du XXe siècle, une langue distincte.

En 1904 et 1905, l'ethnologue Frank G. Speck vit en eux des agriculteurs et des éleveurs de bétail, vivant dans des maisons largement dispersées sur trois zones d'occupation, bien que formant, politiquement, une ville unifiée à l'intérieur de la nation creek. La monographie consacrée à la culture yuchi publiée par Speck, en 1909, détaille de nombreux aspects de la vie de cette tribu, et en particulier de sa médecine et de ses rituels. Les objets présentés ci-dessous proviennent tous de l'étude menée par Speck.

1 Veste de chasse en coton vert à bordures d'indienne rouge.
2 Chemise d'homme en coton noir, décorée de bandes cousues « appliquées ».
3 Pagne d'homme en flanelle rouge bordé d'un tissu de coton bleu.
4 Jambières d'homme faites d'enveloppes de tissu grossier réunies par des rubans.
5 Griffoir : six aiguilles faites de hampes de plumes de dindon réunies par un cadre orné d'une pousse de serpentaire.
6 Tube de bambou avec lequel l'homme-médecine diffusait son pouvoir curatif en soufflant son remède.
7 Flûte à bec en bois de cèdre, qu'utilisaient les jeunes hommes faisant leur cour.
8 Baguette de danse ornée de plumes de héron, qu'utilisait le meneur de la Danse des Plumes au cours de la cérémonie du Maïs vert.
9 Plume de héron blanc, associée au printemps, que les hommes portaient sur leur coiffe lors de la Danse du Maïs vert.
10 Tissu pour le turban de l'homme-médecine.

11 Cordelette de la coiffe de l'homme-médecine.
12 Collier pour homme fait avec des perles.
13 Arc à corde de peau torsadée.
14 Flèches : une à pointe droite pour le petit gibier, une autre à pointe émoussée pour les oiseaux, la dernière à facettes pour les poissons.
15 Raquette pour le jeu de balle.
16 Pilon utilisé par l'homme-médecine pour la préparation de la « boisson noire » de la Danse du Maïs vert.
17 Poterie utilisée pour la cuisine.
18 Panier de vannerie avec bande décorative.
19 Panier de vannerie utilitaire.
20 Louche pour boire, façonnée dans une gourde.
21 Alène pour la couture et le travail de la vannerie.
22 Palette en bois pour remuer la nourriture en train de cuire.
23 « Croche » pour creuser le bois.
24 Robe de calicot pour jeune fille.
25 Tablier de femme.
26 Sac en tissu.
27 Pilon à grain que le père façonnait à la naissance d'une fille et qui devait en assurer la bonne croissance.
28 Chemise d'homme en coton rouge à revers bleus.
29 Chemise d'homme.
30 Ceinture de femme ; son dessin de perles et de tissus appliqués représente l'éclatement des nuées d'orage.
31 Paire de jarretières d'homme.
32 Écharpe d'homme en laine rouge tissée à la main.
33 Paire de jambières d'homme, en laine noire à lisières rouges.

CI-DESSUS *Les esplanades rectangulaires de la ville creek d'Asilanapi, Oklahoma,* 1912. *Au cours du busk, ou cérémonie du Maïs vert, le breuvage rituel est en cours de préparation près du feu central.*

d'eau ; suivaient les deux hommes chargés d'accomplir le sacrifice.

Ceux qui allaient mourir défilèrent, avec leur suite, de la demeure de Serpent Piqué jusqu'au temple dominant un des tumulus de la place en poussant des cris de mort. Le Grand Prêtre sortit alors du temple, porteur d'un message du Créateur. Les célébrants se séparèrent en deux groupes, chacun dirigé par une des deux épouses, qui prirent place sur leurs nattes en poussant de nouveau leurs cris de mort à l'unisson, avant de danser sur place, imitées par leurs compagnons, restés derrière elles. Cette danse fut reprise devant la demeure de Serpent Piqué, ainsi que la Danse de Guerre et d'autres encore.

Le deuxième jour fit l'objet de nouvelles danses ; cette fois, chaque futur sacrifié portait un casse-tête rouge et un faisceau de cordons rouges. Deux parentes de l'homme que l'épouse principale avait rejeté se portèrent volontaires pour mourir à sa place et furent donc étranglées, le libérant ainsi de toute obligation, en lui permettant d'accéder au rang de noble.

Le dernier jour fut consacré au jeûne et à l'inhalation de tabac, l'un et l'autre étant censés donner de la force. L'acte final eut lieu lorsque le maître de cérémonies, le torse peint en rouge, portant une coiffe de plumes rouges et un pagne de plumes rouges et noires, tenant un bâton rouge orné de plumes noires, pénétra dans la demeure de Serpent Piqué et poussa ses cris de mort, repris par la foule assemblée sur la place. Le corps du défunt fut sorti sur une litière portée par six hommes, précédés du maître de cérémonies et du plus ancien chef de guerre, portant un calumet et le poteau aux quarante-six cerceaux. La litière était suivie par ceux qui allaient mourir et par leurs serviteurs. Ces derniers, par leur acte, étaient promus du rang de gens du peuple à celui d'honorables, et seraient dégagés de l'obligation de mourir lorsqu'un autre soleil mourrait. Après avoir contourné la demeure, la procession forma lentement un cercle autour de la place. A chaque boucle, les participants marchaient sur le corps d'un enfant que ses parents avaient immolé, afin

A DROITE *George W. Stidham et sa famille,* 1869. *Stidham était un des leaders de l'aristocratie des Creeks sang-mêlé du Territoire Indien. Possesseur d'esclaves, il soutint la Confédération au cours de la guerre civile.*

de se délivrer de l'obligation d'être eux-mêmes sacrifiés à la mort d'un autre soleil et de pouvoir quitter leur statut de gens du peuple pour celui de nobles.

Lorsque la procession parvint au temple, les coffres contenant les biens de Serpent Piqué y furent introduits, afin d'y être ensevelis avec lui. Les futurs sacrifiés s'assirent sur leurs nattes, en demi-cercle, face au temple. Ils poussèrent leurs cris de mort, puis avalèrent leurs boulettes de tabac avec un peu d'eau. On leur banda les yeux, puis on leur passa une corde autour du cou. Les serviteurs assignés à cette tâche tirèrent fortement sur leurs extrémités, afin que la strangulation fût instantanée.

Un document rapporte que cinq autres personnes furent ensuite étranglées : la « nurse » de Serpent Piqué, un médecin d'une ville voisine et trois vieilles femmes.

Serpent Piqué et ses deux épouses furent ensevelis dans une fosse, à l'intérieur du temple. La femme-médecin noble et le « Chancelier » le furent sur le tertre, mais en dehors du temple. Les autres furent transportés sur des litières vers leurs villages respectifs, pour y être inhumés. Enfin, on mit le feu à la demeure de Serpent Piqué.

Il n'est guère surprenant que plusieurs observateurs français du XVIIIe siècle aient rendu compte avec force détails de ces cérémonies funéraires. S'ils ne disent pas grand-chose sur les croyances natchez qui les justifiaient et assuraient leur perpétuité, nul doute qu'il s'agissait d'une idéologie qui soutenait puissamment un système social très hiérarchisé. Quelques années plus tard, les Natchez attaquèrent les Français, qui ripostèrent et les anéantirent quasiment. Les survivants finirent par se joindre aux Creeks et aux Cherokees, et l'on ne sut pratiquement plus rien à leur sujet avant la fin du XIXe et le début du XXe siècle. Entre-temps, leur système social avait entièrement été remplacé par un modèle proche de celui des Creeks.

On peut raisonnablement penser que la base économique qui soutenait le système politique et social de cette importante population se rapprochait de la vie économique des Choctaws, observée à une période plus récente. On connaît les moyens de subsistance de ces derniers à la fin du XVIIIe siècle grâce aux informations collectées en 1823-1825 dans le Mississippi par Gideon Lincecum, qui s'initia auprès d'un médecin choctaw et transcrivit les récits traditionnels et historiques qu'il reçut d'un vieil homme nommé Chahta Imataha[2].

Au XVIIIe siècle, les Choctaws disposaient de moins de territoires que leurs voisins, et leur économie reposait sans doute davantage sur l'agriculture. Celle-ci était si florissante qu'ils pouvaient même exporter du maïs. Comme partout dans le Sud-Est, leur subsistance était fort différente suivant les saisons. Au milieu de l'hiver, on préparait la terre. Sur les nouveaux terrains, après une cérémonie de danses, on défrichait et on abattait les plus grands arbres. Les broussailles séchées étaient alors certainement brûlées, les cendres épandues sur le champ étant le seul engrais utilisé. Les semailles avaient lieu au printemps, après que l'on avait retourné la terre et fait des trous à l'aide d'un bâton à fouir, sorte de piquet en bois dont la pointe avait été acérée et durcie au feu. Les travaux de débroussaillage les plus durs étaient accomplis par les hommes, tandis que les autres tâches agricoles l'étaient par toute la communauté, enfants compris. Presque partout ailleurs dans le Sud-Est, après le débroussaillage, l'agriculture était l'affaire exclusive des femmes. Le maïs représentait la principale culture, suivie de celle des haricots et de la courge. Comme dans le reste de la région, on cultivait également le tournesol et le sureau des marais, mais en moindres proportions. A la fin du XVIIe siècle, les Choctaws y ajoutèrent les pois, la pastèque, la patate douce et les arbres fruitiers.

Il restait encore à protéger les moissons des petits mammifères et des corbeaux, mais la plupart des gens pouvaient ensuite se diriger vers les lacs et rivières, pour y pêcher le poisson et la tortue, ou cueillir des fruits et baies sauvages, tels que les kakis, les prunes, les noix, les châtaignes, les noix de pécan, les glands, les cerises, le raisin et les mûres. Les techniques de pêche étaient variées : dragages collectifs dans les eaux peu profondes ; utilisation d'un piège constitué d'une peau cousue autour d'un long tube en arceau ; agitation de la

Village constitué d'une famille séminole de langue mikasuki, dans le Big Cypress Swamp, Floride, vers 1920. Les sillages des canoës mènent à deux quais. La structure ouverte sur ses deux extrémités fait office de cuisine.

vase dans la flaque d'une rivière (bien que Lincecum n'en dise rien, peut-être les proies étaient-elles paralysées avec quelque poison végétal, comme le marron d'Inde) ; chasse aux flèches, ou, enfin, pêche à l'hameçon métallique, apporté par les Français.

Dès que le maïs était mûr, tous se réunissaient pour la cérémonie du Maïs vert, puis la pêche, la chasse au gibier d'eau et les rassemblements reprenaient jusqu'au début de l'automne, où avaient lieu les moissons et l'engrangement du maïs. Les hommes s'en allaient alors pour chasser, ne revenant qu'au début de l'hiver, tandis que les femmes, les enfants et les anciens s'occupaient de la cueillette des fruits et des baies sauvages. Au cours de l'hiver, les chasseurs étant rentrés au village, le cycle recommençait avec le défrichage de nouveaux terrains.

Pour chasser, les hommes utilisaient l'arc et les flèches, avant que les Européens leur fournissent des armes à feu. Le daim était le gibier le plus apprécié, et on l'abattait en grandes quantités. On employait des leurres faits avec la peau et la ramure des mâles, et l'on poussait des cris imitant celui de l'animal. On tuait également l'ours dans les jonchaies, en particulier pour sa graisse. Les jeunes garçons, mais aussi les adultes, chassaient de plus petits gibiers, tels que tortues, alligators, lièvres, ratons laveurs, dindons, cailles et autres volatiles de la prairie. Une des armes favorites des jeunes était une sarbacane de bambou, longue d'environ 2 mètres, qui projetait des fléchettes dont l'extrémité était munie de duvet de chardon. La viande était séchée au soleil, ou fumée et séchée dans des bacs au-dessus d'un feu.

Le maïs faisait l'objet de nombreuses recettes. L'épi de maïs vert était rôti tel quel, tandis que ses grains, mis à mijoter avec de la viande dans un bouillon, fournissaient un plat très populaire. Les grains de maïs mûr étaient réduits en farine à l'aide d'un mortier et d'un pilon de bois. Le mortier des Choctaws était fait dans un rondin de noyer haut d'environ 60 centimètres et d'un diamètre de 30 à 45 centimètres, dont l'évidement, d'environ 45 centimètres, était pratiqué par carbonisation. Le pilon était un bâton de noyer de 1,50 m de haut, avec une masse longue de 30 centimètres pour un diamètre de 15 centimètres dans sa partie supérieure, et une extrémité inférieure d'environ 5 centimètres de diamètre, terminée par une pointe. Les grains pouvaient être moulus soit après avoir été grillés, soit après avoir été bouillis, séchés et grillés. Le maïs moulu était ensuite tamisé successivement dans trois paniers d'osier tressé : un van en forme de pelle, un crible carré peu profond et un grand récipient plat. Un mets répandu était obtenu en pilant des grains séchés, afin d'en ôter l'enveloppe, puis en faisant bouillir ce gruau dans une eau aromatisée. C'était un des plats favoris des Choctaws, appelé *tanfula*, et qui était traditionnellement proposé à tout visiteur. Les non-Indiens l'adoptèrent sous le nom de Tom Fuller. Le maïs était aussi utilisé pour la fabrication de différentes sortes de pains : on le faisait simplement cuire, ou on le laissait d'abord légèrement fermenter pour obtenir un pain levé, ou on mélangeait des graines de tournesol à la farine, ou on enfouissait la pâte dans un tas de vannure de grains pour la faire cuire sous des cendres chaudes, ou bien on enveloppait la pâte, mélangée à des haricots ou à des noix, dans de la vannure et l'on faisait bouillir le tout. On pouvait également râper du maïs vert et mélanger la farine avec de l'eau chaude. Un mets de noces servi par les parents de la jeune mariée était fait de jus de raisin cuit, dans lequel de petits morceaux de pâte de maïs étaient mis à bouillir. Un aliment léger et nourrissant utilisé par les chasseurs et les guerriers, répandu dans tout l'est de l'Amérique du Nord, était fait de grains grillés, broyés au mortier et soigneusement tamisés. Pour manger cette farine, il suffisait d'en humecter une poignée avec

Groupe de Séminoles de langue mikasuki, vers 1930, préparant leur repas sur un feu. Les bûches étaient repoussées vers le centre au fur et à mesure de leur combustion.

CI-DESSUS *Fred Smith, un petit Séminole avec la coiffure typique des bébés. Son habit de petit garçon est fait de bandes de patchwork s'ouvrant sur le devant. Photographie de W.D. Boehmer, 1943.*

A DROITE *Femmes séminoles cow creek, vers 1917. Leurs jupes étaient faites de bandes de tissu de coton de couleurs contrastées ; c'étaient alors les débuts du patchwork. Le personnage du centre porte des broches faites de pièces en argent.*

de l'eau froide. La place importante occupée par le maïs dans la cuisine traditionnelle des Américains non Indiens du sud de l'Amérique est un héritage des Indiens.

La documentation sur le Sud-Est est pratiquement inexistante entre le milieu du XVIe siècle et le milieu du XVIIe, et les rapports détaillés sur cette région n'apparaissent que quelque 100 ans plus tard. Ce fut une période de changements cruciaux, au cours de laquelle les chefferies indigènes se disloquèrent et furent remplacées par les villes, les tribus et confédérations que l'on peut observer dans les temps modernes. L'archéologie confirme qu'une dépopulation massive se produisit à cette époque, essentiellement due à la prolifération des maladies apportées par les Blancs, aggravée par une réorganisation sociale et politique, qui entraîna d'importantes déportations de la population indienne et la disparition de quantité de traditions. Le nombre de sites habités diminua donc considérablement. Il se produisit des bouleversements dans l'équilibre des pouvoirs tribaux, accompagnés de modifications de la démographie, à différents niveaux et degrés, dans la plupart des régions. De nombreux sites qui avaient été habités durant des siècles furent abandonnés. La construction des tumulus et autres ouvrages de terre cessa. Les différences marquées en taille, et probablement en autorité, entre les sites disparurent. A la fin du XVIIe siècle, les guerres iroquoises et le commerce de la fourrure du Nord eurent des répercussions jusque dans le Sud. L'introduction, par les trappeurs français, hollandais et anglais,

de grandes quantités d'armes à feu entraîna l'expansion des Iroquois et la fuite de nombre de leurs ennemis vers le sud. Avec la fondation de Charleston, en 1670, de nouvelles perturbations arrivèrent de l'Est, les Anglais capturant des Indiens pour la traite des esclaves aux Antilles et se livrant à un commerce intensif de la peau de daim vers l'Europe. C'est au cours de cette période que se développa la Confédération creek, à partir des chefferies démantelées, en réponse à ces pressions étrangères. Une autre conséquence fut la totale disparition des autochtones de la Floride espagnole, qui manquaient d'armes pour se défendre contre les envahisseurs creeks et anglais. Au cours du XVIIIe siècle, la Floride fut repeuplée par les colons creeks, dont les descendants devinrent les Séminoles lorsque leurs liens avec la Confédération furent rompus.

CI-DESSUS *Groupe de Séminoles de langue mikasuki en canoës, photographiés près de Miami, vers 1920. Ce type de canoë à fond plat était utilisé par la plupart des tribus du Sud-Est, qui les dirigeaient aussi bien à la perche qu'à la rame.*

CI-DESSOUS *Femme séminole de langue mikasuki râpant de l'arrow-root, dont on obtenait une fécule entrant dans la soupe séminole appelée* sofkie.

Près d'un siècle plus tard, la situation de l'Indien du Sud changea encore radicalement. Au fur et à mesure de l'expansion des non-Indiens, surtout en Géorgie et dans l'Alabama, les Indiens furent repoussés, et leurs champs et territoires confisqués. Finalement, ils furent presque tous déportés, entre 1820 et 1830, vers le Territoire Indien, l'actuel Oklahoma. Beaucoup moururent durant ce que l'on appela le « Grand Dérangement ». Quelques-uns parvinrent cependant à échapper à cette déportation : des Séminoles se maintinrent dans le sud de la Floride, quelques Cherokees dans le nord-ouest de la Caroline, un petit nombre de Creeks dans l'extrême sud de l'Alabama et beaucoup de Choctaws dans le Mississippi. Certaines tribus furent même complètement épargnées et ne se déplacèrent pas : les Catawbas de Caroline du Sud, les Tunicas et les Chitimachas de Louisiane, ainsi que les Lumbees et autres populations métisses de Caroline du Sud et du Nord.

Dans l'Oklahoma, les déportés se réorganisèrent en de nouveaux gouvernements tribaux, particulièrement ceux que l'on a appelés les Cinq Tribus civilisées : Cherokees, Choctaws, Chickasaws, Creeks et Séminoles. La guerre de Sécession entraîna de nombreuses divisions et beaucoup de souffrances parmi eux. Leur gouvernement fut reconstitué à l'issue de la guerre, mais les Cinq Tribus perdirent la plupart de leurs territoires au profit des non-Indiens, de 1880 à 1890. Finalement, la souveraineté de ces gouvernements tribaux fut quasiment anéantie lors de la constitution de l'Oklahoma en État, en 1907.

CI-DESSOUS Deux *femmes séminoles de langue mikasuki, vers 1895, utilisant le mortier long, évidé par carbonisation, et les pilons en bois pour concasser le maïs. Ce gruau était employé dans la soupe.*

CI-DESSUS Billy Smith, *un Séminole Cow Creek, 1910, dans son champ de maïs. Ces terrains étaient alors débroussaillés et débarrassés des grands arbres, afin d'y faire pousser maïs, haricots et courge.*

La Confédération creek est toujours fondée, comme elle l'était alors, sur ce que l'on appelle des villes, et qui sont en fait des entités sociales et politiques plutôt que résidentielles, comparables à ce que l'on nomme ailleurs des tribus. Chacune est constituée des individus affiliés à un centre cérémoniel, un terrain réservé aux danses rituelles (*stomp grounds* dans la langue actuelle de l'Oklahoma). Ils vivent souvent assez loin de ces centres, dans des hameaux et fermes disséminés. Le nombre de ces villes a varié dans le temps, certaines s'étant scindées à cause de l'émergence d'une faction établissant son propre centre cérémoniel, d'autres s'étant regroupées par deux pour partager un seul et même centre. Du milieu du XIXe siècle jusqu'aux années 30, il y avait de vingt-cinq à trente villes creeks, leur nombre dépendant en partie de la façon dont on considérait une ville à part entière. La plupart étaient de langue muskogee, mais cinq à dix d'entre elles parlaient le hitchiti jusqu'à une époque récente, où elles ont adopté le muskogee. Il y avait aussi au moins une ville utilisant conjointement l'alabama, le koasati, le natchez et le yuchi. Mais la langue commune à toute la Confédération était le muskogee, qui permettait à tous les Creeks de communiquer entre eux et avec les étrangers.

Les villes étaient divisées en deux groupes, parfois appelés « côtés » (ou « moitiés »), que l'on qualifiait habituellement de blancs et de rouges. Les villes blanches ou « pacifiques » étaient prédominantes dans les affaires civiles, tandis que les villes rouges ou « guerrières » avaient en charge toutes les questions d'ordre militaire. On considérait les premières comme les organes exécutifs de la Confédération, les affaires législatives et judiciaires incombant aux secondes. Selon la tradition creek, les villes blanches dirigèrent la Confédération jusqu'à la révolution américaine. Par la suite, et notamment durant la guerre de Sécession, les

Jeu de balle séminole, 1895

Partie jouée entre hommes et femmes, lors de la cérémonie du Maïs vert, à Pine Island, au nord de Miami. Avec la balle, on vise le sommet du poteau, et le résultat est affiché en taillant une encoche chaque fois qu'un but est marqué. Les femmes se servent de leurs mains, les hommes ne peuvent jouer qu'à l'aide de leurs deux raquettes. Au bord de l'esplanade de danse se trouve le « lit » (structure), où siègent les notables ; de l'autre côté se dresse l'enclos pour le bain de vapeur rituel.

En 1895, cela faisait cinq ans seulement que les femmes séminoles utilisaient la machine à coudre, le patchwork cousu à la machine n'avait donc pas encore remplacé l'ancien décor appliqué. Les culottes sont en peau de daim. Les femmes allaient porter pendant encore un demi-siècle leurs lourds colliers de perles à rangs multiples. Le style de coiffure du jeune garçon allait, lui aussi, être typique de celui des hommes pendant plusieurs décennies après 1895.

Creeks durent affronter de nombreux conflits, ce qui aboutit peu à peu à la prise de contrôle de la Confédération par les villes rouges. La domination des villes blanches se réaffirma après 1865.

Dans les années 1900, les villes creeks les plus importantes étaient les suivantes :

Blanches	*Rouges*
Kasihta	Coweta
Hitchiti	Tukabahchee
Abihka	Laplako
Okfuskee	Atasi
Okchai	Kealeychi
Ochiapofa	Chiaha
Tulsa	Osochi
Lochapoka	Alabama
Tuskegee	Eufaula
Koasati	Hilabi
Wiwohka	Hothliwahali
Wiogufki	Talmuchasi
Tokpafka	
Nuyaka	
Okmulgee	
Asilanapi	
Yuchi	
Pakana	

L'appartenance d'une ville à l'un de ces groupes n'était pas définitivement acquise. En effet, une ville changeait de côté si, à quatre reprises successives, elle était battue, lors des nombreuses parties de jeu de balle, par une ville du côté opposé. Il s'agissait du jeu collectif, joué entre deux buts, connu dans le Nord sous le nom de lacrosse (du français « la crosse », et dont dérive l'actuel hockey). Dans sa forme septentrionale, où on l'appelait *stick ball*, chaque joueur disposait de deux raquettes au lieu de l'unique employée dans le lacrosse. L'un et l'autre étaient un sport très rude. Les Creeks le considéraient comme un substitut de la guerre, le surnommant parfois « frère cadet de la guerre », en expliquant qu'il permettait de maintenir la paix entre les membres de la Confédération.

Toute la Confédération creek était modelée sur l'organisation des villes, chaque membre de chaque ville étant également affilié à une « moitié ». Les entités sociales de ce dualisme étaient les clans. Chaque individu naissait dans le clan de sa mère. Il y avait cinquante clans muskogees, dont vingt-trois étaient également hitchitis. La plupart portaient des noms d'animaux ou d'oiseaux, un petit nombre recevant celui de plantes, tandis que l'on trouvait également des clans Vent, Médecine, Sel ou Flèche. On peut parler de totémisme dans la mesure où les membres d'un clan entretenaient une relation privilégiée avec les caractéristiques du totem, mais aucune généalogie n'était reconnue avec lui. Les membres des clans étaient répartis dans différentes villes et s'offraient mutuellement l'hospitalité. Parmi les fonctions les plus importantes du clan figuraient les représailles à l'encontre d'un meurtrier ou d'un membre du clan d'un meurtrier. Il n'existait pas d'organisation globale du clan. En fait, dans chaque ville, les clans assumaient des fonctions particulières et désignaient les titulaires des différentes tâches (pas toujours les mêmes d'une ville à l'autre). Chaque ville constituait une entité indépendante, gouvernée par son *micco* (chef), choisi dans un clan spécifique, le plus souvent parmi les Blancs, ses devoirs étant essentiellement pacifiques. Il était également fréquent de désigner un vice-chef et un groupe d'assistants (provenant parfois de plusieurs clans). Il y avait aussi une assemblée de sous-chefs, appartenant le plus souvent au clan du micco. Un autre groupe de fonctionnaires était chargé des travaux des champs, de la construction des bâtiments et de la cérémonie de la Boisson noire. Ce groupe ainsi que les assistants et les anciens, appelés les « bien-aimés », formaient le conseil de la ville. Tous, dans la majorité des villes, provenaient des clans blancs. Chaque ville était également dotée des fonctionnaires issus des clans rouges — trois grades militaires obtenus par faits de guerre, et non par transmission héréditaire. Ils avaient en charge les affaires militaires et le jeu de balle. Le plus haut grade relevait, en outre, de la police de la ville.

L'ensemble de la Confédération creek obéissait

La demeure de Little Tiger, un Séminole de langue mikasuki, sur un îlot (hammock) dans le Big Cypress Swamp, Floride, en 1910. Au premier plan, un quai pour les embarcations. Les cultures s'étendent en bordure du campement. Le bâtiment du fond, au centre, est réservé à la cuisine.

Séminoles

Lorsque ces objets furent recueillis, en 1910, par Alanson Skinner, dans le sud de la Floride, auprès des Séminoles de langue mikasuki, ceux-ci menaient une existence pratiquement indépendante dans les Everglades et le Big Cypress Swamp, voyageant en canoë vers les entrepôts de Miami, Fort Lauderdale et Fort Myers, échangeant des peaux d'alligators, des plumes ainsi que leur rétribution comme guides auprès des chasseurs contre des tissus, du café, du sel, du tabac, des machines à coudre, des armes et des munitions, et d'autres marchandises pouvant compléter les produits de la pêche, de la chasse et de l'agriculture. Ils n'étaient pas touchés par les exhortations des missionnaires et du gouvernement à s'installer dans les réserves. Les principales mutations arrivèrent avec l'augmentation rapide de la population non indienne sur la côte est de la Floride et le début du drainage des Everglades. D'autres Séminoles vivaient près du lac Okeechobee ; ils parlaient le muskogee mais avaient le même mode de vie. Les actuels Séminoles de Floride sont les descendants de ces deux groupes.

1 Chemisier de femme en coton à long col pèlerine, avec des ornements appliqués et deux rangées de broches en argent.
2 Longue jupe, assortie au chemisier, avec bandes appliquées.
3 Pilon de bois pour concasser le maïs dans un mortier creusé dans un rondin ; sa petite taille le destine à une enfant.
4 Panier pour tamiser la farine de maïs, fait de pétioles de feuilles de palmier nain tressés.
5 Panier pour vanner et conserver le grain, fait de tiges de palmier nain tressées.
6 Éventail fait de plumes de queue de dindon cousues à une poignée en peau de daim, utilisé pour attiser le feu.
7 et 8 Cuillers en bois pour les aliments liquides.
9 Préparation faite de cervelle de daim mélangée à des fibres et à des racines, puis mise à sécher avant de servir au tannage des peaux de daim.
10 Robe de petite fille.
11 Petit métier présentant des orifices et des fentes pour tisser les ouvrages perlés.

12 Chemise et jupe d'homme à bandes appliquées ; la seconde se portait sans pantalon.
13 Aigrette et autres plumes fixées à une tige, qui était insérée dans le turban des hommes.
14 Ceinture tissée de laine et de perles blanches, avec de longues houppes de laine pendant le long des hanches.
15 et 16 Mocassins en peau de daim faits d'une seule pièce réunie par une couture.
17 Bâton recouvert de peau de daim utilisé par l'orfèvre Miami John Tiger pour polir les pièces en argent.
18 Bourse en vannerie à couvercle, réservée aux herbes médicinales.
19 Bracelet de femme tressé avec perles et houppes de laine.
20 Double pendentif en perles, avec houppes de laine, que l'on fixait au turban des hommes.
21 Bandoulière en perles dont le décor représente le serpent à sonnette ; portée sur une des épaules et croisant la poitrine, elle se terminait par de longues houppes de laine qui se nouaient sur la hanche.
22 Manteau d'homme à large col triangulaire ouvert sur le devant et décor en application sur la basque.
23 Chemise d'homme à bandes appliquées sur l'empiècement du devant.
24 Paire de raquettes utilisées par les hommes au cours du jeu de balle.
25 Culotte d'homme en tissu sombre bordé d'un ruban.
26 Jambières d'homme en peau de daim teinte en rouge, reliées à des jarretières de peau frangées.

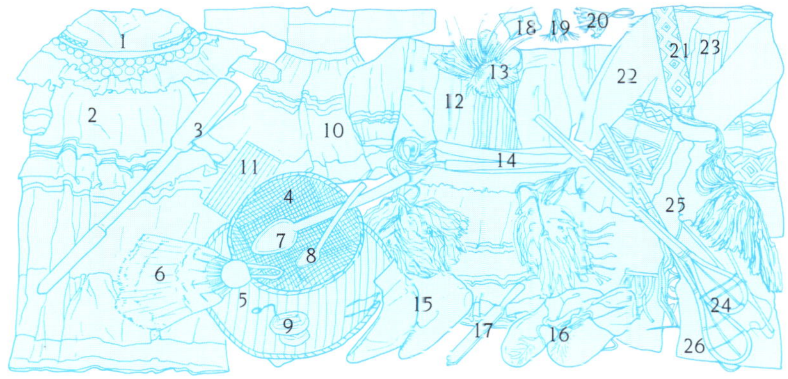

à un conseil formé de chefs de villes, se réunissant à intervalles réguliers, sans forcément former un corps constitué. Il s'agissait d'une confédération libre plus que d'une organisation étatique, tout au moins jusqu'au « Grand Dérangement », et son rôle semblait être surtout de maintenir la paix entre ses membres. Elle ne parvint pas, cependant, à assurer une unité dans les guerres contre les puissances étrangères.

La principale cérémonie des Creeks était, et demeure pour beaucoup, la cérémonie annuelle du Maïs vert, ou busk (d'après son nom en muskogee : *poskitä*). Elle différait suivant les villes et se modifia quelque peu au cours du temps, mais, pour l'essentiel, elle était commune à tous les Creeks et à leurs cousins, les Séminoles. Des cérémonies semblables avaient lieu chez les Cherokees, les Choctaws, et probablement d'autres Indiens du Sud-Est. Un des meilleurs témoignages qui nous soit parvenu est celui de John Howard Payne (auteur et acteur de *Home Sweet Home*, et défenseur des Cherokees dans leur lutte désespérée contre la déportation). Payne assista, en 1835, au busk des Tukabahchees, en Alabama, juste avant la déportation. La description qu'il en donne fait preuve d'une rare ouverture d'esprit de la part d'un étranger de cette époque :

> « Je n'avais jamais vu dévotion si profonde ; et son esprit était des plus nobles et des plus religieux. Cela consistait à débuter l'année dans le jeûne, l'humilité, la purification, les prières, la gratitude. On enterrait les animosités tout en renforçant son courage. C'était une pause afin de remercier le Ciel avant de jouir de ses bienfaits. »[3]

Chaque ville organisait son busk sur un terrain spécial, appelé « la grande demeure » en muskogee, qui, à l'évidence, représentait un symbole de l'univers. Les anciennes grandes demeures des Tukabahchees décrites par Payne, entourées de deux esplanades rectangulaires, étaient situées à l'écart. La plus importante était flanquée, de chaque côté, d'un abri appelé « chambre », d'une longueur d'environ 12 mètres, avec des ouvertures de près de 3 mètres à chaque angle entre les chambres. Chacune de ces chambres était divisée en trois compartiments dans lesquels siégeait un clan particulier (ou un groupe de clans alliés), tandis qu'en façade des sièges étaient réservés à certains fonctionnaires de la ville (indépendamment de leur appartenance à quelque clan). A l'extérieur, à un angle de l'esplanade, se trouvait une vaste salle de conseil, à demi souterraine et à toit conique ; à la limite de la seconde esplanade se dressait un grand poteau servant de but pour le jeu de balle, pratiqué aussi bien par les hommes (avec des raquettes) que par les femmes (sans raquettes). Deux des côtés de ce terrain de jeu étaient bordés de champs de maïs ; un autre côté était limité par un talus, tandis que le quatrième était formé par l'arrière de l'une des chambres regardant vers la seconde esplanade. Le centre était occupé par un tertre fait avec de la boue retirée chaque année du sol de ces places, avant qu'une couche fraîche y soit répandue afin de les consacrer pour la fête du busk. Au-delà d'un des angles du terrain de jeu se trouvait un autre tertre formé par les cendres du feu central. Ces terrains complexes étaient une réminiscence des places des anciennes chefferies, et ils avaient sans doute les mêmes fonctions.

Demeure séminole cow creek de Jim Osceola, 1910-1911. Elle est typique de l'habitation des Séminoles de Floride, à toit de chaume, sans murs, et présentant une plate-forme intérieure où l'on dormait, mangeait et travaillait.

Chez les Creeks, le busk inaugurait la nouvelle année, et son déroulement était calculé en fonction de l'arrivée à maturation du maïs : il était en effet proscrit d'entamer la jeune récolte avant le busk. La cérémonie consistait en une sorte de renouvellement des relations des hommes avec le monde spirituel, mais aussi avec le monde végétal, le monde animal et les autres humains. Un des événements qui ne manquait pas de frapper régulièrement les observateurs étrangers était l'amnistie accordée aux délinquants (mais pas aux meurtriers) de l'année précédente. Une étape importante de la cérémonie était l'allumage d'un nouveau feu. Celui-ci était ensuite distribué à tous les ménages, afin de rallumer le foyer des maisons, qui venaient d'être nettoyées de fond en comble. C'était le même feu qui servait à enflammer le brasier sacré au centre de la place où étaient préparées les potions rituelles.

A Tukabahchee, le busk durait huit jours, le déroulement des cérémonies des quatre premiers jours se répétant les quatre derniers. Le premier jour, les terrains étaient nettoyés, tandis que les participants et les visiteurs y prenaient place. Le deuxième était un jour de festin, avec des danses nocturnes, dont une danse des femmes qui impres-

CI-DESSUS Margaret Brown, *une des dernières femmes parlant le catawba, faisant de la poterie devant sa maison, en* 1918. *Les Catawbas sont la seule tribu où les techniques ancestrales de la poterie du Sud-Est ont survécu sans interruption.*

CI-DESSOUS Des *Cherokees en visite* à Washington, *en* 1866, *pour négocier le traité avec les États-Unis, qui fut signé le* 19 *juillet.* De *g. à dr.* : John Rollin Ridge, Saladin Watie, Richard Fields, *col.* Elias C. Boudinot, *col.* William P. Adair.

sionna fortement Payne. La nuit venue, les hommes, et eux seuls, dormaient sur la place. Le troisième jour marquait peut-être l'apogée du busk. Après avoir jeûné toute la journée, et allumé le nouveau feu avec un brandon, les hommes absorbaient deux potions, dont la « boisson noire », un vomitif. Payne compara l'action de vomir ensuite dans le champ à une libation ; il s'agissait d'une forme de purification rituelle. On striait les membres des jeunes gens et des garçons avec des aiguilles, afin de les fortifier. La Danse des Plumes était exécutée par des hommes tenant des piques auxquelles étaient liées des plumes symbolisant la paix. D'autres danses, qui portaient des noms d'animaux, se succédaient ainsi tout au long de la nuit. On consommait le maïs nouveau pour la première fois le quatrième jour, au cours d'un banquet. On sortait alors les anciens plateaux en cuivre, faits d'un alliage unique à Tukabahchee, et on les exhibait avec dévotion. Suivait un simulacre de bataille, appelé Danse du Fusil, accompagné par les chants des femmes. Le soir venu, le conseil de la ville se réunissait. Le cinquième jour était consacré à une chasse rituelle au daim. Un autre banquet avait lieu le sixième jour, au cours duquel on utilisait du sel pour la première fois de l'année (ce condiment était tenu pour affaiblissant et nuisible à la santé). Les femmes dansaient de nouveau, avec leurs sonnailles en carapace de tortue attachées aux mollets. Pour finir, la Danse des Anciens était accomplie par les hommes seuls, afin de libérer de toute restriction rituelle ceux qui avaient festoyé. Le septième jour était consacré à un dernier banquet. Le huitième jour, le chef faisait un ultime discours, et tous les participants se dispersaient.

Sous bien des aspects, le busk reflète l'attention portée par les Indiens du Sud-Est à leur santé. Peut-être est-ce là une conséquence du désastre démographique subi par leurs ancêtres. Dans les cultures traditionnelles du Sud-Est, il n'y a pas de distinction nette entre les croyances religieuses et médicales, le rituel et la pratique. De toute cette région, la médecine cherokee est la mieux connue, en partie parce que ces médecins utilisaient la remarquable invention du syllabaire de Sequoyah. Ce dernier ne savait ni lire ni écrire en anglais, mais il avait pris conscience de l'intérêt de l'écriture en général et de celui de pouvoir transcrire ses propos par des marques sur le papier. Il présenta le résultat de plusieurs années d'expérimentation en 1819. Il avait inventé un alphabet de quatre-vingt-cinq symboles, dont cinq représentaient les voyelles, un le son « s », les autres constituant les syllabes, formées d'une consonne couplée à une voyelle. Ce système, fort pratique, permit très vite à de nombreux Cherokees d'écrire dans leur langue. N'ayant pas été conçue par les missionnaires, contrairement à ce qui se passa pour les autres systèmes introduits en Amérique du Nord, cette écriture fut volontiers utilisée à des fins non chrétiennes, pour la transmission des formules secrètes employées pour les guérisons. Les médecins cherokees disposaient de toute une panoplie d'amulettes, de prières et de formules constituant une inestimable source d'informations pour l'étude de leur médecine, même si ces textes sont volontairement abrégés et allusifs, afin de maintenir le secret entre médecins concurrents.

Pour les Cherokees, les maladies étaient essentiellement dues aux esprits-animaux, qui, selon la

Une maisonnette dans la réserve cherokee de Qualla, Caroline du Nord, 1888, qui appartient à Ayunini, dit Le Nageur (à droite). Connaissant la mythologie, l'histoire, la science des plantes et la médecine cherokees, il fut une grande source d'informations pour l'anthropologue James Mooney.

tradition, les avaient inventées pour se venger des abus auxquels les humains se livraient sur eux. D'autres maladies étaient causées par les fantômes des hommes et des animaux, comme les Petits Hommes, à l'allure de nains, ou encore par la sorcellerie. Les rêves étaient parfois considérés comme des symptômes ou des présages et jadis, sans doute, comme des causes directes. Le nom des maladies se référait aux causes et non aux symptômes. Le médecin commençait son diagnostic en localisant le mal, puis il s'inquiétait de savoir si son patient n'avait pas enfreint quelque interdit ou tabou, et s'il n'avait pas eu un rêve ou un présage révélateur, pouvant remonter à plusieurs mois, voire aux deux ou trois années précédentes. Il y avait souvent plusieurs possibilités pour remédier à ces symptômes. Lorsque l'interrogatoire ne permettait pas de révéler la cause du mal, le médecin pouvait avoir recours à la divination, à l'aide de perles qu'il tenait entre le pouce et l'index de chaque main. La découverte de la cause d'une maladie était indispensable à la prescription d'un traitement.

Ce traitement consistait en une combinaison de remèdes à base de plantes médicinales et de récitation de formules magiques. Ces formules, répertoriées dans le syllabaire, indiquaient généralement la cause et, souvent, dénonçaient l'esprit qui était à l'origine de la maladie, avant de le menacer avec un esprit opposé, invoqué pour le chasser. Habituellement, les formules mettaient en jeu un symbolisme complexe des couleurs et des directions, tandis que les médications étaient faites à partir de plusieurs centaines de plantes. Leurs qualités curatives dépendaient en général de leur similitude de nom ou d'apparence avec le mal, parfois de la ressemblance perçue entre la plante et les symptômes de la maladie. On ne cueillait ces herbes que lorsque c'était nécessaire, et, la plupart du temps, elles étaient mises à bouillir. Le remède était ensuite frotté sur le corps du malade, dont on avait parfois strié la peau, ou encore soufflé par le médecin sur le patient, à l'aide d'un tube de bambou.

Il est, bien sûr, impossible de mesurer l'efficacité de la médecine cherokee, celle-ci dépendant autant de facteurs psychosomatiques que des qualités curatives des plantes employées (dont la plupart n'ont jamais été scientifiquement vérifiées). Mais il est certain qu'elle était au moins aussi efficace que les médecines européenne et euro-américaine d'il y a un siècle et plus.

A GAUCHE *Tsolocha, un Cherokee, par Karl Bodmer, à Natchez (1833). Bodmer eut quelques difficultés à faire le portrait d'un « vieux Cherokee, qui commença par refuser cet honneur... mais finit par accepter lorsqu'il vit les premiers croquis ».*

CI-DESSOUS *Danse précédant le jeu de balle chez les Cherokees, photographiée par James Mooney dans la réserve de Qualla, 1888. Sept danseuses se tiennent un pas derrière leur maître de danse, assis devant son tambour. Sur la gauche se trouve le maître de danse des hommes, agitant un hochet.*

Références

1 Ces récits sont repris en traduction dans les pages 139 à 157 de l « Indian Tribes of the Lower Mississippi Valley and Adjacent Coast of the Gulf of Mexico » de John R. Swanton ; *Smithsonian Institution, Bureau of American Ethnology Bulletin* 43, 1911.

2 T. N. Campbell : « Choctaw Subsistence : Ethnographic Notes from the Lincecum Manuscript » ; *Florida Anthropologist* 12 (1) : 9-24, 1959.

3 John Howard Payne (introduction de John R. Swanton) : « The Green Corn Dance » ; *Chronicles of Oklahoma* 10 : 170-195, 1932.

Cherokees

Les Cherokees ont été divisés depuis leur déplacement de 1838, le groupe de l'Est vivant dans les montagnes de l'ouest de la Caroline du Nord, et la majorité dans l'est de l'Oklahoma, descendant de ceux qui furent déportés vers le Territoire Indien, d'où proviennent deux des objets présentés ici, tous les autres étant issus du groupe de l'Est. Ceux qui sont datés de 1868 et 1881 furent recueillis par Edward Palmer, les autres par James Mooney, grand pionnier de l'ethnologie des Cherokees de l'Est.

1 Tambour de danse : un tonnelet en bois de sassafras recouvert d'une peau de marmotte. 1887.
2 Baguette de bois pour tambour de danse. 1887.
3 Griffoir : sept éclats d'os de pattes de dindon dans un châssis de pennes de dindon pour strier les membres et le torse des participants au jeu de balle, afin de leur donner de la souplesse. 1886.
4 Baguettes pour la Danse de l'Aigle. 1889.
5 Sarbacane en bambou d'environ 3 mètres de long. 1887.
6 Fléchettes de sarbacane empennées avec du duvet de chardon. Avant 1913.
7 Moule à projectiles fait dans un silicate local, maintenu par des chevilles de bois.
8 Paire de sonnailles en carapace de tortue que portaient les femmes au-dessus des chevilles.
9 Hochet fait avec une gourde contenant des cailloux, utilisé par le chanteur soliste. 1887.
10 Short à décors rouges appliqués porté pendant le jeu de balle. 1888.
11 Fétiche de participant au jeu de balle : plumes d'aigle et poils de daim pour la vitesse ; queue de crotale pour effrayer les adversaires. 1889.
12 Fourneaux de pipes en pierre taillés au canif, puis graissés et ornés d'un écureuil. 1886.
13 Fourneau de pipe en pierre orné d'un ours. 1887.
14 Tuyau de pipe en bois sculpté. 1887.
15 Masque en bois porté lors de la Danse de l'Aigle, à Big Cove. Octobre 1901.
16 Masque porté en 1901, imitant les étrangers.
17 Masque en bois de marronnier d'Inde. 1887.
18 Balle de jeu faite en peau de daim rembourrée de poils. 1881.
19 Paire de raquettes en noyer d'Amérique ; modèle long ancien. 1881.
20 Paire de raquettes courtes ; modèle récent. Avant 1911.
21 Raquettes partiellement recouvertes d'écorce pour former un décor en spirale par brûlage. Avant 1911.
22 Jouet en forme de soc

fabriqué par un garçon de 12 ans. 1889.
23 Poinçon à manche de corne. 1881.
24 Appeau pour la chasse au daim. 1889.
25 Panier de jonc tressé. 1881.
26 Muselière de bœuf. Avant 1913.
27 Tasse en poterie. 1913.
28 Louche en bois. 1900.
29 Cuiller en bois de laurier pour le gruau. 1910.
30 Récipient en poterie. 1881.
31 Récipient en poterie. 1887.
32 Panier de jonc tressé. 1881.
33 Panier de pêche en écorce de noyer tressée. 1900.
34 Pierres de divination ; attachées à une corde, elles servaient, accompagnées de fétiches et de formules rituelles, à retrouver les objets perdus. 1888.
35 Deux peignes en bois portés par les femmes sur l'arrière de la tête. 1887.
36 Peigne taillé dans le bois. 1881.
37 Shorts pour le jeu de balle. 1888.
38 Shorts portés par Rope Twister, capitaine de l'équipe de Wolftown, en 1888.
39 Shorts pour le jeu de balle. 1888.
40 Palette de peuplier avec une impression gravée ayant servi à décorer le pot ci-dessous. 1887.
41 Pot de cuisson à fond rond, avec motifs formés par la palette ci-dessus. 1887.
42 Foulard en laine tressée. Territoire Indien. 1868.
43 Châle de laine tissée. Territoire Indien. 1868.
44 Bande de perles tissées. Avant 1913.

« Il n'y a pas de climat ou de sol comparables à ceux de l'Arizona... C'est ma terre, ma patrie, la terre de mon père, vers laquelle je saurai retourner. Je veux y couler mes derniers jours, et être enseveli entre ces montagnes. »

GERONIMO, DES APACHES CHIRICAHUAS

LE SUD-OUEST

La région du Sud-Ouest n'a pas de frontières bien définies, mais peut être représentée par les États de l'Arizona et du Nouveau-Mexique, aux États-Unis, ainsi que des provinces de Sonora et, partiellement, de Chihuahua, au Mexique. Elle comprend également de petits territoires du Colorado, du Texas, de l'Utah et de Sinaloa. Englobant deux États modernes, cette région demeure une entité culturelle, caractérisée par un environnement aride et un présent multiculturel directement issu de son passé. Les premiers arrivants d'Europe, d'Afrique et d'Asie vinrent à la rencontre des Amérindiens et se mêlèrent à eux pour former une société distincte et florissante. Bien que le Sud-Ouest soit formé d'une centaine de groupes, ce sont les Amérindiens qui donnèrent à cette région son caractère particulier et ses fondements culturels. A l'inverse d'autres régions d'Amérique du Nord, plus de vingt-cinq groupes indigènes ont survécu aux assauts de l'expansion

Cette carte présente les territoires des tribus et des groupes linguistiques pour les plus anciennes périodes connues de façon certaine : le XVIe siècle pour les Pueblos (des Hopis et des Piros aux Tiwas du Nord), le XVIIe siècle pour les régions situées à l'extrême sud-ouest et le XVIIIe siècle pour les Apaches, Navajos et groupes de l'extrémité de la côte Nord-Ouest. Après, la plupart des tribus perdirent leurs territoires, quelques-unes disparurent et une minorité obtint des terres.

Tribus du Sud-Ouest

1 Cocopas
2 Quechans (Yumas)
3 Halchidhomas
4 Mohaves
5 Walapais
6 Havasupais
7 Yavapais
8 Maricopas
9 Papagos et Pimas Altos
10 Seris
11 Hopis
12 Apaches de l'Ouest
13 Apaches Chiricahuas
14 Zunis
15 Keres du rio Grande
16 Jemez
17 Navajos
18 Tewas
19 Tiwas du Nord
20 Tanos
21 Pecos
22 Tiwas du Sud
23 Tompiros
24 Lagunas
25 Acomas
26 Piros
27 Apaches Jicarillas
28 Apaches Mescaleros
29 Jocomes et Janos
30 Sumas
31 Jumanos
32 Opatas
33 Eudeves
34 Jovas
35 Pimas Bajos
36 Yaquis
37 Guarijios
38 Tarahumares
39 Tubars
40 Mayos
41 Conchos
42 Tobosos
43 Guasaves
44 Acaxees
45 Xiximes
46 Tahues
47 Tepehuans
48 Zacatecs
49 Pames
50 Karankawas
51 Groupes peu connus de la plaine côtière du golfe et de l'intérieur
52 Nakipas
53 Paipais
54 Kiliwas
55 Cochimis
56 Guaycuras
57 Pericus

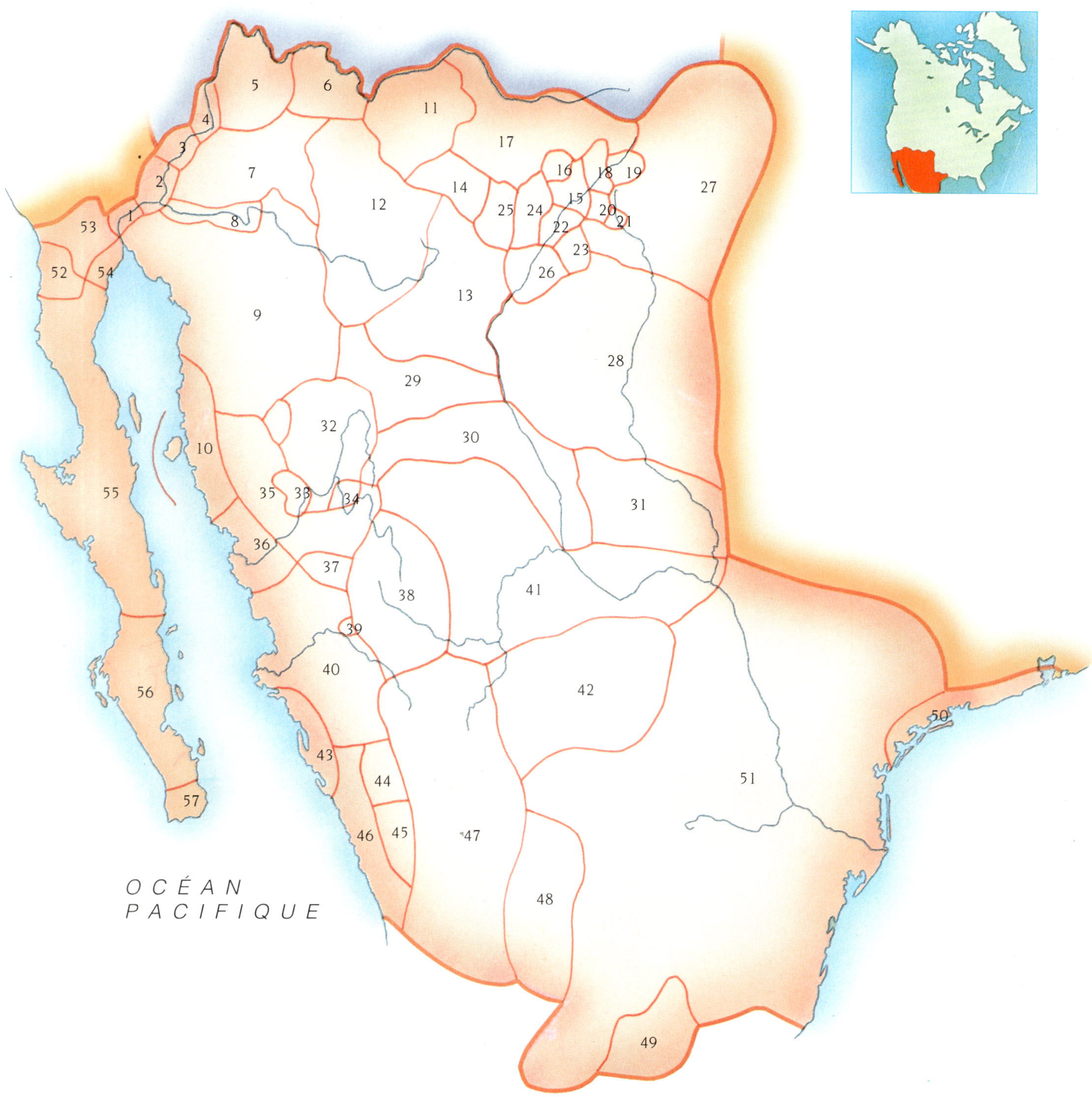

européenne et ont été capables de préserver leurs territoires traditionnels, de même que certaines de leurs coutumes. Ces groupes représentent près des trois quarts des cultures amérindiennes qui s'épanouissaient dans la région à l'époque des explorations espagnoles.

Le Sud-Ouest est très attaché à sa terre et à ses traditions ancestrales. Il présente des paysages fortement contrastés : hautes montagnes escarpées aux sommets recouverts de neige ; vallées fertilisées par les rivières, herbages ondoyants et déserts arides. Ces vastes contrées, souvent austères, nécessitèrent de nombreuses adaptations écologiques. Elles furent également l'objet d'une véritable passion de la part de leurs habitants, comme c'était souvent le cas chez les Indiens. Cet amour du lieu, ce sentiment d'unité avec la terre, symbolisé par le concept de la Terre Mère, imprègne aussi profondément l'Amérindien et sa culture aujourd'hui qu'il y a 300 ans. La terre est un être vivant que chacun respecte. Les Indiens du Sud-Ouest sont issus de la terre, mais ils ne l'exploitent pas. C'est cette tendance qui permet de les distinguer des descendants des Européens. Cela ne signifie pas que toutes les sociétés indiennes du Sud-Ouest soient semblables, ni qu'elles soient homogènes ou n'aient pas subi de mutations. Chacune présente une culture propre, qui est le résultat d'un long développement historique. Toutes les cultures indigènes du Sud-Ouest sont indépendantes, constituées d'hommes dignes et autonomes, qui tirent leur subsistance des ressources locales et régionales. Leur culture contemporaine relie le présent au passé, comme au futur. Dans le Sud-Ouest comme nulle part ailleurs en Amérique du Nord, tout ce qui est précieux pour la vie l'a toujours été et le sera toujours.

Les premiers Indiens, chasseurs-cueilleurs, arrivèrent dans le Sud-Ouest il y a au moins 12 000 ans. Menant une vie nomade, ils étaient réunis en petits groupes familiaux, chassant d'abord les gros gibiers, comme le mammouth et le bison, puis, à la suite de modifications écologiques, de petits animaux tels que le daim et le lièvre. Ce changement entraîna une nouvelle adaptation et un nouveau style de vie, dont les représentants sont les hommes archaïques ou du désert. Ceux-ci, dont la culture apparaît vers 6 000 avant J.-C., s'initièrent à l'agriculture vers 2 500-3 000 avant J.-C.

Au fil du temps, ces hommes établirent des cultures distinctes : ceux des montagnes sont appelés les Mogollons, ceux du plateau du Colorado les Basketmakers et les Anasazis, et ceux de l'ouest et du centre de la région les Patayans, les Sinaguas et les Salados (malheureusement, on ne sait à peu près rien de la préhistoire du nord-ouest du Mexique). Tous ces groupes développèrent une agriculture fondée sur le maïs, les haricots et la courge, complétée par les produits de la chasse et de la cueillette. Chacun s'adapta à sa manière à des conditions de vie particulières. Vers 300 avant J.-C., de nouveaux groupes, en provenance du Mexique, édifièrent rapidement leur propre culture, appelée civilisation hohokam, fondée sur des traditions agricoles. Établis dans le sud et dans le centre de l'Arizona, ils construisirent d'importants systèmes d'irrigation et fabriquèrent des outils perfectionnés. Leur architecture était monumentale. Chacun de ces quatre groupes était centré autour d'une zone géographique, montagnes désertiques et plateaux (on ne sait presque rien, non plus, des populations préhistoriques du Sonora). A l'exception des groupes dont l'environnement était hostile à l'agriculture, toutes ces populations vivaient dans des villages permanents ou saisonniers. La taille de certains d'entre eux en faisait de petites villes à l'organisation complexe.

Le XIVe et le XVe siècle furent le théâtre d'un important mouvement de population, qui n'a toujours pas été expliqué. A la suite d'une grande sécheresse, des zones traditionnelles furent abandonnées, les grands centres d'échanges cessèrent toute activité, et de nombreux groupes se disséminèrent. La plupart des habitants du Sud-Ouest qui constituèrent les populations que nous connaissons aujourd'hui (Pueblos, Pimas et Yumas) s'installèrent dans ce que l'on considère désormais comme leurs territoires traditionnels. Chaque groupe dispose d'un riche répertoire oral sur l'histoire de cette période, illustré par d'innombrables légendes sur les clans et leurs migrations. D'autres populations : les Navajos et les Apaches, pénétrèrent dans la région par le nord. De l'est arrivèrent des groupes des Plaines, qui établirent des relations commerciales avec les groupes indigènes. Parfois, des habitants du Grand Bassin venaient à la rencontre de ceux du Nord et des rives des fleuves. Une fois encore frappés par la sécheresse et l'arrivée de nouvelles tribus nomades, des groupes comme les Anasazis se réfugièrent sur les sommets des plateaux et, plus à l'est, vers le rio Grande. Le Sud-Ouest fut donc une région essentiellement caractérisée par le brassage et les emprunts culturels réciproques.

Lorsque les Européens arrivèrent, les Espagnols dans un premier temps, puis les Anglo-Américains, les frontières entre les territoires conquis par ces deux communautés se rencontrèrent et se chevauchèrent dans ce Sud-Ouest aride. Au milieu du XVIe siècle, les Espagnols découvrirent une région peuplée de nombreux groupes. Ils rencontrèrent des agriculteurs habitant dans des villes, qu'ils nommèrent Pueblos (signifiant à la fois « peuple » et « village ») ; il y avait aussi des bandes de chasseurs et de maraudeurs semi-nomades, tandis que

Femmes pueblos de San Ildefonso, dont la poterie est une des plus raffinées. Vêtues de la traditionnelle manta, décorée de bijoux de turquoises ou de corail, elles sont chaussées de mocassins à semelle dure.

d'autres, en petits clans, vivaient de chasse et de cueillette. Ces populations parlaient une variété de langues déconcertante, aussi diverses que leurs modes de vie. Mais toutes se démarquaient profondément du niveau d'organisation politique et économique que les Espagnols avaient découvert au Mexique. Libres de la domination d'empire, comme l'Empire aztèque, fondé sur l'agriculture, les populations du Sud-Ouest jouissaient d'une totale indépendance politique et d'une parfaite autonomie sociale et économique ; toutes, à l'exception de quelques centaines d'individus de la côte du golfe de Californie et de l'extrême nord des montagnes de la Sierra Madre, savaient cultiver le maïs, les haricots et la courge. Ces populations se différenciaient entre elles par la manière dont l'agriculture était soit prépondérante dans leur alimentation, soit un simple supplément à la chasse et à la cueillette ; elles se démarquaient nettement des chasseurs de bisons des plaines de l'Est et des cueilleurs de baies-chasseurs de lièvres du Nord, ainsi que des cueilleurs de glands de Californie. Plus qu'un moyen régulier pour obtenir des biens de première nécessité, un commerce sporadique et à faible échelle s'était institué sous la forme d'échanges d'excédents et d'objets de luxe. Aucune société n'exerçait de contrôle politique ou militaire sur une autre. Cela n'exclut pas que certains groupes aient temporairement scellé des alliances, en cas de guerres, mais ces dernières n'étaient jamais menées à des fins de conquête ou d'assujettissement. On se battait par vengeance ou pour gagner de nouvelles terres cultivables, dont les anciens propriétaires étaient alors chassés.

CI-DESSUS *Enfants jouant autour de fours extérieurs, en forme de ruche, dans le pueblo de Taos. Ce village, fondé vers 1700, témoigne de la solidité des constructions pueblos.*

A GAUCHE *Deux femmes faisant de la poterie dans le pueblo de Santa Clara, renommé pour ses productions au noir brillant. Aujourd'hui, les rouges, souvent polychromes, sont toujours de style traditionnel.*

Bien que leur avance fût stoppée par les Apaches, les Espagnols se mirent rapidement à coloniser le Sud-Ouest. Partout sur leur passage, ils imposaient leurs règles, au moyen de programmes destinés à « civiliser les sauvages » et à bouleverser leur vision du monde. Soutenus par la force militaire et associant la civilisation aux coutumes spécifiquement espagnoles, les missionnaires, soldats et colons bâtirent des maisons individuelles autour des places, introduisirent le castillan (qui allait devenir la langue véhiculaire de la région), imposèrent les pantalons pour les hommes, de nouvelles conceptions du temps et du travail, les notions d'empire, de politique, ainsi que le christianisme. Ils instituèrent également un système d'impôts, le travail forcé pour les serviteurs, les paysans et les mineurs, ainsi qu'un important trafic d'esclaves, expédiant des hommes de toute la région vers les mines d'argent du Mexique. Ils apportèrent, néanmoins, certains éléments positifs, tels que de nouveaux aliments et du bétail, en particulier moutons et chevaux, de même que l'art de l'orfèvrerie. Les politiques espagnole puis mexicaine ayant concentré les petites tribus nomades à Chihuahua, elles entraînèrent la consolidation de certains groupes et l'extinction de beaucoup d'autres. Ces mutations prirent une telle ampleur au Mexique que certaines communautés, comme les Opatas, n'étaient plus discernables des populations espagnole ou mexicaine dès le milieu du XVIIIe siècle. D'autres groupes accueillirent favorablement ces changements, tandis que, sur quelques-uns, ils n'eurent aucun retentissement : ainsi, isolés par des barrières géographiques, les Seris et les Tarahumares demeurèrent pratiquement inchangés. Certains, toutefois, réagirent violemment. Ces bouleversements avaient été imposés si brutalement que les Pueblos se soulevèrent, en 1680, et réussirent à chasser les Espagnols de la région du rio Grande. Ces derniers parvinrent à reconquérir la région, mais ne purent jamais venir à bout des Apaches, des Tarahumares, des Yumas des Hauteurs ni des Yaquis. Ce n'est qu'à la fin des années 1880 que ces groupes cessèrent de représenter une menace militaire et que s'établit la dernière colonie mexicaine dans le nord-ouest du Mexique. Entre-temps, les Indiens s'étaient initiés à la vie politique et économique, mais avaient refusé toute conversion religieuse. Les populations n'y avaient pas été forcées, et seuls quelques individus choisirent l'assimilation. Beaucoup d'entre eux, en outre, quittèrent volontairement leurs territoires d'origine pour aller travailler dans les villes mexicaines.

En 1848, les Anglo-Américains prirent la moitié nord de la Nouvelle-Espagne au gouvernement mexicain. Leur colonisation, tout comme celle des Mexicains dans le Sud, dressa des obstacles considérables au maintien du mode de vie ancestral de l'Amérindien. Les plus destructeurs furent la création des réserves, qui isolèrent les groupes sur des portions de leurs territoires traditionnels, ainsi que les politiques d'assimilation forcée. De nouvelles techniques d'agriculture furent enseignées aux Indiens, et les jeunes furent envoyés à l'école, loin de leurs familles. Ces groupes, qui avaient le statut de nations annexées, furent dotés de nouvelles formes de gouvernements tribaux et constitutionnels, qui exerçaient un pouvoir interne souverain, limité par des traités, des statuts et des concordats avec le gouvernement fédéral et celui de l'État. Ils furent placés en situation de dépendance et, sans tenir compte de leurs souhaits, on leur imposa de nouvelles valeurs. Le paternalisme avait prévu des limites au développement économique et à l'autodétermination, mais il n'avait pas supposé l'extinction de certains groupes résultant des politiques gouvernementales.

Capitaine de guerre, chef de la chasse du pueblo de Nambe (Nouveau-Mexique). Son collier est fait de griffes d'ours. Il porte une corne à poudre, une giberne et des vêtements en peau de lièvre.

L'évolution des possibilités économiques avait également provoqué ces changements dans la vie des Indiens. L'impossibilité de maintenir les modes de subsistance traditionnels et la nouvelle donne commerciale entraînèrent l'indigène du Sud-Ouest dans le courant de l'économie de marché nationale. La production artisanale, jusqu'alors réservée à un usage domestique et, dans une faible proportion, au troc contre d'autres marchandises, devint soudain une source supplémentaire, voire essentielle, de revenus. Cet artisanat prit une importance croissante dans l'équilibre économique de la plupart des familles, en dépit d'une faible rentabilité par rapport au temps qu'il fallait y consacrer. Tissage, vannerie, peinture, orfèvrerie et poterie apportèrent une certaine souplesse économique. Les Indiens se mirent également à travailler, moyennant salaire, dans les fermes, sur les voies ferrées, dans les mines, ainsi que dans les villes.

Alors que les communautés européennes, ayant acquis la domination politique, apportaient souffrances et privations, et, disposant de la puissance militaire et législative, dénaturaient l'ancien style de vie des Indiens, elles ne purent cependant effacer toutes ces cultures ancestrales. Toutefois, d'importants bouleversements démographiques survinrent : de nombreuses épidémies ravagèrent la région, entraînant leur lot de victimes. En 1883, par exemple, la moitié de la population hopi mourut de la variole, et, en 1918, une épidémie de grippe décima plus de la moitié des Apaches Jicarillas et près d'un quart des Navajos. Jusqu'aux années 20, cependant, les populations avaient lentement mais progressivement augmenté. Certains groupes indigènes furent anéantis par des guerres intestines, comme celle des Halchidhomas. C'est néanmoins dans cette région, plus que partout ailleurs en Amérique du Nord, que les communautés indigènes ont survécu, même si elles ont changé. Une opinion fausse voudrait que les Indiens n'existent plus, dès lors qu'ils ont perdu leur culture indigène « pure » (c'est-à-dire « non contaminée » par les Européens). En réalité, les cultures amérindiennes du Sud-Ouest restent présentes et pleines de vigueur. Les populations indigènes coexistent en tant que parties de la culture du Grand Sud-Ouest. Les pages suivantes tracent le portrait des groupes de cette région qui existaient au XVIIe siècle et se sont perpétués jusqu'à nos jours. Car la flamme s'est maintenue, et des groupes comme les Pueblos, les populations agricoles, celles de bandes, ainsi que les chasseurs-cueilleurs ont su préserver leur identité.

Dans le nord du Nouveau-Mexique, sur le plateau du Colorado et le long du rio Grande et de ses affluents, les Pueblos étaient majoritaires, avec une population atteignant 40 000 individus, vivant dans quatre-vingt-dix villages (aujourd'hui, il n'en reste que trente : les autres ont été abandonnés à cause des vagues de sécheresse, des maladies et des conflits). Leur nom leur fut donné par les premiers Espagnols, en raison de leur architecture (maisons permanentes et solides, à chambres multiples, faites de pierres et de pisé). Les Pueblos descendaient des populations anasazi et mogollon. Pueblo, qui signifie « villageois », est une désignation qui convient parfaitement à leur mode de

Danse du Maïs à Santa Clara, 1950

Deux danseurs sortent de la kiva nord et pénètrent sur la place de Santa Clara, un pueblo tewa, au cours de la Danse du Maïs. La femme, coiffée de la tablita spécifique à ce rite, est vêtue d'une manta de laine retenue par une ceinture en tissage de laine et de coton, et chaussée de mocassins montant très haut. Ses bracelets sont en argent incrusté de turquoises, et son collier est orné de turquoises et de corail. Les deux danseurs tiennent des rameaux d'épicéa, tandis que l'homme agite un hochet. Son corps est peint en blanc et noir, il porte un collier de coquillages et de corail, un pagne de danse en coton à broderies de laine, une ceinture de coton tissé et une en cuir, munie de clochettes. Les bracelets de chevilles, lacés à ses mocassins blancs, sont en fourrure de moufette, une queue de renard pend dans son dos. C'est une scène tout à fait semblable qui a inspiré cette aquarelle de Pablita Velarde, artiste de Santa Clara.

CI-DESSUS *Le pueblo de Cochiti* (1879), *datant de la moitié du* XIIIe *siècle. Renommé pour ses poteries et la qualité de ses tambours, Cochiti doit également sa réputation à ses cérémonies.*

A DROITE *Le gouverneur Ahfitche, du pueblo de San Felipe (entre les rives du rio Grande et le pied de la Black Mesa), se servant d'un foret à pompe pour percer des coquillages et des turquoises* (1880).

vie. Ils ne constituaient pas une tribu : chaque culture pueblo avait son village, qui fonctionnait comme une entité politique autonome. Cela ne signifie pas que ces groupes vivaient en circuit fermé. Ils entretenaient des relations commerciales, se reconnaissaient des ancêtres communs, se mariaient éventuellement entre eux, et partageaient nombre de valeurs et de conceptions du monde.

Les Pueblos parlaient différentes langues, dont le groupe le plus important était le tanoa, faisant partie de la famille kiowa-tanoa. Le tanoa est constitué de trois langages principaux : le tiwa, le tewa et le towa. Les habitants de Taos, Picuris, Sandia et Isleta parlent des dialectes tiwas, tandis que le tewa est employé à San Juan, Santa Clara, San Ildefonso, Pojoaque, Nambe et Tesuque. Le tewa est également parlé à Hano, en territoire hopi, de nombreuses familles tewas ayant émigré de la vallée du rio Grande, vers 1700, après la reconquête qui suivit la révolte des Pueblos. Jemez est, de nos jours, l'unique pueblo où l'on parle encore le towa. Jadis, les habitants du fameux pueblo de Pecos parlaient également le towa, mais ce village fut abandonné vers 1800.

Dispersés parmi les populations parlant le tanoa, on trouve les Keres, dans les villages de Cochiti, Santo Domingo, San Felipe, Santa Ana et Zia, situés le long du rio Grande et de ses affluents, et, plus à l'ouest, Laguna et Acoma. Encore plus à l'ouest, le pueblo de Zuni est le fief du zuni, faisant partie du groupe penute et ne présentant aucune parenté avec d'autres groupes

Zunis

Le pueblo de Zuni a été habité pendant plus de 600 ans. Les contacts avec les Espagnols et les Mexicains furent pratiquement constants depuis l'arrivée de Coronado, en 1540, mais Zuni sut préserver son indépendance, en dépit de l'adoption de produits agricoles européens, du mouton, de l'âne, ainsi que de la constitution d'un gouvernement laïc destiné à traiter avec le monde extérieur. Celui-ci existe toujours, sous une forme modifiée, parallèlement au pouvoir théocratique, qui se charge des affaires intérieures. La vie cérémonielle, très élaborée, est organisée autour de six groupes de kivas, douze sociétés de guérisseurs et deux groupes de prêtres œuvrant avec les quatorze clans matrilinéaires. Au milieu du XXe siècle, la joaillerie (argent, turquoises) et la poterie étaient les principales sources de revenus des Zunis. Vers 1970, le tissage et la vannerie avaient disparu, tandis que leur production était florissante à l'époque où les objets présentés ici furent collectés par A. L. Kroeber, F. W. Hodge et H. J. Spinden, entre 1899 et 1916.

1 Coupe crénelée en terre cuite, ornée de libellules à l'intérieur et de grenouilles modelées à l'extérieur. 1915.
2 Bol. 1912.
3 Bibelots en forme de mocassins, fabriqués pour la vente. 1915.
4 Symbole de la foudre, en bois, utilisé au cours des danses. 1915.
5 Autre représentation de la foudre. 1915.
6 Pagne en coton brodé de laine porté par les danseurs. 1915.
7 Arme de jet pour la chasse au lièvre, en bois peint en rouge et noir. 1915.
8 Pot en pierre contenant de la peinture verte. 1899.
9 Petite jarre rouge à décor de canards et d'arcs-en-ciel échelonnés. 1899.
10 Foret à pompe pour la joaillerie ; mèche de métal et volant de pierre. 1915.
11 Paire de pinces pour cueillir les fruits de cactus. 1915.
12 Panier plat à tressage ajouré. 1899.
13 Fuseau de bois pour filer la laine. 1915.
14 Panier de brins de yucca clissés. 1916.
15 Mocassins de jeune danseur. 1915.

16 Mocassins et bandelettes de jambières de femme en peau de daim. 1915.
17 Pagne en coton brodé de laine porté par les danseurs. 1915.
18 Grande coupe de terre cuite. 1899.
19 Palette de bois pour faire le pain. 1915.
20 Panthère en pierre, mascotte d'un groupe de chasseurs. 1915.
21 Brassards des représentants des divinités faits de bandes et de pendants de cuir. 1915.
22 Paire de mocassins avec des bandes de piquants de porc-épic décorant les talons. 1915.
23 Cape de danseur shalako. 1915.
24 Parure de petites plumes de dindon et d'une longue plume blanche, portée sur le côté de la tête lors des danses hopis. 1915.
25 Grande jarre de terre cuite décorée du traditionnel oiseau-de-pluie. 1899.
26 Grande coupe en terre cuite. 1899.
27 Support circulaire recouvert de brins de yucca pour récipients chauds. 1915.
28 Poupée katchina nue, peinte en blanc, avec une couronne de fleurs. 1916.
29 Panier en vannerie. 1899.
30 Flûte à pavillon pour les cérémonies. 1915.
31 Symbole de la foudre, en bois, utilisé au cours des danses. 1915.
32 Collier de danse comanche orné d'imitations de serres d'aigles en bois. 1915.

CI-DESSUS *Pueblo de Zuni, Nouveau-Mexique, 1879. La cage de l'aigle est faite de piquets et de pisé. Les aigles étaient capturés pour leurs plumes, qui avaient une haute valeur symbolique.*

CI-DESSOUS *Vue des toits du pueblo de Zuni, la mesa de Taaiyalone, sur laquelle les Zunis se réfugièrent à la suite de leur conflit avec les franciscains, en 1632.*

linguistiques du Sud-Ouest (les autres populations parlant le penutien vivent en Californie). Enfin, les Hopis, qui vivent dans le centre nord de l'Arizona, sont répartis dans une série de villages situés sur trois mesas du plateau du Colorado. La langue hopi appartient à la branche shoshone de la famille uto-aztèque. Le hopi est ainsi relié au pima, à l'ute et au paiute, dans le Sud-Ouest, ainsi qu'à de nombreux groupes linguistiques du centre du Mexique.

Les Pueblos sont divisés en deux sous-groupes principaux, déterminés par leur localisation et leur environnement. Les Pueblos de l'Est (parlant le tanoa et le keres) vivent sur le rio Grande et ses affluents, qui leur ont permis de pratiquer une agriculture d'irrigation. Les Pueblos de l'Ouest (Hopis, Hopis-Tewas, Zunis, Acomas et Lagunas), dont les territoires sont dépourvus de cours d'eau constants, ont recours à une agriculture sèche. Ces différences hydrométriques influencent de nombreux aspects de la vie quotidienne, des ressources nutritionnelles à la religion. L'économie des Pueblos est fondée sur les produits du sol ; nombreux aussi sont ceux qui élèvent de petits troupeaux de moutons et de bovins, pratiquent l'artisanat (tissage, travail de l'argent, joaillerie, poupées katchinas, poterie et vannerie). Aujourd'hui, comme partout ailleurs dans le Sud-Ouest, la plupart des Pueblos sont salariés. Étant obligés de vivre loin de leurs terres, ils se sont rap-

prochés des grandes villes comme Albuquerque, Santa Fe, Gallup, Flagstaff et Phoenix. Tous, cependant, retournent dans leurs villages pour les cérémonies importantes.

Chez les Pueblos, la religion transcende et imprègne tous les aspects de l'existence, se caractérisant par une totale interaction avec la terre, les autres peuples et le monde surnaturel. Tous les domaines de la vie (art, artisanat, structures économiques, sociales et familiales) sont inextricablement mêlés et intégrés dans une vision unitaire de l'univers. Suivant le principe selon lequel l'homme doit vivre en harmonie avec la nature, les Pueblos ont développé de riches traditions culturelles, exprimées dans leur poterie, leurs légendes, leurs chants, leurs danses et leur art, leurs valeurs fondamentales gagnant ainsi une expression universelle. La plupart des décors de leurs poteries, par exemple, sont inspirés de motifs en relation avec le rituel religieux. Dans le domaine de l'architecture, le centre du village est représenté, physiquement et symboliquement, par une chambre appelée *kiva*. C'est là que se déroulent, chaque jour, les cérémonies privées et collectives, aux moments les plus appropriés de l'année. Les prières ont pour objectif de favoriser la germination et la maturation des cultures, et de rendre grâce pour son propre salut. Toute chose n'a de signification, en effet, qu'à travers la religion.

A l'intérieur des pueblos, les autorités séculières et religieuses sont nettement définies. Chaque village est une théocratie solidement et hautement structurée, organisée autour d'une vie rituelle complexe. Fondée sur une structure ancienne, cette théocratie, dont le chef est appelé « cacique », est tenue secrète à l'intérieur du village. Pour le monde extérieur, la structure séculière politique semble plus évidente. Chez les Pueblos de l'Est, l'organisation séculière est entre les mains d'un « gouverneur », désigné ou élu chaque année. Dans les années 1850, ces gouverneurs reçurent du président Lincoln des bâtons de pouvoir, qui sont devenus de puissants symboles de leurs fonctions. Le gouverneur est entouré de plusieurs assistants, nommés *principales*, ou groupe de vétérans des affaires politiques, que leur longue expérience rend capables de traiter avec sagesse les affaires religieuses et civiles. Chaque pueblo dispose d'un chef de la chasse et d'un chef ou prêtre de la guerre.

CI-DESSUS *Fileur hopi faisant une torsade à l'aide d'un fuseau qui est placé sous ses pieds (cette photo n'est pas datée).*

Les pueblos tewas sont constitués de deux classes sociales, que les anthropologues appellent « moitiés ». L'appartenance à une moitié se transmet par le père, bien qu'une femme puisse en changer si elle se marie avec un homme du groupe opposé. Chaque moitié dispose de ses fonctionnaires. Pendant la première partie de l'année, les responsabilités administratives et rituelles du pueblo sont confiées au Peuple de l'Été, tandis que le Peuple de l'Hiver les assume durant la seconde partie de l'année. Il existe, à l'intérieur de chaque moitié, des sociétés religieuses, mais d'autres structures interfèrent et estompent ces divisions de base. Chez les Keres, l'organisation sociale est plus unifiée. Elle repose sur un cacique, assisté par un conseil constitué des responsables des sociétés religieuses, qui doivent servir leur vie durant.

La famille constitue le fondement de tous les pueblos. Tandis qu'elle s'étend aux branches paternelle et maternelle, dans les communautés tewas, c'est la lignée maternelle qui forme la base des sociétés zuni et hopi. Par rapport aux autres groupes du Sud-Ouest, les Pueblos se montrent

CI-DESSOUS *La Natashka des Hopis, ou cérémonie de la Plantation des Fèves, au pueblo de Walpi, First Mesa, Arizona* (1893). *Ces katchinas effraient les enfants pour qu'ils obéissent à leurs parents.*

non individualistes, et les innovations sont acceptées ou repoussées par décision collective, par consensus ou par persuasion. Si tous les Pueblos partagent beaucoup de valeurs communes, d'idées et de traditions, ils n'en sont pas moins distincts. Un pueblo est étroitement uni en fonction d'une organisation très élaborée. Chaque village encourage les mariages à l'intérieur de son propre groupe. Il existe des différences entre les cérémonies de chaque groupe, et les poteries ainsi que les décors possèdent leurs caractéristiques distinctives, comme le montre la planche des pages 42-43, où l'on peut voir l'artisanat d'un seul groupe, les Zunis.

A l'arrivée des Espagnols, les groupes agricoles — Cahitas, Tarahumares, Pimas et Yumas — constituaient le plus important sous-groupe du Sud-Ouest, avec plus de 150 000 individus, soit près des trois quarts de la population de la région. Ils vivaient dans des campements largement espacés, le long des fleuves, dans les montagnes bien irriguées, ou dans les zones désertiques du sud de l'Arizona et du nord du Mexique. Le fondement de la société reposait sur la famille, bien plus que sur le village, chacune possédant une demeure et des champs s'étendant sur 800 mètres de part et d'autre des cours d'eau. L'autorité, généralement bilatérale, pouvait parfois être patrilinéaire. Cependant, les membres de chaque campement se considéraient comme une seule communauté, se déplaçaient tous ensemble et symbolisaient leur unité en érigeant une maison communautaire au centre de chacun de leurs sites. Ces populations paysannes disposaient en général de plusieurs villages, qu'elles occupaient en fonction de la saison. Aujourd'hui, ces groupes agricoles apprécient les rencontres et les rassemblements, tout en dédaignant les situations structurées et l'étalement des richesses, et restent très fidèles aux traditions liées aux rapports sociaux. Bien que cela traduise un affaiblissement de l'autorité religieuse (les principaux chefs religieux étaient les chamans plutôt que les prêtres, et les meneurs politiques des vétérans à la parole influente), le plus grand respect est dévolu à quiconque fait preuve d'expérience et de sagesse. Cette attitude est à l'origine d'une riche tradition transmise par les mythes, les chants et l'histoire orale. Les Huichols ont développé ces pratiques à leur plus haut degré.

Ces populations agricoles appartiennent à deux groupes linguistiques. Celles de langue uto-aztèque peuvent être divisées en quatre groupes linguistiques de base : pima, cahita, opata et tarahumare. Les Pimas vivent dans le sud de l'Arizona (Pimas Altos, Tohonos O'Odhams et Sobaipuris) et au Mexique (Pimas Bajos et Tepehuas). Les groupes de langue cahita (Mayos et Yaquis), opata (Opatas, Eudeves et Jovas) et tarahumare (Tarahumares, Warihios et Conchos) sont établis dans les régions montagneuses du Mexique et sur les rives des fleuves. Ceux de langue hoka, les Yumas, vivent en Arizona et dans le nord de la Basse-Californie. Les Yumas des Hauteurs (Walapais, Yavapais et Havasupais) vivent sur les plateaux de l'ouest et du nord de l'Arizona, tandis que les Yumas des Plaines (Mohaves, Halchidhomas, Yumas, Cocomaricopas, Cocopas et Cochimis) vivent le long du Colorado et de ses affluents. Se déplaçant constamment en raison de guerres intertribales, certains groupes yumas se sont mutuellement exterminés vers le début du XIXe siècle. Les Maricopas ont fini par migrer vers la rivière Pima, dans la région de Phoenix, après avoir été chassés des rives du Colorado.

CI-DESSUS *Lieta, une femme pima de la réserve de Gila River, Sacaton, Arizona, 1902. Son tatouage facial, au style alors démodé, avait été réalisé pour cette photo.*

Au Mexique, on connaît bien les Tarahumares, habitants des montagnes, vivant essentiellement dans des abris troglodytiques, sur des falaises abruptes. L'été, ils cultivaient de petits champs de maïs dans les vallées, avant de se retirer dans les plaines pour l'hiver. Comme d'autres groupes de cultivateurs, les Tarahumares s'alimentaient également de plantes sauvages. Ils n'ont été touchés par le monde extérieur que depuis peu de temps : la première voie ferrée qui traverse leur région n'existait pas il y a dix ans.

Dans les plaines et les vallées basses situées plus à l'ouest sont établis des groupes comme les Huichols, les Mayos et les Yaquis, à l'embouchure des plus grands fleuves, dans une des régions les plus fertiles du Mexique. Ces conditions particulièrement favorables ont permis des peuplements plus denses que dans les régions montagneuses et désertiques, si bien que les Yaquis et les Mayos ont développé des organisations tribales, dans des perspectives défensives et guerrières. Les Yaquis y excellèrent au point d'être l'unique groupe de la région à avoir résisté aux conquistadores. Il est également intéressant de noter qu'ils furent les seuls à s'adresser aux missionnaires et à s'être volontairement convertis au christianisme. Toutefois, ils en adaptèrent dans une large mesure le rituel et l'esprit, développant ainsi une nouvelle religion, le catholicisme sonoran, fondé sur un mélange de croyances et de coutumes mexicaines, espagnoles et traditionnelles. Son rite principal est la cérémonie de Pâques, qui dure quarante jours, et dont le point culminant est la destruction du Mal par le Bien, au cours d'un simulacre de bataille qui a lieu la veille du dimanche de Pâques. Ce rituel, comme bien d'autres toujours observés par les groupes du Sud-Ouest, a pour but d'assurer la pérennité de l'univers.

Les Yaquis furent finalement vaincus, après des années de guerre, par le Mexique, qui annexa leurs terres à la fin des années 1880. Les Mexicains

A DROITE *Les femmes mayos confectionnaient des couvertures, ponchos et écharpes sur un métier à tisser horizontal, et tressaient des paniers d'osier. De grandes nattes servaient de couchage et de cloisons, comme on le voit sur cette photo.*

déportèrent la majorité de la population vers la péninsule du Yucatán, afin de l'exploiter dans des camps de travaux forcés. Certains Yaquis parvinrent à s'enfuir et à pénétrer aux États-Unis, où ils fondèrent plusieurs communautés, dans le sud de l'Arizona. A leur demande, ils obtinrent le statut de réfugiés politiques et la permission de rester en Arizona, même après avoir été autorisés à revenir dans leur patrie, dans les années 20. C'est en partie grâce à leurs cérémonies religieuses spécifiques qu'on leur accorda cet asile politique.

Plus au nord se trouvaient les O'Odhams (Pimas), qui vivaient en groupes plus compacts que les Tarahumares. L'histoire des Pimas remonte au passé archéologique du sud de l'Arizona et du nord du Mexique. Ils se nomment eux-mêmes O'Odham, ce qui signifie « le Peuple ». On peut les diviser en quatre groupes de base : les Pimas des Fleuves, établis le long des rivières du centre de l'Arizona, les Tohonos O'Odhams (jadis appelés les Papagos), les Pimas Bajos du Mexique et les Sobaipuris, qui vivaient dans le sud-est de l'Arizona, avant d'en être chassés par les Apaches et les Espagnols. Les survivants de ce groupe se mélangèrent par la suite avec les autres Pimas. Toutes ces populations vivaient de l'agriculture, activité où les Pimas des Fleuves étaient si performants qu'ils fournirent l'essentiel du ravitaillement des troupes américaines, sur le front occidental, au cours des campagnes de la guerre de Sécession, ainsi qu'aux colons anglo-américains se rendant en Californie à l'époque de la Ruée vers l'or, dans les années 1860. Ils formèrent également, pendant la guerre de Sécession, les uniques forces de l'Union du territoire d'Arizona ; ils triomphèrent des troupes confédérées et jouèrent un rôle de premier plan sur les lignes californiennes. Les Pimas servirent ensuite d'éclaireurs au cours des guerres contre les Apaches. Leur prospérité dura jusqu'à l'arrivée, dans la ville de Florence, en amont de leurs terres, des colons anglo-américains, qui, s'appropriant leurs ressources en eau, rendirent toute agriculture impossible : les rivières s'asséchaient à l'époque des semailles, entraînant la famine dans de nombreux groupes. Il fallut malheureusement attendre le Congrès de 1924 pour que leurs droits soient reconnus, et que la construction du barrage de Coolidge leur permette de nouveau d'irriguer leurs terres. De nombreuses années furent nécessaires pour que leur niveau

A DROITE Deux Yumas, vers 1870. *Leur arme favorite était le casse-tête en bois ; les longs arcs frêles, avec leurs flèches, que l'on voit ici, étaient utilisés pour les seuls oiseaux et petites proies.*

CI-DESSOUS Deux Cocopas *(la plus méridionale des tribus yumas) à bord du navire de l'amiral Dewey,* Narragansett, 1874. *Les pagnes des Cocopas étaient plus longs derrière que devant.*

Tarahumares

Les Tarahumares sont dispersés sur plusieurs sites, au sud-ouest de l'État de Chihuahua. Ils cultivent le maïs, les fèves et la courge, et élèvent des bovins, des ovins ainsi que des ânes. Les premières études sérieuses sur les Tarahumares furent entreprises par Carl S. Lumholtz (1902), qui collecta, vers 1890, les objets ci-dessous (sauf le poncho n° 1, d'origine plus récente). La plupart d'entre eux n'ont jamais été publiés, et aucun ne l'avait été en couleurs. Dans leur majorité, ils font toujours partie de la vie des Tarahumares actuels.

La croix de bois du collier de Carichí (n° 3) témoigne que les Tarahumares sont, pour la forme, catholiques. Le pinole, cité dans la légende n° 8, était une farine faite à partir de maïs grillé. La lance de bambou (n° 16) est une pièce rare. Le panier et son couvercle (n° 18) sont réalisés par double tressage de brins de palmier nain.

1 Poncho d'homme tissé sur métier horizontal.
2 Boucles d'oreilles de femme : pendants de coquillages et chaînes de perles de verre.
3 Collier de perles avec croix de bois. Carichí.
4 Bourse de cuir à franges.
5 Plat confectionné dans une gourde. Guajochi.
6 Louche taillée dans une gourde. Aboreachi.
7 Louche en bois.
8 Galettes de feuilles d'une plante sauvage (appelée *hierba colorado* en espagnol) moulues et séchées au soleil, entrant dans la préparation du pinole.
9 Hochet en bois utilisé par les danseurs.
10 Sifflet de bambou utilisé pour accompagner les tambours, lors des cérémonies de Pâques. Copper Cañon.
11 Racleur musical : une tige que l'on frotte sur un manche à entailles,

au-dessus d'un résonateur. Utilisé pour les cérémonies peyotes et bakanowas. Barranca de San Carlos.
12 Coupe en bois servant, côté bombé, de résonateur pour le racleur musical. Guajochi.
13 Quenouille en bois. Guajochi.
14 Arc de chasse, en bois d'orme ou de mûrier. Carichí.
15 Carquois en peau de puma avec dix-sept flèches, la plupart munies de pointe métallique. Carichí.
16 Lance de bambou à pointe métallique. Carichí.
17 Hochet fait dans une gourde, utilisé lors des danses rituelles.
18 Panier à couvercle en feuilles de palmier nain tressées.
19 Panier à double tressage contenant des plumes (probablement utilisé lors de cérémonies).
20 Plat en terre cuite, fait selon la technique du colombin et séché au soleil avant cuisson. Aboreachi.
21 Couverture de laine tissée sur métier horizontal, utilisée comme couchage ou comme cape à la saison froide. Guajochi.
22 Ceinture de laine unisexe. Carichí.
23 Ceinture de laine.
24 Ceinture de laine. Nararachi.
25 Ceinture de laine. Carichí.
26 Ceinture de laine. Guajochi.
27 Sandales de cuir portées par les hommes comme par les femmes. Guajochi.

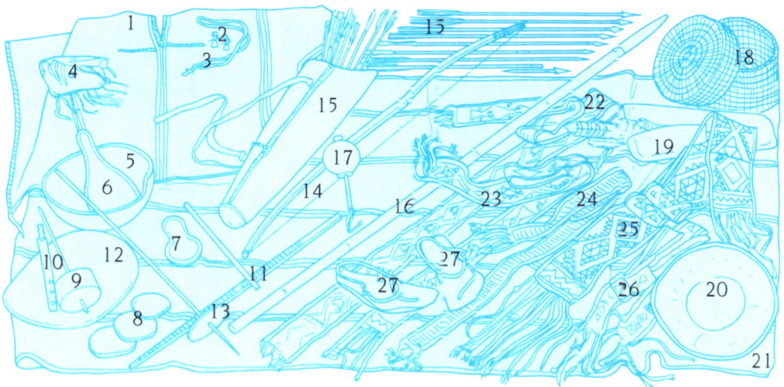

économique et social se rétablisse, à l'issue d'une période qu'ils nomment les « Quarante Années de famine ».

Un autre groupe d'agriculteurs, les Yumas, vivait sur les rives du Colorado. A l'instar des Cahitas, ces derniers disposaient de ressources permanentes en eau, qui leur permettaient de constituer des exploitations à forte densité. Ils étaient également organisés en tribu pour les affaires militaires et possédaient un sens aigu de leur identité. Dans le domaine civil, c'était cependant le groupe local qui prenait les décisions. Ils recouraient aussi plus largement aux plantes sauvages, pour leurs habitations, leurs vêtements et leur nourriture, que les Cahitas, et leur exploitation agricole ressemblait plus à celle des Pimas et à celle de leurs voisins de l'ouest de la Californie. Les Yumas des Fleuves étaient étroitement dépendants du cycle des crues. Leurs habitations étant périodiquement détruites par celles-ci, ils n'avaient aucune incitation culturelle à accumuler des biens. De nos jours encore, les Cocopas, par exemple, méprisent toute démonstration de richesse : les biens d'un individu sont détruits à sa mort, et ceux de ses proches sont également brûlés lors de la crémation funéraire et de la cérémonie commémorative, la plus importante manifestation religieuse. Dans la période historique, les Yumas des Fleuves intégrèrent les Chemehuevis, un groupe du centre de la Californie ayant adopté un style de vie semblable à celui des Mohaves.

Un dernier groupe, les Yumas des Hauteurs, peut être aussi bien assimilé aux populations paysannes que non agricoles, leurs territoires n'étant pas suffisamment irrigués pour permettre une exploitation permanente du sol. Les Yumas des Hauteurs (Walapais, Yavapais et Havasupais) vivaient jadis de chasse et de cueillette, sur les plateaux de l'ouest et du nord de l'Arizona. Menant une vie comparable à celle des autres populations de chasseurs-cueilleurs, les Walapais disposaient

CI-DESSOUS *Juan Chivaria, chef de guerre et chaman des Maricopas, une des tribus du fleuve Colorado, avec son fils et sa nièce (Sye-cui-Sall). Vivant en étroit contact avec les Pimas, leur mode de vie était typique de celui des Yumas du Colorado.*

CI-DESSUS *Jodrava, un Havasupai, buvant à une cruche traditionnelle en vannerie. Une gomme végétale, enduisant l'intérieur et l'extérieur, en garantissait l'étanchéité et la longévité.*

CI-DESSOUS *Havasupai préparant une peau tendue sur un châssis de bois. Cette tribu échangeait des peaux tannées, auprès des Hopis et des Navajos, contre des chevaux, de la poterie et des bijoux.*

Famille mohave, 1851

La femme porte une double jupe faite de lanières d'écorce (de saule pour celle de devant), un collier de perles à plusieurs rangs et, sur la tête, un panier pima. Le tatouage de sa peau est semblable à celui d'Olive Oatman ; son visage présente le dessin de peinture rouge appelé *hotahpava*, et son corps est également décoré de rouge. La coiffure de l'homme, en longs rouleaux enduits, fut longtemps typique des Mohaves, comme son long pagne. La peinture de son visage est appelée *ha avkek*. Il tient un casse-tête en bois, utilisé dans les combats au corps à corps que se livraient les hommes auxquels leurs rêves avaient révélé qu'ils deviendraient puissants par la guerre. Devant l'entrée de la cabane de rondins, au toit de chaume recouvert de sable, sont posés deux grands récipients de terre cuite et un plat de cuisson pour le maïs et le blé.

Pimas

A l'arrivée des Espagnols, en 1694, les Pimas vivaient dans sept villages aux alentours du rio Gila, dont les eaux leur permettaient de faire pousser du maïs, des haricots, des courges, du coton et du tabac. Ils cueillaient des fruits sauvages (notamment fèves de mesquite et fruits de cactus), et chassaient le daim et le lièvre. Au XVIIIe siècle, les Pimas se mirent à cultiver le blé avec succès, grâce à une parfaite irrigation, et ils purent en commercialiser les excédents. L'agriculture des Pimas connut son âge d'or pendant le premier quart de siècle qui suivit l'annexion de l'Arizona par les Américains, en 1853. Les colons firent ensuite dévier le cours du rio Gila, en amont du territoire pima, dont l'économie s'écroula. Lorsque Frank Russell, ethnologue de Harvard, étudia l'histoire, la culture et en particulier le mode de vie des Pimas, en 1901-1902, l'essentiel de ce qu'il collecta était obsolète ou en voie de l'être. Voici un extrait de sa collection, à côté d'objets recueillis à des dates antérieures.

1 Couverture de coton, obsolète en 1901. Collectée en 1877.
2 Bandeau de coton et de laine. Reconstitution d'un type ancien.
3 Veste en peau de daim. 1877.
4 Casse-tête de combat en bois de prosopis.
5 Modèles de casse-tête et de bouclier en cuir peint.
6 Sandales de cuir des Papagos, semblables à celles des Pimas. 1895.
7 Calendrier à encoches et symboles mnémoniques pour les événements importants de chaque année, de 1833 à 1902.
8 Ébauche de cuiller en bois de prosopis.
9 Bêche à fer en acier mexicain et manche pima en chêne.
10 Pierre utilisée pour façonner une poterie.
11 Pilon en pierre.
12 Arc de guerre en bois de mûrier et corde faite en tendons.
13 Flèche. Collectée en 1885.
14 Flèches, dont une à pointe de pierre. 1877.

15 Coiffe de guerre en plumes de rapace. 1885.
16 Collier de perles de verre.
17 Plat en bois pour la préparation du pain et d'autres aliments. 1885.
18 Louche en bois de prosopis, dont la forme fut enseignée aux Pimas par les Papagos.
19 Louche taillée dans une gourde. 1885.
20 Bol en vannerie pour guerrier.
21 Collier de perles de verre.
22 Crécelle faite de coquilles de mollusques, fixées à des tiges sur un manche de bois. Obtenue par les Pimas auprès des Papagos ou des Yaquis.
23 Jeu constitué de quatre tubes de roseaux remplis de sable. Les joueurs devaient deviner lequel contenait une fève.
24 Plumes d'aigle montées sur une baguette utilisée lors du rituel de l'aspersion.
25 et 26 Tablettes de chaman.
27 Panier en paille de blé tressée utilisé pour conserver le grain.
28 Panier tressé. 1885.
29 Panier tressé.
30 Palette en chêne utilisée, avec une forme, dans la confection des poteries.
31 Panier pour les accessoires du chaman. 1885.
32 Gourde pour transporter les semences. 1885.
33 Crible fait de tiges de saule.
34 Racleur musical : une tige que l'on frotte sur les encoches d'une baguette.
35 Flûte en roseau.
36 Poupée de chiffon dans un berceau.
37 Sonnailles faites de cocons enfilés sur une ficelle.

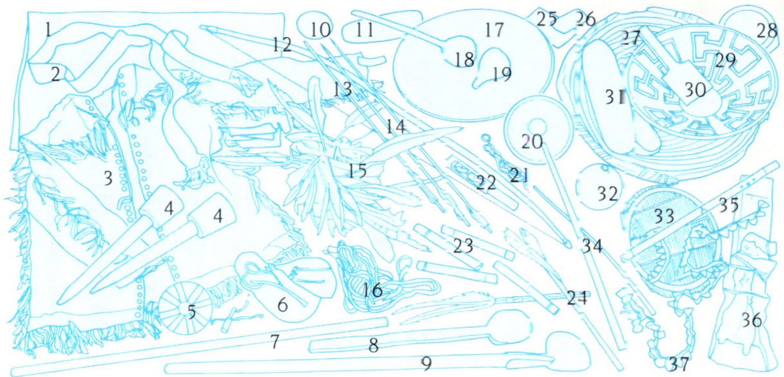

d'une technologie réduite et vivaient en petits groupes se déplaçant fréquemment à l'intérieur d'une zone circonscrite. Les Havasupais étaient établis sur les rives du Colorado, dans le cañon de la Cataracte, près du Grand Cañon, et avaient adopté de nombreux caractères des Hopis. Les Yumas des Hauteurs eurent peu de contacts avec les Espagnols et les Mexicains, en dehors de la rencontre occasionnelle avec des chercheurs de minerais. Aujourd'hui, les Yavapais et les Walapais sont regroupés dans de petites réserves, où ils vivent d'élevage ou de travaux salariés. A cause des nombreux mariages intertribaux, et de leur internement dans les réserves apaches, beaucoup de Yavapais se sont intégrés culturellement aux Apaches de l'Ouest. Vers 1900, ils ont commencé à s'échapper de la réserve de San Carlos et à retourner dans leurs territoires d'origine, dans des zones non revendiquées par les mineurs anglo-américains.

Pour la plupart d'entre nous, les Apaches, stéréotypés dans de nombreux westerns, sont des êtres belliqueux et sanguinaires. Il s'agit là, bien sûr, d'une vision partielle. S'ils étaient effectivement de féroces guerriers, redoutés à juste titre, ils avaient, et possèdent toujours, une richesse culturelle insoupçonnée. Les Athapascans du Sud, ou Apaches, arrivèrent tardivement dans le Sud-Ouest, juste avant les Européens. Reliés à d'autres populations de langue athapascane du Nord, la plupart des Apaches vivaient en petits groupes organisés autour de la famille étendue (par opposition à la famille nucléaire, regroupant seulement les deux parents et les enfants), comme des semi-nomades, avec des résidences saisonnières. Des populations locales, composées de plusieurs familles matrilinéaires, formaient des bandes, le plus haut niveau de leur organisation politique. Il n'y avait pas de tribus telles que les ont inventées les producteurs et scénaristes d'Hollywood. Aujourd'hui, chaque groupe se considère comme une nation autonome.

Géographiquement, on peut diviser les Apaches en groupes de l'Est et de l'Ouest. A l'est se trouvent les Jicarillas, les Mescaleros, les Lipans (qui forment un groupe des Plaines du Sud) et les Chiricahuas ; l'Ouest est occupé par les bandes white mountain, carrizo, san carlos, fort apache, pinal, arivaipa, apache peaks, mazatzal, tonto, cibecue et navajo. Tous ces groupes ont en commun une même vision de l'univers, la même orientation religieuse, ainsi que le même cycle mythologique. Les cérémonies ont pour but de guérir les maladies, de réordonner l'univers et de chasser d'éventuels mauvais esprits. Ces groupes, matrilinéaires, ont développé d'importantes cérémonies de la puberté pour les filles. Dans une cérémonie mescalero, par exemple, la famille élève un grand tipi (hutte) de branchages dans lequel les jeunes filles dansent sur une série de chants rituels. Cette célébration est dirigée par le chaman, ou homme-médecine. Dans la seconde partie de la cérémonie, appelée le Salut au Soleil, la jeune fille est admise dans le monde des adultes, après une période de jeûne et d'initiation par ses aînées.

La population de langue athapascane a été le dernier grand groupe d'Amérindiens à s'introduire dans le Sud-Ouest et le dernier à entrer sous le contrôle politique des Anglo-Saxons. Originaires du nord-ouest du Canada et de l'Alaska, les Athapascans parvinrent dans le Sud-Ouest entre la fin du XIVe siècle et le début du XVe, juste avant l'arrivée des Espagnols. Vers 1600, le Sud-Ouest comptait probablement 15 000 Apaches. A l'époque où

CI-DESSUS *Chasseurs apaches. Les chaussettes de l'un viennent probablement de l'armée. Leur tenue est typique : turban et mocassins hauts. Leurs flèches sont plus longues que dans les Plaines.*

ils arrivèrent par petites bandes de migrants, ils étaient encore indifférenciés. Ces groupes se déployèrent rapidement autour des villages pueblos, revendiquant certaines zones comme étant leurs terres traditionnelles, avec leurs lieux sacrés. Quelques groupes se mêlèrent aux tribus des Plaines : les Apaches Lipans se rendirent dans l'ouest du Texas, où ils repoussèrent les Comanches ; les Mescaleros et les Chiricahuas

CI-DESSOUS *Eskiminzin et son épouse, de la tribu des Apaches Pinal Coyoteros, réputés pour leurs manières avenantes et la beauté de leurs femmes.*

rejoignirent la zone située à l'est de la vallée du rio Grande ; les Jicarillas et les Navajos, quant à eux, s'établirent dans le nord du Nouveau-Mexique, tandis que les Apaches de l'Ouest et les autres Chiricahuas s'installaient sur les terres ancestrales des Anasazis et des Mogollons.

Vivant de chasse et de cueillette, les Apaches ajoutèrent à cette alimentation de base, lors de leur arrivée dans le Sud-Ouest, la rapine et l'agriculture. Tous adoptèrent rapidement les coutumes des Plaines, des Pueblos ou des peuples paysans, et on leur fit une réputation de férocité. Ils se familiarisèrent également avec le cheval. Une grande partie de l'histoire du Sud-Ouest est reliée aux expéditions sanglantes des Apaches, ainsi qu'aux revanches et représailles des Pueblos, des Pimas, des Espagnols et des Anglo-Saxons. Vers 1700, le Sud-Ouest n'était, dans sa majorité, qu'un champ de bataille, où les alliances se faisaient et se défaisaient au gré des intérêts économiques. Les Jicarillas s'unirent aux Espagnols dans leur guerre contre les Français et les Pawnees. Les Utes et les Tewas, notamment ceux de Taos, se joignirent aux Jicarillas pour combattre les Comanches et les Kiowas des Plaines. D'autres Apaches s'en prirent aux Pueblos, à tel point que cette population dut gagner des positions plus défensives sur les hauteurs, et que de nombreux groupes pimas furent obligés de se doter d'ouvrages défensifs permanents. Au Mexique, les raids apaches conduisirent à l'abandon de régions entières. Pour éviter les représailles, mais aussi à cause de leur mode de vie, les Apaches se tenaient sur les hauteurs, dans les cañons et les gorges des montagnes. Ils fondèrent de petites communautés pouvant se déplacer rapidement, et vécurent ainsi pendant plus de deux siècles, jusqu'à ce que le dernier groupe apache soit vaincu, au milieu des années 1880.

Les expéditions apaches n'étaient pas menées par une tribu entière, mais par des groupes localisés, méthode qui peut être comparée, dans ses grandes lignes, à celle de la guérilla. L'enjeu n'était pas de tuer, les Apaches ne tirant aucune gloire à éliminer un ennemi et ne prenant jamais de scalp : seuls la nourriture et les chevaux qu'ils rapportaient à leur famille étaient source de considération à leurs yeux. L'objectif était d'éviter le contact avec l'ennemi. Ceux qui menaient ces raids le faisaient lorsqu'ils savaient que les ressources de leur campement étaient insuffisantes. Les tribus apaches, contrairement aux bandes et aux groupes localisés, ne se reconnaissaient pas de chefs légitimes ; hommes et femmes influents tiraient leur prestige de leur richesse, de leur habileté et de leur personnalité. Les Apaches faisaient une distinction stricte entre le raid et la guerre. Une guerre était déclarée dans le but de venger la perte d'un des leurs, et était menée par un proche du disparu. Généralement, l'attitude des Apaches envers la guerre contrastait fortement avec celle des Indiens des Plaines : il n'y avait pas de sociétés de guerriers, et aucune fierté à opposer une résistance dans une situation désespérée ou à effectuer une action d'éclat. Des personnages légendaires comme Geronimo, Naiche ou Cochise durent leur notoriété surtout à leur habileté à échapper à la cavalerie américaine. L'ascendant des chefs tribaux ne s'est manifesté qu'après l'introduction des institutions politiques anglo-américaines.

Quelques groupes apaches pratiquaient une agriculture restreinte, vivant presque comme les Indiens des Plaines. Les Jicarillas (du terme espagnol signifiant « tresseurs de petits paniers »)

vivaient dans le nord du Nouveau-Mexique, et les Mescaleros (« cueilleurs d'agave ») dans le sud de la partie centrale de cet État. Ces deux groupes s'étendaient du côté des Plaines et présentaient ainsi certains traits culturels reflétant leurs contacts avec les groupes du Texas. Par exemple, ils vivaient traditionnellement dans des tipis, alors que les autres Apaches, établis dans des régions montagneuses, dressaient des abris de branchages appelés *wickiups*. Après leur défaite par Kit Carson et l'armée américaine, en 1868, les Jicarillas furent placés dans une réserve avec les Mescaleros, mais ces deux groupes s'affrontèrent, et leur territoire traditionnel fut rendu aux Jicarillas en 1887.

Les San Carlos, de leur côté, se mirent à l'élevage en 1884, lorsque le gouvernement américain distribua du bétail pour l'approvisionnement en viande de bœuf. Les hommes devinrent éleveurs,

CI-DESSUS *Femmes de la tribu des Apaches White Mountain, l'une d'elles avec une pierre à moudre. A gauche, une hotte tressée, typique des Apaches de l'Ouest ; les sacoches de selle sont en cuir ajouré.*

tandis que les femmes augmentaient les ressources de la famille avec la cueillette de fruits sauvages et la vente de leur production de vannerie. Il arrivait souvent que les Blancs empiètent sur les réserves, qui offraient d'excellentes terres de pâturage. Les propriétaires de la Chiricahua Cattle Company n'eurent aucune difficulté à obtenir, vers la fin des années 1890, la permission de faire paître

CI-DESSOUS *Groupe d'éclaireurs apaches (Arizona). Les premiers furent recrutés à Camp Apache, en 1871. Ils recevaient fusils, cartouchières, couvertures et gamelles, ainsi qu'un uniforme.*

2 000 têtes de bétail à Ash Flats, grâce à leur influence sur l'armée. D'autres fermiers blancs s'emparèrent illégalement des terres des San Carlos et abattirent le bétail des Apaches. En 1900, devant l'imminence d'un conflit armé, l'armée dut intervenir. Dix ans s'écoulèrent avant que la situation soit maîtrisée.

Avec la fin de leur mode de vie traditionnel, fondé sur la rapine et la chasse, tous les groupes apaches ont développé, au cours du XXe siècle, une économie reposant en partie sur l'élevage.

Les Navajos se nomment entre eux les Dineh (« les Humains »). Le nom Navajo vient du terme tewa « Navahuu », désignant un champ cultivé dans un arroyo (chenal reliant deux cours d'eau). Les Pueblos et les premiers chroniqueurs du début du XVIIe siècle distinguaient les Navajos des autres Apaches vivant à l'ouest et au sud du rio Grande par le fait qu'ils étaient « d'excellents cultivateurs ». Ce talent leur fut par ailleurs reconnu, 150 ans plus tard, par les rapports de l'armée américaine. Aujourd'hui, on considère les Navajos comme des éleveurs et des tisserands, mais ils ne le devinrent qu'en découvrant l'agriculture. A l'instar des autres Apaches, ils attaquaient les colonies espagnoles et les pueblos pour s'emparer de leurs moutons et de leurs chevaux. Les Navajos développèrent rapidement une vie fondée sur l'élevage, l'agriculture et la rapine, ce qui les obligea à maintenir une existence semi-nomade.

Lorsque les États-Unis annexèrent leur territoire, en 1849, les Navajos avaient la réputation d'être des bardes de guerriers et de voleurs. Ils n'étaient pas organisés en une tribu, chaque communauté et groupe familial étant indépendant. Le gouvernement tenta longtemps de mettre fin à leurs raids, afin de faciliter l'installation des colons anglais et mexicains, mais les attaques continuelles des trafiquants d'esclaves contre les familles navajos favorisèrent la poursuite des hostilités.

Au cours de la guerre de Sécession, le gouvernement américain voulut intégrer le Nouveau-Mexique et l'Arizona dans l'Union, de façon à maintenir les lignes de communication avec la Californie. Dans ce but, il pensa devoir mettre fin aux raids des Apaches, en particulier ceux des Mescaleros et des Navajos. En 1862, la campagne contre

Apaches de l'Ouest

Les Apaches de l'Ouest constituent cinq communautés indépendantes, parlant, avec de légères variantes, le même langage ; parmi elles, les Apaches San Carlos. Chacune comprenait de deux à cinq bandes autonomes de 50 à 700 individus (en 1880), celles-ci étant à leur tour divisées en plusieurs groupes locaux de 35 à 200 personnes formant les unités territoriales et politiques de base. Les Apaches vivaient dans une région de montagnes et de cañons, où alternaient forêts, vallées bien irriguées et déserts. Leur alimentation dépendait surtout de la chasse (daim, antilope) et de la cueillette (tubercules de yucca, fruits de cactus, fèves de prosopis), l'agriculture (maïs, haricots et courge) n'y entrant que pour un quart. Le mode de vie des Apaches de l'Ouest fut profondément modifié, à la période hispano-mexicaine, par l'introduction du cheval, des armes à feu, de nouvelles étoffes, ainsi que des outils et instruments de métal. Les relations avec leurs voisins indiens et espagnols oscillèrent alors entre le commerce et le vol de bétail. Pendant plus de la moitié du XIXe siècle, les Apaches combattirent l'armée américaine, jusqu'à la capture, en 1885, de Geronimo, qui mit fin aux hostilités. Vers 1909, date de la collecte, auprès des San Carlos, des objets présentés ci-dessous, de nombreux Apaches travaillaient, le plus souvent comme gardiens de troupeaux des ranches des Blancs. Depuis 1920, l'élevage et le débitage du bois, dans les réserves, sont cependant devenus leurs activités principales.

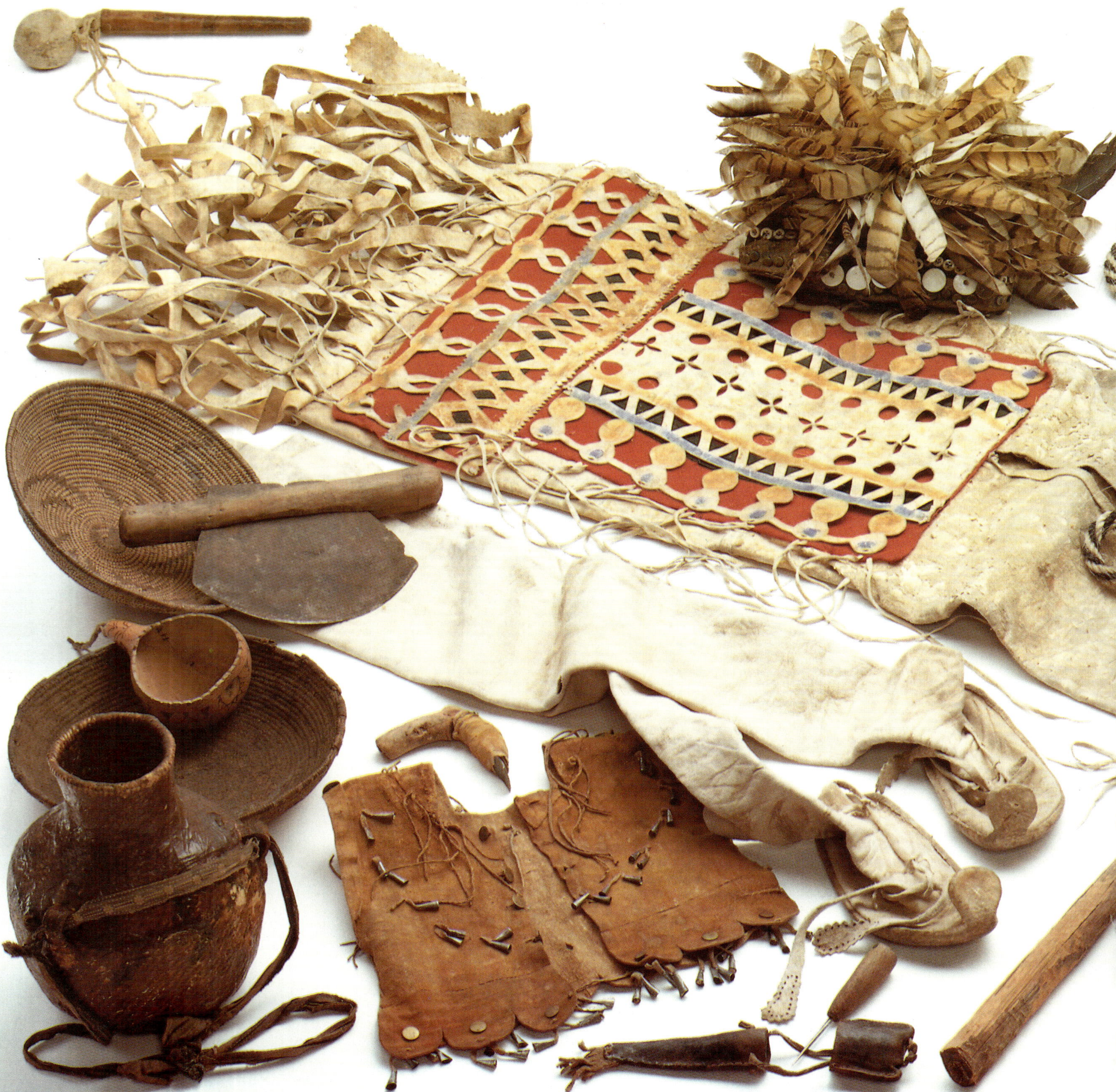

1 Casse-tête : masse de pierre recouverte de peau de daim et munie d'un manche en bois.
2 Ancien type de panier en vannerie spiralée servant à préparer et à servir les repas.
3 Couteau servant à tailler les feuilles de yucca.
4 Louche taillée dans une gourde.
5 Plat de vannerie recouverte d'argile servant à la cuisson du maïs à la braise.
6 Petite cruche de vannerie étanchéisée grâce à un enduit intérieur et extérieur de poix.
7 Grattoir en cuir muni d'une lame d'acier.
8 Chemise d'enfant en peau de daim.
9 Poinçon, probablement pour la vannerie, avec étui en cuir.
10 Coiffe faite de plumes de hibou.
11 Grande sacoche de selle en cuir ajouré, avec doublure de flanelle rouge.
12 Mocassins de femme en peau de daim, dont on repliait la partie supérieure.
13 Corde en crin de cheval.
14 Instrument à corder : les brins étaient attachés à l'encoche de la plus longue tige, qui tournait sur la plus petite afin de les entortiller.
15 Pierre rainurée pour redresser les flèches.
16 Mocassins de femme ornés de perles.
17 Panier en vannerie spiralée, en forme de cruche.
18 Cruchon en vannerie.
19 Hotte en vannerie. Jouet.
20 Brosse à cheveux faite d'un faisceau de pailles.
21 Panier plat en vannerie spiralée.
22 Coupelle en vannerie spiralée.
23 Panier plat en vannerie spiralée.
24 Van à grain en vannerie ajourée.

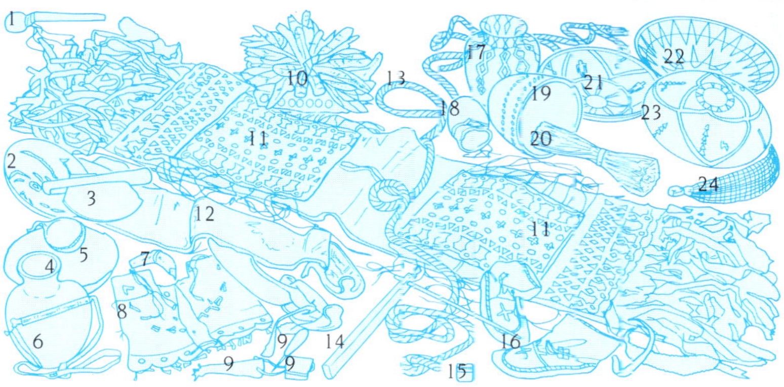

les Mescaleros dura cinq mois, au terme desquels ils furent déportés vers un nouveau poste militaire sur le fleuve Pecos, appelé Fort Sumner (ou Bosque Redondo), dans une région située en bordure des Plaines, où manquaient le bois de chauffage, l'eau potable et les terres cultivables.

En 1863, le général Carleton dépêcha le colonel Christopher Carson afin qu'il rassemble les Navajos pour les déporter, de gré ou de force, dans une nouvelle réserve militaire, au centre-est du Nouveau-Mexique. La plupart d'entre eux, qui vivaient en groupes largement dispersés, n'entendirent jamais parler de cet ultimatum. Le général Carleton ne fit aucune tentative pour les localiser, mais il chargea Carson de détruire leurs ressources économiques. Avec l'aide des Utes, des Pueblos et d'irréguliers du Nouveau-Mexique, celui-ci mit en place une politique de la terre brûlée, anéantissant les champs de maïs, les vergers, les points d'eau et le bétail. Plus d'un millier de Navajos furent exterminés, blessés ou faits prisonniers. Affamés, ne sachant où se réfugier, ils se rendirent en 1864.

Pour ces 8 000 Navajos commença alors la Longue Marche, un des événements les plus sombres de leur histoire. Plus de 10 pour cent des prisonniers moururent sur le chemin de Fort Sumner. Ce trajet fut, en effet, une longue succession de souffrances et de terreur : en l'absence de trains, les captifs durent parcourir plus de 500 kilomètres à pied. Ceux qui se plaignaient de la fatigue ou de la maladie étaient exécutés, de même que les femmes sur le point d'accoucher.

Tous les Navajos ne participèrent pas à la Longue Marche : beaucoup furent vendus comme esclaves, d'autres se réfugièrent dans des endroits inaccessibles tels que le Grand Cañon, et certains rejoignirent d'autres groupes. Ceux qui vécurent à Fort Sumner évoquèrent leur expérience en termes de désespoir et de privations. Peu de nourriture et encore moins de couvertures. L'hébergement était également insuffisant et les épidémies sévissaient. Regroupés avec leurs ennemis de toujours, les Apaches Mescaleros, les disputes éclataient fréquemment. La sécheresse et des terres impropres à la culture vouèrent cette réserve à l'échec. La Longue Marche et l'internement à Fort Sumner allaient s'inscrire comme un des points cruciaux de l'histoire des Navajos.

Lorsqu'il leur fut permis de retourner sur leurs terres, les Navajos reprirent rapidement leur mode de vie d'éleveurs et d'agriculteurs. Ils renoncèrent aux raids, qu'ils remplacèrent par de nouvelles activités économiques comme l'artisanat et les travaux salariés. L'artisanat des Navajos est réputé pour son tissage et sa joaillerie. La prospérité et le développement de cette tribu ont été tels qu'il s'agit aujourd'hui du groupe le plus nombreux de toute l'Amérique du Nord. Malheureusement, l'élevage intensif des ovins et du cheval avait achevé d'appauvrir cette terre. Dans les années 30, elle ne pouvait plus supporter ce bétail, et le gouvernement fédéral ordonna la réduction des troupeaux : c'était une nouvelle tragédie pour les Navajos.

Les cérémonies des Navajos, comme celles des autres Apaches, ne répondent pas aux exigences d'un calendrier, mais sont organisées lorsqu'il est nécessaire de recouvrer la santé et de s'attirer des faveurs en vue de sa survie. L'univers des Navajos est composé de deux catégories d'êtres : le Peuple de la Terre (les humains) et le Peuple Sacré (êtres surnaturels vénérés, puissants et mystérieux). Les Navajos croient que l'univers fonctionne selon certaines règles, qu'ils doivent suivre en accord avec le Peuple Sacré. Cette condition étant respectée, on obtient la sécurité et l'abondance dans un monde rayonnant d'harmonie. Si les règles sont enfreintes, ou si un individu est atteint par la maladie ou une blessure, on accomplit une cérémonie au cours de laquelle le Peuple Sacré est sollicité pour rétablir le fragile équilibre de l'univers. Lors de ces cérémonies, extrêmement complexes, on réalise des peintures de sable, tout en récitant des

CI-DESSUS *Femme navajo et son enfant portant des bijoux d'argent et de turquoises. Le premier Navajo qui sertit cette pierre dans l'argent serait Atsidi Chon (« Joaillier affreux »), en 1880. Le ceinturon à coquilles est typique de l'orfèvrerie navajo, réputée pour la pureté de son style.*

CI-DESSOUS *Pesh-lakai-ilhini, orfèvre navajo (à gauche), martelant une pièce d'argent sur une enclume en acier ; à côté du soufflet, son fils, apprenant sans doute le métier. L'homme de droite utilise un foret à pompe. Le hogan est constitué d'une structure en fourches recouvertes de terre.*

prières. Ces peintures sont des dessins éphémères faits de poudres colorées représentant le monde surnaturel et servant d'autels temporaires.

Un petit nombre de tribus vit dans un environnement très marginal, aux lisières de l'aire culturelle du Sud-Ouest, et n'ont jamais développé d'économie agricole. Au nord, on trouve des groupes isolés qui vivaient aux environs du Grand Bassin (Utes et Paiutes), quelques groupes de langue shoshone, comme les Yumas des Hauteurs (déjà cités), ayant quitté la Californie pour s'établir le long du Colorado ; au sud vivent les Chemehuevis et un groupe de San Papagos, une sous-famille des Tohonos O'Odhams, les Seris, ainsi que d'autres groupes établis en Basse-Californie. Il n'y eut jamais plus d'un millier d'individus qui vécurent à ce niveau de développement économique. Les Seris sont les mieux connus d'entre eux.

N'ayant pas recours à la culture pour leur alimentation et menant une existence nomade ou semi-nomade, ces groupes vivaient en petites bandes bilatérales. Se déplaçant fréquemment, ils disposaient de peu de matériel, l'environnement subvenant à leurs besoins. Les Seris, par exemple, le plus petit groupe du Sud-Ouest, vivaient essentiellement des produits de la mer, comme d'autres populations de Basse-Californie. Ils chassaient également le daim et le lièvre, et cueillaient les fruits de cactus, les herbes et les algues côtières. Aujourd'hui encore, ces groupes mènent une existence précaire, pêchant et chassant la tortue sur les rivages désertiques de la Basse-Californie.

Guerrier navajo portant une coiffe de combat en cuir tanné, et armé d'une lance et d'un bouclier en cuir brut. L'armement traditionnel des Navajos comprenait aussi un arc et des flèches, et souvent un casse-tête. Environs de Keam's Cañon, réserve navajo, 1892-1893.

Les anthropologues sont toujours divisés à propos de la présence des Utes et de leurs proches, les Paiutes, dans les zones culturelles du Grand Bassin et des Plaines. Ces deux groupes parlent une langue uto-aztèque appartenant à la famille shoshone, ce qui les reliait, dans le passé, aux Hopis.

Ces populations étaient si peu nombreuses et si isolées qu'elles furent faiblement affectées par l'expansion espagnole. Ce ne fut qu'après le milieu du XIXe siècle que les incursions européennes modifièrent leur mode de vie.

Aujourd'hui, on retrouve ces quatre groupes culturels du Sud-Ouest sous une forme différente. Même après trois siècles de contacts avec les Européens, les trois quarts de ces populations sont parvenues à préserver leur identité culturelle, ainsi qu'un profond attachement à leur terre, transmis par une riche tradition orale. Ces Indiens n'ont cependant pas complètement conservé leurs coutumes ancestrales, ni réagi de façon uniforme aux tentatives des Espagnols, des Mexicains et des Anglo-Américains pour les assimiler. Tous font désormais partie des systèmes économiques anglo-américain ou mexicain, et ont adopté un mélange de traditions et de modèles européens. Ils préservent leur identité ethnique dans différents domaines, comme leur production artistique ou un profond attachement à leur terre et une interaction très vive avec leur environnement. C'est ce sentiment d'appartenance à leur terre qui leur a permis de survivre à des années d'assujettissement.

Les Amérindiens du Sud-Ouest ont su préserver « une identité qui a pour élément essentiel le symbole de l'enracinement à la terre, consacré par les puissances surnaturelles et considéré comme immuable », selon Edward Spicer éminent spécialiste de la région. Une telle perspective impose à ces groupes de fortes contraintes mythologiques en ce qui concerne leur habitat, leur droit à la vie dans le Sud-Ouest et leur vision de leur terre. Celle-ci n'est pas quelque chose que l'on contrôle ou modifie ; c'est un tout dont les humains font partie.

La pensée de l'Indien se caractérise par l'intégration et la globalisation. Elle ne sépare pas les facultés intellectuelles, la morale, les capacités émotionnelles, esthétiques ou économiques des autres activités, motivations et fonctions. La beauté est dans la nature même des choses comme dans celle des êtres humains. La Terre est belle par définition, car ce sont les êtres surnaturels qui ont voulu en faire un endroit harmonieux, heureux et bon. Afin de maintenir cette harmonie, il faut, pour les Navajos, l'exprimer par la création artistique ou la protection de l'environnement.

Les Indiens sont confrontés à de nombreux défis. Ils vivent aussi bien dans des réserves isolées que dans des villes, et doivent survivre dans deux mondes. Alors que l'expansion européenne a transformé une grande partie de l'existence de l'Indien, elle l'a fait de façon très inégale, et n'y est jamais parvenue complètement. Les nations indiennes luttent désormais pour leur indépendance économique et politique, leur autodétermination dans une situation où ils n'ont le choix qu'entre la pauvreté des citadins et la misère rurale. Il est en effet paradoxal de voir des populations, autrefois économiquement autonomes et prospères, connaître une condition aussi précaire sur un sol aussi riche. Mais, comme ils l'ont fait par le passé, les Indiens du Sud-Ouest s'adapteront, car le centre de leur vie, leur relation avec la Terre, a fort heureusement été préservé.

Navajos

La tribu navajo est la plus importante d'Amérique du Nord, par sa population et l'étendue de sa réserve. Elle est réputée pour la qualité des tapis et couvertures que les femmes tissent avec la laine de leurs moutons, et pour le talent de ses joailliers. Les peintures de sable, associées aux pratiques médicinales, sont une autre caractéristique des Navajos, tout comme leurs habitations à dôme recouvert de terre, appelées hogans. Vers la fin du XVIIIe siècle, les Navajos étaient d'excellents cultivateurs, éleveurs et chasseurs, qui durent combattre les Espagnols, les Mexicains, puis les Anglo-Américains, pour protéger leurs territoires et leurs familles. En 1864, au cours de la Longue Marche, ils furent presque tous conduits vers Fort Sumner. L'histoire moderne des Navajos commence en 1868, avec la création de leur réserve, enclavée à l'intérieur de leurs terres ancestrales. Les objets ci-dessous sont représentatifs de leur culture depuis un peu plus d'un siècle. Les dates sont celles des collectes.

1 Panier en vannerie spiralée. 1870.
2 Tunique de femme : deux rectangles de laine tissée, cousus ensemble sur les côtés et aux épaules. Probablement réalisée entre 1850 et 1870.
3 Plaque d'argent gravé, appelée ketoh, portée en bracelet. 1893.
4 Pendentif de collier, dont la forme de croissant terminé par deux mains est appelée *naja*. 1893.
5 Autre naja ; ce motif passa d'Afrique du Nord en Espagne, au Mexique, puis chez les Navajos. 1893.
6 à 11 Six coquilles d'argent ornant les ceintures et les brides. 1893.
12 Boucle en argent. 1893.
13 et 14 Bracelets en argent. 1893.
15 Bague en argent. 1884.
16 Bague en argent incrusté de cuivre. 1893.
17 et 18 Boutons en argent. 1893.
19 et 20 Broches en argent. 1893.
21 Brosse à cheveux. 1870.
22 Mocassins d'homme. 1870.

23 Chemise en peau d'écureuil. 1870.
24 Chaussettes montantes en laine. 1874.
25 Bonnet de laine.
26 Instrument en bois d'épine-vinette servant à tasser la trame au cours du tissage. 1877.
27 Lisse de métier à tisser. 1870.
28 Tambour de danse. Avant 1902.
29 Coiffe de guerre : cuir à décor peint, plumes et crin de cheval teinté. Avant 1895.
30 Ceinture et bourse en peau de daim. 1893.
31 Jeté de selle tissé selon les techniques des Navajos, avec du fil d'origine européenne ; motif « post-classique ». 1886.
32 Sangle de selle ; les brins sont noués aux deux anneaux avant d'être tissés ensemble. 1887.
33 Bel arc ; corde faite de tendons torsadés. 1885
34 Étui d'arc lié au carquois (contenant deux flèches) ; tous deux en peau de puma (retournée pour l'étui, qui est renforcé par une tige de bois). 1893.
35 Quatre flèches à pointe d'acier. 1893.
36 Tasse et bourse. Avant 1869.
37 Cape d'homme, à motif dit « des chefs ». 1893.
38 Coiffe de guerre : plumes de hibou et coquilles d'ormeau sur le pourtour. Type abandonné en 1870 ; collecté en 1887.
39 Bonnet. 1898.
40 Couverture de laine à motifs en bandes. 1893.
41 Mesure à poudre de cuivre. 1887.

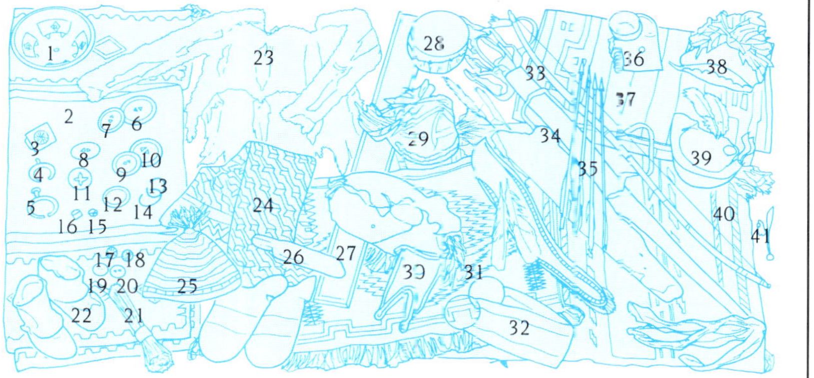

« Il est étonnant que les Américains se plaignent que les Indiens chassent le bison. Nous tuons les bisons[...] pour nous nourrir, nous vêtir et nous abriter. [...] Vos jeunes hommes les abattent pour le plaisir. [...] Qu'est-ce que c'est ? Du vol ? Et vous nous traitez de sauvages ? Que sont-ils, eux ? »

SITTING BULL, DES SIOUX HUNKPAPAS

LES PLAINES

Les Grandes Plaines constituent le véritable cœur géographique de l'Amérique du Nord : territoire d'herbages ensoleillés et battus par les vents, s'étirant, en latitude, sur plus de 3 000 kilomètres, de la rivière Saskatchewan du Nord, au Canada, presque jusqu'au rio Grande mexicain, et, en longitude, des vallées du Mississippi et du Missouri au pied des Rocheuses, sur une superficie totale de quelque 2 600 000 km².

A l'époque des premiers contacts avec les Blancs, aux XVIIIe et XIXe siècles, les Grandes Plaines étaient largement dominées par les groupes linguistiques algonquin et sioux, malgré la présence des familles athapascan et uto-aztèque. Le tableau de la page 63 dresse la liste des principales tribus de cette époque.

Les groupes de langue algonquine avaient la suprématie dans les Plaines du Nord, ceux de langue sioux dans les Plaines centrales. Ces groupes linguistiques étaient bien moins représentés dans les Plaines du Sud, en dépit de solides allégeances militaires établies entre certains Cheyennes et Arapahos et les Kiowas et Comanches qui régnaient sur cette région. C'était une population relativement restreinte ; les Blackfeet, par exemple, un des groupes les plus importants des Plaines du Nord, étaient estimés, en 1780, à 15 000 individus, les Lakotas à 10 000 et les Cheyennes à 3 500, tandis que des tribus semi-sédentaires comme les Omahas, les Mandans et les Arikaras du Missouri comptaient sans doute moins de 4 000 individus (sources : Kroeber, 1939, et Swanton, 1952).

Les Plaines présentaient une variété de climats différents. Une faible pluviométrie offrait, en général, un paysage semi-désertique, surtout dans l'Ouest et le Sud, où l'aridité provoqua par endroits l'apparition de *badlands* (« mauvaises terres »). A l'est, dans les vallées du Mississippi et du Missouri, une bonne hygrométrie favorisait la présence d'étendues herbeuses luxuriantes ; plus à l'ouest, les États actuels du Dakota du Nord et du Sud, du Nebraska, du Montana et du Kansas présentaient un tapis d'herbe rase, surnommée « herbe à bisons », qui est restée la nourriture principale de nombre d'animaux des Plaines.

Les caractéristiques des animaux de cette région sont représentatives de leur environnement. Ainsi, tous peuvent se passer d'eau pendant de longues périodes et ils sont herbivores, excepté le loup et le coyote. Il est très difficile de les approcher et de les abattre, car ils sont extrêmement prudents, en particulier l'antilocapre. L'excellente acuité visuelle de cette dernière, sa vitesse et sa faculté à signaler tout danger grâce à la tache blanche de sa croupe lui permettent de survivre longtemps. Jusqu'au XIXe siècle, elle sillonnait les Plaines en vastes troupeaux et était probablement plus abondante que les bisons, bien que ceux-ci eussent attiré l'attention des premiers explorateurs européens à cause de leur taille.

Depuis la préhistoire, l'antilocapre fut une importante ressource pour l'homme des Plaines. A leur arrivée, les Cheyennes retrouvèrent les traces des méthodes que les premiers habitants des Plaines avaient utilisées pour piéger cette antilope (cours d'eau convergents, fourrés ou rochers sur-

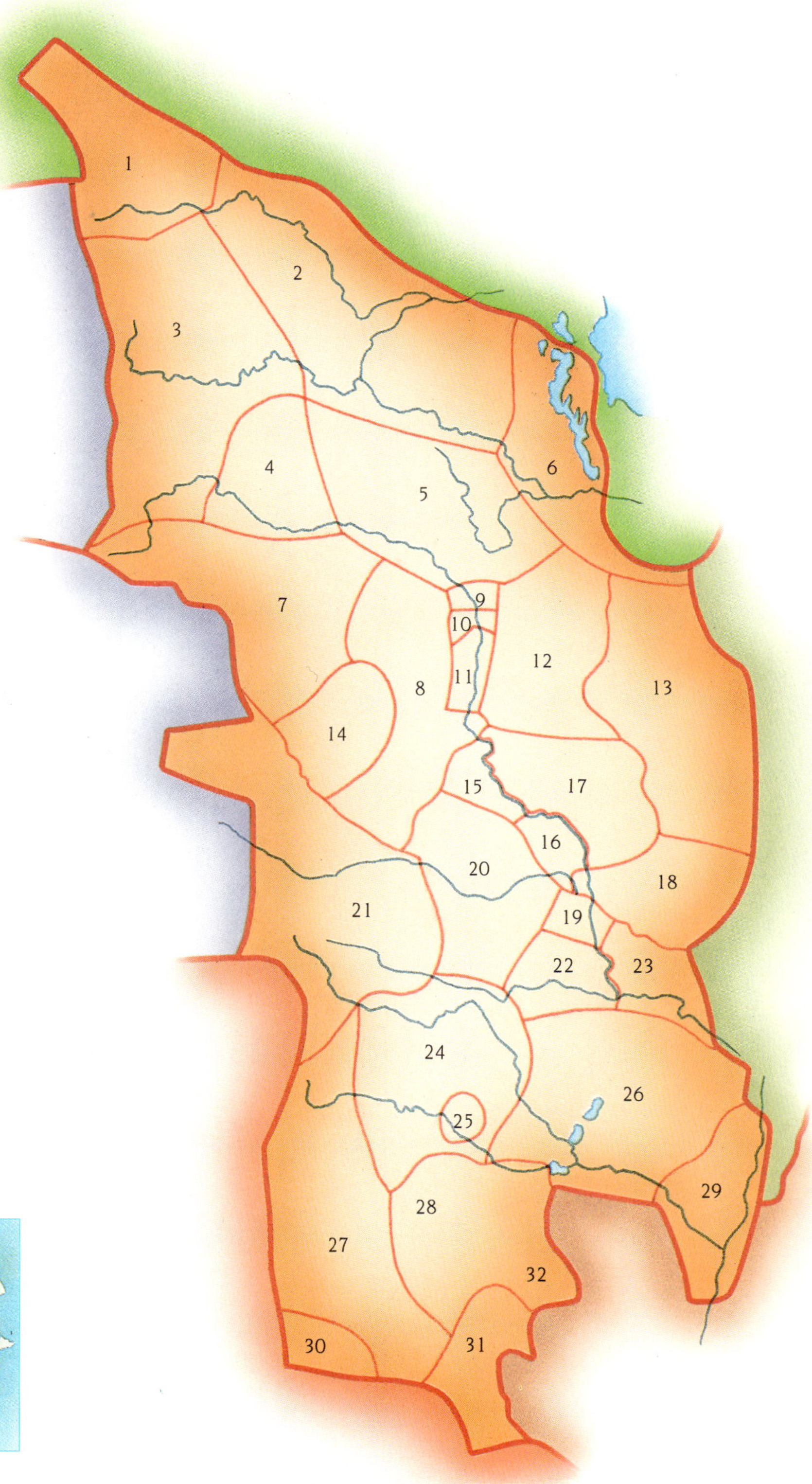

Tribus des Plaines
1 Sarcees
2 Crees des Plaines
3 Blackfeet
4 Gros Ventres
5 Assiniboines
6 Ojibwas des Plaines
7 Crows
8 Sioux Tetons
9 Hidatsas
10 Mandans
11 Arikaras
12 Sioux Yanktonais
13 Sioux Santis
14 Cheyennes
15 Poncas
16 Omahas
17 Sioux Yanktons
18 Iowas
19 Otos
20 Pawnees
21 Arapahos
22 Kansas
23 Missouris
24 Kiowas
25 Kiowas-Apaches
26 Osages
27 Comanches
28 Wichitas
29 Quapaws
30 Apaches Lipans
31 Tonkawas
32 Kitsais

Cette carte présente les territoires approximatifs des tribus et groupes linguistiques vers 1800. Après cette date, toutes les tribus perdirent leurs terres et quelques-unes migrèrent.

plombant crevasses ou ravins). Reconnaissant que c'était la meilleure façon de capturer un animal aussi craintif, ils adoptèrent les mêmes techniques, en les améliorant. A l'évidence, l'antilocapre joua un rôle primordial pour les tribus des Plaines : on en consommait la viande, on utilisait ses cornes pour orner certaines coiffes ou, une fois peintes, comme objets cultuels, tandis que sa peau servait à confectionner des vêtements (tuniques, robes et jambières).

Toutefois, l'animal qui régnait sur cette région était assurément le bison. Bien que l'archéologie et les descriptions des premiers explorateurs démontrent que cet animal était largement répandu dans toute l'Amérique du Nord, il était surtout présent, au milieu du XIXe siècle, dans les Plaines, où il constituait d'immenses troupeaux dont la population totale a été estimée à 60 millions de têtes au minimum. Le mâle pouvait atteindre 2 mètres au garrot et peser dans les 900 kilos. Contrairement à l'antilocapre, l'acuité visuelle du bison était limitée, et, en dépit d'un odorat et d'une ouïe extrêmement bien développés, un chasseur habile, sous le vent, pouvait facilement s'en approcher.

Les premiers habitants des Grandes Plaines chassaient en général le bison de la même façon que l'antilope, en prenant les troupeaux au piège dans des goulets débouchant au sommet de falaises abruptes (voir « Avant-propos », pages 6 à 11). Dans le sud de l'Alberta, un endroit semblait particulièrement propice : les premiers, les Paléo-Indiens y avaient chassé, suivis en cela par les Indiens des Plaines jusqu'aux alentours de 1850, lorsque le bison commença à disparaître. Baptisé *Estipah-Sikikini-Kots* (« Là-où-il-se-fracasse-la-tête ») par les Blackfeet, c'était également un important lieu rituel, où le piégeage du bison était accompagné de supplications adressées aux puissances supérieures : on invoquait les esprits des montagnes et des vents, ainsi que le corbeau, qui était considéré par les Blackfeet comme l'oiseau le plus intelligent.

Chaque année, des milliers de bisons étaient ainsi abattus, parfois en si grand nombre qu'il était impossible d'utiliser toute la viande fraîche. La plus grande partie était mise à sécher et conservée pour l'hiver, transformée en pemmican, tandis que les peaux étaient prélevées pour fabriquer les tipis. Le reste n'était pas employé. Lorsque, en décembre 1809, le trappeur Alexander Henry se rendit sur un de ces lieux d'abattage, sur la rivière Vermilion (dans l'actuel Alberta), il rapporta que « la plupart des bisons étaient entiers, seuls les gros mâles ayant été débités » (Henry et Thompson, éd. Coues, 1897 : 576-577).

Des incertitudes demeurent quant à l'identité des Indiens des Plaines de la période « archaïque ». Il est presque sûr, cependant, que plusieurs tribus, telles que les Kutenais, les Flatheads et surtout les Shoshones, se rendaient régulièrement dans les Plaines pour chasser le bison (voir chapitre suivant, « Le Plateau et le Grand Bassin », pages 100 à 127). Des traces archéologiques laissent même supposer que quelques bandes auraient vécu aux limites occidentales de la région « durant plusieurs milliers d'années » (Hultkrantz, 1968 : 70).

Famille blackfoot (Bloods) et son tipi, vers 1900. Dès 1870, la toile était plus utilisée que la peau de bison. Les motifs symboliques, comme la croix de Malte, restaient fidèles à la tradition.

Localisation	Tribu	Groupe linguistique
PLAINES DU NORD	Blackfeet Crees des Plaines Ojibwas des Plaines Gros Ventres	*Algonquin*. Présence très ancienne. L'archéologie révèle des liens étroits Blackfeet/Crees, dont la mythologie présentait des similitudes.
	Sarcees	*Athapascan*. Au XIXe siècle, cette petite tribu s'allia, avec les Gros Ventres, aux Blackfeet.
PLAINES CENTRALES	Sioux (Lakotas, Nakotas, Dakotas) Crows Mandans Hidatsas	*Sioux*. Les Lakotas étaient les plus à l'ouest du groupe sioux. Les Dakotas, Mandans et Hidatsas étaient semi-sédentaires.
	Arikaras	*Caddo*. Parfois surnommés les « Pawnees du Nord ». Semi-sédentaires, au sud des Mandans, sur le Missouri.
PLAINES DU SUD	Comanches Kiowas Wichitas } Pawnees } Kiowas-Apaches	*Uto-aztèque* *Kiowa* *Caddo* *Athapascan*

Il fallut attendre l'apparition du cheval, venu du Sud, et celle du fusil, venu de l'Est, pour voir se développer la culture historique des Plaines. Tandis que le premier améliorait la mobilité ainsi que le mode de vie en général (on n'abandonnait plus les vieillards, on pouvait transporter des tipis plus grands ainsi que des quantités de matériel et de nourriture plus importantes), le second allait permettre aux Blackfeet et aux Crees, dépourvus de chevaux, de lutter contre les Shoshones et de parvenir à les chasser des Grandes Plaines. Le récit d'un combat décisif, démontrant la supériorité du fusil, même contre un ennemi disposant de chevaux, fut rapporté en 1787 par Saukamappee, vieux chef piegan, à l'explorateur David Thompson. Cette bataille, qui eut lieu vers 1740 (probablement dans l'actuel Saskatchewan), opposa les Shoshones aux Assiniboines et aux Piegans — ces derniers étant considérés comme une tribu frontière de la Confédération blackfoot —, qui, armés de quelques fusils (mais sans chevaux), faisaient route vers les Plaines du Nord. Saukamappee commença par expliquer comment la situation avait évolué rapidement, en une décennie peut-être :

CI-DESSUS *Danse des Colombes, chez les Blackfeet* (Piegans), *à* Heart Butte, Montana, *vers* 1922. *Les plumes de la coiffe de guerre du personnage central ont des mèches de cheveux collées à leur extrémité, ce qui était la marque distinctive des* Blackfeet *à cette époque.*

A GAUCHE *Guerriers blackfeet, vers* 1922. *Deux portent l'ancienne coiffe traditionnelle, droite, ornée d'ailes d'aigle et de queues d'hermines. Le modèle évasé s'inspirait de celui des Sioux.*

> « A cette époque, les conditions des deux parties avaient beaucoup évolué : nous possédions plus de fusils et de flèches à pointe de fer qu'auparavant ; mais nos ennemis disposaient de *misstutim* (« grands chiens », ou chevaux) avec lesquels ils se lançaient, aussi rapides que le daim, sur les Piegans, et les frappaient avec leur *pukamoggan* en pierre, causant de lourdes pertes parmi les meilleurs hommes. Nous ne comprenions pas ce qui se passait et en étions inquiets, car nous n'avions aucune connaissance du cheval. »
>
> (Thompson, éd. Tyrell, 1916 : 330.)

Saukamappee décrit ensuite le groupe de combat des alliés piegans et assiniboines, les cérémonies préliminaires, ainsi que le décompte des armes effectué par les chefs. Au total, ils disposaient d'une dizaine de fusils, de beaucoup de munitions et de poudre ; ceux qui les possédaient furent alors « considérés comme "la puissance de la bataille" » (Lewis, éd. Hallowell, 1942 : 49). Après quelques jours de marche, ils se retrouvèrent face à une importante armée de Shoshones :

> « Quand nous rejoignîmes nos alliés, la grande tente de guerre fut dressée, puis les

A DROITE *Tipis blackfeet décorés, vers 1900. Ils étaient chargés d'un symbolisme religieux, nombre de leurs motifs étant apparus à leurs premiers utilisateurs à travers rêves et visions.*

discours et les danses reprirent. Quand le chef de guerre nous eut tous inspectés, voyant que nous disposions de dix fusils, avec une trentaine de balles par guerrier et assez de poudre pour le combat, nous fûmes déclarés "la puissance de la bataille". Après quelques jours de marche, nos éclaireurs nous rapportèrent que l'ennemi était proche, en grande formation, mais sans chevaux, car, en ce temps, ils en avaient très peu. Quand nous fûmes face à face, chacun exhiba ses troupes, ses armes et ses boucliers ; l'ennemi était supérieur en tout point, à l'exception des fusils, que nous n'avions pas montrés, cachés dans leurs étuis de cuir ; mais, si nous les avions montrés, ils les auraient pris pour de grands casse-tête. Puis ils firent durer le suspense ; un chef de grande taille dirigeait une puissante formation qui devait nous attaquer sur le centre, les autres [chefs] devant combattre ceux qui leur faisaient face. Nous nous préparâmes du mieux que nous pouvions. Ceux d'entre nous qui avaient des fusils se tenaient en première ligne, avec chacun deux balles dans la bouche et de la poudre dans la main gauche pour recharger. Nous remarquâmes qu'ils disposaient d'un grand nombre de casse-tête en pierre, armes redoutables, pour le combat rapproché et que, s'ils lançaient une attaque soudaine, nous serions battus, car ils étaient supérieurs en nombre et mieux armés : nos fusils n'auraient pu tirer que deux coups, et nous ne savions trop quoi faire sur cette vaste plaine. Alors, chacun des chefs encouragea ses hommes à tenir bon. Nos yeux ne quittaient pas le chef de grande taille et ses mouvements, qui semblaient contredire l'avis de plusieurs vieux chefs, et, tout ce temps, nous étions à portée de flèche les uns des autres. A la fin, leur chef recula et ils formèrent leur long déploiement habituel, en plantant leurs boucliers en terre, l'un contre l'autre, chaque bouclier étant large d'au moins 1 mètre. Nous nous assîmes face à eux, beaucoup d'entre nous attendant la nuit pour battre en retraite rapidement. Le chef de guerre restait près de nous, impatient de voir l'efficacité de nos fusils. Les deux formations étant trop éloignées l'une de l'autre pour nous assurer un bon tir, nous lui demandâmes de nous approcher à une soixantaine de mètres, ce qui fut fait progressivement. Là, allongés derrière les boucliers, nous attendîmes le moment où ils banderaient leurs arcs contre nous, en s'exposant à notre tir. A ce moment-là, nous fîmes feu, abattant ou blessant grièvement chacune de nos cibles.

« Notre chef de guerre était très satisfait, tandis que nos ennemis, voyant tant de morts et de blessés, se protégeaient derrière leurs boucliers. Le chef de guerre nous ordonna de nous déployer par deux, ce que nous fîmes, et nos tirs semèrent la consternation et le désarroi sur toute l'étendue de leur ligne. La bataille avait commencé vers midi et le soleil n'en était pas encore au dernier quart de sa course quand nous vîmes que quelques-uns d'entre eux avaient rampé derrière leur bouclier et prenaient la fuite. Notre chef de guerre vint alors dire à tous les chefs de tenir leurs hommes prêts à l'assaut, dès qu'il en donnerait le signal. Il le fit en se jetant sur l'ennemi, brandissant sa lance et nous criant de le suivre. Alors, la plupart de nos adversaires tentèrent de se sauver, tandis que d'autres se battaient vaillamment, tuant plus de dix de nos braves et faisant de nombreux blessés. Quelques-uns d'entre nous les prirent en chasse, mais il fal-

A DROITE *Délégation blackfoot à Washington, 1916. Assis : Wolf Plume, Curly Bear (avec une coiffe surmontée d'une grande aigrette) et Bird Rattler, en costumes ornés de perles, de franges en peau de daim et d'hermines.*

A GAUCHE *Petite fille blackfoot en robe de daim portant des bijoux de verroterie, par Karl Bodmer (1833). Bodmer fit rarement le portrait d'enfants des Plaines ; celle-ci vivait parmi les Assiniboines.*

A DROITE *Femme cree, par Karl Bodmer. Sa robe de daim, et ses pendants d'oreilles faits de coquilles de dentale et de perles bleues sont typiques des Plaines. Elle est tatouée, selon la coutume cree.*

lut bientôt interrompre cette poursuite car, sur le corps de chaque ennemi abattu, cinq ou six de nos guerriers tentaient de s'emparer de quelque trophée de cette victoire : scalp, lambeau de vêtement ou arme. Comme nous n'étions que trois, plus sept de nos alliés, nous n'intervînmes pas et n'eûmes rien. »

(Thompson, éd. Tyrell, 1916 : 330-332.)

Sous une telle pression, les tribus shoshones se retirèrent progressivement des Plaines du Nord. Ce processus s'accéléra grâce à l'expansion du commerce des fourrures, qui permit aux Blackfeet, aux Assiniboines et aux Crees de se doter de nombreux fusils ; en outre, leurs techniques de combat évoluaient également considérablement, car ils volaient les chevaux des Shoshones.

Les Shoshones pouvaient s'approvisionner, au Nouveau-Mexique, en étoffes, ustensiles de cuisine, brides, étriers et mulets, mais ils se heurtaient à la politique espagnole consistant à ne pas vendre d'armes à feu aux Indiens. Cela les désavantageait considérablement, et un de leurs principaux chefs, Cameahwait, le déplorait ainsi devant Lewis et Clark : « Ce n'était pas normal. Si nous avions eu des fusils, au lieu de nous réfugier dans les montagnes et de subsister, comme les ours, grâce aux baies et aux racines, nous aurions pu descendre vivre sur les terres à bisons, malgré nos ennemis, dont nous n'avons jamais eu peur quand nous nous mesurions à armes égales. » (Lewis et Clark, éd. Coues, 1893 : 559.)

Avec des durées et des pressions variables, le même schéma se reproduisit aussi bien dans les Plaines centrales que méridionales. Ce vaste territoire vit ainsi arriver, du Nord et de l'Est, des tribus de langues proches de l'algonquin et de l'athapascan (Blackfeet, Crees, Arapahos, Cheyennes, Sarcees et Kiowas-Apaches) ; de l'Est et du Sud-Est, les tribus sioux (Nakotas, Lakotas et Dakotas, Crows, Hidatsas et Mandans), et, de l'Ouest et du Sud-Est, celles des Pawnees, Arikaras, Comanches et Kiowas. La diversité de toutes ces cultures entraîna, vers 1800, un rapprochement des styles de vie, soutenu par les échanges et les conflits, chaque groupe conservant souvent ses caractéristiques propres.

Le nomadisme équestre fut surtout adopté dans les Plaines du Nord. C'était un héritage des Shoshones, anciennement dominants, qui avaient, « selon leur souvenance » (Lewis et Clark, 1805), autrefois vécu dans les Plaines, avant d'avoir été « repoussés vers les montagnes par les Pawkees [Piegans], ou les tribus nomades du Saskatchewan » (*ibid.* : 554). Les descriptions de Lewis et Clark correspondent parfaitement à ce qui allait caractériser l'Indien nomade des Plaines : l'action guerrière considérée comme moyen d'ascension sociale, une hiérarchie dépendant des « coups » donnés à l'ennemi, la pratique du scalp, une existence fondée sur l'utilisation du cheval, l'usage d'arcs ne dépassant pas 1 mètre de haut (plus efficaces pour les cavaliers), de carquois en peau de

CI-DESSOUS *Gros Ventres déplaçant leur campement à l'aide de travois de bois et de cuir. Réalisés par les femmes, ils reposaient sur deux robustes mâts de tipi, de 10 à 12 centimètres de diamètre à la base.*

loutre, de petits boucliers ronds, en cuir de bison, dotés de pouvoirs surnaturels grâce à leurs peintures et au cérémonial de leur fabrication, ainsi que de redoutables massues à tête de pierre. Pour l'essentiel, le même type de harnachement (étriers, selles et brides), parfois très étroitement inspiré du modèle espagnol, se retrouvait également d'une tribu à l'autre. Par exemple, la selle à pommeau et troussequin hauts et plats, très employée par les femmes shoshones au temps de la visite de Lewis et de Clark, devint, par la suite, le modèle classique des femmes crows. De même, le harnais ornementé, caractéristique des chevaux des Crows, venait de la coutume qu'avaient les Shoshones de suspendre « au poitrail de leur monture les plus beaux ornements » (*ibid.* : 563).

Un des facteurs qui favorisa la naissance du nomadisme des Indiens des Plaines à l'époque historique fut incontestablement le développement du tipi. On n'en sait pas plus sur celui-ci que sur l'habitat des anciens Shoshones des Plaines. Il s'agissait sans doute d'une petite structure conique recouverte de peaux d'élan ou de bison. Le véritable tipi, fourreau semi-circulaire tendu sur des piquets formant une structure conique, était pourvu, au sommet, d'ailes ou d'oreilles qui s'orientaient en fonction du vent pour l'évacuation de la fumée du feu central. Il était déjà mentionné dans les Plaines du Sud, au milieu du XVIe siècle, par les explorateurs espagnols. A cette époque, il ne devait sûrement pas excéder 2,50 m de diamètre, le moyen de transport principal étant assuré par des chiens. Il est possible que ces habitations aient été inspirées des wigwams retrouvés dans les régions boréales de l'Ancien et du Nouveau Monde, car, comme l'a signalé un chercheur, ces constructeurs de tipis (probablement des Apaches des Plaines parlant l'athapascan), observés par les Espagnols, étaient récemment arrivés des environs des Plaines du Nord (Brasser, 1982 : 312).

Le tipi était généralement orienté dos au vent d'ouest dominant, sa large embase et ses pans inclinés lui assurant la stabilité nécessaire pour résister aux vents violents qui peuvent soudain se lever dans les plaines. Malgré leur apparente ressemblance, il existait certaines variantes d'une tribu à l'autre, que l'on peut grossièrement classer selon le nombre de mâts principaux. Dans les régions particulièrement ventées, on adoptait une structure à trois mâts, tandis que dans les zones mieux protégées (à proximité des montagnes ou des bois), on préférait une base à quatre mâts. C'est ainsi que des tribus aussi éloignées que les Blackfeet des Plaines du Nord-Ouest et les Omahas du Sud-Est utilisaient quatre mâts, tandis que les Assiniboines, à l'est des Blackfeet, dans les plaines venteuses des actuels Saskatchewan et Manitoba, de même que les Manitobas et les Kiowas du Sud, s'en remettaient plutôt à une structure tripode. A la sobre élégance des tipis crows répondait celle des tipis lakotas, décorés de motifs aussi bien réalistes que géométriques. Mais sans doute est-ce chez les Blackfeet que l'on trouvait les tipis les plus remarquables, dont le trappeur Alexander Henry fit l'éloge, en 1809, pour leurs pictogrammes d'animaux et d'oiseaux, à la fois réalistes et mythologiques[1].

Les dessins de ces tipis étaient censés protéger leur propriétaire contre le mauvais sort et la maladie, et la réalisation des motifs symboliques, dont la signification était tout à fait limpide pour les tenants de la tradition spirituelle de la tribu, mais pas nécessairement pour autrui, relevait de conventions extrêmement strictes. Dans la tradition blackfoot, par exemple, ce que nous appellerions croix de Malte symbolisait l'Étoile du matin (protectrice de ceux qui étaient habilités à en employer le motif), et était peinte en rouge, à l'arrière du sommet du tipi. La possession d'un tipi à peintures sacrées attestait un rang social élevé à l'intérieur de la tribu.

Ce rang social était étroitement lié aux valeurs guerrières, la capture de chevaux étant, dans la période historique, plus prisée que la mise à mort d'ennemis. Pour accéder à ce rang, on invoquait les esprits, afin d'accroître sa puissance. L'univers de l'Indien des Plaines était en grande partie centré sur les qualités observées chez les animaux (la robustesse du bison, la vitesse de l'antilope, le courage de l'aigle et de la fouine, etc.), mais il était également régi par une puissance intangible, se manifestant sous différentes formes, suivant les groupes linguistiques ; sa conception, bien que modifiée par l'environnement des Plaines, plongeait ses racines dans d'anciennes croyances des régions boisées de l'Est, terre d'origine de nombreuses tribus des Plaines.

On admettait généralement l'existence de trois mondes parallèles. La Terre flottait sur un lac sous la surface duquel vivaient des esprits régnant sur les animaux et les plantes, terrestres comme aquatiques. Au-dessus de la Terre, au-delà du dôme céleste, s'étendait le royaume du monde supérieur, habité par d'autres esprits opposés à ceux du monde inférieur, parmi les plus puissants desquels figuraient les Oiseaux-Tonnerre, dont l'éclat des yeux et le battement des ailes provoquaient l'éclair et le tonnerre.

Entre les esprits du Ciel et ceux de l'Eau régnait un perpétuel état de guerre. Par ailleurs, le Soleil (souvent associé à l'Oiseau-Tonnerre) et la Lune étaient considérés comme les puissances qui régissaient les jours et les nuits, ainsi que les « cycles » saisonniers. Sur terre, les esprits des Quatre Vents changeaient les saisons, leurs énergies animant le « cycle » de la vie. Des siècles durant, le symbolisme et l'art religieux des tribus des régions boisées furent complètement centrés sur la représentation du pouvoir de ces esprits.

Kill Spotted Horse, guerrier assiniboine, vers 1898. *Sa coiffe est assez étonnante et inhabituelle, avec ses plumes partant loin du front et touchant presque le crâne.*

Au cours de la période historique, ces concepts millénaires furent ensuite adaptés et interprétés par les Indiens des Plaines, sous différentes formes, en fonction, notamment, de leur environnement. C'est ainsi que les Sioux de l'Est remplacèrent la panthère du monde sous-marin, qui jouait un rôle très important dans les tribus des régions boisées, par les symboles d'un monstre sous-marin et cornu ayant le pouvoir de sortir des lacs et de vivre dans les arbres (Carver, éd. Parker, 1976 : 98-99), tandis que, plus à l'ouest, chez les Blackfeet, le symbole de ces esprits sous-marins si puissants était dévolu au têtard. Sa représentation sur le costume des propriétaires du prestigieux Paquet-Castor était expliquée dans un mythe blackfoot qui associait la grenouille au héros culturel « Vieil Homme », vainqueur des terribles créatures sous-marines, ennemies de l'homme. La métamorphose, ainsi associée à la grenouille et à sa parfaite adaptation aux milieux aquatique et terrestre, trouve un écho direct dans la mythologie des Sioux de l'Est.

Un système d'échanges intertribaux assez complexe s'était développé depuis longtemps dans la région des Plaines. Limitée entre tribus partageant le même style de vie, son activité était plus intense entre chasseurs et agriculteurs. Ainsi les tribus nomades échangeaient-elles de la viande séchée et d'autres produits de la chasse (peaux de daim et de bison tannées, pour l'habillement et les tipis que les tribus semi-nomades adoptaient le temps de leurs campagnes de chasse) contre du maïs, des haricots et des citrouilles. Avec l'introduction du cheval et des produits européens, il est probable que les nouveaux arrivants perpétuèrent ce mécanisme établi par les nomades sans chevaux qu'ils venaient supplanter, en en diversifiant l'activité. Les récits les mieux documentés sur ces échanges sont ceux des Cheyennes et des Crows, les premiers avec les tribus des rives du Missouri (Mandans, Hidatsas et Arikaras), les seconds essentiellement avec les Hidatsas et les Mandans. On imagine combien ces expéditions pouvaient être spectaculaires et pittoresques. Par exemple, lorsque le trappeur Charles Mackenzie se rendit, en 1805, dans un village hidatsa, il assista à l'arrivée d'environ 2 000 Crows venus commercer (Mackenzie, *in* Masson, 1889 : 360). Ces derniers, vêtus de leurs plus beaux atours, dressèrent un campement de 300 tipis à côté des maisons en terre des Hidatsas, le commerce participant d'un cérémoniel particulièrement élaboré. Après avoir fumé le calumet de l'amitié, les Hidatsas laissèrent d'abord les Crows négocier l'achat de 200 fusils avec 100 munitions chacun, d'une centaine de boisseaux de maïs, ainsi que d'une quantité de haches, de vêtements (probablement européens) et de marmites. En échange, les Crows offrirent 250 chevaux, et un nombre important de capes en peau de bison, de jambières et de chemises. Le commerce était extrêmement lucratif pour les deux parties. Les Crows avaient échangé leurs chevaux au double de la valeur à laquelle ils se les étaient procurés (auprès des Shoshones), alors que les tribus semi-nomades, à leur tour, les revendraient deux fois plus cher aux Crees et aux Assiniboines, contre des articles européens venus du Nord-Est.

Une étude récente laisse supposer que ce rapide développement du commerce dans la région des Plaines aurait été favorisé par une jonction entre les Crows de l'Ouest et ceux de l'Est (Taylor, 1984 : 34). Ce système favorisait la circulation des fusils depuis les postes de commerce anglais de l'Hudson's Bay Company (établis dans les actuels Manitoba et Ontario) jusqu'aux villages hidatsas/ mandans, par l'intermédiaire des Assiniboines et des Crees, puis, à travers les Grandes Plaines, par les Crows de l'Est et de l'Ouest, qui les vendaient aux Nez-Percés et aux Shoshones contre des chevaux et des harnachements espagnols. Ainsi la propagation du fusil dans l'Ouest et le Sud correspondait-elle à la diffusion du cheval vers le Nord et l'Est.

Outre les matières utilisées, le style des vêtements fut visiblement modifié par ce type d'échanges bien au-delà des Grandes Plaines. Un circuit ancien, toujours actif, permit sans doute la transmission d'influences culturelles originaires du delta du Mississippi, via les villages mandans et hidatsas vers le cours central du Missouri, entraînant l'intégration du rituel de la cosmologie et de l'art des Plaines du Nord avec la structure cos-

Star That Travels (Étoile qui voyage), vers 1897. Les Osages tatouaient les « marques de l'honneur » sur les guerriers d'élite, afin qu'ils soient capables de maintenir les rites ancestraux.

mique et rituelle des régions du Sud-Est. Cette diffusion se fit incontestablement par l'intermédiaire des Assiniboines, qui vivaient dans la région des fleuves Qu'appelle Souris et Assiniboine, dans l'actuel Manitoba, de telle manière que la cosmologie de la tradition mississippienne fut assimilée dans la vision du monde et dans les rituels des chasseurs de bisons des Grandes Plaines. Comme un observateur l'a récemment souligné, « le rôle du Soleil et de son fils, Étoile du matin, le combat cosmique entre les Oiseaux-Tonnerre et les monstres aquatiques, la virilité reçue de l'esprit de l'élan, et bien d'autres concepts, se retrouvent dans le Sud-Est » (Brasser, 1987 : 101). A l'inverse des échanges matériels à l'intérieur des Plaines, les contacts avec le delta du Mississippi furent donc de nature spirituelle.

Un autre indice accréditant cette thèse réside dans la découverte, dans la région des Plaines, de pétroglyphes peints et gravés sur les murs des cavernes et sur les falaises, qui, vers 1730, passèrent brusquement de la représentation d'animaux (suggérant une relation spirituelle entre l'artiste et les esprits animaux) à des scènes de guerre. « A partir des fragments de l'antique conception du monde revue en fonction de contextes nouveaux émergea une nouvelle manière de vivre, tendant de plus en plus à la prouesse guerrière et à l'acquisition de biens matériels que l'on exhibait au combat et lors des cérémonies tribales. Une grande part de cet attirail coloré et de tout ce cérémoniel tirait ses origines des temps anciens, mais sa survivance tenait en une réinterprétation du symbolisme en termes guerriers » (*ibid.* : 106). Ce phénomène s'accompagna d'une mutation culturelle de la région, due à l'abondance des ressources naturelles mais également à l'adoption du cheval, les villageois semi-sédentaires devenant nomades à cheval.

L'esprit guerrier de la majorité des tribus des Plaines, sinon de toutes, était encouragé par autre chose que la simple possession de biens matériels, car la famille type des Plaines n'avait pas besoin

CI-DESSOUS *Une petite fille osage à la robe décorée de motifs en rubans appliqués. Confectionné avec des matériaux achetés dans le commerce, ce vêtement, avec le motif des mains, reste cependant fidèle à la tradition osage, de même que les bijoux en argent.*

CI-DESSOUS *Utse-tah-wah-ti-an-kah, un Osage, vers* 1880. *Il porte un turban en peau de loutre et tient un remarquable casse-tête en forme de fusil, spécifique aux tribus du cours central du* Missouri.

Osages

Voici les insignes et pièces de costume d'apparat d'un Osage important, Tom Baconrind (traduction erronée de son nom osage, Washin-ha) (1860-1932). Élu chef en 1912, il s'occupa ensuite, à plusieurs reprises, du conseil tribal des Osages. Aussi actif au sein de la religion du Peyotl que de l'Église catholique, il fut le fer de lance des traditionalistes durant les années 1920, âge d'or des Osages.

1 Portrait de studio du chef Baconrind (Washin-ha), pris en 1930.
2 Étui en cuir orné de plumes d'aigle et de paon.
3 Cartouchière faite de tubes de porcelaine et de perles de verre, avec pendant de vison.
4 Jambières en peau de daim ornées de perles et de pompons en laine.
5 Bandes perlées pour décorer les jambières.
6 Mocassins ornés de perles, probablement d'origine arapaho.
7 Sac à tabac en peau de daim orné de perles.
8 Fourneau et tuyau de pipe en catlinite.
9 Foulard de soie à tour de cou doré portant l'inscription « Baconrind, chef osage, 1920 ».
10 Plastron fait en os et en perles de verre bleues et vertes.
11 Éventail en plumes de paon à manche orné de perles, pour le rituel du Peyotl.
12 Jarretières ornées de perles et de franges de laine.
13 Éventail fait des plumes d'une aile d'aigle et d'un pendant en peau de loutre.
14 Bâton de cérémonie en ébène, en forme d'arc recouvert de fourrure de loutre et orné de perles, avec son fourreau en soie de Chine.
15 Ornement de cou fait de tubes d'os et de coquillages, avec perles de verre noires et attaches en cuir.
16 Paire de bracelets en maillechort, à motifs d'aigle et d'étoile.
17 Barrette de foulard en maillechort à motif de cœur et de flèche.
18 Courte coiffe en poils de daim et piquants de porc-épic, enroulée sur une tige en bois pour être rangée.
19 Ornement de maillechort porté avec la coiffe courte.
20 Barrette de foulard en maillechort à motifs de calumet, casse-tête, aigle, arc et carquois.
21 Tomahawk à manche revêtu de feutre rouge, orné d'un pendant de laine, de clochettes de cuivre et de plumes d'aigle.
22 Bandeau de fourrure

de loutre doublée de toile, bordé de perles, comme le disque en peau de daim dont il est orné.

23 Collier de perles bleues et blanches, avec un coquillage en médaillon, sur cordon en peau de daim.

24 Crucifix en argent sur âme de bois, avec cordon en peau de daim.

25 Chemise de velours rouge à empiècement brodé de perles.

26 Ceinture de cuir recouverte d'une broderie de perles et bordée de rivets de cuivre.

27 Jarretières à broderie de perles et franges de coton.

28 Jambières en peau de daim doublée de velours, bordées de perles et de rivets en nickel, et glands en crin de cheval.

29 Mocassins ornés de perles avec des sonnailles en métal ; peut-être d'origine kiowa.

30 Bandeau de laine tissée avec doublure de satinette.

31 Pagne de toile bleu foncé à lisières de soie rouge et broderies de perles.

32 Éventail en plumes de paon pour le rituel du Peyotl.

33 Éventail en plumes blanches à manche orné de perles.

34 Hochet fait d'une gourde avec manche orné de perles, pour le rituel du Peyotl.

35 Sifflet.

36 Éventail de plumes.

37 Éventail de plumes d'aigle à manche orné de perles et clochettes de cuivre.

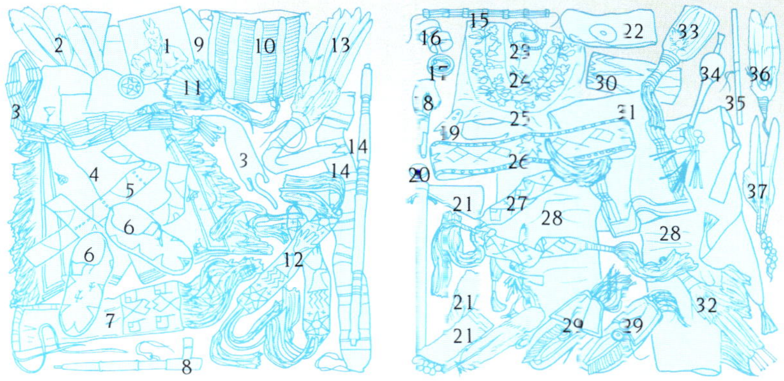

de grands troupeaux pour assurer sa subsistance ; au contraire, cette richesse apparente aurait plutôt constitué une entrave à son existence nomade, et, en général, c'est surtout chez les tribus des Plateaux que l'on trouvait des troupeaux de plusieurs centaines de chevaux.

Tandis que sa générosité rehaussait le prestige d'un homme, c'est avant tout l'acquisition des honneurs de la guerre — une soif innée de distinction et de gloire — qui semble avoir nourri la vie belliqueuse des Plaines. Une analyse des possibles fondements culturels de cet aspect montre que, dans le Sud-Est, la guerre était élevée au rang d'institution, et que le fait d'armes était nécessaire à l'ascension sociale. L'essence même de nombre de ces luttes typiques des Plaines, comme le fait de porter un coup sur un ennemi vivant avec un simple bâton, existait déjà dans la Confédération illinoise, vers 1700.

La prise de scalp signifiait plus que la mort d'un ennemi[2], et d'antiques traditions soumettaient cet acte à certaines obligations. Ainsi, au début du XVIIIe siècle, un missionnaire rapportait des « Nations de Louisiane » que ceux qui, pour la première fois, avaient pris un scalp ou effectué une capture, « à leur retour, ne dormaient pas avec leur femme, et ne mangeaient pas de viande, seuls le poisson et des laitages leur étant permis. Cette abstinence durait six mois. S'ils ne la respectaient pas, ils croyaient que l'âme de celui qu'ils avaient tué les ferait périr par sorcellerie, qu'ils n'auraient plus jamais le dessus sur leurs ennemis, et que la moindre blessure leur serait fatale » (Kenton, 1954 : 417).

A la même époque, les coutumes étaient visiblement aussi strictes (mais elles avaient cependant une moindre valorisation) chez les nomades des Plaines du Nord. Voici comment le chef piegan Saukamappee évoquait le retour victorieux d'une bataille, avec plus de 50 scalps[3] : « Il y eut une âpre discussion à propos de la signification symbolique des scalps qui avaient été prélevés sur les ennemis trouvés morts sous leur bouclier, personne ne pouvant affirmer qu'il avait bien tué celui dont il possédait la chevelure. » Finalement, le chef décréta : « Ceux qui ont pris le trophée de la tête d'un ennemi qu'ils ont abattu doivent dire que l'âme de l'ennemi tué par chacun d'entre nous appartient à nous tous, et que nous l'offrons comme esclave à nos parents dans l'autre monde, ce qui nous satisfait[4]. » (Henry et Thompson, éd. Coues, 1897 : 332-333.)

Alors que les premiers contacts entre les Indiens des Plaines et les Blancs furent généralement amicaux, en particulier au Canada, le massacre systématique du castor et du bison, dû au trafic des fourrures, ainsi que l'afflux d'émigrants européens dans les années 1840 détériorèrent progressivement les relations entre les deux communautés.

CI-DESSUS *Village pawnee aux maisons de terre, Loup Fork, Nebraska. Ces habitations, typiques des tribus semi-sédentaires du Missouri, étaient généralement groupées autour d'une place centrale.*

Déjà, en 1803, année où Bonaparte céda la Louisiane aux États-Unis, une rencontre fâcheuse, où deux guerriers piegans avaient été abattus par Meriwether Lewis, coleader des Corps of Discovery, avait entraîné une hostilité durable entre Blackfeet et Américains. La situation s'aggrava avec l'envoi, par l'American Fur Company, de trappeurs blancs en territoire blackfoot, au lieu, à l'exemple de l'Hudson's Bay Company, de « s'appuyer sur l'approvisionnement indien » (Lewis, 1942 : 27). Les relations se stabilisèrent, du moins en partie, avec les féroces Bloods, Piegans

A DROITE *Village pawnee. Les maisons de terre étaient faites à l'aide de gros pieux, de poutrelles, de paille et de terre. Ces villages ont disparu sous les labours après l'expropriation des tribus.*

et Siksikas, qui comprenaient la nation blackfoot, seulement en 1846, lorsque Alexander Culbertson, qui avait épousé la fille d'un chef blood, fonda Fort Benton, près du confluent des fleuves Marias et Missouri. Dès lors, le commerce des peaux de bison, que les Blackfeet pouvaient facilement se procurer, durerait une trentaine d'années, au plus grand bénéfice des deux parties[5].

Avec ses retombées lucratives, le commerce des fourrures allait sonner le glas des tribus des Plaines, au fur et à mesure de l'accroissement de la demande en peaux de bison. Un observateur anglais, William Blackmore, rapportait de son voyage dans la vallée de la Platte, en 1868, qu'il avait vu des troupeaux de bisons s'étendant sur près de 200 kilomètres. « Les plaines en étaient noires », et, parfois, le train qui l'emmenait devait s'immobiliser pour les laisser passer. Cinq ans plus tard, à l'automne 1873, Blackmore refaisait à peu près le même trajet. Cette fois, la scène était bien différente, toute la contrée étant blanchie par les ossements de bisons, et certains endroits n'étant « qu'un alignement de carcasses en décomposition, rendant l'air pestilentiel et repoussant au dernier degré [...] Les trappeurs étaient passés par là ». L'enquête menée par Blackmore révéla que, dès 1872, le nombre de bisons abattus pour leur peau était d'au moins un million par an. Les chasseurs professionnels se postaient en ligne le long des rives du fleuve Arkansas et tiraient sur les bisons sans discontinuer, jour et nuit, quand ceux-ci venaient s'abreuver (Taylor, 1980 : 31-32).

Cette chasse absurde inquiétait les Indiens des Plaines. Comme Sitting Bull le déclara :

> « Il est étonnant que les Américains se plaignent que les Indiens chassent le bison. Nous tuons des bisons, et d'autres animaux, pour nous nourrir, nous vêtir et nous abriter. Eux, ils tuent les bisons — pourquoi ? Traversez la région. Voyez ces milliers de carcasses pourrissant dans les Plaines. Vos jeunes hommes les abattent pour le plaisir. Tout ce qu'ils prennent du bison, c'est sa queue, ou sa tête, ou ses cornes, peut-être pour montrer qu'ils en ont abattu un. Qu'est-ce que c'est ? Du vol ? Et vous nous traitez de sauvages ? Que sont-ils, eux ? »
>
> (*New York Herald*, 16 novembre 1877.)

Les tribus des Plaines n'étaient pas les seules à être lésées : Blackmore signalait que les colons, qui, en hiver, avaient tant besoin de la viande du bison, ne pouvaient plus compter sur sa présence, et que, comme les Indiens, ils s'en prenaient amèrement aux chasseurs qui ne les recherchaient que pour les peaux.

Un autre problème vint s'ajouter à ce carnage : le flux d'émigrants vers l'Oregon. En 1845, il était habituel de voir les typiques chariots bâchés faisant route le long de l'Oregon Trail, qui partait de l'est du Kansas, suivait la Platte à travers le Nebraska, vers Fort Laramie, au Wyoming. Dans l'ouest du Wyoming, la piste traversait le Continental Divide, suivant la Snake vers l'Idaho pour arriver dans l'Oregon, et se terminait à The Dalles, sur le fleuve Columbia, qui se jette dans le Pacifique. Une partie de cette piste, dans le Nebraska et dans le Wyoming, traversait les territoires de chasse des Oglalas, une des plus grandes et plus puissantes sous-tribus des Sioux Lakotas. Durant l'été 1850, attirés par des rumeurs concernant un pays (actuelle Californie) où n'existaient ni la neige ni la maladie, et « le sol noir de l'Oregon étant insondable », des milliers d'émigrants « déferlèrent par les vallées de la Platte et de la Sweetwater » (Lavender, 1965 : 219 ; Utley, 1967 : 59).

Sur son passage, cette ruée, non seulement provoqua la fuite ou la destruction du gibier, mais, plus grave, apporta des maladies contre lesquelles les tribus des Plaines présentaient peu ou pas du tout de résistance. En l'espace de quelques années, l'Indien des Plaines et son environnement furent soumis à de cruelles épreuves ; « même le bison, jadis innombrable, devint soudain moins abondant et, par endroits, disparut de son habitat [...]. L'alcool épuisa la vitalité de ceux qu'attiraient les campements et le passage des migrants [...]. Les hiérarchies tribales changeaient constamment, les groupes expropriés ou rejetés empiétant les uns sur les autres » (Utley, 1967 : 5). La situation menaçait de devenir incontrôlable. Il était grand temps que le gouvernement assure la sécurité des migrants et celle des populations indigènes, afin de maîtriser une possible explosion : des mesures d'urgence furent décidées, qui débouchèrent sur des traités et des actions militaires.

Deux principaux traités furent conclus avec les tribus des Plaines, au début des années 1850 : celui de Fort Laramie[6], en septembre 1851, issu de négociations avec les représentants des Lakotas, des Cheyennes et des Arapahos, des Crows, des Arikaras, des Assiniboines, des Gros Ventres et des Mandans, suivi du traité de Fort Atkinson, en juillet 1853, cherchant à stabiliser les relations avec les tribus des Plaines du Sud, telles que les Comanches, les Kiowas et les Kiowas-Apaches. Le traité de Fort Laramie définissait des frontières pour les tribus et nommait des chefs principaux, tel Conquering Bear, un Lakota Brulé. De généreux cadeaux, et la promesse d'autres à venir, faisaient partie de la tactique du gouvernement[7] pour encourager les chefs à collaborer, ce qui, avec la désignation de « chefs de papier », comme on les surnomma, causa la discorde, en particulier avec les factions non signataires. Le renforcement de l'armée, dans la perspective de problèmes avec ces dernières, fut partiellement atteint en rachetant des comptoirs de commerce des fourrures ou en y plaçant des garnisons. C'est ainsi que Fort Lara-

Quanah Parker, grand chef des Comanches, habile politicien, propagateur de la religion du Peyotl, avec sa femme, Tonasa, devant leur maison composée de cinq pièces ; vers 1892.

Kiowas

Au début du XVIIIe siècle, les Kiowas, une des tribus les plus belliqueuses des Plaines, vivaient dans la région des Black Hills et en amont de la Yellowstone, où ils étaient alliés aux Crows et autres ennemis des Cheyennes et des Sioux. Vers 1805, ils se déplacèrent vers le sud, dans l'est de l'actuel Colorado et l'ouest de l'Oklahoma. Ils firent la paix avec les Comanches vers 1790, avec les Osages en 1834, avec les Cheyennes et les Arapahos vers 1840, et étaient en bons termes avec les Wichitas. Leurs ennemis étaient les Caddos, les Tonkawas, les Navajos et les Utes, ainsi que les colonies frontalières du Texas et du nord du Mexique (jusqu'à Durango), et les pionniers blancs arrivant de l'Est. Ils signèrent finalement la paix avec le gouvernement américain, à Fort Sill en 1875, et on leur attribua une réserve proche de celle qu'ils partageaient avec les Comanches ; ils la perdirent en 1901, en raison de la politique fédérale de redistribution des terres. Aujourd'hui, la majorité des Kiowas vit dans l'ouest de l'Oklahoma, dans la région de l'ancienne réserve. Dans les années 1890, James Mooney mena une étude parmi les Kiowas et en tira une excellente monographie décrivant leur histoire à partir de leurs traditions orales, notamment celles associées aux calendriers pictographiques qu'ils conservaient. Il étudia ensuite leur art héraldique, les emblèmes personnels peints sur les tipis et les boucliers sacrés, leurs origines et l'histoire de leur transmission de propriétaire en propriétaire. La documentation suivante est en partie constituée de modèles réalisés par les Kiowas à l'intention de Mooney, et des objets que celui-ci collecta pour la Smithsonian Institution.

1 Pendant de coiffure fait d'une bande ornée de disques de maillechort.
2 Maquette de bouclier ; motif appartenant à Tsenbo II.
3 Maquette de bouclier à motifs de serpents, dessin appartenant à Guitonkagya (Ringboned Wolf), période 1835-1858.
4 Maquette de bouclier à motif de libellule. Le dessin, appartenant à Pa-akanti (Rough Bull), n'a plus servi après 1875.
5 Maquette de bouclier, motif appartenant à Setàpeto.
6 Maquette de bouclier « oiseau », motif appartenant au célèbre chef Setàngya (Sitting Bear), tué en 1871 à Fort Sill.
7 Maquette de bouclier à motif appartenant à Gotara.
8 Réplique du bouclier de Padohgai, réalisée par son arrière-petit-fils, Padalti.
9 Coiffe de guerre de cavalier ; plumes d'aigle et longue traîne.
10 Tunique de guerre de Dohasän le Jeune (Little Bluff), mort vers 1894 ; de style typiquement crow (inspirée de ces alliés des Kiowas ?) ; les mèches de cheveux sur l'épaule droite viendraient de scalps d'ennemis navajos.
11 Mocassins d'homme.
12 Éventail pour le rituel du Peyotl.
13 Calumet/tomahawk en métal, d'origine mexicaine (?).
14 Robe de femme.
15 Mocassins montants, pour femme ; cuir teinté, perles et disques de métal.
16 Mocassins de garçon.

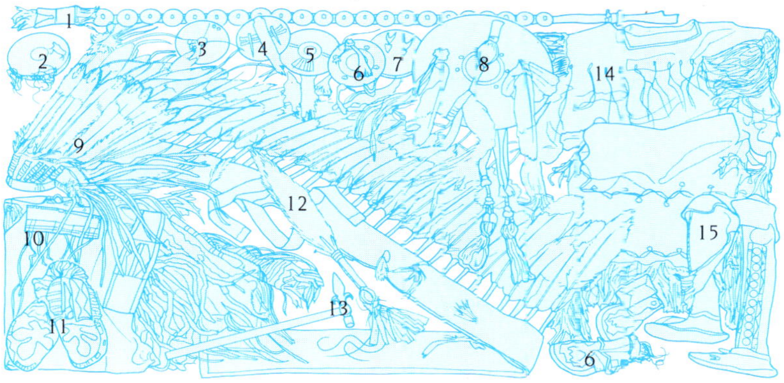

CI-DESSUS *Membre de la Société Bison des Mandans, peinture de Karl Bodmer* (1837). *Son masque en fait un des leaders de la Danse du Bison.*

CI-DESSUS *Mató-Tópe, ou Four Bears, peint par Karl Bodmer* (1837). *Sa tenue symbolise ses prouesses guerrières, le poignard en bois planté dans sa coiffe évoque un combat contre un chef cheyenne.*

mie, acheté à l'American Fur Company par le gouvernement pour 4 000 dollars, était devenu un point militaire stratégique ; en fait, on y avait déjà envoyé, dès août 1849, 2 officiers et 53 hommes, bien avant le traité de 1851. Le même processus se répéta rapidement dans les Plaines centrales et du Sud. Tandis que l'on transformait les anciens comptoirs en places fortes, l'armée en construisait d'autres, comme les forts Riley et Larned, pour protéger la fameuse route de Santa Fe, au sud de l'Oregon Trail. On renforça également la route de San Antonio à El Paso, et, au cœur du territoire des Comanches, des Kiowas, des Apaches Mescaleros et des Tonkawas, furent édifiés les forts Clark (1852), Hudson (1851), Stockton (1852) et Bliss (1849), près ou sur les rives du Pecos et du rio Grande. Une paix fragile était ainsi instituée, mais il fallut moins d'une décennie pour que, du Mexique au Canada, les tribus comanche, kiowa, arapaho, cheyenne et sioux opposent une extraordinaire et farouche résistance à toute poursuite de l'expansion qui, pendant près d'une génération, empêcha la modification des frontières.

Ces tensions furent résumées dans cet émouvant chant d'émigrants :

« Les Indiens vous attrapent dans les Plaines.
Ils vous tuent, vous scalpent, vous écrasent le crâne.
Oncle Sam devrait les faire déguerpir,
Qu'il n'y ait plus d'Indiens pendant cent ans. »
(Smith, 1943 : 156.)

Une lente campagne d'extermination des Indiens des Plaines fut déclenchée à cause d'une vache, si chétive que son propriétaire, émigré mormon, l'avait abandonnée. En quête d'un morceau de cuir et, peut-être, d'un semblant de repas, High Forehead, un Sioux Miniconjou en route vers le camp de Conquering Bear, tua la bête dans l'après-midi du 18 août 1854.

« Au titre de restitution ou de compensation de tout dommage commis [...] par n'importe quel individu ou bande [...] à l'encontre de la population des États-Unis [...] » (McCann, 1956 : 3-4), les émigrants demandèrent réparation, bien que Conquering Bear ait immédiatement proposé un cheval en dédommagement. Le lieutenant Hugh B. Fleming jugea cette affaire si futile qu'aucune décision ne fut prise ce soir-là. Sans doute l'incident aurait-il été clos si, le lendemain, le lieutenant John Grattan n'avait défendu fermement les émigrants et demandé l'autorisation d'envoyer un détachement d'infanterie pour arrêter le coupable[8]. Fleming accepta à contrecœur, en recommandant à Grattan de s'emparer du coupable et, en cas de refus de ce dernier, d'agir à sa guise mais « de ne risquer aucune action militaire sans certitude de réussite » (*ibid.* : 8).

Escorté du sergent W. Faver, de 26 fantassins, de 2 musiciens et d'un interprète terrifié (un certain Lucien Auguste), il prit la route du camp lakota. A deux reprises, Grattan fut fermement averti du danger. A un moment, Obridge Allen, éclaireur doté d'une longue expérience, vint lui signaler que « les Oglalas avaient commencé à rentrer leurs poneys, attitude typique des Indiens se préparant à combattre ». Peu après, James Bordeaux, homme avisé et perspicace, qui avait l'habitude de traiter avec les Lakotas, lui demanda : « Pourquoi ne pas oublier cette vache sans intérêt ? Elle était là, sans subsistance, et serait rapidement morte, trop estropiée pour marcher, avec ses pieds usés jusqu'à la chair. Elle a été abattue par des gamins qui recherchaient un morceau de cuir. » (*Ibid.* : 6.)

Grattan informa Conquering Bear qu'il était venu pour emmener High Forehead au fort. Man-Afraid-Of-His-Horses raconta plus tard : « Conquering Bear me demanda : "Vous êtes un brave. Qu'en pensez-vous ?" Je lui répondis : "Vous êtes le chef. Que pensez-vous ?" » Conquering Bear dit alors à Grattan que High Forehead était l'« hôte de son village, non soumis à son autorité ». Bien que l'on proposât à Grattan d'autres poneys en paiement de la vache et qu'on l'exhortât de reporter toute action jusqu'à l'arrivée du major John W. Whitfield, l'agent indien, il ne voulut rien savoir et fit entrer ses hommes dans le village des Indiens Brulés, déclarant qu'il irait lui-même chercher High Forehead chez lui » (*ibid.* : 13-14). Il s'arrêta à environ 60 mètres de l'habitation de High Forehead, qui se dressait près de celle de Conquering Bear, puis il ordonna aux obusiers de se tenir prêts et plaça ses hommes de chaque côté du canon.

Les pourparlers devenaient de plus en plus âpres, et même Conquering Bear, qui généralement se montrait pourtant d'une diplomatie à toute épreuve, commençait à perdre patience devant cet arrogant Grattan. Man-Afraid continue : « Conquering Bear déclara que tout cela était bien excessif à propos d'une pauvre vache, et qu'aujourd'hui les soldats lui faisaient l'affront, lui qui avait été désigné chef par les Blancs, d'entrer dans son village et d'y installer leurs gros fusils [...]. "Vous ne voulez rien entendre de ce que je vous dis. Je vous frapperais si je n'étais pas un chef. Mais comme je suis un chef et que je l'ai été par les Blancs, je ne le ferai pas." » (*Ibid.* : 18.)

Frustré, Grattan coupa court à toute discussion et, s'avançant vers la troupe, donna un ordre que les Indiens ne comprirent pas. Deux ou trois coups furent tirés et un guerrier fut touché. Bordeaux entendit alors l'ordre du chef de ne pas tirer, car ce n'était peut-être qu'un coup pour sauver l'honneur de la troupe, laquelle s'en irait probablement. Mais Grattan était désormais convaincu qu'il fallait une démonstration supplémentaire et il ordonna à l'infanterie de tirer une salve. Des flèches furent alors lancées par les archers disposés sur les côtés, et les soldats de Grattan, dont peu, voire aucun, avaient la moindre expérience des pratiques guerrières des Indiens des Plaines, se dispersèrent, pris de panique. Grattan lui-même s'écroula ; lorsqu'on récupéra son corps, on dénombra vingt-quatre flèches, dont une qui lui avait traversé la tête et le rendait méconnaissable, si bien qu'on ne put l'identifier que grâce à sa montre. En un instant, tous les soldats périrent. L'unique survivant était un civil, John Cuddy, qui, grièvement blessé, avait réussi à plonger dans un buisson d'églantine. Il mourut deux jours plus tard, sans avoir rien pu dire sur cette bataille.

Ce drame soulignait les énormes différences séparant les deux cultures et servit d'avertissement à d'autres candidats « chefs de papier ». La paix fragile était rompue. Le « massacre de Grattan », comme on l'appela, annonçait les affrontements sporadiques et souvent violents qui allaient s'achever tragiquement, près de quarante ans plus tard, en décembre 1890, avec le massacre des Big Foot Lakotas, dans une petite crique du Dakota, que le monde entier connaît sous le nom de Wounded Knee.

Dès 1834, l'hostilité des Comanches contre les colons blancs venus de l'Arkansas, en route pour l'Ouest à travers les Plaines du Kansas et du Texas, avait justifié la formation d'une expédition de Dragons menée par le colonel Henry Dodge, dans le but de négocier un traité de paix. Parvenus dans un immense village de 600 à 800 tipis plantés près du confluent de la Washita et de la Red River (dans l'actuel Texas), Dodge expliqua aux Comanches les motifs amicaux de son expédition, et leur dit

CI-DESSUS *Guerriers otos, vers 1880. Noter le beau calumet à fourneau de catlinite (pierre de couleur rouge) tenu par le troisième personnage et la broche en fin maillechort du guerrier de droite.*

A DROITE *Les Crows utilisaient généralement une structure à quatre mâts principaux, entre lesquels les autres étaient disposés de manière à former le cône recevant l'enveloppe. Cette disposition avait tendance à élargir l'évent supérieur en raison du grand nombre de mâts. Contrairement aux Blackfeet, les Crows avaient peu de tipis peints, la majorité étaient blanc-beige.*

Tipi-médecine crow

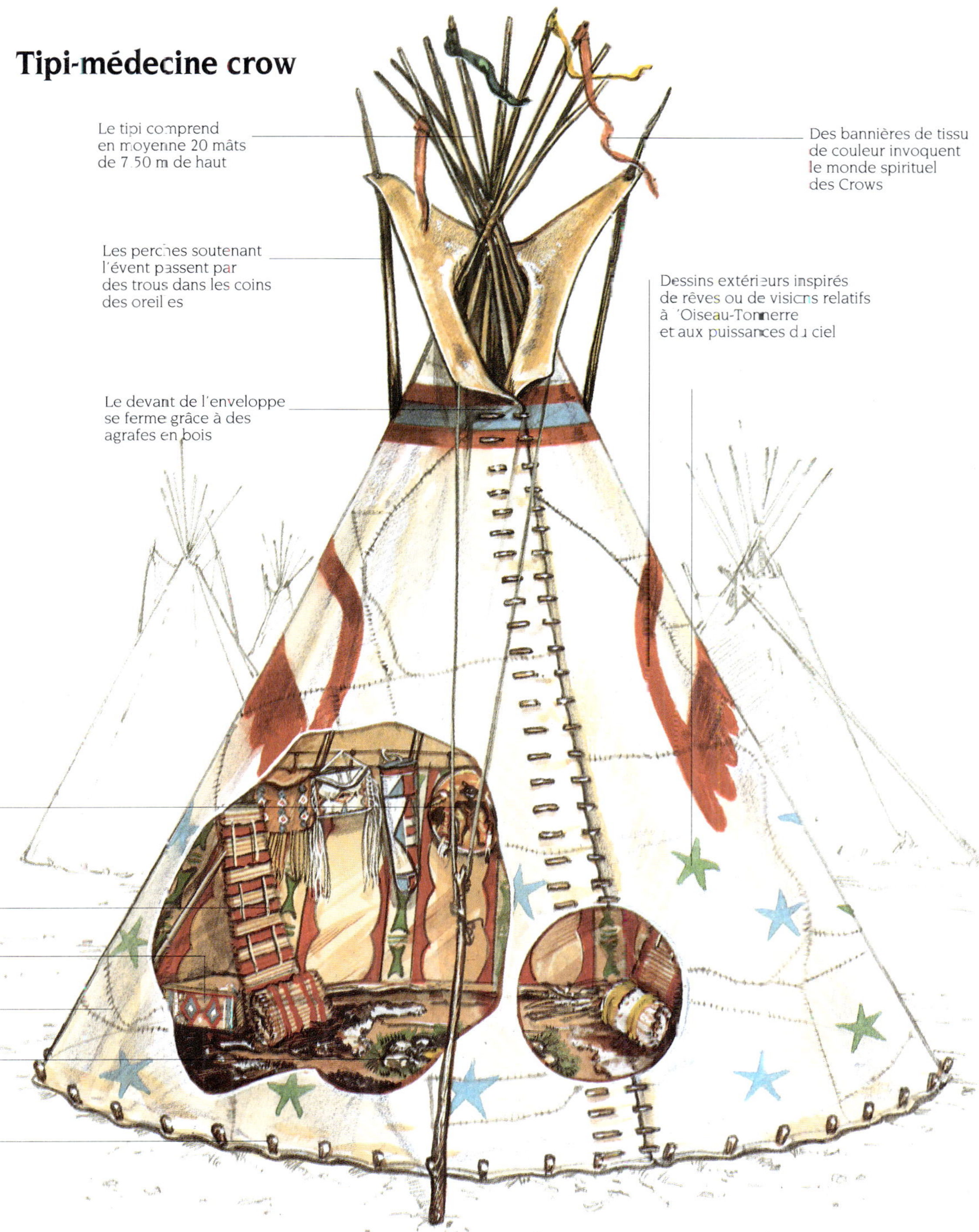

qu'il avait été envoyé par le président des États-Unis afin qu'un système d'échanges puisse être instauré, « avantageux pour tout le monde » (Catlin, 1926, vol. 2 : 63). Cette expédition fut un succès et, l'année suivante, des accords étaient signés.

Mais, pour les Comanches, les problèmes ne faisaient que commencer, car les Cheyennes, souhaitant traiter avec les habitants de Fort Brent, se déplacèrent au sud et se joignirent aux Arapahos. Ensemble, ces deux tribus forcèrent les Comanches, les Kiowas et les Apaches des Plaines à accepter la rivière Arkansas comme frontière nord de leur domaine. Deux ans plus tard, cependant, devant les dangers de la promiscuité, dans les Plaines du Sud, entre les Indiens de l'Est, puissamment armés, et les Blancs, se créa l'alliance de la Grande Paix ; non seulement celle-ci permit aux Cheyennes et aux Arapahos de disposer de nombreux chevaux (venant des Comanches, qui en possédaient beaucoup), aux Kiowas et aux Comanches de se procurer armes et munitions (par le trafic avec le Nord), mais elle aboutit également à la création d'un obstacle infranchissable à toute nouvelle intrusion en terre indienne des Blancs venus de l'Est. Les Comanches avaient toutes les raisons de se méfier des Blancs, et même cette alliance ne les protégea pas. En 1840, par exemple, douze chefs comanches rencontrèrent des émissaires du Texas dans l'espoir de conclure un traité de paix, mais les Texans demandèrent que les Comanches restituent leurs prisonniers blancs. Comme ils refusaient, des soldats pénétrèrent dans la salle de conseil et abattirent les 12 chefs ainsi que 20 autres Indiens.

Powder Face, chef arapaho, 1870. *Sa lance indique qu'il est membre de la Société des Lances, dont les guerriers étaient censés ne jamais reculer au combat.*

Après l'annexion du Texas par les États-Unis (1845), le gouvernement fédéral tenta de développer une politique attractive et équitable envers les tribus des Plaines du Sud. En 1847, un délégué qui faisait preuve de tact et de patience, Robert S. Neighbours, fut chargé des affaires concernant les Indiens du Texas, et, pendant plusieurs années, son influence amicale préserva une paix délicate dans les Plaines du Sud. Mais un traité non ratifié, établi avec les Kiowas et les Comanches, en avril 1863, ralluma les griefs. A cause de ces deux tribus, mais aussi des Cheyennes, des Arapahos et de certains Sioux, l'accès à Denver et, au sud, jusqu'à la route de Santa Fe commença donc à devenir dangereux : l'émigration s'arrêta et « la plus grande partie de la région se dépeupla » (Wallace et Hoebel, 1952 : 306).

Les représailles menées par le colonel J. M. Chivington, à la tête d'une milice d'État de volontaires du Colorado, se solda par le massacre et la destruction d'un pacifique village cheyenne à Sand Creek, à environ 150 kilomètres au sud-est de Denver, dirigé par Black Kettle, White Antelope et Left Hand. Tandis que ces deux derniers tombaient sous le tir ennemi, Black Kettle en réchappait miraculeusement. La barbarie de la milice (hommes, femmes et enfants furent scalpés et sauvagement mutilés) choqua la nation indienne au point que le massacre de Sand Creek entraîna une politique de harcèlement continu de la part des Dog Soldiers cheyennes[9], sous la conduite de Tall Bull et de White Horse, dont les rangs furent grossis par ceux des Cheyennes du Nord de Roman Nose et des Lakotas de Pawnee Killer. Denver étant pratiquement isolée, ces guerriers attaquèrent, en juin 1867, Fort Wallace, au nord-est de Sand Creek. L'engagement qui suivit donna à un Anglais, le Dr William A. Bell, un aperçu de la violence des affrontements dans les Plaines et rendit à jamais célèbre un de ses compatriotes, le sergent Frederick Wylyams. Selon Bell, Wylyams, qui sortait d'Eton, « avait, en jetant sa gourme, fait un mauvais mariage qui avait mal tourné » (Bell, 1869, vol. 1 : 46, *in* Taylor, 1975 : 90-93). Wylyams était ensuite parti pour l'Amérique, où il s'était fait enrôler dans l'armée américaine ; il était dans la troupe G de la 7e cavalerie du capitaine Albert Barnitz quand Bell fit sa connaissance. Wylyams espérait être nommé officier afin de rentrer dans les bonnes grâces de sa famille ; mais cela ne se produisit pas. Comme son détachement suivait une petite bande d'Indiens par-delà une crête, les soldats se trouvèrent soudain face à un grand nombre de guerriers. Bell commente : « Ils s'arrêtèrent quelques minutes [...] puis, comme une tornade [...] ils s'abattirent sur cette petite troupe de 50 soldats, qui,

CI-DESSUS *La Danse du Corbeau des Arapahos, 1893. Créée dans les années 1890 par les Cheyennes du Sud et les Arapahos, elle servait de préliminaire à la Danse des Esprits. Cette danse dérivait de la pittoresque danse Omaha des tribus des Plaines.*

manquant de munitions, durent battre en retraite vers le fort [...] poursuivis par les Indiens qui parvinrent à en isoler cinq, dont le sergent Frederick Wylyams [...]. Un par un, les soldats tombèrent, vendant chèrement leur vie. » Les Indiens furent finalement repoussés par l'escadron du capitaine Barnitz, mieux armé, et l'on retrouva le corps des cinq soldats tués. Plus tard, encore sous le choc, le Dr Bell raconta : « J'avais déjà vu l'horreur et le sang, la mort sous toutes ses formes, mais jamais je n'avais éprouvé cette sensation d'écœurement, à s'en évanouir, qui me prit lorsque je vis nos morts, après cette attaque des Indiens. Rien que cinq hommes, mais dont le nombre de blessures aurait suffi à abattre toute une compagnie. » Le corps du sergent avait été sauvagement mutilé, et c'est avec une objectivité scientifique que Bell décrivit ensuite les différents signes que chaque tribu y avait laissé comme témoignage de sa présence dans la bataille ; il semblait qu'il lui était facile d'interpréter certaines de ces blessures. « Les muscles du bras droit, tailladés jusqu'à l'os, portaient la trace des Cheyennes, ou "Bras Coupés". Le nez incisé était la marque de la "Petite

A DROITE *Danse des Esprits, 1893. Sous l'oppression des Blancs, les Arapahos adoptèrent la religion du Peyotl et la Danse des Esprits, dont la pratique régulière devait restituer leur terre aux Indiens.*

CI-DESSUS *Tipis arapahos près de Camp Supply, Territoire Indien, 1870. On voit, à droite, qu'ils s'ouvrent tous dans la même direction, sûrement à l'est, pour saluer le lever du soleil.*

CI-DESSOUS *Hutte-médecine de la Danse du Soleil des Arapahos, 1893. Située au centre du camp, la hutte était en elle-même très importante. La danse des Arapahos ressemblait à celle des Kiowas, Dakotas et Cheyennes.*

Tribu" des Arapahos, et la gorge tranchée démontrait que les Sioux étaient également présents. Il y avait donc des Cheyennes, des Arapahos et des Sioux parmi ces guerriers. Mais il n'y avait pas longtemps que je connaissais la signification de ces marques, et je n'ai pas encore découvert de quelle tribu venaient les incisions dans les cuisses, ou les lacérations des mollets, en estafilades obliques et parallèles. Les flèches différaient également de facture et de couleur suivant la tribu, et il était clair, vu le nombre de flèches différentes, que chaque tribu en avait délibérément décoché une dans ce corps sans vie[10]. » (*Ibid.* : 61-64.)

Une commission gouvernementale, qui avait publié *La Condition des tribus indiennes*, souligna que le problème majeur avec les tribus du Sud était dû à la pénétration intensive des Blancs sur leur territoire. Cela aboutit au traité de la Medicine Lodge, près de Fort Dodge, Kansas, en octobre 1867, sincère tentative du gouvernement de

l'époque pour amenuiser les différences d'intérêts entre Rouges et Blancs. Un grand village de quelque 850 tipis pour 5 000 Indiens (Cheyennes, Arapahos, Comanches, Kiowas et Kiowas-Apaches étaient représentés) fut dressé près de Medicine Lodge Creek, ainsi nommée parce que les Kiowas y avaient récemment célébré leur annuelle Danse du Soleil et que le « tipi-médecine » était encore là au moment où se déroulait la conférence[11]. La centaine de participants blancs — délégués, interprètes, rapporteurs et journalistes — était escortée par un escadron du 7e régiment de cavalerie, commandé par le major Joel H. Elliott. Cette rencontre fut décrite comme « un des rassemblements les plus importants et les plus colorés d'Indiens et d'officiels jamais vu dans les Plaines », avec « nourriture à volonté et beaucoup de café pour être sûrs que les Indiens ne partent pas » (Nye, 1968 : 107).

Malgré la signature de ce traité par des chefs aussi influents que Little Raven (Arapaho), Black Kettle et Little Robe (Cheyennes), Satank et Satanta (Kiowas), Wolf Sleeve (Kiowa-Apache) et Ten Bears (Comanche), et l'arrêt, durant plusieurs mois, des attaques contre les Blancs, les luttes intertribales continuèrent. Les Cheyennes et les Arapahos attaquaient les Osages et les Kaws, tandis que les Kiowas et les Comanches s'en prenaient aux Navajos, aux Caddos et aux Wichitas. Par la suite, ils entreprirent des raids sur les fermes et campements des Chickasaws[12], si bien qu'un de leurs détracteurs observa : « Un loup respecterait un traité bien mieux que Mr Indien Sauvage. » (*Ibid.* : 113.)

Divers malentendus et difficultés entretenaient un désaccord, qui devait se reproduire lors de négociations ultérieures avec les tribus des Plaines centrales et du Nord. Le traité de Medicine Lodge stipulait que le retour de la sécurité dans les Plaines s'accompagnerait de la construction d'agences (préfigurations des « réserves ») et d'écoles, ainsi que de la fourniture d'outils agricoles, de semences, de médecins et d'artisans. Les agences devaient se voir régulièrement distribuer rations et annuités, tandis que des dispositions devaient être prises afin d'éviter que les Indiens ne soient dupés par des délégués ou des trafiquants peu scrupuleux. Le gouvernement tardant à honorer ses engagements, nombre des signataires indiens finirent par ne plus respecter du tout leurs propres obligations, ou par avoir du mal à contrôler les jeunes guerriers, surtout ceux des Comanches et des Kiowas qui continuèrent à effectuer leurs raids dans le Texas, dont la population, depuis son annexion de 1845, avait reçu la citoyenneté américaine. Les expéditions sur le Sud étaient, pour les Comanches et les Kiowas, la voie traditionnelle de la puissance et de la gloire, et ce maintien des actions guerrières des tribus du Sud entraîna la demande d'une protection militaire plus efficace.

Arapahos de Fort Washakie, Wyoming, et le devin paiute Wovoka. L'ethnologue Mooney disait que les Arapahos avaient une grande « foi dans les choses invisibles du monde spirituel », et, au début des années 1890, au moins deux délégations rencontrèrent Wovoka à Mason Valley, Nevada.

La mort de Roman Nose, à la bataille de l'île Beecher, en septembre 1867, et l'exécution de Black Kettle avec une centaine d'hommes, de femmes et d'enfants par Custer, en novembre 1867, à Washita, la disparition progressive du bison, la supériorité de l'armement américain, l'aptitude de la cavalerie à s'attaquer aux campements en hiver épuisent les tribus. Au début des années 1870, les principaux chefs de guerre kiowas et comanches Satank, Satanta et Kicking Bird étaient morts ; de nouveaux chefs, comme le Kiowa Feathered Lance et l'habile Quanah Parker des Comanches, pressentant l'inévitable, en revinrent à négocier, et plusieurs rencontrèrent le Grand-Père à Washington[13]. En 1875, dans les Plaines du Sud, la guerre était pratiquement terminée ; ce qui n'était pas le cas au nord, où l'apathie qui recouvrait les traités rompus allait bientôt laisser place à une franche hostilité.

Le traité de Fort Laramie, finalement signé en novembre 1868 par Red Cloud et quelque 200 représentants des Lakotas (Brulés, Oglalas, Miniconjous, Hunkpapas, Sans Arc et Two Kettles),

Arapahos

Ces objets ont été collectés en 1899 et en 1900 par A. L. Kroeber, en Oklahoma et au Wyoming, dans le cadre de ses recherches sur le symbolisme arapaho. Représentatifs de la vie quotidienne de cette tribu en 1900, ils ne sont pratiquement plus fabriqués aujourd'hui. La signification des dessins donnée ici fut transmise à Kroeber par les propriétaires ou les fabricants de ces objets dont, pour la plupart, aucune photographie en couleurs n'avait jamais été publiée.

1 Mocassins d'enfant.
2 Parure de plumes portée par les hommes lors de la Danse du Corbeau.
3 Mocassins d'enfant ; les triangles verts représentent des oreilles de cheval.
4 Mocassins ; leur dessin représente des nuages et des étoiles dans le ciel, un tipi (à la pointe) et une écrevisse (au centre).
5 Mocassins ; la croix représente l'Étoile du matin, et la barre du cou-de-pied l'horizon.
6 Parure de tête d'enfant pour la Danse des Esprits : crins de vache et deux roues dentées en cuivre, la plus grande représentant le Soleil, l'autre la nourriture.
7 Mocassins. Les rangées de triangles bleus représentent des rochers, celles des carrés rouges et bleus des montagnes, avec trois personnages assis sur chaque rangée (carrés rouges) ; un sentier bleu longé de rochers rouges traverse le centre ; les deux barres rouges latérales à la pointe du pied sont des personnages debout.
8 Jambières de femme attachées à des mocassins.
9 Bourse pour allumettes et autres objets, que les femmes portaient à la ceinture.
10 Sac pour peignes, pinceaux et autres articles de toilette. Les trois croix représentent l'Étoile du matin.
11 Bourse à médecine, appelée « deux bébés ».
12 Bourse de ceinture.
13 Mocassins. Les carrés verts sont des symboles de vie accolés à des tipis rouges.
14 Mocassins.
15 Mocassins. Le zigzag représente la foudre.
16 Mocassins d'enfant.
17 Mocassins. Le rectangle vert est un bison sur un chemin blanc.
18 Mocassins. Les grands triangles sont des cornes de bison (rouges pour le sol aride et vert pour l'herbe) ; les zigzags sont des calumets ; les languettes fourchues représentent la langue du serpent à sonnette, et le bleu tacheté leur peau ; les petits cônes en fer-blanc sont les grelots du serpent.

19 Mocassins ; ligne discontinue pour les traces d'un bison.
20 Mocassins ; les zones bleues hachurées représentent des poissons ; les petites paires de triangles sont des papillons.
21 Mocassins d'enfant ; chaque bande représente un sentier.
22 Mocassins ; le fond blanc représente la neige, les triangles bleus des tipis à ouverture carrée ; les deux triangles supérieurs sont des lacs.
23 Mocassins.
24 Sonnailles faites d'ergots de petit ongulé.
25 Éventail pour le rituel du Peyotl.
26 à 31 Six disques de cuir ornés de piquants servant à décorer le sommet du tipi, à l'arrière.
32 Ornement de cuir décoré de piquants de porc-épic.
33 Mocassins ; leur dessin à damier représente l'intérieur rugueux de l'intestin du bison.
34 Gilet d'homme orné de perles.
35 Pendentif assorti d'une mèche de scalp, porté lors de la Danse du Corbeau.
36 Sifflet en os d'aigle.
37 Jambières de jeune fille. Les triangles simples représentent des pointes de flèches ; ceux qui portent trois triangles plus petits à leur base sont des tipis.
38 Jambières de petite fille, attachées à leurs mocassins.
39 Mocassins de femme. La large bande représente le chemin que suit celle qui les porte.
40 Mocassins.

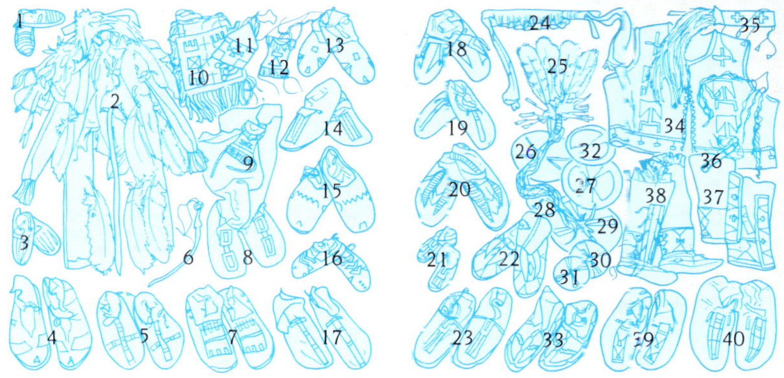

Danse de Guerre pawnee, 1821

En 1821, une délégation de 16 Pawnees et d'autres Indiens de l'Ouest présenta, devant le président Monroe, à la Maison-Blanche, une Danse de Guerre dont la baronne Hyde de Neuville, femme de l'ambassadeur de France aux États-Unis, fit un croquis. Petalesharo, que l'on voit ici, fut particulièrement remarqué. Il avait, en 1817, sauvé une femme sur le point d'être sacrifiée à l'Étoile du matin par les Pawnees. Son portrait, dû à C.B. King, offre une des premières illustrations de la fameuse coiffe de guerre à plumes d'aigle, et d'autres détails. Il porte une médaille de la paix représentant James Madison, un brassard d'argent, et des pendants d'oreilles. Il tient un casse-tête en forme de fusil, clouté de cuivre. Sa large ceinture de laine brodée de perles et ses jambières de peau ressemblent à celles conservées dans les collections de la Smithsonian Institution.

des Blackfeet, des Santees et des Yanktonais, reconnaissait les demandes de Red Cloud, qualifiées de « prescriptions amères pour l'armée mais non indigestes » (Utley, 1973 : 134). Il s'agissait du retrait de l'armée du Bozeman Trail, de l'abandon de forts tels que Phil Kearny et C. F. Smith, et de l'octroi de droits de chasse sur la Republican River, ainsi que dans le Nebraska et le Wyoming. Il reconnaissait surtout la région de Powder River comme « territoire indien incessible », sur lequel aucun Blanc ne pourrait passer sans le consentement des Indiens (*ibid.* : 135). Comme ce fut le cas, l'année précédente, pour le traité de Medicine Lodge, la construction d'écoles et le versement de rations et d'annuités étaient également prévus. Sur divers points, le traité de Laramie fut une réussite ; il mit fin à la guerre dite de Red Cloud, où tant de sang fut versé dans chaque camp, en particulier lors de l'anéantissement de Fetterman et de son détache-

A DROITE *Camp cheyenne, probablement vers 1890. Les femmes tannent des peaux tendues sur le sol entre des piquets, qui proviennent plutôt de la boucherie que de la chasse. Les tipis semblent faits de toile.*

CI-DESSOUS *Man on a Cloud, Cheyenne du Sud, 1892 : certainement le même qui, sous le nom d'Alights on the Clouds, se rendit à Washington vers 1850. Sa splendide coiffe de guerre et sa chemise ornée de scalps témoignent de son rang de grand guerrier.*

Cheyennes

Les ancêtres des Cheyennes, qui parlent une langue algonquine, migrèrent, vers 1700, des régions boisées de l'Est pour fonder des villages d'agriculteurs et de chasseurs dans les prairies du Nord. Un siècle plus tard, ils se déplacèrent plus à l'ouest, vers les hautes plaines, où ils adoptèrent le style de vie des Plaines, déplaçant fréquemment leurs campements de tipis, chassant le bison à cheval, et se livrant aux raids et à la guerre, surtout contre les Crows, les Pawnees, les Shoshones et les Utes. Par le traité de Fort Laramie, en 1851, les Cheyennes du Nord furent séparés de ceux du Sud, qui se joignirent aux Arapahos. La guerre contre l'armée américaine et la milice du Colorado fut déclenchée par l'invasion des territoires cheyennes par les Blancs, les chasseurs de bisons et les prospecteurs de mines. Les Cheyennes s'allièrent aux Sioux pour battre le général Custer en 1876, et la paix finit par être conclue en 1879. La plupart des objets présentés ici proviennent des Cheyennes du Sud, dans le Territoire Indien. Les dates sont celles de leur collecte.

1 Parflèche : enveloppe de cuir non tanné servant au transport des vêtements. 1868.
2 Collier d'homme-médecine à fausses griffes d'ours en corne taillée. 1891.
3 Mocassins à jambière, ornés de perles. 1891.
4 Mocassins ornés de perles. 1891.
5 Coussin en peau de daim, orné de perles. 1891.
6 Sac en peau de daim à décor de perles imitant les motifs en piquants de porc-épic.
7 Mocassins de femme ornés de perles. 1891.
8 Ornement de tapis de selle ; peau de daim décorée de perles. 1891.
9 Effigie de serpent en corde tressée servant de talisman de guerre individuel. 1891.
10 Coiffe avec plumes d'aigle, cornes de bison et longue traîne. 1881.
11 Bol à médecine en bois. 1891.
12 Jambières de femme. 1891.
13 Brassard en maillechort. 1916.
14 Bourse en carapace de tortue. 1891.

15 Broyeur en pierre pour casser les os à moelle et écraser les prunes sauvages.
16 Outil en os et lame métallique pour préparer les peaux. Cheyennes du Nord. 1901.
17 Petit parflèche de femme. 1891.
18 Arc ayant appartenu à Red Eagle. 1891.
19 Cinq flèches à pointe d'acier. Cheyennes du Nord. 1868.
20 Flûte. 1891.
21 Corne à poudre attachée à un sac en peau de daim à bandoulière, recouverte de flanelle. 1891.
22 Mocassins de femme ; cuir teint en vert et orné de perles. 1891.
23 Collier en griffes d'ours et clochettes de cuivre. Avant 1931.
24 Collier de coquilles de dentales et clous de cuivre. 1891.
25 Collier de jeune fille ; os et 14 pièces de monnaie datées de 1857 à 1888. 1891.
26 Ceinture de jeune fille en cuir. 1891.
27 Cravache de guerrier en bois orné de clous de cuivre. 1877.
28 Tambour pour les guérisons ; l'oiseau noir à ailes rouges représente le nom originel de l'homme-médecine, son détenteur, nommé plus tard Woman's Heart. Avant 1915.
29 Coiffe d'homme-médecine. Déjà ancienne en 1891.
30 Chemise en peau de daim, achetée à Little Chief ; peinte et décorée de piquants de porc-épic et de mèches de cheveux humains. 1879.

ment de plus de 80 hommes, le 21 décembre 1866, et, le 2 août 1867, celui de Wagon Box, où, si les pertes côté Blancs furent moins élevées, beaucoup d'hommes ne se remirent cependant jamais, psychologiquement ou physiquement, de leur terrible épreuve[14].

Les expéditions vers les terres des Black Hills, en 1874 et 1875, financées par le gouvernement afin d'en étudier la richesse en minerai, donnèrent lieu à de fausses rumeurs quant à la présence d'or en grande quantité. Le traité de 1868 stipulait que la Grande Réserve sioux incluait une vaste étendue, à l'ouest du fleuve Missouri, dans l'actuel Dakota du Sud ; elle comprenait les Pa Sapa ou « Black Hills », un des lieux sacrés des Lakotas. La Ruée vers l'or débuta fin 1875 ; l'empiètement sur le territoire lakota constituant une violation du traité de 1868, l'armée tenta de repousser prospecteurs et autres. Mais cette action se révéla vaine : « Je vous le dis, ce gouvernement n'a pas le pouvoir d'arrêter la progression de cette [notre] race de conquérants [...] vous ne pouvez réprimer [...] les gens de ce pays [...] il n'y a pas assez de pouvoir pour stopper la migration de notre population. » (Sénateur Hurblut, Journal officiel du Congrès, juillet 1876. Taylor, 1975 : 110.)

En février 1876 commençait une nouvelle guerre avec les Lakotas, provoquée par le refus de Sitting Bull de quitter la région de Powder River et de se faire inscrire dans une des « agences », l'ultimatum ayant été lancé par Ulysses Grant lui-même, président des États-Unis : « S'ils négligent ou refusent de s'en aller, le ministère de la Guerre les considérera comme Indiens hostiles, et la force militaire sera envoyée pour les contraindre à obéir aux ordres du Bureau des affaires indiennes. » (Chandler, à l'intention de Belknap, Journal du Congrès, juillet 1876[15].)

En mars 1876, une campagne du général de brigade Crook, à la tête de dix compagnies de cavalerie et de deux d'infanterie, fut menée contre Sitting Bull et ses alliés cheyennes, mais dut rapidement renoncer en raison de mauvaises conditions climatiques. Au printemps, une campagne numériquement plus forte et mieux organisée fut préparée par le général de brigade Alfred H. Terry. Le 29 mai 1876, le général P. H. Sheridan notait, à propos de cette offensive sur trois fronts menée par Terry et Crook : « Le général de brigade Terry a quitté ses quartiers du Fort Abraham Lincoln en direction de Powder River [...]. Il est à la tête d'une colonne d'environ 900 hommes [...]. Le général Crook partira de Fort Fetterman avec des effectifs comparables. Le colonel John Gibbon descend actuellement au nord de la Yellowstone et à l'est de l'embouchure de la Big Horn, avec environ 400 hommes [...] chaque détachement a pour mission d'assurer sa propre protection et de châtier les Indiens s'il en a l'opportunité [...]. Je pense qu'il va se passer ceci : le général Terry va pousser les Indiens vers la vallée de la Big Horn et le général Crook les repousser vers Terry, le colonel Gibbon descendant du côté nord de la Yellowstone, pour les intercepter [...] l'action de ces trois colonnes devrait ramener de force la plupart de ces Indiens hostiles vers les agences [...]. » (Général P. H. Sheridan au général W. T. Sherman, à Washington, 29 mai 1876. Taylor, 1975 : 113.)

A l'insu des Américains, une des plus fortes concentrations d'Indiens des Plaines jamais vue dans la période historique se déployait rapidement

Guerriers crows en tenue de danse, vers 1890. *Noter les grosses sonnailles attachées sous les genoux ; elles participaient au rythme du tambour et des chanteurs.* A *cette époque, les parapluies étaient également utilisés comme ombrelles.*

le long de la Little Big Horn, sous la conduite du chaman Sitting Bull, des Hunkpapas, et sous celle de Crazy Horse, sans aucun doute un des plus grands chefs de guerre que les Oglalas aient jamais produit.

Un campement d'environ 1 500 tipis, abritant de 12 000 à 15 000 Indiens (en majorité Sioux et Cheyennes), s'étendait sur près de 5 kilomètres le long des rives de la Little Big Horn. Le message de Sitting Bull avait porté loin : quelques semaines auparavant, il avait invité Crowfoot, puissant et influent chef blackfoot du Canada, à « se joindre aux Sioux dans leur lutte contre les Américains [...] après la défaite des Américains et des Crows, les Sioux iraient au Canada avec les Blackfeet pour exterminer les Blancs » (Dempsey, 1972 : 88[16]).

La retraite des Indiens escomptée devant les hommes de Crook fut contrecarrée par l'attaque de Crazy Horse, le matin du 17 juin. Crook campait aux sources de la Rosebud, avec plus d'un millier d'officiers et de soldats, ainsi qu'environ 260 éclaireurs shoshones et crows. Les Indiens

CI-DESSUS *Danseurs crows, probablement vers 1900. A gauche, un homme est habillé comme un clown. Pendant la période des réserves, ces personnages, vêtus de sacs de jute transformés en jambières et ponchos, amusaient beaucoup leur auditoire.*

CI-DESSOUS *Village crow, probablement près de la Crow Agency, sur la Little Big Horn, Montana, vers 1910. Pour édifier leurs tipis, les Indiens Crows utilisaient des mâts de pin des monts Big Horn, en raison de leur forme naturellement conique.*

CI-DESSUS *Intérieur de la hutte initiatique de la Société du Tabac montrant les participants avec leurs tambours. Le tabac* (Nicotiana multivalvis) *tenait une grande place dans la médecine crow.*

CI-DESSOUS *Délégation crow à Washington*, 1880. *Les Indiens, de g. à dr.* : Old Crow, Medicine Crow, Two Belly *(debout avec sa chemise ornée de motifs perlés)*, Long Elk, Plenty Coups et Pretty Eagle.

attaquèrent par surprise, tandis que Crook jouait aux cartes et que ses hommes déjeunaient. La bataille qui suivit dura six heures ; libérés de tout souci au sujet de leurs femmes et de leurs enfants, installés à 25 kilomètres de là, les hommes de Crazy Horse employèrent une tactique offensive totalement inhabituelle, qui laissa le régiment de Crook sévèrement à court de munitions et déplorant une centaine de morts et de blessés. Plus important encore, Crook était éliminé de la « campagne des trois fronts ».

Quatre jours plus tard, dans l'après-midi du 21 juin, Terry, Gibbon, Custer et Brisbin « tinrent un conseil de guerre à bord du *Far West* » (Taunton, 1977 : 21). Quelques heures plus tard, Mark Kellogg envoyait au *New York Herald* ce qui devait être son ultime dépêche ; il y précisait la prochaine étape de la campagne : Custer allait « s'élancer avec toute sa troupe de la vallée de la Rosebud [...] et poursuivre les Indiens aussi longtemps et aussi loin que le permettrait l'endurance des chevaux et de ses hommes [...] [il] propose de vivre et de se déplacer comme les Indiens ; de cette façon, son régiment pourra aller partout où les Indiens iront. Le régiment de Gibbon est parti de l'embouchure de la Big Horn » (*ibid.* : 24). Le 7ᵉ régiment de cavalerie, commandé par Custer, était constitué de 31 officiers, 586 soldats, 33 éclaireurs indiens et 20 civils. Alors que Custer faisait ses adieux, Gibbon lui aurait crié : « Custer, ne soyez pas trop

gourmand : Attendez-nous ! », à quoi celui-ci aurait fait cette réponse pour le moins ambiguë : « Je n'en ferai rien » (*ibid.* : 29).

A 12 h 05, le dimanche 25 juin, Custer déploya son régiment sur quatre colonnes et se prépara à l'attaque. Le major Marcus Reno et ses 131 hommes se déplaçaient parallèlement au détachement de Custer ; le capitaine Benteen et ses 113 hommes se dirigeaient vers le sud-ouest, tandis que Custer et cinq compagnies (215 hommes en tout) suivaient une ligne de collines menant vers l'entrée la plus basse du campement. A la bataille de Washita, en novembre 1868, Custer avait disposé ses troupes de la même façon, attaquant le village sur plusieurs points, accentuant ainsi la confusion. A 15 h 15, Reno attaqua le secteur sud de l'immense camp sioux-cheyenne des Hunkpapas de Sitting Bull.

> « [...] dans un nuage de poussière, ils virent briller le canon des carabines, aperçurent le balancement d'un drapeau, la tenue bleue des soldats [...]. Les balles sifflèrent et allèrent crépiter sur les mâts des tipis. Les soldats fonçaient au galop sur le camp hunkpapa. Ce fut la confusion la plus totale. Les vieillards hurlaient leurs mises en garde [...] les femmes et les enfants s'enfuyaient à pied ou à cheval [...] loin des soldats [...] elles saisissaient leurs nouveau-nés, appelaient leurs autres enfants [...]. Les Hunkpapas résistaient avec bravoure [...]. Des renforts arrivaient sans cesse et le tir ne faisait que grossir [...]. »
>
> (Vestal, 1948 : 241-242.)

Quelques semaines plus tôt, lors des cérémonies de la Danse du Soleil, à Rosebud Creek, Sitting Bull avait eu une vision grandiose ; elle prédisait une grande victoire des Sioux, avec beaucoup de soldats morts tombant dans le campement. Formidablement soutenus par la promesse de cette vision, les Hunkpapas résistèrent : « Au lieu de s'enfuir, les Indiens se multipliaient sur l'avant, jusqu'à former un solide front à l'entrée du village. » Le bataillon de Reno, à présent réduit à une position défensive, fut rapidement entouré de Sioux et de Cheyennes, et « la retraite commença dans la mêlée générale » (Taylor, 1975 : 134). « Cet affrontement ne répondait pas du tout à mes prévisions. La charge dite "de la vallée" fut presque une débâcle. Je commençai à me sentir mal et complètement découragé par ce qui se produisait [...]. » (Thomas H. French, 7e cavalerie, *in* Johnson, 1989 : 17.)

Coupée par un dédale d'obstacles naturels qui avaient modifié le plan prévu, la « chance de Custer » s'en était allée ; son régiment était fractionné et chaque section exposée à la défaite avant toute hypothétique jonction. Si l'offensive de Reno avait pu être soutenue la victoire aurait été possible, mais l'enjeu était trop fort pour lui : peu après avoir ordonné à ses hommes de mettre pied à terre, il leur commanda de se remettre en selle. La confusion était générale : « Je pensais que nous allions foncer sur eux, notre seule chance. Tourner le dos aux Indiens en n'ayant pas de montures meilleures que les leurs, c'était renoncer à la vie. Lorsqu'il [Reno] partit vers cette colline, il m'avait dit, moins d'une minute avant, qu'il allait attaquer [...]. » (*Ibid.*) Tandis que Reno battait en retraite, à près de 5 kilomètres de là, Custer attaquait l'autre extrémité du camp. Comme Reno, il se retrouva face à une multitude de Sioux et de Cheyennes, cette fois des Hunkpapas dirigés par Gall, des Oglalas et d'autres sous les ordres de Crazy Horse, et les Cheyennes de Lame White Man qui repoussèrent son offensive. En quelques minutes, la compagnie L de James Calhoun, dont les chevaux étaient paniqués, fut anéantie par Crow King et ses guerriers. Les autres compagnies, C, E, F et I, dont la plupart des soldats avaient mis pied à terre, résistèrent sur les positions les plus élevées. Mais,

Cérémonie hunka-alowanpi des Oglalas, 1907. *Chez les Lakotas, elle était associée à la figure mythologique de la Femme Bison Blanc. Le calumet est consacré devant un crâne de bison peint, reposant sur un lit de sauge sacrée.*

Crows

Ces objets furent recueillis entre 1910 et 1913 dans la réserve crow du Montana par l'anthropologue Robert H. Lowie. A cette époque, les Crows étaient devenus des éleveurs, dont les outils de travail étaient d'origine non indienne, même si l'on portait couramment les mocassins et les vêtements traditionnels, parfois confectionnés dans des matières importées. La chasse au bison et la guerre avaient cessé plusieurs décennies auparavant, mais ce que Lowie nomma « psychologie guerrière » perdurait, et l'essentiel des rites ancestraux, c'est-à-dire les cérémonies avec tenues et équipements spéciaux, était toujours en vigueur. La Société du Tabac jouait un rôle particulièrement important ; la Section du Glouton (n° 6) était une organisation rituelle d'hommes et de femmes se consacrant à la culture d'une variété de tabac sacré. Les mocassins à ergots de daim (n° 23) étaient portés lors de la danse de la Société du Tabac. Il y avait également des sociétés militaires et sociales, dont les Lumpwoods (voir n° 8) étaient, vers 1910, une des deux plus importantes.

1 Parflèche de cuir non tanné à motif typiquement crow. Servait autrefois à la conservation du pemmican (viande séchée).
2 Mocassins à perles.
3 Mocassins à perles.
4 Hochet : anneau de cuir non tanné sur manche de bois, caractéristique des jeunes gens appartenant à la Société Crazy Dog.
5 Modèle d'écharpe de flanelle rouge de 3,50 m de long portée par paire, enroulée autour de la tête, par les leaders de la Société militaire et sociale des Muddy Hands (depuis longtemps disparue en 1910).
6 Emblème en peau de glouton de la section du même nom de la Société du Tabac.
7 Ornement de bride découpé dans le cuir d'un ancien parflèche, puis décoré de perles.
8 Parure de danse en peau de loutre, caractéristique des membres des Lumpwoods.
9 Mocassins à décor perlé.
10 Mocassins décorés de piquants de porc-épic teints en rouge et de

perles bleues.
11 Jambières de femme.
12 Chemise ornée de crin de cheval portée par les jeunes gens tenant le rôle de clowns rituels.
13 Outil fait avec la côte d'un animal de grande taille, utilisé par les femmes pour attendrir les peaux.
14 Bol en bois servant au mélange du tabac sacré.
15 Cuiller en corne de mouflon utilisée avec le bol n° 14.
16 Outil en acier servant à tanner le cuir.
17 Outil pour tanner, plus ancien, en os et lame de métal dentée.
18 Outil pour gratter les peaux avant tannage ; manche en os et lame de métal.
19 Marteau en pierre à manche de bois utilisé pour casser les os à moelle.
20 Mocassins décorés de piquants de porc-épic et de perles.
21 Étui de bouclier en peau de daim, dont le motif est issu d'une vision (à l'évidence l'Oiseau-Tonnerre : aigle et lignes brisées).
22 Gilet d'homme entièrement en perles.
23 Mocassins ornés d'ergots de daim.
24 Tunique en tissu portée lors de la Danse de la Société du Tabac.
25 Étui de miroir orné de perles, de franges et de piquants de porc-épic.
26 Enveloppe de fourrure pour médecine de bison.
27 Écharpe de flanelle verte, emblème d'un chef d'une société masculine.

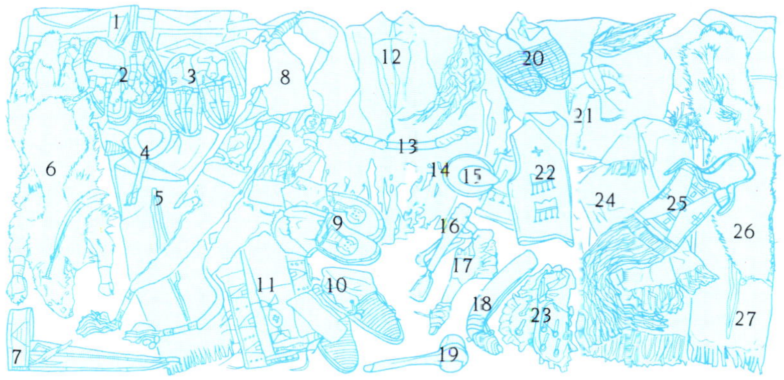

avant 17 heures, Custer et ses hommes étaient cernés, et, moins d'une heure après, ils étaient tous morts. Lorsqu'on découvrit ce champ de bataille, le matin du mardi 27 juin, c'était, comme le décrivit le capitaine Edward S. Godfrey, « une scène d'horreur, épouvantable, écœurante » : la prophétie de Sitting Bull s'était réalisée[17].

L'immense rassemblement indien s'éparpilla rapidement ; des villages de cette taille ne pouvaient guère persister longtemps, l'herbage s'épuisant très vite et le gibier s'étant enfui. Beaucoup regagnèrent leurs agences, tandis que la plupart des non-signataires de Sitting Bull, Crazy Horse, American Horse, Dull Knife et Little Wolf, restèrent dans le secteur de Powder River ; mais leur vie d'hommes libres sur le sol américain touchait à sa fin.

> « Un échec ne donne pas la victoire finale à l'ennemi [...] le sang de nos soldats réclame que ces Indiens soient poursuivis [...] [ils doivent] se soumettre eux-mêmes aux autorités de la nation [...]. »
> (Maginnis, Journal du Congrès, juillet 1876.)

A la fin de l'été 1876, une campagne sur deux fronts, contre les Cheyennes et les Lakotas, vit le jour ; elle se prolongea jusqu'au cœur de l'hiver 1877. A Slim Buttes, le 8 septembre 1876, Mills et Crook attaquèrent le village d'American Horse ; ce dernier fut tué et son village détruit. Pour la réserve de Red Cloud et quelques autres, Crook parvint à soumettre les Indiens par une démonstration de force, avant de destituer Red Cloud en raison de sympathies qui paraissaient trop marquées avec les insoumis. A Willow Creek, au sud des monts Big Horn, le 25 novembre 1876, Ranald S. Mackenzie anéantit totalement le village de Dull Knife, tuant 30 Cheyennes et s'emparant de 700 poneys[18].

CI-DESSUS *Camp sioux, par* Karl Bodmer (1833). *Les tipis en peaux de bison sont peints avec une grande précision, par exemple le détail des coutures et le laçage frontal avec des épingles en bois.*

CI-DESSOUS Sitting Bull, *chef de file des* Hunkpapas, *avec* William F. Cody (Buffalo Bill), *vers* 1885. *Il en pensait beaucoup de bien, le qualifiait de franc et sincère, et l'appelait* Pahaska (Longs Cheveux).

A Cedar Creek, sur la Yellowstone, le 20 octobre 1876, le colonel Nelson A. Miles parlementa avec Sitting Bull, qui demanda la paix sur les anciennes bases (liberté de circulation et de chasse). Miles dira plus tard que Sitting Bull « parlait comme un vainqueur et qu'il s'en donnait l'air » (Miles, 1896 : 223). A Wolf Mountain, dans la chaîne de la Big Horn, le 8 janvier 1877, Miles attaqua les Lakotas de Crazy Horse... Le village fut détruit et Crazy Horse se replia. En mars 1877, Sitting Bull battit en retraite vers le Canada avec 900 hommes. A Lame Deer, à l'ouest de la rivière Tongue, le 7 mai 1877, Miles attaqua et s'empara d'un village miniconjou, dont les chefs Iron Star et Lame Deer furent tués. Dans la réserve de Red Cloud, en mai 1877, ce fut la reddition de Crazy Horse[19]. A Fort Robinson, dans le Nebraska, le 7 septembre 1877, Crazy Horse résista lors de son arrestation, puis fut passé à la baïonnette par un garde : « Père, je suis très blessé. Dis à notre peuple qu'il ne doit plus compter sur moi. » (Vestal, 1948 : 272.) A Fort Robinson, dans le Nebraska, en janvier 1879, contraints à la soumission par la famine, les Cheyennes de Dull Knife s'enfuirent du camp militaire : 64 morts et 50 blessés[20].

Pour tous, Sitting Bull incarnait, à cette époque, l'Indien des Plaines, l'être totalement libre et indépendant, mais l'avenir allait être particulièrement difficile, le gibier devenant extrêmement rare dans

A DROITE *Cette coiffe lakota date de 1875 environ. L'illustration s'inspire de la coiffe qui appartenait à Sinte Maza, ou Iron Tail, Sioux Oglala né dans la région de White Clay, au nord-ouest du Nebraska, en 1860. Elle est faite d'environ 70 plumes de la queue d'un jeune aigle royal, chacune ornée de gypse blanc et de crin de cheval. Les plumes, soigneusement préparées, sont liées à une base en tissu, surmontée d'une calotte d'où s'élève une couronne de plumes.*

Coiffe lakota

CI-DESSOUS *Membres des sociétés Ours, Bison et Nuit dansant autour du cèdre et de la pierre sacrés, vers 1990. Ils portent des pagnes en tissu, des mocassins décorés de perles, ils ont des peintures blanches sur le corps, et sont coiffés de fourrure et de plumes. Le précieux paquet-médecine de la société n'étant plus en usage dans la tribu, fut collecté, en 1973, auprès du fils de son dernier détenteur.*

Hidatsas

Entre 1906 et 1918, Gilbert L. Wilson travailla avec plusieurs vieux Hidatsas, hommes et femmes, à la réserve de Fort Berthold, afin de recueillir un exceptionnel témoignage sur leur vie quotidienne, telle qu'ils se la remémoraient à l'époque où ils vivaient à Like-a-Fishhook Village, de 1840 à 1885. Beaucoup de choses avaient changé, à l'orée du siècle, et même les riches plaines alluviales cultivées par les Hidatsas ont été inondées par endigage depuis le passage de Wilson parmi eux.

1 Robe de danse de femme peinte de scènes de bataille.
2 Petit sac décoré de piquants de porc-épic pour le nécessaire à faire le feu : pierre, briquet, amadou (pour les hommes), ou pierre à aiguiser (pour les femmes). Pendu à la ceinture ou au poignet.
3 Petit sac décoré de piquants de porc-épic pour pierre à aiguiser, reçu d'Owl Woman.
4 Peigne fait d'une queue de porc-épic dégarnie de ses piquants. Utilisé par les hommes et les femmes.
5 Mocassins perlés.
6 Mocassins décorés de hampes de plumes.
7 Mocassins ornés de perles et de piquants de porc-épic.
8 Mocassins perlés.
9 Brassard orné de piquants de porc-épic.
10 Chemise d'homme en peau d'élan tannée, brodée de piquants de porc-épic, à rabat de col en V, quelque peu démodée à l'époque de sa confection, en 1910. Autrefois portée lors des grandes occasions ou par mauvais temps.
11 Coiffe de danse, probablement de femme.
12 Balai ou fouet en crin de cheval utilisé pendant les bains de vapeur.
13 Râteau à manche de frêne terminé par un bois de cerf, tel qu'en utilisaient les femmes, vers 1860, pour entretenir leur jardin. Réalisé par Maxidiwiac.
14 Binette à manche d'orme et fer, constitué d'une omoplate de bison ou autre animal de grande taille. Les femmes se servaient de cet outil pour préparer leurs champs de maïs, haricots, courges et tournesols. Réalisé par Maxidiwiac.
15 Flèche dont la pointe est faite en tendon de bison. Selon la tradition hidatsa, ce type aurait précédé les pointes de pierre ; il était apprécié pour sa dureté et son efficacité dans la chasse au bison. Il s'agit ici d'une reproduction, ces flèches n'étant plus en usage depuis les années 1830.
16 Arçon de selle de femme.
17 Type de pipe trouvé dans la réserve de Fort Berthold ;

pierre noire incrustée de métal.

18 Coffret de cuir non tanné peint, pour ranger les vêtements et autres objets.

19 Hotte que les femmes utilisaient essentiellement pour le transport des moissons (maïs, courges et haricots). Fait d'osier et d'écorce de sureau partiellement teintés et tressés en motifs de diamants et de chevrons, sur un cadre de bois de saule plié.

20 à 22 Trois récipients en poterie posés sur des supports circulaires faits de rameaux et d'écorce de saule. Ces pots servaient de cruches à eau et de marmites. Ils étaient faits d'un mélange d'argile et de pierre broyée, modelé à l'aide d'une forme et d'une palette avant cuisson. En 1908, date de la fabrication de ces exemplaires à l'intention du collecteur, personne ne savait plus faire les grands récipients à parois fines utilisés avant la généralisation du pot métallique.

23 Binette en os, comme le n° 14. Le manche court fut maintenu sur les outils à lame d'acier, afin de les adapter aux habitudes des femmes hidatsas.

24 Cuiller faite d'une corne de mouflon.

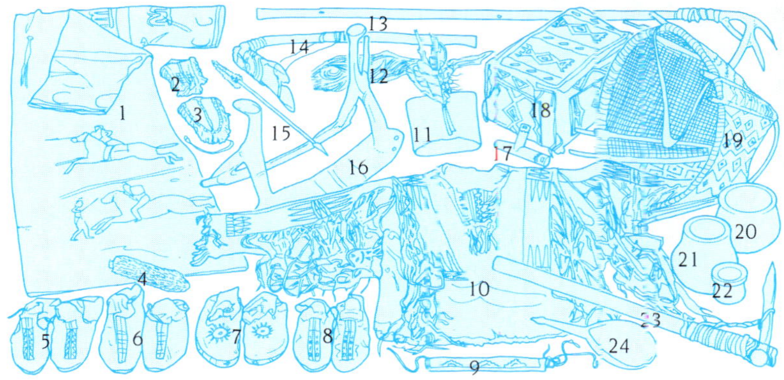

les plaines canadiennes. Peu à peu, des centaines de Lakotas retournèrent vers les États-Unis pour rejoindre leurs frères dans les réserves. En 1881, Sitting Bull n'avait plus que 200 fidèles et il se rendit finalement au mois de juillet, à la tête de sa petite bande, à Fort Buford, territoire du Dakota : « Ce renoncement à sa chère indépendance portait un coup fatal à son prestige, et le blessa. Il en fut très affecté. » (Vestal, 1957 : 232.)

Sitting Bull fut retenu pendant deux ans comme prisonnier de guerre, avant de pouvoir retourner auprès de ses frères, en 1883, dans la réserve de Standing Rock ; sinistre présage : le retour de Sitting Bull coïncida avec la dernière grande chasse au bison des Indiens... Les immenses troupeaux avaient disparu à jamais.

A DROITE *Hutte-médecine associée au paquet-médecine de la Société des Bisons des Arikaras, 1908. On voit ici des membres de cette confrérie sur le point de pénétrer dans la hutte où les suivront les chamans de la société. Le cérémonial mêlait appel au bison et rites de remerciements associés à des fonctions curatives.*

A GAUCHE *Black Fox, guerrier arikara. Les griffes de grizzly de son superbe collier sont attachées à une peau de loutre. Au-dessus de son turban, en loutre également, se dressent trois plumes d'aigle royal, symbole d'exceptionnels faits d'armes.*

Le flot incessant de colons et le tracé des lignes de chemin de fer exerçaient des pressions grandissantes. La Grande Réserve sioux était de plus en plus considérée comme un obstacle à toute nouvelle expansion vers l'ouest, et les colons « demandèrent que les Indiens déménagent » (Utley, 1963 : 42). En 1889, au terme de nombreuses querelles et de promesses douteuses du gouvernement, fut signée la renonciation à de vastes zones de la réserve, déplacement âprement combattu par Sitting Bull[21].

L'hiver 1889-1990 annonça également l'arrivée d'épidémies, tandis que la vie dans les réserves se montrait, avec une soudaineté effrayante, sous son véritable jour : l'organisation politique des Lakotas volait en éclats, leurs cérémonies religieuses étaient interdites, de même que leur économie fondée sur la chasse, tandis qu'on envoyait leurs enfants dans des écoles lointaines pour apprendre les manières de l'homme blanc.

Ainsi, toutes les valeurs ancestrales perdaient-elles leur sens, au point que les conditions nécessaires à l'auto-accomplissement et à l'accession au bonheur disparaissaient. Les Lakotas étaient arrivés à un stade d'anomie, situation à peu près commune à toutes les autres tribus des Plaines, et ils se trouvèrent obligés de s'adapter à un nouveau mode de vie.

Le message de Wovoka annonçant un renouvellement du monde était simple et clair. Le Fils de Dieu allait punir l'homme blanc pour ses injustices envers les Indiens, il les éliminerait de la surface de la Terre ; les morts retrouveraient la vie, le bison et d'autres gibiers reviendraient : « Dansez, partout, dansez sans cesse [...] vous ne devez faire de mal à personne [...] lorsque la terre tremblera [lorsque viendra le monde nouveau], ne vous effrayez pas. Il ne vous arrivera aucun mal. » (Mooney, 1896 : 781.)

« Ils jurent que ce Messie leur est
|apparu en vision
Et qu'Il leur a promis de leur rendre
|leur gibier et leurs bisons. »

Les Indiens dansèrent — une danse qu'ils avaient surnommée la Danse des Esprits — et la terre, en effet, trembla bientôt sous le tonnerre des fusils et de la mitrailleuse.

« La chemise qu'ils tenaient du Messie,
|des balles devait les protéger,
Mais quand les soldats tirèrent, ils
|virent que ce n'était pas vrai.
On se battit, ce fut un corps à corps
|sans annonce ni appel
Descendus un par un par le 7e, les
|Sioux furent ramassés à la pelle [...]. »
(*The Indian Ghost Dance and War*, W. H. Prather (Compagnie I, 9e de cavalerie). Voir *ibid.* : 883.)

Le 15 décembre 1890, Sitting Bull s'écroule, la tête et la poitrine criblées de balles ; le 29 décembre, Big Foot ainsi que 146 hommes, femmes et enfants des Lakotas Miniconjous trouvent la mort à Wounded Knee[22]. « Ne vous effrayez pas, avait dit Wovoka, il ne vous arrivera aucun mal. » Mais le cercle des danseurs avait été brisé ; il n'y avait plus de centre, l'arbre sacré était mort, la conquête des Indiens des Plaines était devenue une réalité. Le nouveau message de Wovoka clamait haut et clair : « Mes fils, aujourd'hui je vous somme de suivre une nouvelle voie, la seule qui reste ouverte, la Route de l'Homme blanc. » (Smith, 1975 : 200.)

« Un peuple puissant et belliqueux, arrogant et défiant mesurant dans les 1,80 m à la forte musculature et constitué d'excellents cavaliers, bien vêtus, principalement de peaux et de robes, pourvus en chevaux et en habitations ; la nourriture est à profusion, leur région riche en bisons, élans, antilopes et daims. Ils se disent Indiens et ne souhaitent pas changer leur mode de vie. »

Samuel N. Latta, agent indien,
Missouri, vers 1860.

Références

1 Chez les Blackfeet, de tels tipis pouvaient nécessiter jusqu'à 20 peaux de bisons pour l'enveloppe, supportée par une vingtaine de mâts d'environ 8 mètres de haut (ceux des Crows pouvaient même être plus hauts). Voir Laubin (1957), étude fondamentale sur les tipis des Plaines.

2 Le scalp n'était pas obligatoirement fatal : plusieurs cas ont été rapportés de victimes ayant survécu à cette torture. Catlin, par exemple, esquissa le portrait d'un individu « qui avait été scalpé et s'était remis de ses blessures » (Catlin, 1841, vol. 1 : 240). Sans doute l'épisode le plus surprenant est-il celui du chef de train Edward Thompson, dont le train de marchandises de l'Union Pacific Railroad, traversant le Kansas en 1868, dérailla sous l'action combinée de Cheyennes, d'Arapahos et de Lakotas. Plongé dans l'obscurité, il fut atteint par une balle ; il expliqua par la suite que, bien que l'ayant mis hors de combat, le coup « ne lui avait pas fait perdre conscience et que l'épreuve la plus dure de cette horrible nuit avait été de faire le mort et de s'empêcher de crier quand les Indiens lui tranchèrent lentement le cuir chevelu avec un couteau très émoussé ». Les colonnes de secours retrouvèrent plus tard son scalp, qui fut mis dans un seau d'eau. A son arrivée à Omaha, des chirurgiens tentèrent de le lui recoudre, mais sans succès (voir Taylor, 1975 : 93, et Dodge, 1876 : 400, *in ibid.* 1980 : 23).

3 Relaté, en 1787, à l'explorateur David Thompson. Cet épisode de la jeunesse de Saukamappee eut lieu vers 1730.

4 Noter ici, comme chez les habitants de la Louisiane, la forte croyance que l'esprit ou l'âme de la personne scalpée « était, d'une façon ou d'une autre, dans et venait de sa chevelure », concept également en vigueur chez les Sioux (Hassrick, 1964 : 84).

5 A l'origine, Fort Benton s'appelait Fort Clay, et avait été fondé après l'abandon des forts McKenzie, en 1844, et Lewis, au printemps 1847. Rebaptisé à Noël 1850, en l'honneur du sénateur du Missouri Thomas Hart Benton, ardent défenseur du commerce des fourrures, le premier vapeur n'arriva que dix ans plus tard, le 2 juillet 1860. Le trafic fluvial fut maintenu jusqu'à la fin des années 1880, lorsque le chemin de fer reprit l'essentiel du transport de marchandises. Bien que navigable jusqu'à Saint Louis, le Missouri devait constamment être dragué et débarrassé de ses troncs d'arbres.

6 L'emplacement de cet important traité se situait à quelque 50 kilomètres en aval de la Platte du Nord, à Horse Creek, dans l'actuel Wyoming.

7 En contrepartie de la sécurité des émigrants traversant la Platte, à l'ouest des montagnes, le gouvernement des États-Unis s'engage à « verser aux Sioux un paiement annuel en marchandises, évalué à 50 000 dollars par an, pendant 50 ans, livré dans la zone de Fort Laramie [...] toute nation indienne, signataire de ce traité, qui violerait l'une ou l'autre des clauses ci-dessus amènerait les États-Unis à suspendre, pour la nation incriminée, tout ou partie des annuités mentionnées à l'article précédent, jusqu'à ce que le président des États-Unis estime avoir obtenu un juste dédommagement » (McCann, 1956 : 3-4).

8 Le récit de cette tragique rencontre est fondé sur l'admirable étude du Dr Lloyd E. McCann (1956) de l'université de Butler, Indianapolis, Indiana, reposant sur des données des archives du Sénat, un rapport de Man-Afraid-Of-His-Horses, aujourd'hui aux archives nationales, et d'un interrogatoire de Red Cloud par le juge E. S. Ricker, à Pine Ridge, Dakota du Sud, le 24 novembre 1906. On y apprend beaucoup à propos des attitudes et des préjugés de l'époque, ainsi que sur la diplomatie et le fair-play des chefs des Indiens des Plaines. Conquering Bear, qui se détache par son habileté exceptionnelle et son tact, fut mortellement blessé lors de cette rencontre.

9 Une légende des Cheyennes raconte comment, « après une rencontre désastreuse avec une autre tribu, ils décidèrent tous de devenir de terribles guerriers et, ainsi, des hommes respectés ». La formation des Hotam itan iu, « Hommes Chiens », était le rappel vivant de cette légende. Les Blancs les appelèrent les Soldats Chiens, car ils les considéraient comme les chiens de garde de la nation cheyenne. (Voir Vestal, 1948 : 63.)

10 Plus tôt, en ce jour fatal, Bell et Wylyams avaient convenu de travailler ensemble au tirage de photographies que Bell avait prises en chemin. Plus tard, Bell raconta : « Alors, je dus faire mes tirages tout seul et prendre une photo de lui, pauvre garçon ; j'en envoyai une copie à Washington afin que les autorités voient comment leurs soldats étaient traités dans les Plaines. » (Bell : 1869, vol.1, 64.)

11 La ville de Medicine Lodge, comté de Barber, Kansas, s'étend désormais sur le site.

12 A l'origine, cette importante tribu de langue muskogéenne vivait sur le Mississippi, près de l'actuelle Memphis, Tennessee. Sous la pression des Blancs et des Choctaws, elle commença, dès 1822, à émigrer vers l'ouest du Mississippi.

13 Les délégations indiennes étaient généralement bien traitées et on leur permettait souvent d'exposer en public leur version des choses. Les journaux, dans l'ensemble, couvraient ces événements avec sympathie, soulignant les difficultés auxquelles les deux races étaient confrontées. Un cas typique fut la délégation des Cheyennes, Arapahos et Wichitas, menée par le grand chef arapaho Ohnastie, ou Little Raven, reçue au début de l'été 1871. Comme l'expliquait le *New York Times* (1er juin 1871), « leur but principal était de rencontrer le "Grand Chef de la nation américaine", et que les frontières de leur réserve soient clairement définies ». Ils étaient « stupéfaits par nos villes ; tant de gens rassemblés dans un même lieu [...] ils ne comprennent pas nos chemins de fer, le télégraphe, etc. Ils savent que de telles choses existent, mais ils ne peuvent comprendre par quel pouvoir [...]. Ils n'ont pas de mots dans leur langage pour expliquer tout ce qu'ils voient ». (Pour plus de détails sur cette visite et celle de Red Cloud, en 1872, voir Taylor, 1975 : 106-107.)

14 Cette victoire fut cependant chèrement payée par les Lakotas, dont la tactique était de se lancer sur l'ennemi avant qu'il n'ait pu réarmer. Red Cloud ignorait que la troupe venait de recevoir un nouveau fusil Springfield se chargeant par la culasse : plus de 60 de ses hommes périrent et 120 furent blessés au cours d'une bataille qui dura plus de quatre heures. De telles pertes étaient dévastatrices pour les petites tribus des Plaines. Les chefs étaient censés ne perdre aucun homme « s'ils pouvaient y faire quelque chose ». (Pakes, 1989 : 21). Pour une excellente analyse récente sur la nature de la guerre chez les Indiens des Plaines, voir *ibid.*

15 Après le traité de Laramie de 1868, les Lakotas se scindèrent en trois factions principales : Indiens des agences dépendant totalement du gouvernement ; ceux n'y séjournant que l'hiver pour repartir, au printemps, vivre dans la région de la rivière Powder, et ceux qui fuirent en permanence ces agences, préférant vivre librement dans les régions de la Yellowstone et de la Powder. Ce troisième groupe « était considéré par l'armée comme la principale barrière à la pénétration des Blancs » (Taunton, 1977 : 7).

16 Crowfoot refusa de s'y joindre, certainement en raison du traitement équitable et honnête dont les tribus des Plaines canadiennes bénéficiaient de la part de la police montée du Nord-Ouest, créée en 1873 sur la recommandation du colonel W. F. Butler (Butler, 1891 : 378-379). Plus tard, Sitting Bull et Crowfoot nouèrent une profonde amitié, Sitting Bull allant jusqu'à appeler son fils du nom du chef des Blackfeet.

17 Pour une analyse détaillée de cette bataille historique, voir Taunton (1986).

18 Cette bataille fut racontée de façon imagée par le capitaine John G. Bourke, du 3e régiment de cavalerie américaine. Il décrit en détail la totale destruction du village cheyenne (environ 200 tipis) et comment furent « effacés de la surface de la Terre de nombreux produits de la culture autochtone qui auraient constitué des joyaux dans les musées [...]. Jamais ordre n'avait été exécuté avec tant de zèle [...] » (Bourke, 1890 : 29). C'est une attitude que l'armée américaine devait adopter de nombreuses fois au cours de ses campagnes d'assujettissement.

19 Apparemment, Crazy Horse et Sitting Bull avaient discuté à plusieurs reprises d'une capitulation, mais Sitting Bull répliquait : « Je ne souhaite pas déjà mourir. » (Vestal, 1957 : 182.)

20 Des recherches récentes, effectuées par des membres de l'Université du Dakota du Sud et du Dull Knife Memorial College, ouvrent une nouvelle perspective sur la route d'évasion suivie par les Cheyennes, corroborant l'histoire orale de la tribu (voir McDonald, Douglas, McDonald, Tallbull et Risingsun, 1989 : 265-269).

21 Cette réduction de la Grande Réserve sioux est commentée en détail par Utley (1963 : 40-60).

22 Le sentiment général des tribus qui adoptèrent la religion de la Danse des Esprits était que leur domination par les Blancs prendrait bientôt fin « et qu'un monde neuf et merveilleux allait naître, dans lequel chacun vivrait éternellement » (Smith, 1975 : 74).

Note de l'auteur

En février 1972, une petite église catholique de Wounded Knee devint la scène de Wounded Knee II, quartier général et sanctuaire des membres du Mouvement des Indiens d'Amérique (AIM), qui essayait d'attirer l'attention sur la « Piste des Traités Rompus », un cri d'impatience et de désespoir face au gaspillage humain si fréquent, depuis près d'un siècle, dans les réserves. Aujourd'hui, plus de cent ans après la mort de Big Foot et de ses 146 Lakotas, Wounded Knee II peut être perçu comme un tournant dans la restauration des valeurs lakotas ; les fondements des croyances ancestrales reprennent racine.

« Je l'ai enterré dans cette merveilleuse vallée aux eaux sinueuses. J'aime cette terre plus que tout autre endroit au monde. »
CHEF JOSEPH, DES NEZ-PERCÉS

LE PLATEAU ET LE GRAND BASSIN

La région du Plateau occupe le centre de la Colombie britannique, l'est des États de l'Oregon et de Washington, ainsi que la majeure partie du nord de l'Idaho et, de l'autre côté des Rocheuses, le nord-ouest du Montana. Elle est sillonnée par des fleuves dont le nom évoque souvent leur caractère ou leurs ressources – Clearwater (eau claire), Boulder (galet), Salmon (saumon), Beaverhead (tête de castor) et Cascade – et dominée par les monts Blue et Bitterroot, qui flanquent le plateau de la Columbia, principal relief de la région, traversé par le grand fleuve Columbia, qui, avec le Fraser au nord, constitue l'âme de cette terre et de sa population. Cette zone, d'environ 500 000 km², présente de grands contrastes : montagnes forestières, profondes vallées et cañons, torrents limpides, prairies et, au sud, bordant la limite nord du Grand Bassin, plaines battues par les vents et espaces désertiques parsemés de buissons et de rochers.

Les cours d'eau sont riches en poissons, particulièrement le saumon, qui migre du Pacifique par les affluents de la Columbia et du Fraser ; abondent également l'esturgeon, l'anguille et la truite. Ces eaux fraîches et transparentes, très oxygénées, abritent bien plus de vie que les fleuves tièdes et souvent troubles des Grandes Plaines. Alors que le bison y était rare, cette contrée regorgeait d'élans, de cerfs et de mouflons, autant que de loutres et de castors.

Le Plateau était dominé par deux groupes linguistiques : au nord, dans l'intérieur des terres de l'actuelle Colombie britannique, vivaient les Shuswaps, les Lillooets, les Thompsons et les Okanagans, tandis que dans les actuels États de Washington et de l'Idaho vivaient les tribus kalispel, cœur d'alêne, spokane, colville, sanpoil et flathead, toutes de langue salish. Sur le cours central du fleuve Columbia se trouvaient les Klikitats, les Yakimas, les Umatillas, les Wallas Wallas, les Palus, les Nez-Percés et les Cayuses, parlant le sahaptian. D'autres groupes étaient aussi représentés, tels les Kutenais, dans le Nord-Est, parlant une langue à part présentant une lointaine parenté avec l'algonquin, et, à l'ouest, sur la Columbia inférieure, les Chinooks, bien que leurs traits culturels tendent plutôt à les rattacher aux tribus de la côte du Pacifique. Leur langue donna naissance à ce que l'on

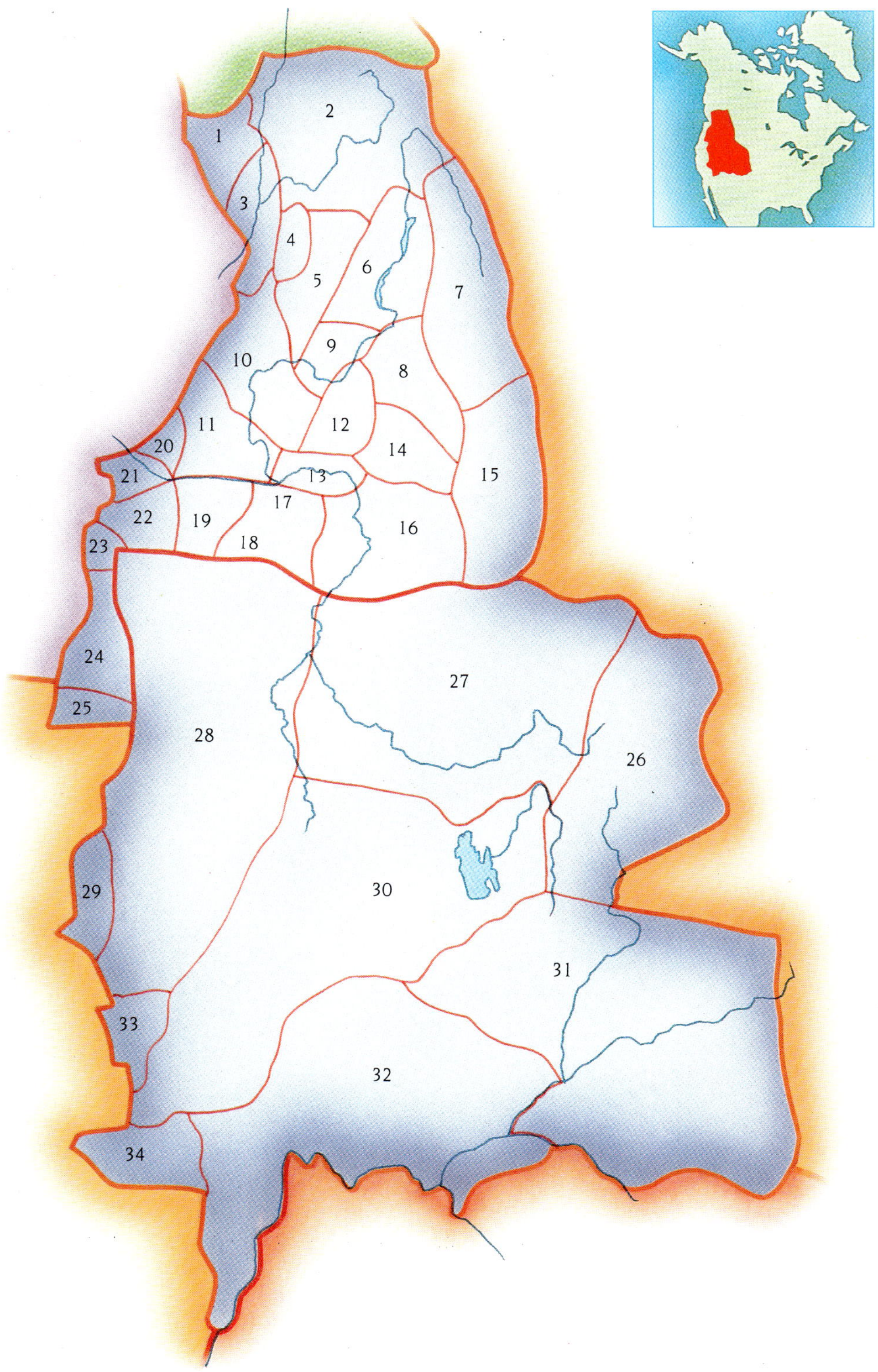

Cette carte présente les territoires des tribus et des groupes linguistiques tels qu'ils existaient en 1850, un peu plus tôt en ce qui concerne les régions ouest et est du Grand Bassin. Après cette date, toutes les tribus perdirent leurs territoires, certaines migrèrent.

Tribus du Plateau
1 Lillooets
2 Shuswaps
3 Thompsons
4 Nicolas
5 Okanagans
6 Lakes
7 Kutenais
8 Kalispels
9 Sanpoils
10 Salishs-Columbias
11 Yakimas
12 Spokanes
13 Palus
14 Cœurs d'Alêne
15 Flatheads
16 Nez-Percés
17 Wallas Wallas
18 Cayuses
19 Umatillas
20 Klikitats
21 Wishrams
22 Teninos
23 Molalas
24 Klamaths
25 Modocs

Tribus du Grand Bassin
26 Shoshones de l'Est
27 Shoshones du Nord et Bannocks
28 Paiutes du Nord
29 Washoes
30 Shoshones de l'Ouest
31 Utes
32 Paiutes du Sud
33 Paiutes Owens Valley
34 Kawaiisus

appelle le jargon chinook, langage commercial des Indiens de la région de la Columbia, dont l'usage s'étend sur les côtes du Pacifique, de la Californie à l'Alaska.

Malgré l'importance de la chasse et de la cueillette, la subsistance des Indiens du Plateau reposait essentiellement sur le saumon, pêché au harpon, au filet, à l'hameçon, ou piégé dans des barrages faits de rochers et d'osier placés en travers des cours d'eau étroits. Le harpon permettait d'attraper de gros saumons en grandes quantités à partir d'une plate-forme spécialement édifiée au-dessus de l'eau ou d'un rocher en saillie. Les plates-formes étaient généralement construites au-dessus des barrages, qui immobilisaient le poisson. Un splendide tableau de l'artiste canadien Paul Kane illustre de façon vivante les diverses techniques employées par les Spokanes, dans les environs des Kettle Falls, sur la Columbia, dans le nord-est de l'actuel État de Washington. Il montre combien, en 1846, époque où il réalisait les esquisses préparatoires, les Indiens prisaient cet endroit généreux ; ils le perdirent malheureusement 125 ans plus tard, avec la construction du barrage de Grand Coulee, dont la retenue (comme cela s'est produit avec plusieurs autres barrages américains) submergea pour toujours cet ancien site indien.

Les harpons décrits par Kane, semblables à un type utilisé par les Nez-Percés, plus au sud, consistaient en un trident dont la hampe mesurait environ 2,50 m de long. Chaque dent, taillée dans un bois flexible tel le micocoulier, était hérissée de pointes d'os recourbées d'avant en arrière et vers l'intérieur. Au lieu d'être lancé, ce harpon était plongé dans l'eau, l'écartement de ses trois dents augmentant son efficacité ; c'était la technique la plus usitée pour la pêche nocturne, à l'aide de torches brandies pour attirer le saumon. Les Nez-Percés utilisaient un autre type de harpon à tête détachable faite d'un os lourd (taillé dans la partie la plus épaisse d'un fémur d'élan) solidement maintenu à un manchon de sureau, le tout relié à une hampe de 30 centimètres. Lorsque le saumon était harponné, la tête du harpon se détachait de la hampe ; une corde permettait alors de récupérer l'ensemble, poisson compris. Si beaucoup de ces prises étaient mangées fraîches, une grande proportion était cependant séchée et fumée en prévision de l'hiver.

Avec bien d'autres tribus du Plateau, les Nez-Percés se rendaient au grand Rendez-vous de The Dalles, qui se tenait chaque automne sur la Columbia, à l'endroit où elle coupe la chaîne des Cascades[1]. Pour différentes raisons historiques et géographiques, The Dalles devint un des centres les plus importants d'un commerce qui demeurait actif tout au long de l'été, et qui atteignait son point culminant en automne. Dans le voisinage vivaient les Wishrams et les Wascos, qui parlaient des dialectes chinooks et avaient la réputation de servir d'intermédiaires entre les tribus du Plateau et celles de la côte du Pacifique ; ils accueillaient de nombreux groupes dans leurs villages durant la période d'échange qui se déroulait à l'automne.

Afin de se pourvoir en marchandises dont elle avait besoin, chaque tribu s'efforçait de produire ou de se procurer ce qu'elle savait pouvoir négocier au Rendez-vous de The Dalles. Ainsi, les Nez-Percés, dont plusieurs bandes chassaient dans les plaines du Montana et du Wyoming, à l'est, apportaient des vêtements en peau de bison ; d'autres, comme les Klamaths, proposaient des bulbes de camas, aliment végétal doux et nourrissant très consommé ; les dentales et autres coquillages provenaient des côtes du Pacifique, apportés par les Wishrams et les Wascos. S'il apparaît que ce Rendez-vous fut institué bien avant le contact avec les Blancs, selon les explorateurs Lewis et Clark, qui s'y rendirent en janvier 1806, « les circonstances qui formèrent l'âme de ce lieu d'échange furent liées à l'arrivée des Blancs » (Lewis et Clark, éd. Coues, 1893, vol. II : 787). De ces contacts, les habitants du Plateau obtinrent de vieux « mousquets américains ou anglais, de la poudre et des balles, des bouilloires en cuivre et en laiton, des théières et des cafetières, des couvertures [...] du tissu écarlate et bleu [...] du fil de laiton [et des] couteaux » (*ibid.* : 788). Les habitants du Plateau finirent par dépendre des marchandises européennes, qui, d'articles de luxe, devinrent des biens essentiels.

Les habitations des Indiens du Plateau variaient en style et en dimensions, un minimum de quatre types ayant été identifiés. Traditionnellement, les tribus du nord du Plateau, comme les Shuswaps, les Thompsons et les Okanagans, vivaient dans des maisons de terre semi-souterraines occupées par une ou deux familles. On les construisait en creusant le sol sableux sur une profondeur de 2 mètres, pour un diamètre de 4 mètres en moyenne, avec des variations de taille considérables. On plantait ensuite des mâts qui recevaient une couche d'herbe et de terre d'une épaisseur de 10 centimètres. On y entrait généralement, mais pas toujours, par le sommet, grâce à une échelle. Plus au sud, les femmes des Nez-Percés avaient tendance à utiliser de pareilles habitations avant et après leur accouchement, et durant leurs périodes menstruelles, tandis qu'un modèle plus petit servait de « loges de sudation » aux garçons ayant atteint l'âge de 14 ans.

Cavalier nez-percé. Il porte une coiffe de guerre à plumes d'aigle dans le style des Plaines. Le grand tipi derrière lui est en toile ; non doublé, celui-ci suggère un campement provisoire.

Une des habitations préférées des tribus du Plateau, aussi bien en hiver qu'en été, était une hutte conique, bâtie avec sept à neuf mâts plantés autour d'un tripode, cette carcasse étant ensuite recouverte de nattes de massette et de scirpe (herbes et joncs des marais). Ces huttes avaient l'apparence des tipis des Plaines, bien qu'elles fussent généralement plus petites. Pour l'hiver, elles étaient recouvertes de deux à quatre couches de nattes et enfoncées de 60 centimètres dans le sol, avec de la terre tassée autour. Dans certains cas, elles pouvaient être très grandes ; Lewis et Clark rapportent avoir vu une vieille maison circulaire d'un diamètre de 10 mètres, son renfort périphérique atteignant 1 mètre de haut et le centre s'enfonçant à plus de 90 centimètres dans le sol.

Il existait aussi de longues bâtisses communautaires : Lewis et Clark, racontant leur visite auprès de Neeshnepahkeook, ou Cut-nose, un chef des Nez-Percés, évoquent un village de quelque 38 familles vivant dans deux grandes maisons. « A faible distance de nous se trouvent deux maisons chopunnishs, dont l'une est habitée par 8 familles et l'autre, de loin la plus grande que nous ayons jamais vue, en abrite au moins 30. C'est plutôt un genre de cabane construite, comme les autres huttes, avec de la paille et des nattes en forme de toit de maison, de 48 mètres de long et 4,50 m de large, fermée aux deux extrémités et comportant plusieurs entrées de chaque côté. Son vaste intérieur est dépourvu de cloisons, mais le foyer de chaque famille est allumé dans une allée au centre de la construction, et les feux sont espacés de 3,50 m l'un de l'autre » (*ibid.* : vol. III : 988-989). Les supports verticaux soulevaient les poutres du faîtage de plusieurs centimètres, de telle façon qu'une ouverture s'étendait sur toute la longueur de l'habitation, servant ainsi d'aérateur pour laisser partir la fumée[2]. Des perches étaient ensuite posées sur les mâts horizontaux du sommet, puis on y attachait les nattes, à la façon de bardeaux ; de la terre était tassée sur la partie inférieure des nattes, généralement protégées de l'altération par de l'herbe sèche.

Ces nattes étaient soigneusement sélectionnées. Celles réalisées en massette étaient beaucoup plus simples de fabrication que celles en jonc. Les premières, assez peu efficaces contre la pluie, étaient le plus souvent recouvertes de nattes de jonc de mêmes dimensions (1,20 m sur 3 mètres). Pour lutter contre le vent, des mâts étaient posés sur ces nattes et, durant l'hiver, l'intérieur était doublé de peaux, surtout dans les habitations les plus petites.

Plus au nord, les Okanagans et d'autres tribus construisaient également de longues maisons, mais, d'après un observateur, il ne s'agissait que d'abris temporaires sur les lieux de cueillette et de pêche. On les utilisait surtout lorsque des communautés vivaient ensemble, car elles nécessitaient moins de mâts que les tentes coniques pour accueillir le même nombre de personnes. Il est donc probable que Lewis et Clark ont décrit un camp temporaire de Nez-Percés, ce qui rejoint parfaitement les observations de Mylie Lawyer rapportant que les longues maisons (qu'elle appelait « Lah-pit-ahl Ain-neet ») étaient particulièrement fréquentes quand un grand nombre de personnes partageaient « un lieu de cueillette pour les cérémonies sociales, religieuses et guerrières » (M.L. à C.T., Lapwai : 1969).

La mobilité augmentant avec l'introduction du cheval, les Indiens de l'est de la région du Plateau, comme les Pends d'Oreilles, les Flatheads, les Colvilles et quelques groupes de Nez-Percés, se mirent à faire des incursions dans les Plaines, royaume du bison. Là, ils achetaient des peaux de bison pour les tipis, qui remplacèrent les nattes petit à petit, car elles se révélèrent beaucoup plus pratiques lors des déplacements pour la chasse et le commerce.

Avant l'introduction du cheval, au début du XVIIIe siècle, le Plateau était habité par de petites bandes indépendantes, généralement établies sur, ou à proximité, des cours d'eau qui sillonnent cette région. En s'adaptant à leur environnement, elles avaient façonné, comme on a pu le mettre en évidence, un mode de vie (établi depuis plusieurs milliers d'années) centré sur la pêche et quelques autres ressources, de longs déplacements, une interdépendance reposant sur le commerce et un système de guerre limité.

Les voyages vers les postes d'échange, qui se tenaient à The Dalles, à Kettle Falls ou à Celilo Falls, s'effectuaient surtout en canoë, ceux-ci étant portés à dos d'homme pour passer les dangereux rapides, tels ceux du cours supérieur de la Clearwater. Le style de ces canoës variait. Au nord, des tribus comme les Shuswaps, les Thompsons et les Okanagans utilisaient un type effilé en « nez d'esturgeon », fait d'écorce de cèdre ; le même style (voir illustration de P. Kane, à droite) était en vigueur, plus au sud, chez les Cœurs d'Alêne et les Kutenais. Des radeaux faits de rouleaux de nattes de scirpe arrimés ensemble et pointus aux deux extrémités étaient également utilisés en diverses occasions. Les tribus de l'Est, comme les Kalispels et Pends d'Oreilles, étaient particulièrement réputées pour la fabrication de canoës, qui, s'ils ressemblaient à ceux des tribus salishs du Nord, en différaient par leurs extrémités coupées droit. On a suggéré que ce style était dû essentiellement à l'influence des Iroquois, dont certains, travaillant pour des commerçants de fourrures, « construisaient, sur le lac Flathead, des canoës d'écorce à la forme typique de l'Est ou des Iroquois » (Teit, éd. Boas, 1930 : 350).

CI-DESSUS *Tum-se-ne-ho, ou L'Homme qui n'a pas de Sang, chef spokane, par* Paul Kane (1847). *Il porte un étui d'arc et de flèches ainsi qu'un deuxième arc, pratique courante chez les Spokanes.*

Les Nez-Percés (au sud des Pends d'Oreilles, dans les vallées de la Clearwater) semblent avoir préféré la simple pirogue taillée dans un tronc creusé par carbonisation ; on la maniait à la pagaie ou à la perche, et sa longueur pouvait varier de 5 à 13 mètres. L'importance de la navigation fluviale pour les Nez-Percés peut s'illustrer par le nom que lui donnaient les Crows, A-*pu-pe*, qui signifie « pagayer ». Cependant, dès 1806, les canoës étaient déjà rares dans les camps visités par Lewis et Clark, et certains grands villages « n'en possédaient pas du tout » (Spinden, 1908 : 223). Le cheval, semble-t-il, était désormais le principal moyen de déplacement et, comme dans les Plaines, il entraînait de profondes mutations culturelles chez les habitants du Plateau.

Lewis et Clark furent très impressionnés par le nombre de chevaux que possédaient certaines tribus qu'ils rencontrèrent, dont la richesse, comparée à celle des Indiens des Plaines, était immense. Ces explorateurs rapportèrent que de 50 à 100 chevaux par personne était un chiffre assez fréquent chez les Nez-Percés, et, 40 ans plus tard, il fut dit que des familles cayuses et nez-percés, pouvaient en posséder jusqu'à 1 500, tandis que, pour les Crows, considérés comme les plus riches des Indiens des Plaines du Nord-Ouest, les chiffres ne s'élevaient qu'à 7 par foyer, en 1805, et 15 en 1830 (Ewers, 1955 : 25).

Les traditions des Flatheads et des Nez-Percés veulent que leurs premières montures leur aient été fournies par les Shoshones ; ceux-ci, en retour, disaient les avoir obtenues auprès des Comanches, qui, dès 1705, lançaient des raids sur les colonies espagnoles, riches en chevaux, dans l'actuel État du Nouveau-Mexique. Ainsi le commerce de chevaux s'établit-il par une route complexe, qui passait par des endroits tels que Santa Fe, et probablement l'ouest des Rocheuses, vers la Snake River et les Rendez-vous shoshones, et, de là, se prolongeait vers le territoire des Nez-Percés, des Flatheads, des Pends d'Oreilles, des Kutenais et des Kalispels. Les traditions de ces derniers (et de bien d'autres) évo-

CI-DESSOUS *Indiens Kutenais sur la Columbia, par* Paul Kane. *On voit l'étroit canoë à nez d'esturgeon et les habitations temporaires traditionnelles des groupes du* Plateau.

quent la première apparition de l'animal : « Des hommes virent les traces d'un cheval qui était passé sur un sol sableux. Ils appelèrent d'autres hommes et ils se demandèrent quelle sorte d'animal avait fait ces traces, qui leur étaient totalement inconnues. Certains pensèrent que cela pouvait être un cheval, animal dont ils avaient entendu parler. D'autres, plus bas, sur la rive du fleuve, virent approcher l'homme sur le cheval bondissant. Ils observèrent qu'il fumait et qu'il paraissait à son aise. Ils le regardèrent entrer dans la rivière et la traverser sur son cheval. Ils entourèrent l'animal et l'examinèrent avec beaucoup de curiosité. » (Teit, éd. Boas, 1930 : 352.)

Les premiers efforts pour monter cette étrange créature, la principale crainte étant, à l'évidence, de tomber, sont relatés dans une anecdote des Okanagans : « Notre premier cheval était très doux. Le premier homme le monta en tenant un bâton dans chaque main pour se stabiliser. Un autre homme dirigea lentement le cheval, et le cavalier utilisa les bâtons comme des cannes tandis qu'ils avançaient. » (*Ibid.* : 250.)

Dans son ensemble, le Plateau était une région particulièrement favorable à l'élevage du cheval, ses barrières naturelles le protégeant de vagabondages trop lointains et d'éventuels voleurs, tandis que ses vallées bien irriguées, telles la Wallowa et la Grande Ronde[3], étaient généreuses en fourrage et en abris pour l'hiver. Le cheval était aussi parfaitement adapté aux déplacements saisonniers des habitants du Plateau. Par un élevage attentif et sélectif, les Nez-Percés et les Cayuses constituèrent d'énormes troupeaux. Éliminant, par castration, les étalons les plus médiocres, les Nez-Percés acquirent une réputation méritée pour la supériorité, en rapidité et en endurance, de leurs chevaux, parmi les plus caractéristiques desquels figurait le cheval de combat traditionnel, qui devint le fameux Appaloosa.

C'est Meriwether Lewis qui, en 1806, mentionna pour la première fois ce qui était sûrement l'ancêtre de l'Appaloosa, en décrivant quelques chevaux des Nez-Percés, marqués de grandes taches blanches irrégulièrement réparties et se mêlant à un brun foncé ou à toute autre nuance sombre. Plus tard, en 1820, Alexander Ross, de l'Hudson Bay's Company, observa que les Nez-Percés préféraient les chevaux entièrement blancs, sur lesquels ils pouvaient réaliser des peintures de guerre « avec une grande variété de signes hiéroglyphiques, la tête et l'encolure zébrées de rouge et d'ocre jaune ; la crinière teinte en noir, la queue en rouge, retenue dans un nœud et coupée court [...] et le cavalier comme sa monture étaient si barbouillés de rouge, de bleu et de jaune, que nul n'aurait pu dire quelle était leur couleur naturelle » (Ross, 1855 : 307). A cette époque, néanmoins, après les blancs, les chevaux les plus recherchés étaient les tachetés et les blanc et noir, utilisés par les guerriers d'élite et valant de deux à trois fois le prix des autres chevaux. Ils offraient plus qu'une belle robe, car ils étaient généralement plus grands et plus robustes que la moyenne de la race du Plateau, et capables de traverser avec la même aisance les terrains très boisés et les passages montagneux. Bien que l'Appaloosa soit durablement associé aux Nez-Percés, il est possible que son nom dérive de celui des Palous, une tribu étroitement liée à celles des Nez-Percés et des Cayuses, ces derniers développant une race particulière de poneys.

Avec l'introduction du cheval dans la culture du Plateau (probablement dans le premier quart du XVIIIe siècle), la façon de voyager changea profondément, intensifiant l'interaction entre tribus de plus en plus éloignées, comme celles des Plaines, à l'est, notamment les Blackfeet et les Crows. Elle entraîna également une expansion des activités saisonnières, établies depuis longtemps déjà, en particulier le commerce, grâce à la possibilité de transporter avec plus de facilité et dans des délais plus courts de grandes quantités de marchandises ; naturellement, le cheval devint lui-même l'objet d'un commerce intensif.

Dans la région du Plateau, le chien et le travois n'étaient pas des moyens de transport aussi populaires que dans les Plaines, et lorsque les habitants du Plateau devinrent d'émérites cavaliers, ils empruntèrent l'essentiel de leur équipement — bâts, selles de monte, brides, sangles et cravaches — aux Shoshones, en même temps que le cheval. Cependant, lorsque les habitants du Plateau fabriquèrent leur propre équipement équestre, celui-ci présenta quelques caractéristiques particulières. Comme dans les Plaines, les selles des hommes étaient généralement du type à coussinet, avec les quatre angles brodés de perles ou de piquants de porc-épic ; les selles des femmes, en revanche, étaient à pommeau et troussequin hauts, munies d'un crochet ou d'une pointe à l'avant, avec des rabats triangulaires superbement décorés d'étoffes et de perles. Les étriers étaient en bois recouvert de cuir non tanné, ceux des femmes flatheads, pendants d'oreilles et nez-

Les Kettle Falls, sur la Columbia, par Paul Kane (1847). Ses grandes chutes étaient, pour les Spokanes, les Colvilles et les Walas Walas, les meilleurs endroits pour pêcher le saumon.

percés se caractérisant par des pendants de perles. On utilisait également de larges croupières ainsi que des licols, ceux-ci étant aussi ornés de splendides rabats perlés, semblables à ceux des étriers. Ce type de harnachement, également en usage chez les Crows, a été particulièrement associé à cette tribu (Wildschut, éd. Ewers, 1959), mais il se pourrait qu'il ait été copié sur celui des tribus du Plateau, qui, de leur côté, s'étaient peut-être inspirées des Espagnols du Nouveau-Mexique et du Texas. Le harnachement et le type de monte employés par les femmes des Nez-Percés étaient suffisamment caractéristiques pour que le missionnaire presbytérien Henry H. Spalding observe que leurs selles étaient une « amélioration de nos selles à voir l'aisance avec laquelle la femme montait » ; la femme nez-percé utilisait toujours une couverture ou une robe, qui était « jetée par-dessus la selle, couvrant la partie inférieure de la personne [...] à mon avis, la façon de monter la plus pudique autant que la plus naturelle et la plus confortable » (Fletcher, 1930 : 3).

Grâce au cheval, des tribus comme les Cœurs d'Alêne, les Spokanes et les Nez-Percés purent se rendre dans les Plaines pour chasser le bison et pratiquer le commerce. Les marchandises transitant d'est en ouest étaient surtout de la catlinite et des calumets du même matériau, des vêtements, des peaux de bison et des capes ou couvertures en peau. Alors que les habitants du Plateau et ceux des Plaines produisaient à peu près les mêmes articles, la qualité des marchandises prévalait, et l'on reconnaissait volontiers qu'un groupe était plus habile qu'un autre pour réaliser certains articles. Par exemple, alors que les Indiens du Plateau confectionnaient aussi des coiffes, ils considéraient que les plus belles étaient celles des Sioux[4], et les capes des Crows (au cuir le plus doux et ornées de bandes de perles ou de piquants) étaient très prisées : « Souvent, un cheval plus une chemise de cuir de bonne confection servaient à payer une robe de la meilleure qualité. » (Teit, éd. Boas, 1930 : 114.) Sur le Plateau, on appréciait également les mocassins et les parflèches brodés de piquants et de perles, dont les tribus des Plaines s'étaient fait une spécialité et qu'elles produisaient en quantité. Ces échanges eurent un profond impact sur les styles vestimentaires, en particulier lors des cérémonies.

Tandis que l'essentiel des échanges en provenance du Plateau concernait les chevaux — même le rare Appaloosa était occasionnellement vendu (Ewers, 1955 : 217) —, les Indiens des Plaines recherchaient également l'huile de saumon, le pemmican, les gâteaux de camas et de baies, le chanvre et les cordes de chanvre, les coquillages, certains types de perles, les calumets en stéatite verte, les plumes de queue d'aigle, les cornes de mouflon et cuillers en corne, ainsi que les sacs tissés. Mais l'un des articles les plus convoités restait l'arc du Plateau, hautement perfectionné, et que les tribus des Plaines considéraient comme grandement supérieur à ceux qu'elles fabriquaient. Parmi les plus beaux se détachaient notamment ceux réalisés en corne de mouflon, grande spécialité des Nez-Percés.

Le vêtement traditionnel du Plateau était fait de peaux d'antilocapre, d'élan ou de cerf, finement tannées, en général sans leurs poils. Les hommes portaient des mocassins à semelle souple, des jambières et un pagne, une chemise et une cape ou une couverture en peau, tandis que les femmes portaient des mocassins, des molletières, une longue robe et une cape ou une couverture en peau. La robe des femmes cœurs d'alêne était très semblable à celle des femmes nez-percés. Elle était constituée de deux peaux de cerf, une troisième servant aux franges et à la mise en forme. « La partie supérieure de ces peaux était repliée à l'extérieur, formant une sorte de faux empiècement, devant et derrière. Celui-ci était soit cousu tout autour de la robe, soit maintenu en plusieurs points par des lanières. Des pendants et des pompons étaient souvent reliés aux bords du pli. Les poils de la queue étaient rasés en lignes, et, en général, l'extrémité de la queue était coupée. Habituellement, les manches étaient laissées ouvertes en dessous, mais elles étaient parfois attachées par des lanières. Généralement, trois rangées de franges ou de lanières prolongeaient le tour de la taille. Assez rarement, une simple rangée finissait l'empiècement du col [...]. Cet empiècement était, entièrement ou dans sa partie inférieure, orné de rangs de perles ou de piquants, ou bien c'était la robe elle-même qui était brodée [...]. La plupart de ces robes arrivaient jusqu'à la cheville [...]. Certaines étaient brodées de lignes de piquants sur la poitrine et dans le dos, et beaucoup avaient de longues franges prolongeant l'encolure. » (Teit, éd. Boas, 1930 : 70.) Les jambières étaient également en cuir tanné, montant jusqu'au genou, et leur extrémité supérieure était généralement frangée. La majorité d'entre elles pouvaient s'ouvrir sur le côté pour être enroulées autour de la jambe et fermées à l'aide de cordelettes, dont une, placée au-dessus, maintenait la jambière en place. La partie inférieure était souvent ornée de perles, et elle comportait une bande plus étroite la prolongeant vers le haut sur la face extérieure.

Bien que Teit ait identifié cinq types de mocassins portés par les Cœurs d'Alêne et les tribus voisines (*ibid.* : 72), le plus traditionnel, largement répandu sur le Plateau, était confectionné d'une seule pièce de peau de cerf pour le dessus et la semelle, la couture principale courant tout autour de la semelle, en partant de l'intérieur du gros orteil et s'arrêtant quelques centimètres au-delà de la couture du talon. Près de celle-ci se trouvaient des languettes de cuir facilitant le déchaussage, et une autre pièce de peau était cousue autour de la partie supérieure du mocassin, de manière à former des rabats pouvant être rentrés ou attachés à la jambière. Les mocassins d'été à semelle souple

Kutenais, probablement vers 1900. Le porte-bébé est tout à fait typique de la région du Plateau, avec son sommet arrondi décoré de broderies de perles qui combinent motifs géométriques et floraux.

CI-DESSUS *Jeunes Flatheads en costumes de danse, vers 1900. L'un (à gauche) porte un gilet de perles et un bouclier ; les coiffures en crin de cheval et piquants de porc-épic s'inspirent des Plaines.*

CI-DESSOUS *Femme et fillette flatheads, vers 1900. Un berceau est attaché au pommeau de la selle et les brides sont à mors de métal (importés). Les ornements des chevaux sont typiques de la région.*

maintenaient confortablement le pied, tandis que les modèles d'hiver, en peau de cerf, d'antilocapre ou de bison, assez souvent retournée, étaient plus mous.

A la suite des contacts fréquents et étroits avec les tribus des Plaines, un type de mocassins à double semelle de cuir non tanné devint de plus en plus répandu, surtout chez les tribus de l'Est, les Kutenais, les Flatheads et les Nez-Percés, avant de pratiquement évincer l'ancien modèle à semelle souple. Lewis et Clark comparèrent le costume des Nez-Percés avec celui des Shoshones, développant l'idée non seulement d'une similitude générale de vêtements à travers le Plateau, mais aussi avec le Grand Bassin. Une analyse approfondie révèle toutefois des différences considérables. Par exemple, dans son étude sur le vêtement de la femme nez-percé, Wissler concluait qu'il y avait « toute une variété de coupes pour l'encolure et le bas des jupes. S'il existe de très petites variantes à l'intérieur d'une tribu [...] chacune d'elles] suit cependant une forme définie pour le bas de ses robes, mettant ainsi en évidence l'existence d'une mode ou d'une coupe déterminées » (Wissler, 1915 : 65-66).

Deux tenues féminines particulièrement belles (très probablement nez-percés et peut-être parmi les plus anciennes qu'il nous reste de cette tribu)

Thompsons

Les Thompsons, de langue salish, vivent en Colombie britannique, dans une région accidentée à l'est de la chaîne côtière. Quand les premiers Blancs arrivèrent, en 1858 et 1859, ils s'établirent dans de nombreux villages, le long des fleuves Thompson, Fraser et Nicola. En 1900, ils occupaient 70 villages où vivaient quelque 100 personnes appartenant à deux ou trois familles. Les habitations hivernales étaient de grandes structures semi-souterraines recouvertes de terre ; les abris d'été étaient constitués de structures en perches de bois recouvertes de nattes. La chasse et la pose de pièges étaient une activité importante, surtout pour le cerf, les petits mammifères et les oiseaux, tandis que la pêche au saumon contribuait pour une large part à l'alimentation. En 1900, les Thompsons se fournissaient beaucoup dans les magasins, tout en cultivant patates, petits pois, haricots, maïs, navets, et en élevant volailles, porcs et bœufs. Les objets présentés ici furent collectés, entre 1897 et 1904, par James A. Teit, un Blanc marié à une Thompson, formé et encouragé dans ses recherches anthropologiques par Franz Boas.

1 Sacoche de selle ; tissu rouge et noir appliqué sur une bande de cuir à franges.
2 Pointe de lance en os de cerf.
3 Hotte en racines de cèdre tressées, à motifs de peignes, comme le n° 17.
4 Serviette pour le visage, en écorce de cèdre ; utilisée par les jeunes filles pendant leur période de réclusion à la puberté.
5 Seau en écorce de bouleau à dessins ocre rouge ; longtemps utilisé, entre autres, pour le transport des baies sauvages.
6 Blague à tabac avec bandoulière ; toile rouge brodée de soie ; type « pieuvre » (en raison des huit pattes).
7 Mocassins de jeune homme en daim, brodés de soie, avec motifs floraux et têtes de chevaux.
8 Herminette servant, entre autres, à la fabrication des canoës, avec manche en bois ; reconstitution d'un type obsolète, qui utilise une pierre pour gratter les peaux.
9 Figurine de cerf en paille

participant au rituel funéraire se prolongeant quatre nuits après un décès.
10 Cuiller en bois.
11 Sonnailles en sabots de cerf.
12 Figurine illustrant les peintures faciales d'un guerrier et sa coiffure.
13 Figurine illustrant les peintures faciales et la coiffure des femmes.
14 Selle de monte en forme de bât ; pièces de ramure de cerf, sangles et étrivières en écorce tressée ; utilisée avec une couverture en peau de cerf.
15 Blague à tabac en peau de biche ou de faon, portée à la ceinture, autour du cou, en écharpe ou au bras.
16 Bonnet de femme en daim décoré de perles et de boutons ; style démodé après 1885.
17 Peigne en bois.
18 Sifflet en os utilisé par filles et garçons au cours de la cérémonie de la puberté.
19 Chausson fait avec des herbes tressées ; porté à l'intérieur du mocassin.
20 Sac en daim brodé de soie.
21 Pince à épiler en corne, avec dessin incisé représentant un papillon.
22 Blague à tabac de Nawissatken, chef de la bande de Nicola River.
23 Blague à tabac (type « pieuvre » ornée de perles et de boutons de l'Hudson's Bay Co. ; motifs floraux ; achetée à Neakyapamuxoa.

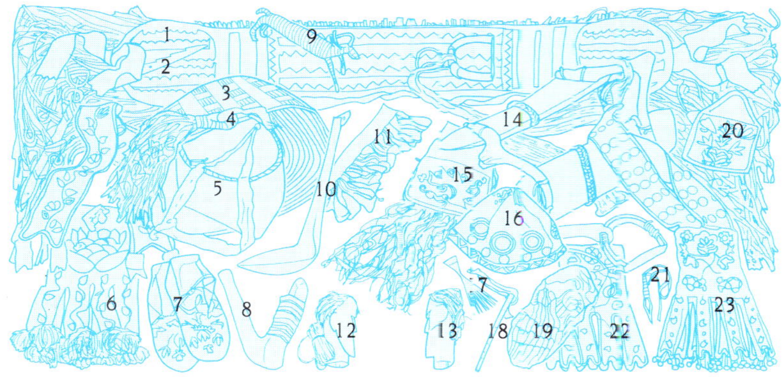

furent collectées par le missionnaire presbytérien Henry H. Spalding, qui les envoya à son frère, à Oberlin, en Ohio, en 1846. Chacune, selon Spalding, était estimée à 3 chevaux[5], et les coquilles de dentales qui ornaient l'une d'entre elles étaient « de très grande valeur ». Les coquilles « provenant d'une robe furent amenées dans la montagne par un homme qui vit près d'ici, et ont été vendues par petits lots pour 1 600 dollars. Une jeune dame indienne dans une de ces robes, sur un fier cheval, bien équipé avec selle et croupière, a très belle allure ». Spalding poursuit sa description en faisant état d'objets typiques de l'habillement des Nez-Percés, à l'époque où les matériaux naturels étaient utilisés au mieux de leurs qualités, aussi bien fonctionnelles que décoratives. Les dents d'élan, sur l'autre robe et le berceau qu'il envoyait également, provenaient, disait-il, de « l'élan mâle, deux par animal, après et avant certains âges[6] ». Il parlait également des sacs tissés des Nez-Percés, qui leur valaient une réputation justifiée : « Les sacs sont faits avec le chanvre de la région, et sont utilisés pour empaqueter des racines, etc. » (Fletcher, 1930 : 3.) Ces sacs étaient des marchandises très appréciées. Sur les types anciens, la chaîne et la trame étaient en fils de chanvre (*Apocynum cannabium*) et les similibroderies étaient faites d'herbes (*Xerophyllum tenax*) séchées, teintes avec des pigments naturels et associées de façon à former d'élégants motifs géométriques[7]. Un chapeau plat sans bord — mentionné par Lewis et Clark, en 1806 (Lewis et Clark, éd. Coues, 1893) — était également confectionné, par et pour les femmes, selon les mêmes techniques de tissage que pour les sacs ; il a été décrit comme la plus haute expression de l'art textile des Nez-Percés et comme « la partie la plus amusante de leur costume » (Spinden, 1908 : 220).

Tandis que la culture du Plateau se trouvait profondément modifiée par le cheval et l'extension des contacts qu'il entraîna avec les Plaines, les territoires des tribus du Plateau demeurèrent intacts et les guerres intertribales se réduisirent[8]. En revanche, pendant près d'un siècle, les tribus du Plateau s'allièrent pour lancer des raids dans les Plaines, contre les Blackfeet et les Crows, bien qu'il y eût toutefois quelques trêves précaires. Pour les Kutenais, les Flatheads et une partie des Shoshones, notamment, les Blackfeet et les Crows étaient des intrus dans la région des Plaines de l'Ouest, qui, pendant des siècles, avait été leur territoire de chasse intertribal. Les traditions

A GAUCHE *Oscar Mark, ou* The Little Vessel *(*Le Petit Navire*), vers* 1870, *un* Wasco *de* Warm Springs, Oregon. *Il porte une chemise en daim perforée et frangée, et une large bandoulière ornée de perles.*

CI-DESSOUS *Un chef cayuse appelé* David Young *par les* Blancs, *vers* 1900. *Il porte une coiffe à cornes et une chemise à franges d'hermine. Noter le masque et la martingale du cheval, ornementés.*

recueillies par Wissler et Teit[9] auprès des Blackfeet et dans la région du Plateau, au début du XXe siècle, confirmaient le récit de l'explorateur David Thompson, qui, voyageant dans la région de l'actuelle ville de Calgary, dans l'Alberta, observait : « Ces Plaines, à présent territoire de chasse des Indiens susnommés [Blackfeet], appartenaient autrefois aux Kootenaes [Kutenais], plus au nord ; suivirent les Salishs [Flatheads] et alliés, et les Indiens Snakes [Shoshones], plus au sud. » (Henry et Thompson, éd. Coues, 1897 : 330.)

Armés des fusils que leur fournissaient les Crees, les Blackfeet forcèrent les Kutenais, les Flatheads et les Shoshones à abandonner leurs anciens territoires de chasse, et certaines des bandes qui avaient autrefois vécu à l'est des Rocheuses furent pratiquement exterminées ; les survivants se réfugièrent dans la région du Plateau. Les Shoshones furent si gravement décimés que, pendant plus d'un demi-siècle, « on n'en vit aucun dans les plaines du Nord-Ouest, au nord de la Yellowstone » (Teit, éd. Boas, 1930 : 126). Cet épisode extrêmement dévastateur eut cependant un effet positif et durable, en renforçant grandement l'interdépendance culturelle du Plateau, et en y ajoutant l'esprit guerrier.

CI-DESSUS *Kupt, une femme cayuse, porte un chapeau en vannerie et une bandoulière perlée. Son bébé est dans un berceau à lacets, typique de la tribu, dont l'arceau pouvait être relevé pour protéger sa tête.*

CI-DESSOUS *Edna Kash-Kash, une femme cayuse, devant son tipi recouvert de nattes de jonc, vers 1900. Elle porte un chapeau de vannerie, une robe en daim et une couverture importée embellie de perles.*

Les Flatheads invitaient les Cœurs d'Alêne et autres tribus salishs à se joindre à eux lorsqu'ils se rendaient sur leurs anciennes terres de chasse, ce qui déclenchait un important déploiement de forces guerrières (tribus du Plateau contre celles des Plaines). Ces dernières étaient plus faibles, à cause de l'état de guerre permanent qu'elles connaissaient (les Crows et les Blackfeet, par exemple). C'est ainsi que les expéditions d'un côté à l'autre des montagnes étaient pratique courante, et que des groupes de Cœurs d'Alêne, Spokanes, Kalispels, Pends d'Oreilles et Nez-Percés chassaient sur des terres aujourd'hui revendiquées par les Blackfeet et les Crows. Le point de ralliement pour le départ se trouvait en territoire flathead, puis trois grandes formations, voire plus, se dirigeaient vers les Plaines, restant mutuellement en contact tout au long du trajet. Il arrivait que les tribus du Plateau fassent une trêve, même avec les Blackfeet, leurs pires ennemis, afin que le commerce retrouve ses droits. « Personne, des deux côtés, ne cherchait la querelle, le combat, ni à voler des chevaux ; tous devenaient amis pour un nombre de jours imparti, jouaient ou commerçaient comme ils l'entendaient [...]. La conduite des gens, au cours de ces périodes de trêve, contrastait fortement avec leur attitude habituelle, quand chaque partie était toujours prête à l'attaque ou à la réplique. Parfois [...] il se passait moins d'un jour avant qu'un des camps lance une attaque contre l'autre. On prétend que les Blackfeet ont été les pires agresseurs. » (*Ibid.* : 114.)

Des amitiés durables se nouaient cependant, en particulier grâce aux bandes de Nez-Percés qui se rendaient couramment dans les Plaines en suivant la Lolo Trail[10], qui traverse les Rocheuses dans les actuels États du Montana et du Wyoming, pour effectuer des échanges avec une branche occidentale des Absarokes (les Crows des Montagnes). Dès 1806, Lewis et Clark évoquaient ces contacts, en précisant que sur les sept groupes de Nez-Percés (qu'ils appelaient « Chopunnish »), deux seulement se rendaient dans le Missouri. Dans les années 1860, il semble que ce soient de petites bandes, comme celle de Looking Glass, réputée pour beaucoup voyager, qui aient forgé et maintenu ces liens.

Ces déplacements entraînèrent l'adoption, par ces bandes de Nez-Percés, de certaines caractéristiques des Plaines, particulièrement en ce qui concernait la culture matérielle. Cela permit, dans la seconde moitié du XIXe siècle, de distinguer plus clairement deux groupes de Nez-Percés : ceux qui, fortement influencés par les missionnaires, s'éloignaient de plus en plus de la religion, du mode de vie et des coutumes traditionnels, et ceux qui entendaient conserver leur indépendance et leur culture. Henry Spalding, par exemple, recommandait aux Nez-Percés « d'abandonner leur costume traditionnel s'ils voulaient recevoir le salut et la force de la morale chrétienne[11] » (Shawley, 1974 : 259). Des divisions se firent jour de plus en plus ; comme le rapportait, en août 1872, l'agent des Nez-Percés, John Monteith : « La tribu est divisée, presque à égalité, entre Indiens Treaty et ceux qui se nomment eux-mêmes Non-Treaty. Ces derniers, à de très rares exceptions près, vivent à l'extérieur de la réserve, le long de la rivière Snake et de ses affluents. Ils ne demandent jamais d'assistance [...]. » (Brown, 1967 : 36.)

Bien qu'il parût logique, pour les Blancs, de considérer les Nez-Percés comme une entité unique, cela n'avait aucun sens dans l'organisation traditionnelle de ce peuple. La tribu était consti-

CI-DESSUS *Umatillas, vers* 1900. *Leurs costumes sont un mélange de l'habillement traditionnel du Plateau (bandeaux à plumes, chapeaux et sacs tressés) et de celui des Plaines (coiffe à cornes de bison).*

CI-DESSOUS *Une femme umatilla, nommée* Nellie Salmon *par les Blancs, vers* 1900. *Sa robe a des franges à perles. Son sac et ses jambières sont sans doute, respectivement, d'origine nez-percé et sioux.*

tuée de bandes, Treaty et Non-Treaty, chacune avec son chef. Indifférentes au fait que le gouvernement ait désigné Lawyer « chef principal de la nation des Nez-Percés », ces bandes agissaient de façon très indépendante (*ibid.* : 31).

Au milieu du XIXe siècle, le Plateau fut quasi colonisé par les Blancs, à tel point que, dans le but d'éviter un conflit, le traité Stevens de 1855 redéfinit, entre autres, le territoire des Nez-Percés. Un accord fut trouvé sans trop de difficultés, le traité étant signé par Lawyer, un chef très respecté et descendant direct du chef Twisted Hair, qui avait si bien reçu Lewis et Clark, un siècle plus tôt[12]. Quarante-sept autres signèrent aussi ; les difficultés redoutées semblaient ainsi écartées, mais, malheureusement, pas pour longtemps. Cinq ans plus tard, en 1860, un commerçant nommé Elias D. Pierce découvrait des traces de gisements d'or à l'intérieur de la réserve et, à la fin de cette même année, il établissait un campement avec 33 recrues, dans l'intention de prospecter dès le printemps suivant (*ibid.* : 30).

Prévoyant un futur afflux de mineurs, un autre traité tenta de réduire encore la réserve. Cette fois, aucun accord ne put être trouvé, et les Lowers Nez-Percés (la bande de Looking Glass incluse) se retirèrent des négociations, refusant de signer. Ce fut de nouveau à Lawyer et quelques autres de parlementer, et, cette fois, les terres des Lowers Nez-Percés (une grande partie de la faction Non-Treaty) furent cédées. Ces terres comprenaient la vallée de la Wallowa, patrie traditionnelle de Tu-eka-kas, ou Old Joseph, comme l'appelaient les Blancs : de chaque côté, les regrets et l'inquiétude étaient grands. L'agent Monteith observait, en 1872 : « C'est un grand dommage que la vallée ait été ouverte aux colons. Elle est si haute et si froide qu'ils ne peuvent rien y faire pousser, à part les légumes les plus rudes [...]. C'est une belle région herbeuse, et seul l'élevage peut être de quelque avantage. C'est l'unique lieu de pêche dont disposent les Nez-Percés, où ils se rendent de partout [...]. S'il y a un moyen quelconque pour que la vallée de la Wallowa reste aux Indiens, je recommanderais qu'il soit mis en œuvre. » (*Ibid.* : 38.)

Ce rapport, qui constituait une mise en garde, était écrit quelques mois après la mort de Old Joseph, qui, dans ses derniers instants, avait chargé son fils de ne jamais renoncer aux vallées de la Wallowa et Grande : « Souviens-toi toujours que jamais ton père n'a vendu sa patrie. » (Brady, 1916 : 55.) Comme le raconta plus tard Hein-mot Too-ya-la-kekt[13], que les Blancs appelaient Chef Joseph : « Je l'ai enterré dans cette merveilleuse vallée aux eaux sinueuses. J'aime cette terre plus que tout autre endroit au monde. » (*Ibid.*)

En 1872, Monteith avait également signalé que, bien que les Blancs n'eussent pas encore construit de maisons dans la vallée de la Wallowa, plusieurs devaient cependant l'être « cet automne [...] [alors] le problème sera qu'elles se situeront près de ces

Indiens vivant en dehors de la réserve [...] » (Brown, 1967 : 38).

En 1877, l'adjudant du général Howard[14], le major H. Clay Wood, étudia la légalité du traité de 1863 et conclut : « A mon avis, les Nez-Percés Non-Treaty ne peuvent légalement être considérés comme liés au traité de 1863, et, dans sa tendance à les priver du droit d'occupation de toute terre, ses clauses sont nulles et non avenues. L'expiration de leur titre d'occupation envisagée par ce traité est imparfaite et incomplète. » (*Ibid.* : 37.) Néanmoins, comme de plus en plus de Blancs, qui se considéraient dans leur droit, arrivaient dans la vallée, l'atmosphère devint tendue. Un historien qui étudiait la situation de ces nouveaux colons en vint à la conclusion qu'un grand nombre étaient « des parasites humains, indésirables à divers degrés ». Il cite l'étude éclairée du major Wood sur le problème des Nez-Percés : « Je pourrais remplir des pages et des pages au sujet du nombre et de la nature des outrages dont sont victimes les Indiens et leurs familles. » (*Ibid.* : 44-45.)

Lors d'une dernière réunion entre Chef Joseph et le général Howard, une démonstration de la force militaire américaine finit par provoquer des capitulations : les Nez-Percés Non-Treaty acceptaient de quitter les vallées de la Wallowa et Grande Ronde. Howard rapporta : « Nous avons mis tous les Indiens non signataires dans une réserve, par la force et la persuasion, sans effusion de sang. »

Un délai irréaliste de trente jours pour que le départ soit achevé ajouta à la consternation et au profond ressentiment des Nez-Percés, et le jeune Wahlitits, dont le père avait été assassiné trois ans plus tôt par un Blanc, décida de se venger. Comme le dit un historien : « Une raillerie à propos de la mort d'Eagle Robe fut l'allumette qui enflamma la mèche. » (*Ibid.* : 65.) Le mercredi 13 juin 1877, Wahlitits et deux jeunes compagnons tuaient Richard Devine ; le lendemain, ils exterminaient Henry J. Elfers, Robert Bland et Harry Becktoge. Le trio fut rejoint par dix-sept autres du camp de White Bird et, l'alcool volé aidant, le déchaînement continua. Une analyse détaillée montre clairement qu'aucun des principaux leaders (Chef Joseph, son frère Ollokot, Looking Glass et Too-hool-hool-zote) ne prit part à ces incidents, et que leurs tentatives pour livrer les coupables furent déjouées par des volontaires sans scrupules. Comme l'agent Monteith le rapporta au général Howard : « Le fait est qu'il y a ici une certaine catégorie qui craint qu'il n'y ait pas une guerre indienne. » (*Ibid.* : 66.) En moins d'une semaine, les dés étaient jetés et la guerre était déclarée aux Nez-Percés Non-Treaty.

Le premier conflit majeur, à White Bird Canyon, le 17 juin 1877, causa la consternation dans les rangs de Howard, sous le commandement du capitaine David Perry, quand environ 70 guerriers « mirent rapidement en déroute une colonne de 4 officiers et 99 hommes, plus 10 ou 11 civils armés. Non seulement les Indiens les battirent à plate couture, mais encore eurent-ils raison des cavaliers et poursuivirent-ils ceux qui s'enfuyaient sur environ 20 kilomètres » ; dans « une démonstration tout à fait exemplaire, ces Indiens prouvèrent non seulement qu'ils se battaient, mais aussi qu'ils se battaient avec l'habileté, le courage et la détermination que l'on aurait attendus de la part des meilleures troupes de l'armée américaine » (*ibid.* : 139-140).

Dégrisé par cette défaite, Howard forma un régiment de plus de 500 hommes fortement appuyés par l'artillerie. La chasse était lancée contre quelque 2 250 guerriers nez-percés et leurs familles, comptant environ 500 femmes et enfants ; il fallut près de quatre mois et quelque 2 500 kilomètres parcourus à travers des terrains extrêmement accidentés avant qu'ils soient

CI-DESSUS *Femme yakima et son enfant, dans le typique berceau lacé à arceau, vers 1900. La mère porte une belle couverture tissée, probablement importée de l'Ouest.*

CI-DESSOUS *La famille de Joseph Untush sous la véranda de leur maison, 1923. Si les techniques ancestrales de conservation des fruits avaient changé, les paniers restaient traditionnels.*

arrêtés, à 6 kilomètres seulement de leur destination : le campement de Sitting Bull, au Canada. C'est sans doute à regret que le général Howard dut s'adresser en ces termes au quartier général de la Division 15, en juin 1877 : « D'autres troupes sont envoyées vers l'avant le plus vite possible [...] [j'ai besoin de] 25 éclaireurs indiens [...]. Je pense que tout cela sera expédié très vite. » (*Ibid.* : 131.)

En dépit de ces renforts, les Nez-Percés renversèrent de nouveau la situation ; ils encerclèrent la troupe et poussèrent jusqu'à la vallée de la Clearwater, puis s'abritèrent dans des tranchées. Cette fois, néanmoins, soutenu par les obusiers, 4 escadrons de cavalerie, 6 d'infanterie et 5 d'artillerie utilisés comme infanterie, au total quelque 440 hommes plus 40 hommes de son état-major, Howard, après vingt-quatre heures de siège, battit les Nez-Percés, le 11 juillet ; quantité de biens furent abandonnés, et, comme le raconta plus tard une vieille femme nez-percé : « Beaucoup, beaucoup avaient été blessés. » Cette attaque avait été si terrible que, prévoyant probablement ce que l'avenir pouvait apporter, Joseph était, dès ce moment, prêt à se rendre ; mais des divergences d'opinion régnaient dans le camp nez-percé à propos d'un traité de paix, White Bird, Looking Glass et Too-hool-hool-zote votant pour une retraite vers le pays du bison.

Il y avait eu des cas de pendaison pour les chefs impliqués dans des soulèvements, ce que redoutaient les Nez-Percés, si bien que, en dépit des pertes vitales qu'ils avaient subies sur la Clearwater, ils refusèrent de capituler et, empruntant les 240 kilomètres du Lolo Trail, ils se dirigèrent vers le Montana, à travers les monts Bitterroot. C'est là que, épuisés mais toujours intraitables, ils campèrent sur les rives de la rivière Big Hole. A l'aube du 9 août, ils furent attaqués par les 200 et quelques hommes du colonel John Gibbon, qui, sur ordre de Howard (malheureusement retardé quelque part sur le Lolo Trail), étaient arrivés à cheval de Fort Missoula pour rabattre les fuyards.

Looking Glass, chef nez-percé dans un campement crow, en 1871. Lui et son groupe étaient très amis avec les Crows des Montagnes. Il fut tué sur les monts Bearpaw en 1877.

La bataille de la rivière Big Hole, le 9 août, se solda par le terrible massacre de 80 Nez-Percés, dont 50 femmes et enfants : « Beaucoup de femmes et d'enfants furent tués avant d'avoir pu se lever. Sous une tente se trouvaient 5 enfants. Un soldat entra et les tua tous. » (*Ibid.* : 254.) Andrew Garcia raconta plus tard ce que sa femme (alors âgée de 17 ans) lui avait dit sur ce qu'elle avait enduré : « Les balles traversaient la tente de [mon père] Gray Eagle comme une averse de grêle, et touchèrent à la tête une des femmes de Hoot Owl, la tuant, et une autre frappa à la poitrine un de ses fils, qui s'écroula à terre. Avec cette pluie de balles traversant le tipi, le bruit des fusils des soldats, leurs cris et ceux de nos guerriers [...], les pleurs et les hurlements des squaws et des enfants [...]. Alors nous avons essayé de tous sortir du tipi [...] mais les soldats étaient là [...]. Hoot Owl et sa deuxième femme furent abattus, et [mon] père fut touché au ventre [...] [ma] sœur [...] fut tuée d'une balle dans la tête [...]. In-who-lise fut blessée à l'épaule droite et s'écroula près de la rive : lorsqu'elle reprit connaissance, un soldat se tenait debout à côté d'elle. Elle tenta de se relever en s'agrippant à ses bras ; surpris, le soldat la rejeta en lui frappant la bouche avec la crosse de son fusil, la blessant aux lèvres et aux dents. » (Garcia, éd. Stein, 1977 : 215.)

Bien que la première phase de l'attaque fût réussie, le cours de la bataille s'inversa de manière pour le moins inattendue. Un érudit des Nez-Percés a dépeint ce moment : « Bientôt, on entendit la voix de White Bird venant d'une extrémité du camp et, de l'autre, celle de Looking Glass. Sur un ton qui s'élevait au-dessus du bruit de la fusillade comme la sonnerie du clairon, ces deux chefs rassemblèrent leurs guerriers et firent de ce début de défaite un combat particulièrement acharné. » (Brown, 1967 : 255.)

Plus tard, les Indiens ayant réussi à reconquérir leur camp, Gibbon raconta : « Peu d'entre nous sont près d'oublier les hurlements de douleur, de rage et d'horreur qui nous parvinrent du camp, à 400 ou 500 mètres, lorsque les Indiens le regagnèrent et découvrirent leurs guerriers, leurs femmes et leurs enfants massacrés. » (*Ibid.* : 258.)[15] Plus de 40 femmes et enfants et 26 guerriers étaient morts, d'autres allaient succomber à leurs blessures, parmi lesquels Gray Eagle, le père d'In-

Poneys indiens des Plaines (non Appaloosas)

Cheyenne/Lakota. Les cornes d'antilocapre symbolisent la vitesse et les capacités de survie de l'animal le plus pur des Plaines

Cheyenne. Libellule, symbole de la tornade, associée à l'esprit du tonnerre et de la pluie. Protectrice

Cheyenne. Poney dont les peintures évoquent des blessures reçues : impacts et écoulements de sang

Blackfoot. Poney avec une silhouette humaine sur le poitrail signifiant que son cavalier a désarçonné un homme au cours d'un combat

who-lise, et être enterrés au bord de la piste. Mais les Nez-Percés ne voulaient pas renoncer et ils avancèrent encore de 1 500 kilomètres : 20 août, Camas Meadow, où ils ralentirent les hommes de Howard en faisant fuir ses mules et ses chevaux... 13 septembre, Canyon Creek, où les tireurs d'élite des Nez-Percés stoppèrent 400 hommes du 7e régiment de cavalerie du colonel Samuel Sturgis, tandis que les femmes et les enfants s'échappaient avec les chevaux[16]... 23 septembre, un répit à Cow Island, où un raid sur une cachette de l'armée, abandonnée car le Missouri était trop bas pour la transférer à Fort Benton, fournit un précieux ravitaillement[17]... 30 septembre, enfin, sur les monts Bearpaw, où ils campèrent sur le Snake Creek, à seulement 60 kilomètres de la frontière canadienne. Estimant que Howard (que les Nez-Percés surnommaient alors « Général Après-Demain ») et Sturgis se trouvaient à deux ou trois jours de marche, les rescapés se considéraient comme sauvés : ils avaient tort.

Le 18 septembre, après avoir reçu un rapport (qui avait mis cinq jours à arriver) du général Howard et du colonel Sturgis annonçant que les Nez-Percés « les avaient laissés à l'arrière sans espoir » (*ibid.* : 378), le colonel Nelson Miles, à la tête de 350 hommes, partit de Fort Keogh, sur la Yellowstone, en direction des monts Bearpaw, au nord-ouest, arrivant, le 29 septembre, à quelques kilomètres du Snake Creek. Tôt le lendemain, leurs mouvements dissimulés aux Nez-Percés par une tempête de neige aveuglante, ils attaquèrent le campement : le résultat fut une contre-attaque dévastatrice qui mit 20 pour cent des forces de Miles hors de combat. Le capitaine Snyder rapportera plus tard : « Nos pertes

L'Appaloosa

CI-DESSOUS *Ce cheval est traditionnellement associé aux Nez-Percés, mais son nom est peut-être dérivé de celui des Palus, une tribu réputée pour la grande agilité de ses chevaux. Les caractéristiques de l'Appaloosa sont sa robe tachetée et une extrême endurance alliée à un pied très sûr ; en outre, il est plus grand et plus lourd que le type poney indien.*

Nez-Percés

Les sacs en balle de maïs sont une des grandes spécialités des Nez-Percés. Ce sont des besaces plates et souples tissées sans métier ni châssis. Les fils de chaîne et de trame sont faits de fibres de chanvre ou, à défaut, d'écorce de sureau, de saule, ou autre, entortillées par frottage sur la cuisse. La décoration est appliquée par similibroderie, un brin étant enroulé autour de la trame chaque fois qu'elle passe devant la chaîne. L'extérieur est entièrement recouvert, tandis que l'intérieur ne présente que les bouts de la similibroderie. Initialement, celle-ci était faite de cordes d'herbacées ou d'ivraie, mais avec l'introduction du maïs, à la fin du XIXe siècle, ces herbes furent remplacées par des cordes faites à partir de la partie interne de la balle de maïs, souple et lisse. La couleur des dessins était obtenue par teinture de certains des brins avec des colorants à base de minéraux, d'écorces, d'herbes, de baies, d'algues vertes et autres produits naturels. Ces dessins consistent en motifs géométriques répétés par rangs et colonnes sur toute la surface, en général complètement différents sur chaque côté du sac (voir n° 20). Cette variété de motifs, sans signification particulière, ne répond qu'à une exigence esthétique. Ces sacs servaient au transport et au stockage de racines, baies et ustensiles ménagers. Leur production fut, pour les Nez-Percés, une importante monnaie d'échange et d'exportation, au moins à partir de 1805, quand Lewis et Clark les mentionnèrent. Les dessins des sacs en balle de maïs n'ont rien à voir avec ceux peints sur les parflèches,

jadis faits en peau de bison et utilisés pour la conservation de la viande. Ces conteneurs extensibles étaient largement répandus, dans les Plaines ainsi qu'à l'est du Plateau et du Grand Bassin. Chez les Nez-Percés, avant le mariage, la famille du fiancé devait offrir des parflèches remplis de couvertures, de châles et de calicots à la famille de la promise, qui, de son côté, offrait le même nombre de sacs en balle de maïs remplis de racines séchées. Ces objets ont été sélectionnés parmi la collecte effectuée par Livingston Farrand en 1902.

1 à 5 Sacs en balle de maïs.
6 Jambière de femme en daim, brodée de perles.
7 à 9 Sacs en balle de maïs.
10 à 12 Parflèches : cuir non tanné plié à motifs géométriques peints.
13 et 14 Sacs en balle de maïs.
15 Parflèche.
16 Parflèche.
17 Peigne.
18 à 24 Sacs en balle de maïs.
25 Sac en cuir décoré de perles, avec motifs identiques à ceux des parflèches.

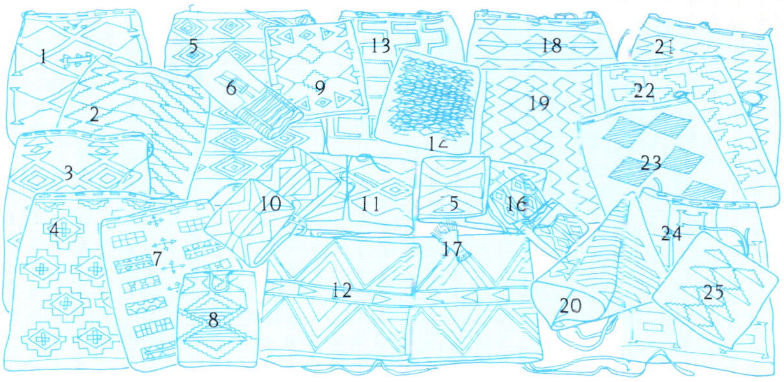

aujourd'hui : Capt Hale & Lt Biddle & 23 recrues tués et 4 officiers & 40 hommes blessés. Les Indiens tiennent toujours leur position. » (*Ibid.* : 389.)

Mais un objectif capital avait été atteint au cours de cette attaque particulièrement meurtrière : la majeure partie des chevaux des Nez-Percés avaient été capturés.

Le lendemain, avec un drapeau blanc, Chef Joseph tenta de négocier avec le général Miles ; à présent, nombre de ses parents, amis et membres du conseil étaient morts ou perdus, dont son frère, Ollokot, tué la veille, et Looking Glass. Ne restaient, comme grands chefs, que l'arrogant White Bird et Chef Joseph. Celui-ci passa la nuit dans le camp de Miles, les Nez-Percés gardant le lieutenant Jerome en otage ; le lendemain, chacun retourna dans son camp, les discussions ayant abouti à une impasse.

Selon un observateur de l'époque, le lieutenant Charles Erskine Scott Wood, aide de camp de Howard, les Nez-Percés avaient littéralement criblé une partie de leur camp et les ravins adjacents d'abris souterrains avec des tunnels de communication[18]. De plus, ils utilisaient leurs chevaux morts comme fortifications autant que comme source de nourriture : « Là, ils tenaient ferme, refusant catégoriquement toute proposition de reddition, répondant inlassablement : "Si vous nous voulez, venez nous prendre." » (Wood, 1884 : 141.)

Néanmoins, avec la perte de la plupart de leurs chevaux, il n'était plus question de fuite vers la frontière canadienne ni de liberté[19]. L'hiver commençait à s'installer, et le temps glacial de pluie et de neige faisait souffrir les deux camps. Howard arriva avec une petite escorte, le soir du jeudi 4 octobre, et, le lendemain, les termes de la reddition étaient conclus, un message étant apporté par deux Nez-Percés Treaty dont les filles étaient dans le camp de Chef Joseph. La marge de manœuvre était réduite, Howard insistant sur le fait que l'intégralité de ses troupes n'était qu'à deux ou trois jours de marche. Celles-ci, avec celles de Miles, auraient déployé un minimum de 600 soldats armés contre une petite centaine de guerriers nez-percés encore en état de combattre, qui avaient en outre la responsabilité de protéger femmes et enfants[20]. Il leur fut promis un bon traitement, et Chef Joseph demanda s'il serait permis à son peuple de retourner dans l'Idaho. « On lui dit qu'il le pourrait, à moins qu'une haute autorité n'en décide autrement[21]. » (*Ibid.*) La réponse finale de Chef Joseph fut un résumé de toute cette mésaventure et de la condition critique des Nez-Percés survivants ; l'intensité, l'éloquence et la dignité de son discours constituant un remarquable hommage, par-delà le temps, au peuple qu'il représentait, car c'était la fin d'une ère :

> « Dites au général Howard que je connais sa grandeur d'âme. Je conserve en mon cœur ce qu'il m'a dit avant. Je suis fatigué de me battre. Nos chefs sont morts. Looking Glass est mort. Too-hool-hool-zote est mort. Tous les vieillards sont morts. Maintenant, ce sont les jeunes hommes qui disent "oui" ou "non" [c'est-à-dire votent au conseil]. Celui qui menait les jeunes hommes [le frère de Chef Joseph, Ollokot] est mort. Il fait froid et nous manquons de couvertures. Nos enfants meurent de froid. Une partie de mon peuple s'est enfui dans les montagnes, sans couvertures, sans nourriture. Je veux du temps pour chercher mes enfants et voir combien je peux en retrouver ; je les retrouverai peut-être parmi les morts. Chefs, écoutez-moi : mon cœur est triste et malade. A partir de ce jour, je ne me battrai plus jamais ! » (*Ibid.*)

Les Nez-Percés « sont parmi les hommes les plus aimables que nous ayons jamais rencontrés. Leur caractère est calme et doux, rarement emporté par la passion [...]. Les Shoshones sont des gens joyeux, même gais [...]. Dans leurs relations avec

A GAUCHE *Jeune Nez-Percé, appelé Joseph Ratunda par les Blancs, vers 1900. Plastron en peau de loutre, coiffure et mocassins perlés sont influencés par les Plaines, mais les broderies florales sont typiques.*

CI-DESSOUS *Hein-mot Too-ya-la-kekt, mieux connu sous le nom de Chef Joseph, des Nez-Percés, 1901. Une plume tachetée d'aigle royal est piquée dans ses cheveux.*

Guerrier nez-percé, 1877

Un guerrier nez-percé au début du conflit qui s'acheva lorsque l'armée américaine mit fin à la fuite épique vers la frontière canadienne, menée par Chef Joseph. Sa coiffe est faite de fourrure, de queues d'hermines et de cornes de bison. Sa chemise de guerre, envoyée, comme les mocassins brodés de perles, à la Smithsonian Institution en 1876, est en cuir décoré de tissu rouge et jaune, de bandes de piquants de porc-épic et de perles, de pendants en crin de cheval et d'une bordure en fourrure. Les Nez-Percés utilisaient la coupe en corne de bison autrefois portée par Husis Owyeen, le sifflet de guerre en os de Peopeo Tholekt et la carabine Winchester modèle 1866. Un bel arc en corne de mouflon est rangé dans un étui attaché au carquois, disposition qui était empruntée aux Crows.

CI-DESSUS *Habitation et campement du chef shoshone Washakie, Wind River Mountains, Wyoming, 1870. Noter les aiguilles de bois fermant le devant du revêtement orné de pictogrammes symboliques.*

les étrangers, ils se montrent francs et communicatifs, parfaitement corrects en affaires [...] [rien] ne les a poussés à commettre le moindre acte malhonnête[22] ».

Bien qu'il n'y ait pas de frontière naturelle brutale, lorsqu'on descend du sud du Plateau vers la région du Grand Bassin, la diminution progressive de l'influence des deux grands fleuves, la Columbia et le Fraser, dont dépend l'essentiel de la culture du Plateau, se fait de plus en plus sentir. S'étendant entre les Rocheuses, à l'est, et la sierra Nevada, à l'ouest, avec très peu de précipitations (surtout au sud et à l'ouest), le Grand Bassin, dépourvu de fleuves menant à la mer, comprend les régions sud de l'Oregon et de l'Idaho, tout le Nevada et l'Utah, et les moitiés ouest du Wyoming et du Colorado. C'est une région caractérisée par des montagnes s'élevant au-dessus de plaines, mais le terrain varie de façon marquée. Dans le Centre et le Sud-Est, où le Colorado a creusé de profonds cañons dont les hautes falaises montrent des couches sédimentaires richement colorées, les déserts de broussailles dominent, tandis que le Nord et l'Est, drainés par les rivières Snake et Green, sont occupés par de vastes plaines, avec, sur les plus hauts reliefs, des forêts de conifères éparpillées et des pâturages de type alpin.

Dans cette région étendue couvrant près de 650 000 km^2 prédominaient des Indiens de langue shoshone[23], dont le territoire s'étendait autrefois des Plaines du Nord aux abords du Mexique. Au nord-est (empiétant par endroits chez les Nez-Percés et les Flatheads du Plateau) vivaient les Shoshones et les Bannocks ; à l'ouest, les Paviotsos ou Paiutes du Nord, tandis qu'au sud de ces tribus se trouvaient les Shoshones de l'Ouest, les Paiutes et les Utes. Contrairement aux peuples du Plateau, il existait de grandes différences de mode de vie entre ces diverses tribus, surtout après l'acquisition du cheval par les Shoshones de l'extrême Est et les Utes, ces derniers utilisant des chevaux de charge, mais ne semblant pas les avoir montés avant 1650.

L'étude archéologique d'anciens sites de campement, dans la partie la plus au nord du Grand Bassin (dans le voisinage et à l'ouest du Grand Lac Salé, en Utah), renseigne sur le mode de vie des premiers habitants, probablement typique d'une bonne partie du centre et de l'ouest du Grand Bassin. L'environnement était varié, avec des zones de marais salants et des pâturages alpins, et les sites d'occupation étaient indifféremment de larges grottes bien ventilées ou de petits camps à ciel ouvert. Il est particulièrement intéressant de noter que plus de 80 pour cent de ces sites ont été établis à une altitude comprise entre 1 600 et 2 300 mètres, seuls 11 pour cent d'entre eux étant situés en dessous de 1 600 mètres ; pour des raisons évidentes, la population indigène évitait le désert, avec son manque de lieux protégés, sa chaleur intense et son aridité. Au-dessus de 2 300 mètres, le gibier se faisait rare et les hivers étaient rigoureux. Ainsi les habitants du Grand Bassin avaient-ils réussi à trouver un équilibre entre ces conditions extrêmes.

Contrairement au Plateau — où les ressources naturelles étaient généralement prévisibles et abondantes — dont l'économie de subsistance était articulée autour du commerce intertribal, celle du Bassin était caractéristique d'un peuple dont le mode de vie a pu être qualifié de « superbe utilisation de toutes les ressources » (Harper, 1986 : 51). Si les racines et les graines constituaient

CI-DESSOUS *Intérieur shoshone, 1878. Le bébé est placé dans un berceau lacé typique de la tribu ; à l'arrière-plan pendent de belles sacoches de selle brodées de perles.*

la plus importante source de nourriture, l'antilocapre et le lièvre jouaient également un rôle essentiel. Ces animaux étaient capturés au cours de battues organisées par plusieurs familles se rassemblant à l'automne. A l'est, les Shoshones du Nord et les Bannocks bénéficiaient du bison, qui, avant 1840, était présent à l'ouest des Rocheuses. Après cette date, privées localement de cette ressource, ces tribus durent se rendre annuellement dans la région des Plaines (aventure risquée sur le territoire d'Indiens armés de fusils), ou se contenter de l'environnement sévère du centre et de l'ouest du Grand Bassin, où les huttes de broussailles remplacèrent les confortables tipis de peau, et où une économie de cueillette prit largement la place de la chasse.

Les groupes de Shoshones du Centre et de l'Ouest (occupant une grande partie des actuels États de l'Utah et du Nevada) furent surnommés, surtout au milieu du XIXe siècle, quand, pour la première fois, les Blancs les décrivirent, les « Indiens fouisseurs », terme péjoratif inspiré par l'utilisation intensive qu'ils faisaient d'un bâton pointu pour fouiller le sol, à la recherche de tubercules, de racines et de plantes sauvages. Ces groupes, diversement appelés Gosiutes, Paiutes du Nord, Panamints, Kawaiisus, Chemehuevis (Paiutes du Sud) et Utes Weber[14], étaient approximativement classés, selon leur principal type d'alimentation, en mangeurs de graines de tournesol, de racines, de pignons de pin, d'écureuils, de moutons, et même de terre ou de poussière. Représentants d'un peuple dont le sens pratique et les facultés d'adaptation étaient remarquables, ils représentaient une culture millénaire qui s'était maintenue dans les régions arides du Grand Bassin, étaient en grande partie fermés au monde extérieur et peu influencés par les habitants du Plateau ou des Plaines. Pour survivre, ils utilisaient une grande variété de plantes et d'animaux, quelques-uns des tubercules et racines les plus importants étant le camas, le cumin, l'oignon et la patate douce. Les légumes verts étaient représentés par le cerfeuil doux et certaines fougères. Parmi les fruits, fruits secs et graines que l'on trouvait sur les contreforts et dans les zones environnantes figuraient les cerises sauvages, les groseilles, le raisin de l'Oregon, les baies de sureau, l'amarante, l'ansérine, le tournesol, les glands et le pignon de pin, ce dernier, généralement appelé *piñon*, étant un des plus abondants dans presque toute la région et faisant l'objet d'une intense activité collective, à la fin de l'été et au début de l'automne, notamment dans le centre.

CI-DESSUS *Couple d'Indiens Paiutes, probablement avant* 1880. *L'homme porte une chemise en daim à épaulettes, la femme une robe en tissu importé et une ceinture ornée de perles.*

CI-DESSOUS *Extérieur d'une hutte paiute recouverte de joncs, probablement pour l'hiver. Le berceau est doté d'un grand pare-soleil, et son décor de lignes parallèles indique que le bébé est un garçon.*

Paiutes du Nord

Tribu non unifiée, parlant le paiute du Nord. Ils occupaient jadis quelque 180 000 km² dans le Nevada et le sud-est de l'Oregon, en petites bandes semi-nomades. Leurs gibiers principaux étaient le cerf et le mouflon. Ils chassaient aussi le lièvre, le lapin, la marmotte et le porc-épic, et utilisaient des leurres pour attirer les canards. En plusieurs endroits, le poisson constituait la principale ressource. Partout, les plantes sauvages étaient fondamentales, quelque 150 espèces étant utilisées. Les pignons de pin étaient recueillis et préparés dans des paniers, tandis que des fouets étaient utilisés pour battre certaines graines, ordinairement cuisinées en une bouillie cuite dans de l'eau portée à ébullition par des pierres chaudes plongées dans un récipient en vannerie. Pour les Paiutes du Nord, l'ère des réserves débuta dans les années 1870, mais ils furent nombreux à refuser de se rendre dans les deux ou trois secteurs qui leur étaient destinés, et de plus petites réserves ou colonies s'établirent par la suite. Les réserves Fallon et Pyramid Lake font partie de leur ancien territoire. Le gouvernement encouragea fortement l'agriculture dans ces réserves, mais, malheureusement, avec de maigres résultats : les terres étaient incultes et l'eau manquait, surtout lorsque les non-Indiens commencèrent à dévier le cours des rivières. Quand les objets ci-dessous furent collectés par Robert H. Lowie, en 1914-1915, nombre des techniques et outils de récolte et de préparation des graines étaient toujours en usage, alors qu'ils étaient devenus extrêmement rares dix ans après. En 1914, l'unique vêtement autochtone toujours utilisé était le chapeau de femme en vannerie.

1 Berceau en vannerie recouvert de peau de daim. Pyramid Lake.
2 Berceau en tiges de saule tressées. Fallon.
3 et 4 Leurres pour la chasse au canard ; dépouilles de canards sur base de fibres tressées. Pyramid Lake.
5 Cruche en vannerie rendue étanche par un enduit de pignon. Pyramid Lake.
6 Robe de femme en coton bleu imprimé (modèle). Paiute du Sud, Moapa River, 1915.
7 Tiges de saule pour la vannerie. Pyramid Lake.
8 Fouet à grain en vannerie. Fallon.
9 Tige coudée pour tourner la bouillie. Pyramid Lake.
10 Fourneau de pipe en pierre, utilisé avec un tuyau de bois rectiligne. Fallon.
11 Tige de bambou et âmes en bois de sauge pour faire du feu (modèle). Fallon.
12 Chemise de femme en coton imprimé (modèle). Paiute du Sud, Shivwits, Utah, 1915.
13 Panier en vannerie ajourée pour baies et fruits secs. Pyramid Lake.
14 Panier conique en vannerie pour les récoltes. Pyramid Lake.
15 Paire de sandales d'homme ; feuilles de fléole tressées (modèles). Fallon.
16 Chemise d'homme (modèle). Paiute du Sud, Moapa River, 1915.
17 Quatre os, dont deux enveloppés, pour le jeu de devinette. Pyramid Lake.
18 Jeu de dés longs. Fallon.

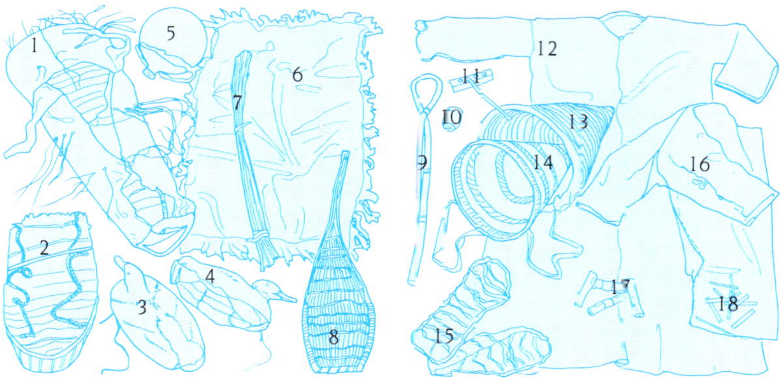

La technique complexe destinée à rendre le pignon à la fois comestible et propre à la conservation commençait par la cueillette des pommes de pin vertes, à l'aide de perches. On les transportait dans de grands paniers d'osier coniques[25] avant de les faire rôtir afin qu'elles s'ouvrent ; elles étaient ensuite rassemblées et battues, ou frappées individuellement, pour libérer les graines (qui étaient alors légèrement écrasées dans un plateau d'osier) et en rendre l'enveloppe friable avant de la séparer du fruit par vannage. Les graines étaient de nouveau écrasées, et elles pouvaient alors être utilisées telles quelles ou moulues en une farine servant à la préparation d'un gruau. Une partie de cette farine était moulée en galettes, que l'on faisait sécher au soleil avant de les conserver dans des rangées de trous dans le sol jusqu'à l'hiver, étape vitale pour la survie étant donné la nature imprévisible du Grand Bassin ; des études ont montré que « les bonnes années pour les pignons sont irrégulières : il n'y a pas de cycle précis » (*ibid.* : 59). Les habitants du Plateau étaient cependant persuadés que l'on obtenait une récolte exceptionnelle tous les sept ans ; ils n'avaient pas complètement tort, puisqu'il a été reconnu que, même dans une seule vallée, les facteurs climatiques locaux étaient tels que la synchronisation d'une pinède à l'autre ne se produisait jamais. Le pignon donnait également lieu à tout un cérémonial : prières avant la saison, danses pendant les récoltes et prières d'action de grâce sur les premières graines. Ces cérémonies sont toujours pratiquées aujourd'hui, demeurant « une des caractéristiques fondamentales de l'identité indigène » (Fowler, 1986 : 65).

Hormis les chasses collectives à l'antilocapre et au lièvre, on a des descriptions d'une technique de battue aux sauterelles. Le premier prêtre qui visita les Shoshones, au milieu du XIXe siècle, Pierre Jean De Smet, parle d'une région où pullulaient les sauterelles et où se rendaient souvent les Indiens (probablement les Gosiutes, qui vivaient à quelque 150 kilomètres à l'ouest du Grand Lac Salé). Sa description est fascinante : « Ils commencent par creuser un trou, de 3 à 4 mètres de diamètre sur 1,20 à 1,50 m de profondeur ; ensuite, armés de longues branches [...], ils encerclent un terrain de 2 hectares environ, en fonction du nombre de participants. Ils se tiennent à 6 mètres l'un de l'autre, et se contentent de battre le sol de manière à effrayer les sauterelles et à les faire bondir devant eux. Ils les rabattent petit à

CI-DESSOUS *Wovoka, appelé Jack Wilson par les Blancs, vers 1895. Surnommé le « Messie paiute », il lança la doctrine de la Danse des Esprits : ne pas se battre et ne faire de mal à personne.*

CI-DESSUS *Femmes paiutes avec des chapeaux tressés, ramassant des graines, Kaibab Plateau, vers 1873. Elles portent de grandes hottes et le plateau tressé serré utilisé pour vanner les pignons.*

CI-DESSOUS *Trois femmes paiutes dans leur tenue d'été traditionnelle, portant des calottes tressées et des jupes en daim à franges. Celle de droite semble revêtue d'une cape en peau de lapin.*

petit vers le centre, c'est-à-dire dans le trou préparé à cette intention. Elles sont en nombre si considérable que 1,5 ha suffit souvent à fournir assez de sauterelles pour remplir le trou. » (De Smet, éd. Chittenden et Richardson, 1905, vol. III : 1 033.)

Les Gosiutes conservaient une partie de ces sauterelles pour un usage ultérieur, en les broyant en une pâte qui était ensuite mise à sécher ; pour les besoins plus immédiats, on les accommodait en soupe, et l'on triait les plus grosses pour les griller sur le feu de camp. Quelques années plus tard, la présence de ces myriades de sauterelles allait être ressentie comme une calamité par les colons blancs, mais elles étaient considérées comme une ressource naturelle de plus par les populations indiennes, en accord avec le principe non établi mais largement suivi par les communautés du Grand Bassin : « Si ça bouge, ça se mange sûrement ! » Tout cela était la preuve d'un souci de préservation et d'aménagement de l'environnement ; il était par exemple courant d'éviter de tuer les proies femelles pendant les saisons de gestation et d'élevage, et les Paiutes du Nord ainsi que les Shoshones du Nord ne pêchaient que les saumons et les truites mâles dans les endroits de frai. Des barrages complexes étaient utilisés afin de contrôler la migration des poissons ; les Washoes de la région de Pyramid Lake coupaient les branches supérieures des plantes à brouter, afin d'inciter les hordes de cerfs à rester dans le voisinage au cours de l'hiver, et, à certaines époques, les antilocapres étaient parquées et l'on n'en tuait que le nombre nécessaire pour subvenir aux besoins du moment, tandis que certaines plantes étaient améliorées et préservées par des récoltes et une agriculture sélectives.

La précarité et l'irrégularité des ressources de la région favorisèrent le développement d'une vision du monde insistant sur le respect des plantes et des animaux, si précieux pour la survie dans un environnement souvent hostile. Par exemple, lors de la cueillette, on priait pour les esprits des plantes, et les Paiutes du Nord enterraient couramment une petite pierre ou une perle dans le trou laissé vacant par une racine prélevée. Les animaux morts étaient souvent disposés la tête face à l'est, ou bien certains organes, comme les yeux, les glandes et la vésicule biliaire, étaient étalés à terre ou inhumés. Une terminologie spéciale, qui devait être employée lors d'une prière d'accompagnement, reflétait le respect envers les animaux et constituait, dans le même temps, un appel aux esprits afin que les ressources alimentaires soient maintenues. Le pouvoir de guérison était souvent attribué aux esprits animaux, tandis que plus de 300 espèces de plantes, grillées, broyées et pulvérisées, étaient employées dans la médecine. La mythologie du Grand Bassin était également pleine de références aux plantes et aux animaux, les aventures et mésaventures de ces derniers expliquant des phénomènes tels que la création du monde et de ses habitants, la formation des saisons, les tabous alimentaires et l'établissement des rapports sociaux. Comme l'a récemment souligné un anthropologue éminent spécialiste de la culture du Grand Bassin, la désignation des constellations par des noms d'animaux est d'une importance capitale, ceux-ci étant à leur tour associés aux « récits de leurs aventures et mésaventures dans le ciel » (Fowler, 1986 : 96).

La religion du Grand Bassin mettait fortement l'accent sur l'immortalité. Après la mort, les Shoshones de l'Ouest disaient que l'esprit de l'homme se rendait dans le pays du Coyote, qui, avec son frère le Loup, avait créé le monde ; ce n'était que lorsque le Loup avait ranimé et purifié l'esprit du défunt que sa place était enfin établie. La croyance en l'immortalité était si forte qu'en certaines occasions on pratiquait le sati : selon un témoignage oculaire datant de 1861, une femme shoshone fut mise à mort, à Carson Valley, dans le Nevada, afin que son esprit accompagne celui de son mari au pays du Coyote. Mort et régénération étaient des thèmes récurrents dans la religion du Grand Bassin. L'anthropologue Robert H. Lowie, par exemple, nota les expériences oniriques d'un Shoshone du Nord : « [...] mon corps tombait, froid et mort. Je le regardai pendant quelque temps ; il ne faisait aucun mouvement [...]. Le Soleil me dit que je reviendrais à la vie [...]. Je ne sais comment je revins. Soudain, j'étais de retour à la vie [...]. Une autre fois, je gagnai les nuages. Les gens que j'y vis n'étaient que des squelettes [...]. » (Lowie, 1909 : 233.) Un autre observateur des Shoshones rapporte que la voie prédominante par laquelle les messages surnaturels étaient reçus passait par des « rêves spontanés » (Hultkrantz, 1986 : 44), et, en ce sens, les expériences du devin paiute Tavibo, puis de son fils Wovoka, sont conformes au chamanisme du Grand Bassin, mais elles ont cependant été grandement modifiées par l'enseignement chrétien.

Les grandes battues communautaires à l'antilocapre et au lièvre étaient toujours précédées d'une cérémonie religieuse. Certains hommes étaient crédités du pouvoir de charmer le gibier, leur danse étant accompagnée d'un rituel et d'un chant. Des restrictions étaient associées à ces rituels : chez les Paiutes, par exemple, les femmes en étaient totalement exclues, comme elles l'étaient chez les Shoshones de l'Ouest lorsqu'elles étaient indisposées, de crainte que les puissances invoquées ne soient affaiblies.

Groupe de Washoes, membres d'une petite tribu vivant autour du lac Tahoe et parlant une langue reliée à aucune autre. Vêtus à l'euro-américaine, leur manière de se coiffer reste toutefois dans leur tradition.

CI-DESSUS *Groupe d'Utes, la plupart en costume de danse, vers 1900. Noter les ornements en coquilles de dentale, les plastrons en os et crin, les jambières et mocassins à perles, et les coiffures hérissées.*

CI-DESSOUS *Une Paiute du Sud (Chemehuevi) tressant un panier. Cette tribu excellait dans la production des hottes coniques et des plateaux tressés serré pour cribler et vanner.*

Dans l'intérieur du Bassin, le lièvre pourvoyait à la nourriture autant qu'à l'habillement, et de beaux vêtements étaient confectionnés pour l'hiver, à partir de bandes de peaux ; mais ils revenaient cher, une simple couverture demandant jusqu'à quarante peaux. C'est pourquoi n'en possédaient que les personnages les plus importants, la majorité se contentant de quelques peaux enroulées autour des pieds et des jambes pour se protéger des accidents de terrain. En été, les hommes ne portaient qu'un pagne, et les femmes une double jupe tissée avec des fibres végétales.

En dehors des rassemblements annuels, de petits groupes familiaux se répartissaient sur le territoire tribal tout au long de l'année ; en plus du ramassage de tubercules et de plantes, leur alimentation reposait sur le piégeage de petits animaux, oiseaux et poissons. Au cours du printemps et de l'été, les habitations étaient des abris temporaires constitués de pare-vent en nattes de roseau et de branchages. La forme la plus répandue de poterie était des récipients cylindriques à fond plat, au bord muni de trous pour les suspendre[26] ; c'était, avec les nattes, les pierres à moudre, le bâton à fouir, les paniers en vannerie et les berceaux, l'équipement typique des familles. Pour l'hiver, les abris étaient plus élaborés, certains étant souterrains, avec une ouverture dans le toit de terre en forme de monticule, servant à la fois de porte et de cheminée ; les regroupements de telles habitations, vus d'une certaine distance, ont été décrits comme ressemblant à une « ville » de chiens de prairie.

Le mode de vie, inchangé depuis des milliers d'années, qui résumait la culture du Grand Bassin était une recherche constante de nourriture et la réduction de l'essentiel au minimum ; un environnement où la survie du plus apte signifiait réellement quelque chose.

La vie dans cette région n'était cependant pas toujours aussi austère et harassante. A l'est et au nord, comme on l'a déjà vu, le terrain était diffé-

Paiutes du Sud, 1872

Lorsque le major J.W. Powell et son photographe, John K. Hillers, visitèrent les Paiutes du Sud, en 1872 et 1873, ils virent un Paiute en train d'affûter un couteau à lame de pierre, assis de cette façon devant une hutte d'hiver, faite de piquets recouverts d'herbe, de branchages et de joncs. La fillette porte une très belle robe en daim dans le style des Plaines, faite de deux peaux de faon et de deux autres pièces cousues formant l'encolure, soulignée de perles bleues et blanches et de deux rangs de dents d'élan perforées. L'homme porte des mocassins à semelle dure et des jambières frangées à motifs peints. Son bonnet de daim à mentonnière est orné d'ailes de faucon. Powell rapporta à Washington des vêtements de ce type pour la Smithsonian Institution.

CI-DESSUS *Camp ute sur le versant est des monts Wasatch, Utah, vers 1873. Les tipis étaient en peau d'élan. A droite, deux trépieds en bois et une perche supportent de la viande séchée.*

CI-DESSOUS *Guerrier ute surnommé « Le Messager en tenue de cérémonie », vers 1873. Son arc immense, sa chemise et ses jambières de daim à franges sont typiques. Noter ses nattes ornées de perles.*

rent, et tandis que les Paiutes du Nord (Paviotsos), les Paiutes, les Washoes et les Shoshones de l'Ouest dépendaient encore considérablement de la cueillette, le mode de vie des Shoshones du Nord et de l'Est, et celui des Utes, entre lesquels s'étendaient le sud de l'Idaho, l'ouest du Wyoming, l'est du Nevada et une grande partie du Colorado, différait de façon marquée, caractérisé par une organisation sociale et guerrière plus complexe, favorisée par le commerce intertribal avec les tribus des Plaines et du Plateau, l'accès aux territoires du bison, ainsi que, depuis le début du XVIIe siècle, les contacts avec les Espagnols du Sud-Ouest, qui avaient apporté le plus important : le cheval.

L'établissement du pouvoir espagnol par Juan de Oñate au Nouveau-Mexique, de 1597 à 1610, entraîna l'importation de plusieurs centaines de chevaux dans la région, à portée des bandes d'Utes, notamment celles des environs du fleuve San Juan, dans le sud des actuels États de l'Utah et du Colorado. Ces populations s'adaptèrent rapidement au cheval et, dès la moitié du XVIIe siècle, l'utilisèrent, avec le chien, comme animal de bât. Le territoire tribal des Utes occupait la majorité du plateau du Colorado, très différent de l'intérieur du Grand Bassin, plus à l'ouest. Bénéficiant d'une bonne pluviométrie, de vallées bien drainées et de terrains herbeux, c'était une excellente terre de pâturage pour les chevaux et une ressource rapidement exploitée par les Utes, qui se déplaçaient à pied. La révolte des Pueblos, en 1680, ainsi que l'établissement, par le père Eusebio Kino, de missions dans le centre de l'Arizona chez les Pimas et les Papagos entraînèrent un apport supplémentaire en chevaux (volés ou achetés), qui, vers 1730, parvinrent aux Shoshones du Nord. Ces derniers, s'adaptant rapidement à un mode de vie équestre, étendirent profondément leur territoire dans le pays des bisons des Plaines du Nord, jusqu'à la rivière Belly[27], dans le sud du Saskatchewan. Un groupe se sépara des Shoshones de l'Est, probablement pour se rapprocher, au sud, de la présence des chevaux. Là, également armés de fusils obtenus auprès des Français, ils revendiquèrent la contrée s'étendant de la rivière Platte jusqu'au Nouveau-Mexique, repoussant les Apaches vers le sud, et, se retournant contre leurs anciens alliés, les Utes, traversèrent l'Arkansas en 1755. Munis de chevaux et de fusils, ils dominèrent, avec les Kiowas, les Plaines du Sud pendant plus d'un siècle ; l'Histoire les connaît sous le nom de Comanches[28], interprétation d'un terme ute, *Cumanche* (« ennemis »). Mais les Comanches ne tranchèrent jamais complètement leurs anciens liens avec le Grand Bassin, continuant d'aller et de venir, et certains groupes comme les Comanches Yamparikas ont toujours un goût marqué pour les racines et tubercules, partiellement rattaché au régime de cueillette des Shoshones ; désormais, les mangeurs de bison prédominaient, vivant sous des tipis, impétueux et libres.

En revanche, la vie équestre des Shoshones, dans les Plaines du Nord, fut moins réussie. Des indices archéologiques suggèrent que, lorsqu'ils chassaient à pied, ils faisaient de profondes incursions dans les Plaines dès « avant la naissance du Christ » (Hultkrantz, 1968 : 59), et que ce territoire leur était ainsi familier ; mais l'arrivée du cheval par l'ouest coïncida pratiquement avec celle du fusil, par l'est, ce qui, ajouté à la terrible épidémie de variole de 1781, écourta leur existence équestre. En moins d'une génération, sous la pression des Piegans, bien armés et fers de lance de la domination blackfoot[29] sur les Plaines du Canada, les Shoshones se retirèrent progressivement vers la sécurité des Rocheuses. Extérieurement, ces Shoshones de l'Est conservaient cependant beaucoup de la culture du Grand Bassin (mythologie, religion, économie de cueillette, organisation sociale et langue très intelligible), et, même si cela a été sérieusement débattu[30], plus d'un observateur de l'époque tenta en vain de distinguer les Shoshones de l'Est de ceux du Nord : ainsi, lorsque le premier « faisait l'acquisition d'un cheval [...], il [devenait] un Shoshone ; s'il s'en retrouvait dépourvu, il redevenait un Shoshoko (Marcheur ou Fouisseur) » (Trenholm et Carley, 1964 : 4).

Ironiquement, moins d'un siècle après le retrait des Shoshones des Plaines, des répercussions allaient venir de leurs pacifiques parents, les Shoshokos, qui devaient conduire à l'effondrement de l'esprit guerrier (incarné par les Lakotas) de l'Indien des Plaines.

Le jour de l'an de 1889, pendant une éclipse de soleil, Wovoka, un jeune devin paiute, atteint d'une forte fièvre, eut une vision ; plus tard, il raconta que « quand le soleil mourut », il fut emporté au paradis où il rencontra Dieu et tous les gens qui étaient morts depuis longtemps. Wovoka prétendit que Dieu lui avait dit qu'il devait retourner sur terre et prêcher aux Indiens la bonté, la justice et la paix. S'ils suivaient scrupuleusement ses instructions, ils pourraient retrouver leurs parents et amis défunts. Un monde nouveau viendrait alors, d'où seraient enfin exclus la mort, la maladie et la vieillesse (voir Mooney, 1896).

Guerrier ute, Utah, aux environs de 1873. La bandoulière en peau de loutre soutient un étui d'arc lié au carquois prolongé par un fanion orné de perles.

Cette expérience rapportée par Wovoka reflétait, en grande partie, la pensée chamanique du Grand Bassin soulignée plus haut. Elle était néanmoins quelque peu modifiée par l'enseignement de la doctrine chrétienne.

Une importante phase de cette foi nouvelle était une danse que l'on allait connaître sous le nom de Danse des Esprits. Elle se répandit dans les Grandes Plaines, où chaque tribu apporta son interprétation personnelle des enseignements de Wovoka (voir « Les Plaines », pages 98-99). Dans le cas des Lakotas, guerriers et indépendants, elle précipita la tragédie de Wounded Knee ainsi que la mort de Sitting Bull, toutes deux en 1890, et inscrivit à jamais dans les annales de l'histoire des Amérindiens le nom d'un doux Paiute du Grand Bassin, dont la vision exprimait le désir ardent du retour à une vie passée, en train de se désintégrer rapidement sous la pression des Euro-Américains.

Références

1 A 120 kilomètres d'un point de repère désormais célèbre : le mont Saint Helen, qui se trouve dans l'État de Washington.
2 Mylie Lawyer, son descendant direct de Chef Lawyer et résidant à Lapwai, disait que, durant les guerres nez-percés de 1877, les abris de fortune étaient en forme d'appentis (M.L. à C.T., 1969).
3 Au nord-est de l'actuel État de l'Oregon.
4 (I) Teit rapporte que les Crows les obtenaient des Sioux pour les revendre aux habitants du Plateau. (II) Mylie Lawyer possédait de nombreux articles sioux hérités de sa famille.
5 Spalding estimait que ces robes pourraient se vendre « 50 ou 60 dollars » dans les « États du Sud ».
6 Ces dents de lait étaient très prisées par les Crows, qui en décoraient les robes de leurs femmes : du fait de leur rareté, on en faisait des imitations en os.
7 Les sacs plus récents reçoivent généralement une similibroderie en balle de maïs, aux nuances naturelles, ou teintée avec des colorants à base d'aniline, plus vifs, et parfois l'addition de fils colorés. Le produit fini reste cependant très beau et demande un long travail. A Lapwai, en 1969, la fille d'Ida Blackeagle, Josephine, me montra une besace en balle de maïs presque terminée, de 18 centimètres de large. Elle me dit qu'il fallait à sa mère « environ une heure » pour en faire une section de 2,5 cm environ. Il arrivait que ces sacs soient échangés, avec les Crows, contre des parflèches de cuir non tanné.
8 Wissler, 1910 : 17, et Teit, éd. Boas, 1930 : 304-305.
9 Ces territoires tribaux semblent avoir été établis sur une période de plusieurs milliers d'années. Contrairement aux Indiens des Plaines, les légendes du Plateau ne parlent pas d'une vie dans un autre endroit.
10 Ancienne piste indienne traversant les Rocheuses, de l'Idaho au Montana.
11 Mylie Lawyer confirmait ce fait. On disait que la missionnaire-institutrice Kate McBeth avait allumé un feu gigantesque (vers 1875-1876) pour détruire « les objets en cuir ».
12 Lewis et Clark furent très bien reçus par les Nez-Percés de Twisted Hair, qui jeta les bases des relations particulièrement amicales entre sa tribu et les Américains pour les années à venir. Il est intéressant de noter que les explorateurs laissèrent des drapeaux américains en divers endroits et qu'ils en envoyèrent un à Twisted Hair en témoignage d'amitié (Lewis et Clark, éd. Coues, 1893, vol. II : 610). Une étude de 1969 sur la culture matérielle des Nez-Percés montra que cette tribu privilégiait l'utilisation de bandes et d'étoiles dans leur art « décoratif » sur des articles comme les sacs, chemises, robes de femmes et harnachements. Les Nez-Percés furent très impressionnés par ce drapeau et l'incorporèrent dans leur art comme marque d'estime à l'endroit des explorateurs. A Yakima, le commerçant et collecteur Roger Ernesti me montra une curieuse chemise nez-percé mettant l'accent sur le symbole de l'étoile. Elle avait des franges de tissu bleu, la lisière blanche de chaque frange était découpée en forme de V. Lorsqu'on secouait cette chemise, elle donnait l'apparence d'étoiles qui dansaient.
13 « Tonnerre qui arrive sur la plaine ».
14 Le général de brigade Oliver O. Howard, affecté à la région militaire du Nord-Ouest en 1876, était parfois surnommé le « Général chrétien » (ses hommes confirmaient qu'il répugnait à combattre le dimanche). Howard, qui s'était distingué lors de la guerre de Sécession et au cours d'une mission auprès de Cochise, en 1872, était un homme aux principes profondément humanistes, et en grande partie du côté des Nez-Percés Non-Treaty.
15 Deux ans plus tard, Garcia et In-who-lise retournèrent sur le champ de bataille de Big Hole, site à présent parsemé de restes humains. Ils retrouvèrent la sépulture altérée de Gray Eagle, dont ils réensevelirent les ossements. Plus de cinquante ans plus tard, en 1930, Garcia y revint et retrouva le fer de lance qu'avec In-who-lise il avait laissé intact en l'honneur de celui auquel il avait appartenu (Garcia, éd. Stein, 1977 : 270).
16 Le tir nourri des Nez-Percés était aussi efficace que sélectif ; acculé sur la Clearwater, le vieux Otstotpoo donna l'ordre de ne pas se préoccuper des soldats de base, recommandant plutôt : « Visez leur chef ! » (McWorther, 1940 : 70), tactique employée avec succès à maintes reprises durant les quatre mois de cette tragédie.
17 Cet endroit est toujours aussi isolé et difficile d'accès. Une visite de l'auteur sur le site de Cow Island, durant l'été 1986, lui permit d'examiner les profondes tranchées des tireurs, creusées pendant l'affrontement Nez-Percés/7e régiment d'infanterie (sous les ordres du sergent-chef William Moelchert), la nuit du 23 septembre 1877.
18 Il y a une vingtaine d'années, il demeurait assez facile de localiser les vestiges de ces fortifications, ainsi que la zone rectangulaire où furent enterrés les soldats. Le détail le plus surprenant réside dans l'évidente proximité de l'armée et des Indiens, que 600 mètres, tout au plus, séparaient.
19 La mission confiée à Howard par le général Sherman était : carte blanche pour poursuivre les Indiens où qu'ils allent, sauf à l'intérieur du Canada.
20 L'un de ces enfants était Josiah Red Wolf (Heemeen Ilp Ilp), un garçon de 5 ans à l'époque de cette épopée. En 1969, je rendis visite à ce vétéran de 97 ans à l'hospice de Sommerville, près de Lapwai, Idaho (avec la permission de Marcus Ware, de Lewiston). Red Wolf était désormais l'unique survivant de la guerre de 1877 ; rencontre particulièrement émouvante et privilégiée avec un homme associé à des événements remontant à près d'un siècle.
21 Cela est un point important, car, s'il est clair que Howard et Miles firent cette promesse en toute bonne foi, les complexités politiques en empêchèrent l'accomplissement. Après quelques années d'exil dans le Territoire indien (Kansas), Chef Joseph et quelque 150 Nez-Percés furent installés dans une réserve de l'État de Washington, à environ 500 kilomètres au nord de sa chère Wallowa Valley. Ses droits étaient reconnus, mais on dit que c'est le cœur brisé qu'il retourna sur la tombe de son père, l'été 1900, et qu'il mourut en terre nespelem, quatre ans plus tard.
22 Lewis et Clark, éd. Coues, 1893 : 556 et 1017.
23 Les langages shoshone et bannock appartiennent à la branche numic du groupe linguistique uto-aztèque.
24 Certaines désignations étaient localisées ; par exemple, le terme de « Brigham Young » pour les Utes Weber était « Cumumbahs ».
25 Les habitants du Grand Bassin excellaient dans la fabrication de paniers, dont certains étaient étanchéisés et pouvaient servir à cuire les aliments dans de l'eau, à l'aide de pierres brûlantes.
26 Un style très répandu, en usage partout dans le Grand Bassin et jusque sur le Plateau et dans les Plaines.
27 Terme blackfoot pour la Saskatchewan du Sud, juste à l'ouest de l'actuelle ville de Regina.
28 Le dialecte numic parlé par les Shoshones du Nord est compréhensible par les Comanches.
29 La Confédération des Blackfeet était constituée des Siksikas, des Bloods et des Piegans.
30 Voir, par exemple, Hultkrantz (1968).

« Depuis des temps immémoriaux, avant que l'homme blanc fasse irruption dans leur vie, au XVIe siècle, les Indiens de Californie avaient vécu en petites bandes éparses, isolés du reste du monde indigène par des montagnes et des déserts. »

LA CALIFORNIE

Des zones sableuses situées au-dessous du niveau de la mer de la vallée de la Mort, point le plus bas du continent, aux sierras, où le mont Whitney constitue le plus haut sommet des États-Unis, la Californie se présente comme une terre de contrastes. Ses quelque 2 000 kilomètres de côtes forment une courbe si prononcée qu'Eureka, au nord, est la ville la plus occidentale du pays, si l'on excepte l'Alaska et Hawaii, tandis qu'au sud San Diego se trouve plus à l'est que Reno, dans le Nevada. Voilà à quoi ressemble l'actuelle Californie. Bien que des noms modernes aient été donnés aux villes, fleuves et régions de cet ancien territoire indien, ce chapitre célèbre la richesse et la variété de cette terre et les raisons pour lesquelles les hommes qui la peuplaient l'aimaient tant.

Pendant des millions d'années, mouvements tectoniques, volcans, glaciers, vents et eaux ont modelé cette région et créé des paysages comme la Grande Vallée, qui est peut-être l'élément topographique principal de la Californie. Les monts Siskiyou sont à présent la barrière nord servant de frontière entre cet État et celui de l'Oregon, dans une région boisée, en particulier au nord-ouest. Au nord-est, les coulées de lave offrent un paysage surréaliste. Plus au sud, la Tehachapis, la Sierra, la San Bernadinos et d'autres chaînes séparent « ce que l'on nomme la vallée de Californie du Sud, large bande de terre fracturée près de la côte, des zones arides des déserts Mohave et du Colorado, à l'intérieur[1] ».

Les fleuves du Nord (American, Feather, Indian, Pit, Sacramento et Yuba) doivent l'essentiel de leurs cours méridionaux à la fonte annuelle des neiges du mont Shasta. Le San Joaquin, qui porte le même nom que la vallée qu'il a creusée, coule vers le nord depuis sa source dans les montagnes de l'actuel comté de Fresno, recevant les cours des rivières Calaveras, Consumnes, Fresno, Kings, Mokelumne, Stanislaus et Toulomne, ainsi que ceux d'un nombre considérable d'affluents plus modestes.

Les fleuves Klamath, Scott et Trinity drainent les pentes de la Chaîne côtière, les rivières Eel, Mad et Russian arrosant le nord de la baie de San Francisco, « havre des havres » tant chéri par l'Espagne. De là coulent vers le sud les rivières Salinas, Santa Clara, Santa Maria et Santa Inez. Encore plus au sud, les rivières Los Angeles, San Diego, San Gabriel, San Luis Rey, Santa Ana, Santa Margarita et Ventura se réduisent à un filet d'eau pendant la plus grande partie de l'année, jusqu'aux fontes printanières, qui leur redonnent vie.

Ces éléments naturels variés se combinent pour donner une demi-douzaine de zones : arctique, canadienne, hudsonienne, de transition, sonorane supérieure et sonorane inférieure. « Les premières se rencontrent sur les sommets des monts Siskiyou et Trinity, et dans les chaînes de la Sierra, de San Bernadino et de San Jacinto. » Ensuite, les monts Santa Cruz ainsi que les parties supérieures des Santa Lucia s'allient avec « toute la côte au nord de San Francisco, les comtés très arrosés du nord-est et une longue ceinture entre 750 et 1 500 mètres d'altitude dans la Sierra » pour donner la zone de transition. Les contreforts des sierras se situent dans la zone sonorane supérieure, comportant également « les plateaux de lave des comtés de Modoc et de Lassen, les pentes occidentales de la vallée de Sacramento, les reliefs intérieurs de la Chaîne côtière, et les vallées situées entre le comté de Medocino et la baie de San Francisco, avec toute la zone côtière au sud de San Francisco », à l'exception des parties appartenant à la zone de transition. Enfin, la zone sonorane inférieure comprend l'essentiel de la Grande Vallée entre Bakersfield et Red Bluff, « toutes les grandes régions désertiques du sud-est de la Sierra jusqu'aux confins du Nevada et de l'Arizona, et plusieurs longues bandes étroites s'étendant au sud de la vallée de la Salinas ».[2]

Chacun de ces six environnements abrite une flore et une faune spécifiques. Les hauts sommets de la zone arctique-alpine sont dépourvus d'arbres, mais on y trouve des boutons d'or, des gyroselles, des primevères de la Sierra et des polémoines. Le bouvreuil y habite en permanence. Les colibris et les casse-noix gris et blanc de Clark y séjournent, de même que le lapin de la Sierra et le

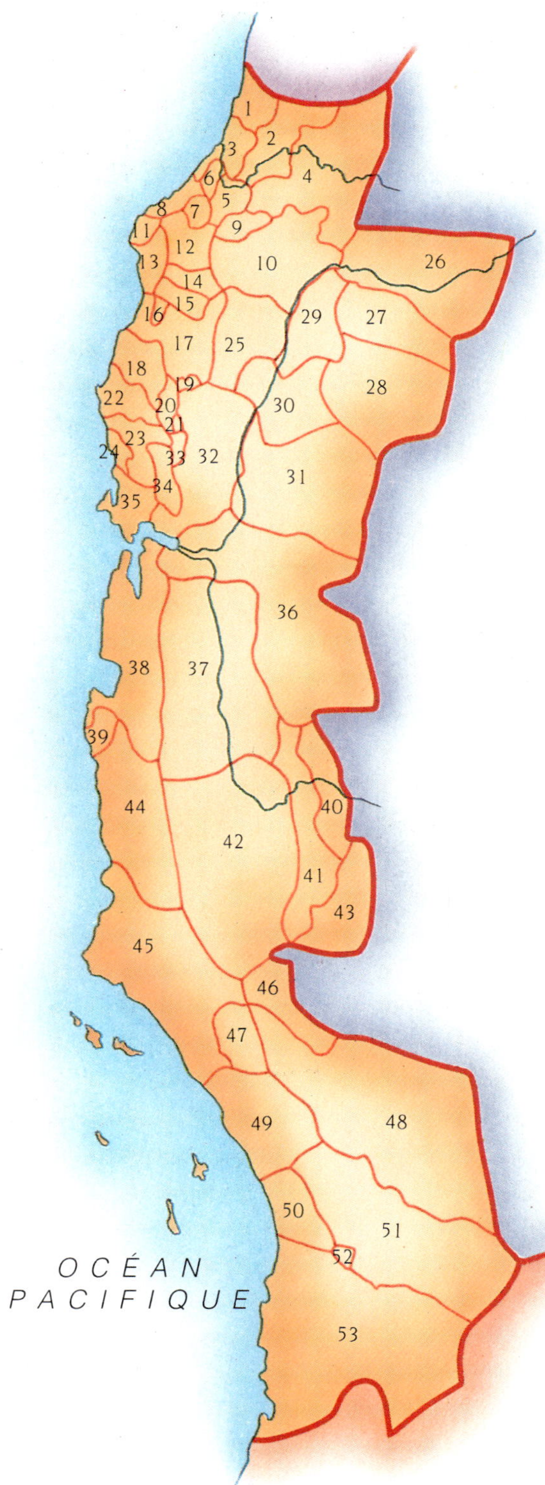

Tracé approximatif des territoires tribaux et linguistiques vers 1800. Toutes les tribus perdirent ensuite leurs terres, et certaines disparurent.

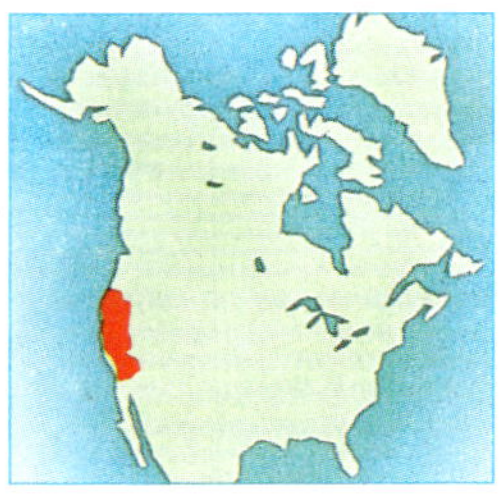

Tribus de la Californie

1 Tolowas
2 Karoks
3 Yuroks
4 Shastas
5 Hupas
6 Chilulas
7 Whilkuts
8 Wiyots
9 Chimarikos
10 Wintus
11 Mattoles
12 Nongatls
13 Sinkyones
14 Lassiks
15 Wailakis
16 Cahtos
17 Yukis
18 Pomos du Nord
19 Pomos du Nord-Est
20 Pomos de l'Est
21 Pomos du Sud-Est
22 Pomos du Centre
23 Pomos du Sud
24 Kashayas
25 Nomlakis
26 Achumawis
27 Atsugewis
28 Maidus
29 Yanas
30 Konkows
31 Nisenans
32 Patwins
33 Miwoks du Lac
34 Wappos
35 Miwoks du Littoral
36 Miwoks
37 Yokuts de la vallée Nord
38 Costanoans
39 Esselens
40 Monaches
41 Yokuts des contreforts
42 Yokuts de la vallée Sud
43 Tubatulabals
44 Salinans
45 Chumashs
46 Kitanemuks
47 Tataviams
48 Serranos
49 Gabrielinos
50 Luiseños
51 Cahuillas
52 Cupeños
53 Diegueños

Guerrier karok en costume de guerre, avec son casque et son armure, tenant un carquois en peau sous le bras. Il a probablement été photographié par John Daggett, vers 1898.

lièvre à queue blanche. Autrefois, le mouflon parcourait également ces territoires.

A des altitudes légèrement inférieures, le sol de la zone hudsonienne est maintenu, comme celui de la zone canadienne, par le pin. Y poussent notamment le bouleau, le vulpin et le pin argenté, se mêlant au sapin. Parmi les oiseaux et mammifères qui y vivent, les plus importants sont le tamia (un écureuil rayé), le gros-bec de Californie, le merle bleu des montagnes, le lapin, la belette et la marmotte de la Sierra, le pinson à couronne blanche et le glouton.

A côté du pin, la zone canadienne s'enorgueillit du pitchpin, du pin de Jeffrey, du pin de montagne et du sapin de Douglas. Son sol est recouvert d'orobanche, de ceanothus, de plusieurs espèces de coralliorhiza, de nèfles naines, de végétation herbeuse et de vesses-de-loup. Le geai bleu, le gros-bec errant, la grive de la Sierra, le junco de la Sierra, le solitaire de Townsend, le merle d'eau et le pinson règnent dans les airs. Diverses espèces de tamias se partagent cette zone avec la belette des montagnes, l'écureuil commun, l'écureuil de la Sierra, le lièvre des neiges et le porc-épic à piquants jaunes.

Mais c'est dans la zone de transition que s'étendent les grandes forêts californiennes, dont les plus impressionnantes, celles de séquoias, alternent souvent avec les érables, le laurier de Californie, le sapin de Douglas et le chêne. Le reste de la végétation comprend diverses espèces, dont beaucoup de plantes comestibles qui constituent la base d'une chaîne alimentaire complexe, favorisant ainsi la vie animale.

L'ours brun, le lynx, le cerf de Colombie à queue noire, le cougar, l'élan, le renard, la martre, le vison, le castor des montagnes, le raton laveur y erraient autrefois en grand nombre. Beaucoup de reptiles et d'amphibiens y avaient également leur habitat, de même que toute une variété d'oiseaux, de la mésange à la caille des montagnes. En outre, le coyote, le cerf à queue noire, le faucon et certains passereaux fréquentaient aussi bien la zone canadienne que les autres.

La zone sonorane supérieure entoure une grande ceinture qui fut autrefois l'habitat du grizzly et du condor de Californie, pratiquement disparus aujourd'hui. Des chênes, le pavier de Californie, le ceanothus ainsi que plusieurs variétés de nèfles et de yuccas y poussent, à côté de différents types d'arbustes. Le colibri d'Anna, le pinson de Bell, la mésange des fourrés, le geai de Californie et le geai de Steller, le moqueur de Californie, l'engoulevent, le bouvreuil, la tourterelle triste, le colin de Californie et la pie sont typiques des animaux à plumes de l'endroit. Parmi les animaux terrestres, on trouve l'antilope, le lapin des fourrés et le chat sauvage à queue annelée.

La zone sonorane inférieure offre, elle aussi, ses particularités. Dans le désert du Colorado poussent plusieurs espèces de cactus, le palmier-éventail de Californie, l'echinocactus et l'agave. Dans le désert Mohave se développent d'autres variétés, comme l'arbre de Josué (*Yucca arborescens*), qui occupent une place à part dans le monde végétal. Le peuplier de Frémont et le chêne des vallées se plaisent également en divers endroits de cette zone.

Celle-ci abrite aussi tout un peuple nocturne. Des rongeurs, le chipmunk, l'opossum, le lièvre et, autrefois, l'élan, se partageaient le territoire avec les tortues du désert, les lézards et les serpents. Dans les airs règnent le gros-bec bleu, le roitelet des cactus, le loriot à capuchon, l'oiseau moqueur, l'engoulevent du Texas, tandis que, au sol, le coucou terrestre doit, pour survivre, se fier à la vitesse de ses longues pattes plutôt qu'à ses aptitudes pour le vol.

Avec sa profusion de sources de nourriture et son climat favorable, la Californie ne manqua pas d'attirer les chasseurs-cueilleurs des temps anciens. Bien que personne ne sache quand le premier *Homo sapiens* foula le sol de la région, il est certain que cela remonte à plus de 20 000 ans[3]. Malgré le manque de certitude sur l'origine de ce peuplement, il est sûr que des groupes distincts apparurent, au fil du temps, avec des caractères culturels et territoriaux très marqués. « Environ la moitié de la Californie était occupée par des hommes de langues appartenant à la famille penute », une série de « petites familles qui, d'après les linguistes, étaient apparentées, leurs langues présentant certaines particularités grammaticales communes[4] ». D'une façon générale, les diverses « tribus » avaient un mode de vie obéissant à un modèle beaucoup plus uniforme que chez les autres Indiens d'Amérique du Nord. Une de ces caractéristiques communes était leur alimentation, à base de glands. Au cours des siècles, les premiers habitants de la Californie trouvèrent le moyen de transformer le produit du chêne, amer et chargé d'acide tannique, en un aliment riche, qui, sous forme de soupe, de bouillie, ou de pain, était la principale nourriture[5].

On le préparait selon deux méthodes. L'une consistait à réduire les glands en une poudre, que l'on filtrait à travers du sable ou un panier, l'autre à les immerger dans l'eau ou dans la boue, ce qui dispensait de les broyer. Comme la terre produisait en quantité cette ressource alimentaire ainsi que d'autres plantes et des animaux, l'agriculture ne se développa pas dans l'ancienne Californie.

En outre, les Indiens variaient leur alimentation grâce à la chasse, la cueillette et la pêche. Ils jouissaient de ressources « généreuses par leur diversité plutôt que par leur abondance ponctuelle ». Ainsi leur nourriture incluait-elle, selon l'endroit où ils vivaient, lapins, écureuils, lézards, serpents (dont le serpent à sonnette), canards et petits oiseaux. On pouvait les attraper au piège, avec des lance-pierres, ou à l'aide de tout outil pouvant être fabriqué à partir de pierres et autres matériaux naturels. Des crustacés, des mollusques, des tortues et un grand choix d'animaux aquatiques pouvaient être pris au harpon, au filet, ou encore en empoisonnant l'eau. Les chenilles, les sauterelles, certains vers et des escargots constituaient un autre apport en protéines.

Malgré ce large éventail, tout n'était pas considéré comme propre à la consommation, pour des raisons religieuses ou pratiques. Par exemple, la majorité des groupes du Nord ne mangeaient pas de chien, sauf les Yokuts, dont les représentants de la branche méridionale, en outre, « raffolaient du putois, qu'ils tuaient en l'enfumant dans son terrier afin qu'il perde son odeur repoussante ». Inversement, ils « rejetaient tous les reptiles, les jugeant malpropres ». Par ailleurs, certaines tribus du Nord évitaient les grenouilles, les serpents noirs et les serpents d'eau. Dans leur majorité, ces groupes ne mangeaient ni grizzly ni coyote, surtout en raison de croyances religieuses. L'ours brun était parfois évité, à l'inverse des « oiseaux de proie et charognards, de l'aigle au corbeau [...] », qui constituaient des mets courants[6].

CI-DESSUS *Représentation de la garnison espagnole du Presidio de San Francisco, par Georg von Langsdorf, 1806. Au premier plan, un canoë en joncs est dirigé par deux rameurs.*

CI-DESSOUS *Des Indiens du nord de la Californie, lors d'une négociation à Round Valley, vers 1858. Le quatrième Blanc, à gauche, doit être Simmon P. Storms, premier agent indien de la Nome Cult Farm.*

portance de la vannerie dans le passé de la Californie[9]. Leurs paniers acquirent même « la réputation, chez les Américains d'être les plus beaux de Californie et, pour certains, du monde[10] ». Fabriqués à partir de dix à douze types de matériaux, dont cinq étaient couramment employés, ils revêtaient souvent un aspect complexe[11]. L'osier servait normalement à la chaîne des modèles aussi bien tressés que spiralés. Pour la trame, on employait le carex (racine de laîche), le produit de base le plus courant, le cercis (arbre de Judée américain), le scirpus (jonc) et certaines racines de pin. Les motifs de couleur rouge étaient obtenus avec le cercis, auquel on ajoutait souvent des feuilles tressées. Le jonc teinté était utilisé pour les motifs noirs, habituellement pour les ouvrages torsadés. Enfin les fibres de pin servaient surtout pour la trame des paniers tressés courants. « Ainsi, par convention et habitude [...] pratiquement toute la vannerie des Pomos » était faite avec ces cinq matériaux[12].

Contrairement aux autres vanniers de Californie, qui ne disposaient que d'une ou deux techniques, les Pomos, eux, en employaient jusqu'à une demi-douzaine. Non seulement ces derniers utilisaient le tressage, comme la plupart des contrées du Nord

CI-DESSUS *Little Ike, un Karok en train de pêcher le saumon au filet, à partir d'une plate-forme, à Pame-kya-ra-m, sur la rivière Klamath. Photo prise avant* 1897.

A DROITE *Une Talowa portant un bonnet de vannerie, des colliers de perles en coquille de palourde et une jupe ornée de coquillages. Photo prise par* Edward Curtis (1868-1952), *au début des années* 20.

Grâce à ces multiples ressources, la population des Indiens de Californie se développa jusqu'à atteindre de 133 500 à 350 000 habitants pendant son âge d'or, avant l'arrivée des Espagnols et autres. Malgré ce nombre élevé, la densité moyenne ne dépassait pas un habitant par kilomètre carré pour des régions que l'on ne considérait pas comme un désert inhabitable. Mais ces chiffres allaient dramatiquement diminuer avec les événements qui devaient se dérouler ultérieurement, si bien que « le point le plus bas fut atteint entre 1800 et 1900, avec un maximum de 20 000 ou, peut-être, 25 000 âmes[7] ».

A leur apogée, ces groupes, culturellement et linguistiquement développés, entraient en contact les uns avec les autres de différentes façons, notamment par le commerce inter- et intratribal. Des routes et un système extrêmement complexe d'échanges furent créés dans les régions offrant un grand choix de matières de base, outils, alimentation, vêtements, poterie, esclaves, coquillages et vannerie, en provenance de contrées aussi lointaines que l'Ouest canadien et le Mexique continental[8].

Les paniers étaient particulièrement recherchés, et ils constituent aujourd'hui encore un élément essentiel de la continuité de la tradition. Pratiques et esthétiques, ceux des premiers habitants de la Californie, outre leurs fonctions utilitaires, témoignaient de l'extraordinaire talent artistique de leurs fabricants. Ils étaient aussi à la mesure du degré de sophistication et d'originalité des personnes qui les produisaient. Les Pomos, qui formaient un groupe relativement homogène dans la vallée de la Russian River, en étaient les plus brillants artisans, et leur production souligne l'im-

Hupas

Les Hupas vivaient sur la rivière Trinity, au nord-ouest de la Californie, se nourrissant de saumon et de glands. Les hommes travaillaient le bois, et les femmes étaient réputées pour leur vannerie. Ils partageaient avec les Yuroks et les Karoks les danses annuelles de la Peau de cerf blanc et du Saut, cérémonies de renouvellement du monde et d'étalage des richesses, chacune durant dix jours, et celle du Brush, pour la guérison des enfants. La médecine était surtout pratiquée par les femmes.

1 Tambourin pour chants accompagnant les jeux. 1875.
2 Parures de cheveux de femme. 1885.
3 Collier d'homme. Vers 1928.
4 Chapeau de danse de jeune homme. Yurok (mais collecté chez les Hupas). 1885.
5 et 6 Plumes d'aigles portées au cours des Danses de la Peau de Cerf blanc et du Brush. 1928.
7 Bandeau en fourrure de vison. 1944.
8 Coiffe en daim et fourrure de loup. 1944.
9 Ornement de bouche pour la danse, en peau de cerf blanc. 1929.
10 Parure de cheveux en plumes d'aigle utilisée pour la Danse de la Peau de cerf blanc ou celle du Brush. 1928.
11 Ceinture-sonnaille de danse. Yurok (mais collectée chez les Hupas). 1885.
12 Tabatière en vannerie. 1899.
13 Calumet. 1885.
14 Arc de guerre. 1885.
15 Flèches. 1885.
16 Carquois. 1885.
17 Bâton d'homme pour la Danse du Saut. Yurok (mais collecté chez les Hupas). 1885.
18 Plat en pierre. 1885.
19 Pierre utilisée pour enfoncer les poteaux de barrages de pêche. 1929.
20 Navette à mailler les filets. 1889.
21 Navette à mailler les filets. 1875.
22 Pilon en pierre. 1928.
23 Cuiller faite d'un coquillage (pour femme). 1899.
24 Cuiller en bois (pour homme). 1908.
25 à 28 Cuillers en corne d'élan (pour hommes). 1875-1899.
29 Colliers de coquillages pour la danse. 1928.
30 Bourse en corne d'élan pour monnaie de dentales. 1890.
31 Monnaie de dentales. 1875.
32 Bourse en corne d'élan. 1883.

33 Panier à cuillers ou à babioles. 1899.
34 Panier pour la cuisson de la bouillie de glands. 1885.
35 Panier. 1890.
36 Corbeille à pain de glands. 1899.
37 Plateau pour le saumon ou la viande. 1899.
38 Récipient pour la bouillie de glands. 1899.
39 Corbeille. 1899.
40 Pelle à farine de glands. 1899.
41 Tablier d'homme pour la Danse de la Peau de cerf blanc ; fourrure de civette. 1890.
42 Jupe de danse de femme. 1885.
43 Collier de femme. 1885.
44 Tablier de danse (femme). 1885.
45 Bâton d'homme-médecine pour la Danse du Saut et les guérisons. 1928.
46 Ornements de coiffure féminine. 1885.
47 Chapeau de veuve en vannerie. 1928.
48 Chapeau de femme en vannerie. 1885.
49 Collier de femme. 1885.
50 Ornements de coiffure féminine. 1885.
51 Coiffe d'homme-médecine. Très ancienne en 1944.

et les Achumawis, les Atsugewis, les Modocs, les Wintus du Nord et les Shastas, mais encore ils étaient adeptes de la spirale, qui prédominait dans le reste de l'État. Il semble que les Pomos aient alterné ces deux techniques avec le même bonheur et autant de régularité.

Pour les pièces spiralées, ils se servaient de bases à brin unique ou à trois brins. Pour les versions tressées, ils avaient élaboré cinq techniques : simple, en diagonale, en treillis, à trois brins tressés et à trois brins entrelacés, sans manquer d'y incorporer une véritable profusion d'éléments décoratifs.

Tandis que la vannerie des Pomos offre un large éventail de cet art, si souvent associé à la population indigène de la Californie, d'autres indications du mélange culturel que représentaient autrefois ces populations peuvent mieux s'apprécier à travers un bref survol de quelques-uns de ses principaux groupes et de leur mode de vie. (Pour retrouver leur localisation, se reporter à la carte de la page 128.)

A l'extrême nord-ouest, les Tolowas parlaient un dialecte athapascan, à l'origine de leur nom (appellation dérivée de la langue de leurs voisins yuroks). Établi dans une vingtaine de villes, ce groupe connaissait parfois des querelles intestines, mais plusieurs villages pouvaient s'unir si une expédition était menée contre les Yuroks ou les Karoks. Ce type de relations était sans doute peu fréquent, les Tolowas semblant avoir été les intermédiaires dans le commerce des coquilles de dentale de l'île de Vancouver, marchandise très recherchée, qui, dans la région, servait de mon-

CI-DESSUS *Femme karok travaillant l'osier, 1896. Noter, à sa droite, un panier servant à transporter les glands, le poisson, etc., et, sur ses genoux et à côté d'elle, deux paniers en cours de réalisation.*

CI-DESSOUS *Village hupa sur la rivière Trinity, en 1898 ou avant. Au premier plan : deux habitations traditionnelles en cèdre, au toit à trois pentes recouvert de planches.*

CI-DESSUS *Hupas participant à la Danse du Saut dans la ville yurok de Pekwon, sur la rivière Klamath, 1893. Ils portent le traditionnel bandeau en daim surmonté d'un scalp de pic et bordé de fourrure de cerf blanc.*

CI-DESSOUS *Danse de la Peau de cerf blanc des Hupas (1891), grande cérémonie de renouvellement du monde accomplie par les Hupas, les Yuroks et les tribus de langue karok du nord-ouest de la Californie.*

naie. Évidemment, les Yuroks considéraient que les Tolowas étaient plutôt fortunés.

Outre cette activité, les Tolowas devinrent d'habiles fabricants de canoës en séquoia. Ils produisaient des cordes et cordages à partir d'une variété d'iris, utilisaient diverses techniques de tissage des paniers et fabriquaient des sonnailles avec des sabots de cerf pour l'accompagnement des cérémonies religieuses, comme les rites d'adolescence des jeunes filles.

Parmi leurs autres rites figuraient des danses de guerre, des danses à fonctions curatives, la Danse de la Peau de cerf et la Danse du Saumon, une célébration de l'année nouvelle, en quelque sorte, qui « célébrait l'ouverture de la pêche et la consommation du premier saumon de la saison, après quoi la pêche était ouverte à tous[13] ». Plus tard, à la fin du XIXe siècle, ils y ajoutèrent la Danse des Esprits.

Les territoires des Yuroks et des Karoks jouxtaient ceux des Tolowas, qui étaient établis respectivement au sud et au sud-est. Les premiers vivaient sur le cours inférieur de la Klamath et partageaient de nombreux traits avec leurs voisins ainsi qu'avec les habitants du Pacifique nord-ouest, en Alaska.

Répartis dans plus de cinquante hameaux autonomes, les Yuroks pratiquaient la pêche sur le fleuve et sur l'océan, ainsi que la chasse et la cueillette. Ils réalisaient également des canoës en séquoia, que l'on pouvait acquérir pour une paire de rangs de douze dentales, ou bien dix grands ou soixante petits scalps de pics. Si l'on se réfère à ces tarifs, il apparaît que leur système monétaire était sophistiqué, et, selon certains, ils attachaient une grande importance à la fortune. Comme le rapporte A.L. Kroeber :

« Le prix du sang, l'achat d'une fiancée, un dédommagement aux défunts de l'année, avant de prendre part à une danse [...]. Tout préjudice, privilège, injustice ou offense est comptabilisé et payé. Sans paiement effectif, toute cessation de querelle est impossible, hormis avec l'extermination d'une des parties ; le mariage n'est pas un mariage, mais une disgrâce publique pour plusieurs générations si la cérémonie destinée à préserver l'ordre du monde n'est pas accomplie. La conséquence est que la vie du Yurok tourne avant tout sur la possession. Lorsqu'il a du temps libre, il pense à l'argent ; s'il en manque, il en réclame[14]. »

D'autres prix couramment pratiqués donnent une idée des valeurs relatives dans cette société. La dépouille d'un aigle ne rapportait qu'un modeste coquillage, tandis que la « dot » à payer pour une fiancée — qui indiquait le statut du mariage — pouvait s'élever à dix rangs de coquillages de diverses longueurs, qu'un lieu de pêche ne coûtait que d'un à deux rangs, une habitation cinq, et un terrain produisant des glands d'un à cinq rangs. Cette dernière donnée témoigne d'un concept de propriété individuelle. En effet, « jusqu'à un mile ou plus du fleuve, tout terrain, quelle que soit sa valeur, était propriété privée ; au-delà, on ne prétendait à rien, pas plus qu'on n'y chassait[15] ».

Bien d'autres particularités distinguaient les Yuroks des Indiens de culture différente. Par exemple, ils observaient un système d'héritage, transmettant l'essentiel de leurs possessions à leurs parents ; lorsqu'un individu devait traverser un cours d'eau, c'était gratuit. Le chaman recevait des honoraires conséquents pour ses services, et le train de vie de ceux qui choisissaient cette voie était en général élevé. L'esprit de classe existait à un point tel que, dans leurs relations, les Yuroks faisaient une nette distinction entre pauvres et riches.

L'ancien vêtement yurok ressemblait à celui que l'on trouvait partout en Californie. Les jeunes hommes portaient une peau de cerf enroulée autour de la taille, tandis que les hommes plus âgés, pendant la saison chaude, pouvaient aller nus. Une pièce de peau frangée, sur le devant, et « un tablier plus large ou jupe [...] rejoignant la pièce frontale » constituaient le costume habituel des femmes, avec un bonnet en vannerie. Lorsque le temps l'exigeait, on se couvrait d'une cape ou d'un manteau faits de deux peaux de cerf cousues ensemble. Les femmes les plus riches exhibaient de nombreux ornements. Pour se chausser, des mocassins d'une pièce à couture médiane suffisaient. Ils étaient généralement portés par les femmes pour voyager, pour aller chercher du bois pour le feu, ou encore avec les tenues de cérémonie[16].

Les Karoks, dont le nom vient de l'adverbe *karuk*, qui signifie « en amont » — leur localisation par rapport aux Yuroks —, se vêtaient de la même manière que les Yuroks. Apparemment très similaires, ces deux groupes différaient sur un point essentiel : leur langue. Les Yuroks parlaient une langue algonquine, celle des Karoks appartenant à la famille du hoka.

D'autres caractéristiques permettaient également de distinguer les cultures de ces deux groupes. Dans la danse des adolescentes, par exemple, les hommes jouaient un rôle plus important chez les Karoks que chez les Yuroks. De même, les cérémonies de la « création du monde » étaient plus élaborées chez les premiers. Enfin, les Karoks s'enorgueillissaient des talents de leurs chamans, qui, prétendaient-ils, n'étaient égalés que par ceux des Shastas et de quelques autres groupes vivant plus à l'est.

Cette estime particulière pour les Shastas provenait peut-être de l'établissement d'un contact régulier entre ces deux communautés, les Shastas échangeant avec les Karoks des peaux de cerf, de l'obsidienne et des pignons de pin contre des paniers, des canoës, des dentales, des algues et des glands de chêne roux.

Les rapports avec les étrangers n'étaient pas toujours pacifiques. Les Karoks menaient périodiquement des raids, les femmes accompagnant parfois les hommes, sans doute pour l'intendance. Pour les combats, certains guerriers revêtaient un casque ou un bandeau en cuir, ainsi qu'une armure en peau d'élan.

Apparemment, les Shastas ne lançaient pas d'offensives vers le nord-est, où vivaient les Modocs, déployés sur les frontières des actuels États de l'Oregon et de la Californie. L'auraient-ils tenté qu'ils auraient rencontré une résistance farouche, « les Modocs... avaient probablement un sens de la solidarité tribale plus développé que la majorité des Indiens de Californie [...][17] ». Bien que les Modocs aient été inclus, sur la carte de la page 100, dans les tribus du Plateau, on pense que la limite entre le Plateau et la Californie n'était pas, au milieu du XIXe siècle, si nettement définie. Comme souvent avec les chasseurs-cueilleurs, les frontières ne voulaient pas dire grand-chose. C'est

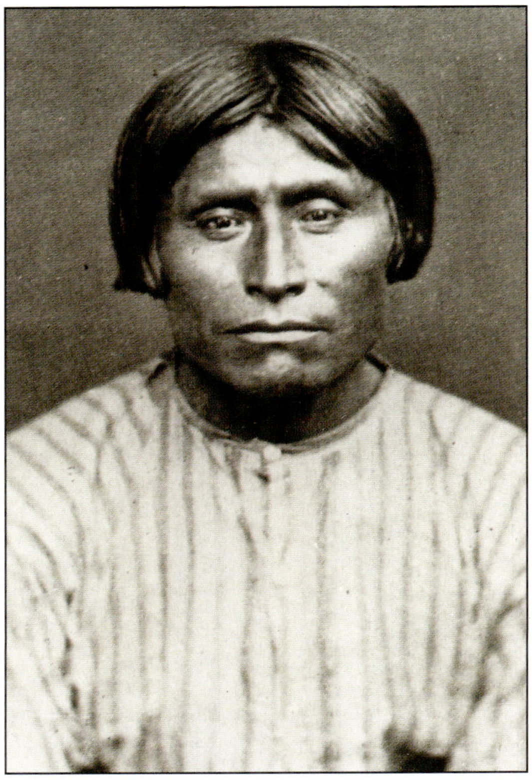

CI-DESSUS *Keintpoos, ou Capitaine Jack, un des principaux leaders des Modocs lors du siège des Lava Beds, 1873. Capturé par l'armée américaine, il fut condamné à mort.*

CI-DESSOUS *Suivant l'adage « Rien de tel que la poudre de diamant pour polir le diamant », l'armée américaine engagea des éclaireurs indiens de la réserve* Warm Springs *pour capturer les Modocs.*

CI-DESSUS *Joseppa Beatty, une femme pomo du Centre réputée pour sa vannerie, avec son mari et son fils, à Yokayo Rancheria, 1892. Elle confectionne un panier en vannerie spiralée à un brin.*

pour cette raison, et du fait de l'importance des événements entourant la résistance de Capitaine Jack et des Modocs, que ceux-ci et leur aventure sont étudiés plus en détail ici.

Les Modocs souffrirent beaucoup de la pénétration des Blancs. L'afflux continuel de prospecteurs et de colons conduisit à leur transfert dans une réserve de l'Oregon. Dans les années 1860, ils entamaient leur court et turbulent séjour avec les Klamaths, qui, comme eux, parlaient une langue de la famille lutuami. Les frictions entre ces deux populations allèrent s'amplifiant. La situation se détériora davantage encore avec le meurtre d'un chaman klamath par un Modoc, qui allait jouer un rôle capital dans les événements à venir. Rapidement, certains Modocs quittèrent les frontières de l'Oregon pour retourner vers leur ancienne région de Lost River, en Californie, entraînés par des chefs comme John Schonchin, personnage clé, diversement connu sous les noms de Keintpoos, Kintpuash, ou, plus communément, Capitaine Jack, poursuivi pour le meurtre du chaman. Ce dernier jugea donc plus prudent de retourner dans le traditionnel territoire modoc. Ce mouvement, cependant, déclencha un conflit plus grave, car « juste au nord du lac Tule, des colons blancs s'étaient déjà installés avec leurs troupeaux et avaient construit des cabanes[18] ».

Quatre années s'écoulèrent, pendant lesquelles l'atmosphère fut toujours extrêmement tendue des deux côtés. Kintpuash, dont le père avait été tué par les Blancs de Ben Wright, en 1852, ne se laissa pas convaincre de rejoindre les Klamaths. Ne parvenant pas à déloger Capitaine Jack et ses compatriotes, les colons finirent par demander l'aide de l'armée.

Le principal officier de la région, le commandant John Green, tenta de parlementer avec Capitaine Jack, en septembre 1872, mais sans succès. Quelques semaines plus tard, le supérieur de Green, le général de brigade E. R. S. Canby, décida de précipiter les événements. Il donna l'ordre d'arrêter Capitaine Jack et deux autres chefs de file, Black Jim et Scarface Charley. Mésestimant la portée de cette directive, un détachement se mit en route. Le 29 novembre 1872 au matin, le capi-

CI-DESSOUS *Wintus de la rivière McCloud, vers 1872, à Colchoolooloo's Rancheria. Les deux hommes tirant à l'arc portent le traditionnel bonnet en filet.*

Wintus

Les Wintus étaient un peuple des montagnes dont la subsistance était assurée par le saumon, le cerf et les glands. Les objets présentés ici viennent d'une admirable collection rassemblée de 1872 à 1875 par Livingston Stone, alors responsable des aleviniers américains sur la rivière McCloud. A l'époque, ces Indiens étaient encore assez épargnés, alors que d'autres Wintus avaient beaucoup souffert, dans les années 1830, d'une épidémie de malaria, de la pollution de leurs cours d'eau par les prospecteurs, de l'installation de ranchs et de troupeaux, puis des massacres et de la déportation vers les réserves. Avec l'arrivée du chemin de fer, la culture des Wintus de la rivière McCloud et d'autres groupes changea rapidement, à cause de l'établissement de nombreux Blancs et de l'introduction de nouvelles religions indiennes. Stone, qui s'entendait bien avec ces Indiens, a sans doute mieux réussi dans cette collecte que dans sa tentative manquée d'utiliser du frai de saumon de Californie pour repeupler les rivières de la côte atlantique. Aucune autre collection n'est aussi révélatrice de l'art et de la technologie wintus.

1 Panier tressé, pour le stockage.
2 Panier tressé, à motifs de lézard et de côtes, pour la cuisson.
3 Panier tressé, pour la cuisson.
4 Panier tressé, pour le stockage.
5 Vannerie, probablement un chapeau de femme.
6 Chapeau de femme, vannerie, trame faite d'herbes et de fougères naturelles, ou teintes à l'aulne.
7 Vannerie, probablement un chapeau de femme.
8 Devant d'une jupe de femme : lanières de daim et ficelles enveloppées de fibres végétales, pendants en graines, en étain et en boutons.
9 Ceinture de cheveux portée par une jeune fille lors de la cérémonie de la puberté (important rite wintu).
10 Bandeau de fourrure, pour la danse.
11 Bandeau de fourrure.
12 Devant de jupe de femme (avant 1870) : cosses de pignons enfilées sur des lanières de peau.

13 Panier ajouré contenant des baies enveloppées d'herbe.
14 Jupe de danse faite de plumes de cygne, avec de petits carrés en tuyau de plumes.
15 Bourse richement brodée de perles, pour munitions ou bien tabac.
16 Ornement de coiffe en plumes, réservé à la danse.
17 Ornement de coiffe à petits carrés en tuyau de plumes.
18 Ornement de coiffe : plumes de grand duc et de pic à tête blanche.
19 Bonnet de danse : laine tricotée et plumes (dont un scalp de pic) et deux hochets en queue de serpent à sonnette.
20 Panier tressé.
21 Arc en bois d'if renforcé de tendons ; poignée garnie de peau et de corde en tendons.
22 Flèches à pointes de verre et d'obsidienne.
23 Calumet en bois gravé.
24 Fronde pour chasser le petit gibier ; poche de cuir et lanières en tendons.
25 Panier tressé.
26 Bol.
27 Panier tressé.
28 Panier.
29 Panier de chaman.
30 Panier.
31 Panier.
32 Sifflet en os d'oiseau, pour les danses.

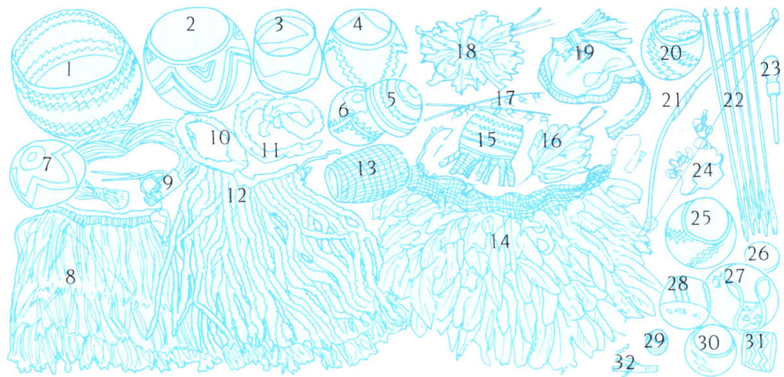

taine James Jackson, le lieutenant Frazier A. Boutelle et le médecin auxiliaire Henry McElderry partirent à cheval à la tête de quelque trois douzaines de recrues de la compagnie B du 1er régiment de cavalerie jusqu'au camp modoc. Lorsque Capitaine Jack et la plupart de ses compagnons se réveillèrent, ils se retrouvèrent face à des hommes en armes. Cette rencontre s'acheva dans un bain de sang, provoquant de lourdes pertes dans les deux camps. Les Modocs prirent la fuite. Une guerre venait de commencer.

Dans la confusion, Capitaine Jack réussit à s'échapper avec beaucoup d'autres Indiens. Se scindant en au moins deux groupes, les Modocs se rejoignirent finalement dans le sud de la région du lac Tule, que certains ont appelée « enfer dont le feu est éteint ». Là, dans « cette étendue sauvage de lave noire, que la nature avait modelée en une gigantesque forteresse », les Modocs prirent leurs positions. Ils connaissaient chaque fissure, caverne ou passage. Quelques carrés d'herbe suffisaient à alimenter leur bétail, tandis que l'armoise et certains arbres leur servaient de combustibles. L'eau était puisée dans le lac[19]. Les semaines qui précédèrent l'arrivée de l'armée américaine permirent aux Modocs de se préparer au siège qui allait suivre. Scarface Charley devait particulièrement se distinguer lors de l'arrivée des Blancs et de la lutte qui s'ensuivrait.

Militaires et volontaires encerclèrent leurs ennemis. Après une première attaque, le 17 janvier 1873, force fut de constater que les Modocs étaient de tenaces guerilleros. Ce combat se solda par une nette victoire des défenseurs de la coulée de lave, malgré une infériorité numérique estimée à un contre sept. Défaits, les Blancs battirent en retraite pour soigner leurs blessés et s'occuper de leurs morts.

CI-DESSUS *Camp de pêche pomo, lac Clear, 1900. Chaque année, les armatures des habitations étaient recouvertes de joncs frais, ou, parfois, après l'arrivée des Blancs, de grandes pièces de toile, comme ici.*

CI-DESSOUS *Cecilia Joaquin, parlant le pomo du Centre, de la communauté de Sanel à Hopland, montrant comment récolter les graines dans une hotte tressée à l'aide d'un battoir à graines, vers 1920.*

Le temps passa, les Modocs résistant contre la cavalerie, l'infanterie, l'artillerie et les soldats de l'Oregon et de la Californie. De nouvelles tactiques semblaient s'imposer, alors que Kaitchkona (également nommé Toby Riddle), cousin de Capitaine Jack, et quelques autres braves venaient prêter main-forte aux Modocs. Par ailleurs, une commission de paix, déléguée par Washington, arriva sur le lieu des hostilités, dans l'espoir d'y mettre fin. Pendant six semaines, elle tenta vainement d'entraîner Capitaine Jack et ses hommes devant la table des négociations. Entre-temps, Canby, venu de Salem, dans l'Oregon, avait pris la tête des opérations. Il pensait en finir en rapprochant ses troupes de la forteresse des Modocs. Finalement, Capitaine Jack accepta de rencontrer le général. Cette entrevue permit aux Modocs d'exposer leurs diverses revendications : ils voulaient obtenir le départ des soldats, désiraient disposer de leur propre réserve sur la rivière Lost et demandaient protection « contre les accusations de meurtres de plusieurs colons[20] ».

Les tractations échouèrent. Le 11 avril 1873, Canby revint parlementer avec Capitaine Jack, et, le vendredi saint, accompagné d'autres commissaires, il reprit les négociations. Au cours de l'entretien, Capitaine Jack sortit une arme, qu'il avait dissimulée, et tira à bout portant sur le visage de Canby. Blessé, celui-ci tenta de s'enfuir. Un autre Modoc se jeta sur lui et l'acheva à coups de couteau. Cette frénésie meurtrière eut aussi raison de deux de ses compagnons, le révérend Eleazer Thomas et le surintendant de l'Oregon aux Affaires indiennes, A. B. Meacham. Lorsque ce carnage cessa, Canby et Thomas étaient morts, et Mea-

cham était couvert de blessures, dont la moindre n'était pas la perte de son scalp.

Jusqu'à ce grave incident, les Modocs avaient joui d'une grande estime, les militaires étant décrits comme des agresseurs incompétents. Mais, cette fois, l'opinion publique se retourna totalement. Le successeur de Canby redoubla d'efforts pour déloger l'ennemi. Au terme d'innombrables effusions de sang et de souffrances considérables, les malheureux survivants capitulèrent finalement le 1er juin 1873. Le procès qui suivit s'acheva sur la peine de mort prononcée contre Capitaine Jack et trois de ses compagnons. Quant aux 153 autres Modocs, ils furent déportés vers l'Agence indienne de Quapaw, dans l'actuel Oklahoma.

Dans ce choc des cultures, les Modocs ne furent pas les seuls indigènes à souffrir de l'arrivée des Européens et des Euro-Américains. A partir de 1769, quand les Espagnols établirent leurs premières colonies en Haute-Californie, commença le long et terrible déclin de la population et des territoires indiens.

Le premier contact durable vit le jour dans le Sud, les groupes du Nord ayant été les derniers à subir les conséquences de cette rencontre avec les Blancs[21]. Ils n'en furent cependant pas moins affectés, comme le capitaine E. D. Townsend, adjudant général auxiliaire pour la Pacific Division, le confiait, en 1852, dans son journal :

> « Si l'histoire de ces pauvres diables habitant l'extrême nord [de la Californie] pouvait être racontée en toute impartialité, ce serait un tableau dont la cruauté, l'injustice et l'horreur seraient à peine surpassées par celles des Péruviens au temps de Pizarre. Avides d'or, les Blancs ont impudemment envahi et prospecté des étendues sauvages et des montagnes, bien au-delà du secteur de leurs colonies. Dans de nombreux cas, ils se sont constitués en vastes communautés, si bien que les Indiens se sont retrouvés entre eux et les colonies. Les agressions ne pouvaient qu'être fréquentes, de part et d'autre, et les Blancs trouvèrent commode de s'emparer des terres des Indiens, ou de les déplacer sous n'importe quel prétexte, moyen facile

CI-DESSUS *Pêcheur pomo dans un canoë en joncs, sur le lac Clear, avec un panier ajouré à la proue. Une douzaine de communautés autonomes, parlant six langues distinctes, vivaient autour de ce lac.*

CI-DESSOUS *Danseurs pomos du Nord-Est lors de la Danse de Big Head (ou Bole Maru, ou Danse des Esprits 1872), à Stony Creek, comté de Colusa (Big Head est au centre, Charlie Watham à gauche), 1907.*

Pomos

Les tribus pomos sont réputées pour la beauté de leurs vanneries. Voici une sélection de celles qui furent collectées par J.W. Hudson entre 1880 et 1890, illustrant les différents matériaux, formes et techniques employés suivant la destination de ces objets. Les paniers furent ensuite réservés à la vente, les Pomos les remplaçant, pour leur usage personnel, par des produits manufacturés. La tribu, lorsqu'elle est connue, est indiquée selon sa langue : PC = Pomos du Centre ; PE = P. de l'Est ; PN = P. du Nord ; PS = P. du Sud.

1 Coupe à farine, vannerie simple. Tsetum, PN.
2 Hotte. Yokiah, PC.
3 Fléau pour battre le grain dans la hotte ; scions de saule.
4 Récipient en vannerie spiralée. Poma, PN.
5 Tasse d'apparat. Limma, PC.
6 Récipient à vers de pêche ; scions de saule tressés à claire-voie ; fond raccommodé.
7 « Récipient » d'apparat. Cokowa, PC.
8 Panier de dot en vannerie spiralée, en forme de bateau ; laîche et arbre de Judée sur structure à un brin, décoré de plumes de caille et de perles. Poma, PN.
9 Corbeille d'apparat en vannerie spiralée ; laîche et jonc sur structure à trois brins de saule, décorée de plumes rouges de pic et de caille, et de perles en coquille de palourde. Yokaia, PC.
10 Panier à bijoux décoré de perles en coquille de palourde, de perles de verre importées et de plumes de pic et de caille.
11 Corbeille spiralée ; laîche, jonc et plumes de caille. Yokiah, PC.
12 Corbeille à bijoux en vannerie spiralée à trois brins ; laîche, jonc, plumes de pic et de caille, perles. Ano, PN.
13 Série d'outils pour mailler les filets, en bois d'acajou et de manzanita.
14 Étui en peau d'écureuil pour la pipe et le tabac.
15 Flèches.
16 Arc en bois de cèdre renforcé de tendons.
17 Arc en bois de frêne renforcé de tendons.
18 Récipient pour conserver la viande ; laîche et arbre de Judée tressés en diagonale sur scions de saule,décoré de plumes de caille. Amo, PN.
19 Coupelle à bijoux en vannerie spiralée à trois brins ; laîche, décorée de plumes de pic, d'alouette et de geai, et de perles de coquillages. Cikom, PE.
20 Gage de mariage. Yokiah, PN.
21 Pot à condiment, peut-être réalisé par Mary Benson. Limma, PC.
22 Coupe décorée en vannerie spiralée à un brin ; laîche, jonc, plumes de caille et de pic, et perles. Amo, PN.
23 Coupelle à bijoux en vannerie spiralée à trois

brins ; laîche, jonc, plumes de caille et perles. Poma, PN.

24 Collier en coquille de palourde et perles de magnésite.

25 Ornement de danse porté en couronne sur la tête par les hommes ; plumes de queue de pic de Lewis.

26 Bandeau de danse (homme) fait de plumes de queue de pic doré.

27 Bandeau de danse (femme) en fourrure de fouine à pendants de perles et de plumes de pic doré.

28 Ornement de danse porté en couronne sur la tête par les femmes ; plumes de queue de dindon.

29 Pot en vannerie spiralée à un brin, laîche et arbre de Judée. Poma, PN.

30 Petit panier (d'enfant ?) en forme de bateau, en vannerie spiralée à un brin ; laîche et arbre de Judée. Yokiah, PC.

31 Assiette en vannerie spiralée à un brin ; laîche et jonc. Yokiah, PC.

32 Panier de dot échangé, lors du mariage, contre de la nourriture. Yokiah, PC.

33 Coupe décorée spiralée à un brin ; laîche, jonc et perles. Codokai, PN.

34 Corbeille à escargots tressée ; laîche, jonc, arbre de Judée. Buldam, PN.

35 Trémie pour mortier ; racine de saule, arbre de Judée. Poma, PN.

36 Pot en vannerie similaire au modèle offert aux familles des défunts ; vannerie spiralée à trois brins ; laîche, jonc, perles de verre et de coquillages. Yokiah, PC.

Femme de chef miwok du Littoral, 1833

Près de Bodega Bay, une femme de haut rang offre à des invités une bouillie de glands dans une coupe d'apparat en vannerie décorée de perles de coquillages et de plumes rouges de têtes de pics. Sa cape, réservée aux femmes de rang social élevé, est un duvet de plumes prises dans des lanières en doubles cordons. Ce vêtement exigeait des plumes spécifiques de centaines d'oiseaux (oies du Canada et oies des neiges, colverts). Ses boucles d'oreilles sont faites de coquilles d'ormeaux, avec, à l'extrémité, des perles en coquille de palourde, ornées de scalps d'alouettes. Elle porte des colliers en perles de différents coquillages et un double tablier en lanières de joncs. La cape, le panier et les boucles d'oreilles s'inspirent de la collection de von Wrangell, gouverneur général de la Russian American Fur Company, 1833.

de provoquer une querelle attestant que les Indiens étaient dans leur tort ; une expédition était alors menée contre eux, se soldant par le massacre de trente, cinquante ou une centaine d'hommes, de femmes et d'enfants[22]. »

En quelques phrases particulièrement laconiques, Townsend résumait le sort qui fut réservé, non seulement à beaucoup d'Indiens de Californie, mais aussi à de nombreux peuples de toute l'Amérique du Nord.

Avant que cette marée ne balaie les coutumes ancestrales, une diversité de cultures s'épanouissait en Californie. Les peuples du Nord se préoccupaient de leur vie quotidienne : il y avait les Achumawis, les Atsugewis, les Chimarikos, les Pomos (dont les principales bandes étaient celles du Nord-Ouest, du Centre, du Sud, du Sud-Est et de l'Est) et les Yanas, dont les dialectes avaient tous pour base le hoka, de même que pour les Shastas, tandis que les Hupas, les Cahtos, les Lassiks, les Mattoles, les Nongatls, les Sinkyones, les Wailakis et les Whilkuts parlaient des langues dérivées de l'athapascan, à l'instar des Tolowas. Deux autres tribus, les Yukis et les Wappos, communiquaient en yuki, ainsi qu'une troisième, possible ramification des Wappos, confinée dans une petite enclave au milieu des Pomos de l'Est et du Sud-Est, plus nombreux.

La famille linguistique des autres groupes du Nord était le penutien, parlé par les Konkows, les Miwoks du Lac, les Maidus, les Miwoks, les Nisenans, les Nomlakis, les Yokuts de la vallée Nord et de la vallée Sud, les Patwins, les Wintus, les Miwoks du Littoral et les Costanoans[23]. Pour avoir une idée plus précise de quelques caractéristiques communes aux autres tribus de cette partie de l'État, et de certaines particularités les distinguant des peuples habitant autrefois en Californie, on peut examiner en détail le mode de vie de ces deux derniers groupes.

Les territoires des Miwoks du Littoral et des Costanoans entouraient la baie de San Francisco, les premiers au nord, les seconds au sud, à l'est, et, parfois, dans le comté de Marin et dans les îles de la Baie. Outre des similitudes de langage, ils partageaient de nombreux traits permettant de les comparer.

Grâce à une documentation ethnographique appréciable sur les Costanoans, on a pu en recenser huit subdivisions principales. Chacun de ces groupes avait « son langage propre, aussi différent des autres que l'anglais et l'espagnol[24] ». Ils ne s'attribuaient évidemment pas le même nom, mais « le mot "Costanoan" tirait ses racines de l'histoire espagnole [ce terme dérivant de Costanos, "peuple côtier"] et il mit un certain temps à s'imposer en tant que famille linguistique commune[25] ». Plus récemment, on les a appelés « Ohlones », un nom que les descendants de ces groupes semblent préférer.

Au temps où ils n'avaient pas encore accepté un nom collectif, leur apparence extérieure reflétait néanmoins leurs liens. Habituellement, les hommes et les garçons allaient nus, tandis qu'un tablier d'herbes ou de joncs couvrait le corps des femmes, en dessous de la poitrine. Lorsque le temps l'exigeait, on se couvrait de capes ou de manteaux en peau de cerf, de lapin, de gibier d'eau ou de mammifère marin[26]. Même la boue pouvait parfois servir à « s'isoler du froid, ce qui est une coutume non observée chez les Miwoks du Littoral[27] ».

Habituellement, les Costanoans marchaient nu-pieds et la tête non couverte, sauf lors des cérémonies. Ils se couvraient de peintures et de tatouages qui symbolisaient leur appartenance au clan, le motif des peintures faisant penser à des collants à rayures. Les oreilles percées étaient ornées de perles, de plumes, de fleurs ou de végétaux, tandis que la cloison nasale pouvait recevoir un petit os, bien que cette coutume ne fût pas générale et semblât réservée aux hommes. Hommes et femmes se paraient également de colliers de perles, de plumes et de coquillages (ormeaux).

Leurs abris étaient construits à l'aide de mâts disposés en cône et recouverts de branchages ou de joncs. Parfois, de l'écorce ou du bois de séquoia constituaient le matériau de base de la construction. Le jonc servait également à la confection de canoës extrêmement légers, qui étaient mus grâce à des pagaies à double pale.

Petit Nisenan portant un bandeau de plumes de pic doré, un gros pendentif en coquille d'ormeau et une ceinture, ornée de pendants d'ormeaux et de perles, portée en bandoulière. Probablement photographié par A.W. Chase, avant 1876.

Maidus

Ces objets traditionnels sont issus de la collection constituée entre 1899 et 1903 par Roland B. Dixon. La plupart d'entre eux sont tombés en désuétude au cours du XXe siècle. Cette collection provient de trois tribus distinctes, à présent appelées maidu, konkow et nisenan, toutes regroupées sous le nom de maidu à l'époque de Dixon. L'origine tribale de ces objets est mentionnée lorsqu'elle est connue.

1 Bandeau en plumes de pic doré des danseurs. Konkow.
2 Cape en plumes de faucon fixées sur un filet. Konkow.
3 Hochet réalisé en cocons de phalènes remplis de petits cailloux.
4 Paire de hochets faits de baguettes fendues, utilisés lors des danses rituelles de l'hiver.
5 Flûte en bois de sureau, à quatre trous.
6 Ornement de coiffure : scalps d'oiseaux et extrémités de plumes de caille fixés sur une baguette. Konkow.
7 Ornements de coiffure de cérémonie, portés horizontalement de chaque côté de la tête. Konkow.
8 Toupet fait de moitiés de plumes insérées dans une tresse de plumes. Konkow.
9 Amulette portée au cou par un chasseur de cerf ; pierre trouvée dans le corps d'un cerf.
10 Calumet en bois. Nisenan.
11 Calumet en pierre, creusé à l'aide d'un pic en bois de cerf.
12 Couteau en éclat d'obsidienne ; porté autour du cou par le chaman, on lui attribuait certains pouvoirs curatifs et une grande valeur.
13 Arc de chasse et de guerre. Bois d'if renforcé par un tendon de cerf. Konkow.
14 Flèches pour chasser le cerf ; deux à pointe d'obsidienne. Konkow.
15 Flèches à longue hampe pour chasser l'écureuil ; chaque flèche portait la marque de son propriétaire. Konkow.
16 Carquois en peau de chat sauvage retournée. Konkow.
17 Paire de raquettes pour marcher dans la neige épaisse des montagnes.
18 Touffe de plumes pour danseur, comparable au n° 8, portée à l'intérieur d'une couronne faite en

plumes tressées. Konkow.
19 Panier en vannerie spiralée, utilisé pour préparer la bouillie de glands ou la soupe. Nisenan.
20 Plateau en vannerie, servant à recueillir la farine de glands tamisée et à couvrir les grands paniers coniques. Nisenan.
21 Brosse à cheveux faite d'aiguilles de pin.
22 Petit panier en vannerie spiralée, à motif de flèches-plumes, utilisé pour la cuisson. Nisenan.
23 Quatre os servant au jeu de devinette : chaque joueur dispose d'un os simple et d'un os marqué, le joueur adverse devant deviner dans quelle main se trouve chaque os.
24 Godet en vannerie spiralée. Nisenan.
25 Modèle réduit de nasse.
26 Bonnet en cordes nouées, surtout utilisé comme support sur lequel étaient fixées les plumes d'une coiffe rituelle. Konkow.
27 Sangle passée autour du front ou de la poitrine pour porter une hotte. Konkow.
28 Hochet de danse fait de cocons, comparable au n° 3. Nisenan.
29 Modèle grandeur réelle du mannequin utilisé lors de la commémoration automnale qui avait lieu pendant les cinq années suivant le décès d'un personnage important. Konkow (ou peut-être nisenan).

Ces hommes produisaient d'autres objets, comme leur vannerie caractéristique, fréquemment embellie de perles, de plumes et de nacre. Des brosses d'oignon sauvage ou de saponaire, des cuillers en coquilles de mollusques, des louches en bois et divers ustensiles de pierre servaient aux tâches quotidiennes[28]. Les flèches, à pointe d'os ou de pierre, étaient utilisées avec des arcs simples ou renforcés de tendons.

Pour leur nourriture, les Costanoans dépendaient aussi des ressources naturelles. Le gland, produit par différentes espèces de chênes, entrait dans la composition d'une farine destinée à la confection de bouillies ou d'une sorte de pain. D'autres graines pouvaient également être grillées et réduites en farine, ou encore des baies de houx, donnant une autre forme d'aliment, qui, selon le missionnaire Francisco Palou, « préparé en boulettes de la taille d'une orange, était très riche et savoureux, comme des amandes grillées[29] ». En saison, les fraises et les nèfles offraient d'autres délices. Certaines racines, comme l'« amhole » (saponaire) et les carottes, ainsi que des oignons sauvages étaient consommés.

Pour compléter cette alimentation, les Costanoans chassaient le chien de prairie, le grizzly, la taupe, le puma, la souris, le lapin, le raton laveur, le putois et l'écureuil, les plus petits étant attrapés au piège. Ils chassaient aussi le cerf, en se camouflant sous des masques faits avec des têtes de cet animal, et le phoque, selon une technique qui reste méconnue.

Cailles, faucons, colombes, canards et oies étaient pris au filet ou au piège, suivant l'espèce. Les filets permettaient de pêcher également l'esturgeon et le saumon. Les coquillages, surtout les ormeaux, les palourdes et les moules, ramassés entre décembre et avril, quand ils étaient bons à consommer, constituaient des mets délicats très recherchés. Le requin, l'espadon et d'autres espèces marines pouvaient, quant à eux, être pris au harpon ou à la ligne. A l'occasion, lorsqu'une baleine s'échouait sur le rivage, les Costanoans organisaient un festin, car ils en appréciaient beaucoup la chair.

Certains aliments étaient interdits aux femmes qui venaient d'accoucher : pendant plusieurs jours, celles-ci devaient en effet s'abstenir de consommer de la viande, du poisson, du sel et de l'eau froide. Au début de leur adolescence, les filles observaient les mêmes restrictions. Elles obéissaient à un rite de puberté, tandis que les garçons célébraient leur arrivée dans le monde adulte en entrant dans ce que l'on appelait la société « datura ».

Dès qu'il en avait l'âge, le jeune homme devait prendre femme. Avec ses parents, il offrait un présent à la famille de sa promise, et le couple entamait alors sa vie commune sans plus de formalités. A la naissance d'un enfant, sa mère l'allaitait pendant environ vingt semaines, pendant lesquelles le ménage s'abstenait de toute relation sexuelle. Le père Palou confia qu'il avait vu nombre de ces couples vivre « dans la plus parfaite union et la paix, parents et enfants s'aimant tendrement[30] ». Lorsque deux personnes voulaient mettre fin à leur relation, elles se séparaient simplement, l'enfant restant avec sa mère.

Pour une veuve, le deuil imposait de s'enduire le visage de goudron minéral, ou de cendres noires, et de se couper les cheveux. Lors des funérailles, les femmes se frappaient la poitrine et la tête avec un pilon en pierre. Les biens du mort étaient détruits ou enterrés, tandis que son corps

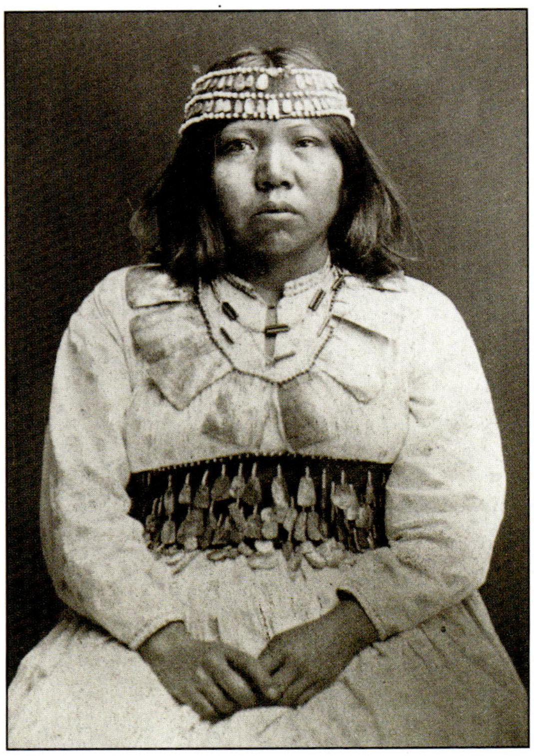

CI-DESSUS *Jeune fille nisenan portant un bandeau, un collier et une ceinture ornés de coquilles d'ormeaux, de grande valeur. Photo attribuée à A.W. Chase, avant 1876.*

pouvait être incinéré, ou parfois enterré, notamment lorsqu'il s'agissait d'un pauvre.

Les Costanoans entrèrent en contact avec les Européens à la fin du XVIIIe siècle, fournissant bientôt la main-d'œuvre nécessaire à l'établissement de missions espagnoles, au sud du Golden Gate[31]. En revanche, les relations entre les Miwoks du Littoral (appelés aussi Mewuks ou Meewocs) et des visiteurs étrangers remontaient, elles, à des temps bien plus anciens. Dès 1579, certains de ces habitants du nord de San Francisco purent voir les membres de l'équipage de Francis Drake, qui avaient accosté pour réparer leur navire. Ils leur offrirent des carquois, des plumes, des peaux et du tabac, et couronnèrent Drake, qu'ils traitèrent comme un dieu. Les Britanniques les décrivirent comme des hommes grands, impressionnants, forts, et se déplaçant souvent au pas de course. Leurs longs cheveux étaient séparés par une raie au milieu, ou attachés en queue de cheval, les hommes portant la barbe mais peu de vêtements, sauf, parfois, un pagne en peau de cerf.

CI-DESSOUS *Femme chumash cueillant des figues de Barbarie. Elle porte une jupe arrière en peau de cerf peinte, ornée de coquillages, un tablier à franges, et un collier de perles de columelle.*

Comme chez les Costanoans, les femmes étaient vêtues d'un double tablier, et leurs capes ou manteaux en fourrure de lapin ou d'autres petits mammifères ressemblaient également à ceux de leurs voisines du Sud et de l'Est. Les Miwoks du Littoral pratiquaient aussi le tatouage et les peintures corporelles, et portaient des ornements de plumes montées en ceintures et en bracelets. Des perles en coquille de palourde venaient parfois s'y ajouter, mais, généralement, elles servaient de monnaie.

L'alimentation ressemblait à celle des Costanoans, mais elle était enrichie de quelques légumes comme les mimules, le cresson, et sans doute des feuilles et des graines de renoncule et de lupin. D'autres graines entraient dans la composition du pinole ou d'une bouillie. Le concombre sauvage et diverses racines comestibles, notamment les bulbes de jacinthe sauvage, étaient également consommés.

Les tabous alimentaires des Miwoks du Littoral rejoignaient ceux des Costanoans, mais une jeune mère pouvait manger du poisson frais et du varech. L'abstinence sexuelle ne semblait pas durer aussi longtemps que chez leurs voisins, mais, au cours de la même période, les pères interrompaient leurs activités de chasse et de pêche, et ils cessaient de fumer. Plutôt monogames, ils tendaient à être fidèles.

A la mort d'un des conjoints, ses biens étaient enterrés avec lui, sauf s'il laissait beaucoup d'enfants. Dans ce cas, la famille pouvait garder les coquillages, qui servaient de monnaie. Ce détail avait son importance, car toute transaction était payante.

S'il existait un système monétaire, le concept de propriété de la terre était étranger aux Miwoks du Littoral. Ils considéraient néanmoins les sources de nourriture et de pêche comme propriétés privées. Cette notion était si importante qu'ils marquaient tous leurs biens avec un symbole personnel d'appartenance. Ils n'étaient cependant pas totalement matérialistes, et suivaient une vie religieuse complexe centrée autour de la danse, de la médecine, du jeûne, des offrandes et de la prière. Ils accompagnaient souvent ces cérémonies de musique jouée avec des sifflets en os, des tambours, des flûtes et des sonnailles. Lorsqu'ils n'étaient occupés ni par ces pratiques rituelles ni par la recherche de nourriture, d'un abri, ou de vêtements, ces premiers habitants de l'actuel comté de Marin se livraient à des jeux d'adresse et de hasard, essentiellement destinés aux adultes, les enfants s'amusant avec des poupées et autres jouets[32] qui leur étaient réservés.

On en sait beaucoup moins sur les loisirs de certains autres groupes dispersés le long de la côte, particulièrement les Esselens, qui vivaient au sud des Costanoans. On dispose, en effet, de peu d'informations sur ces hommes, « un des plus

Danse de chaman yokut, 1880

Un chaman de la tribu tachi des Yokuts de la vallée Sud exécute une ancestrale Danse du Printemps (*Watiyod*) pour distraire ses spectateurs et recueillir l'argent qu'ils déposent dans la coupe, à côté du chanteur. Le chanteur bat la mesure à l'aide de deux claquettes en bois de sureau. Le chaman est vêtu d'un pagne fait de lanières de laiteron recouvertes de duvet de hibou et terminées par des plumes de pic doré ; sa ceinture est brodée de perles. Ses oreilles sont parées de plumes de faucon, son cou d'un collier de coquillages et d'un pendentif d'ormeau. Son corps est peint en blanc et noir, et il brandit deux paquets de plumes. Sa coiffe repose sur un support en plumes de hibou sur lequel est posée une couronne en plumes d'ailes de corbeau d'où s'élèvent des plumes de pie garnies de laine rouge et de fourrure de vison.

CI-DESSUS *Diegueño devant un grenier-échafaud servant à conserver les fèves de prosopis, près de Santa Isabel, comté de San Diego. Photo prise par* Henry W. Henshaw, *en* 1892 *ou en* 1893.

CI-DESSOUS *Indiens Diegueños arborant leurs coiffes de plumes et leurs peintures corporelles noir et blanc ; les deux femmes, dont une a le visage peint, sont vêtues de jupes de calicot et de plaids* (*vers* 1880).

petits groupes de Californie, au territoire excessivement réduit, le premier à s'éteindre en totalité et dont on ne sait plus rien [...][33] ». Tôt après leur premier contact avec les Espagnols, ils furent intégrés dans la mission de San Carlos, où ils finirent par disparaître en tant que groupe distinct. Tout ce que l'on sait se limite à quelques connaissances extrêmement partielles sur leur langue, qui était un dérivé du hoka.

Il en est de même des Salinans, leurs proches parents, qui parlaient aussi le hoka, et dont le nombre diminua considérablement après l'arrivée des Espagnols. Auparavant, les oiseaux, les poissons, les reptiles et la plupart des mammifères de leur territoire, « à la seule exception du putois et, peut-être, du chien et du coyote [...][34] », assuraient leur subsistance. Ils consommaient, parallèlement, quelques végétaux : glands, herbes, trèfles, baies, tournesols, pignons de pin, marrons et avoine sauvage.

Leurs croyances, leurs coutumes et leurs activités s'inspiraient largement du mode de vie des Yokuts, avec lesquels ils commerçaient régulièrement en entretenant toutes formes de relations. En revanche, ils considéraient généralement les Costanoans comme leurs ennemis. Enfin, en dépit d'une frontière commune au sud, ils restaient plutôt distants envers les Chumashs, qui parlaient aussi le hoka.

Beaucoup plus nombreux que les Salinans, les Chumashs se répartissaient sur un territoire également plus vaste. Ils succombèrent néanmoins au système des missions, qu'ils acceptèrent volontiers au début. Il se pourrait, en fait, que les Chumashs aient été les premiers indigènes « découverts » par les explorateurs voguant sous pavillon espagnol.

En 1542-1543, Juan Rodríquez Cabrillo rencontra les Chumashs, qui vivaient sur la côte, mais aussi sur quelques îles proches du littoral, faisant d'eux « le groupe le plus maritime de la Californie dans leurs coutumes[35] ». Leurs canoës (*tomol* ou *tomolo*) étaient faits de planches liées avec des cordes, puis calfatées avec de l'asphalte, que l'on trouvait autour des plages. Légères et rapides, ces embarcations pouvaient être mues par deux ou trois rameurs, mais certaines versions plus grandes pouvaient en nécessiter jusqu'à huit et permettaient ainsi de transporter aisément une demi-douzaine de passagers.

Outre ces canoës, les Chumashs fabriquaient des propulseurs de lances en grande quantité. On pouvait les utiliser à terre comme en mer, dans ce dernier cas pour harponner le phoque ou la loutre. Si, à un certain degré, ces objets les différenciaient des autres Indiens de Californie, les Chumashs s'inspiraient d'autres groupes indigènes, en particulier des Yokuts et des Shoshones du Sud, pour leur vannerie.

Les Shoshones occupaient, à l'est de la Californie, un couloir qui s'étendait sur près des deux tiers de l'État. A l'ouest, une autre branche faisait saillie, au sud de l'actuelle Santa Barbara et au nord de San Diego. Les différents sous-groupes étaient constitués par les Kitanemuks, les Tubatulabals, les Serranos, les Gabrielinos, les Luiseños, les Cahuillas et les Cupeños. Les bandes orientales localisées vers l'Arizona et le Nevada (déjà évoquées dans le chapitre « Le Plateau et le Grand Bassin ») avaient été baptisées d'un nom collectif : Pah-Utes ou Paiutes. A la veille de la guerre de Sécession, certaines d'entre elles croisèrent les armes avec les hommes du commandant James

Henry Carleton. Les frictions continuèrent pendant quelque temps, mais elles décrurent en même temps que le nombre des habitants du désert Mohave[36].

Les « cousins » des Paiutes, vivant à l'emplacement de l'agglomération de Los Angeles et jusqu'à San Diego, les Gabrielinos et les Luiseños, n'affrontèrent jamais ouvertement les armées espagnole, mexicaine ou américaine, « bien qu'ils se soient à maintes reprises distingués lors de conflits contre d'autres tribus[37] ». Une des armes préférées des Gabrielinos était un casse-tête « qui allait du gros bâton à une forme plus courte, terminée par une tête cylindrique [...][38] ». Ils avaient, en outre, élaboré un bâton courbé, qu'ils maniaient avec beaucoup de dextérité en le lançant contre les lapins et les oiseaux, et qu'ils utilisaient un peu comme un boomerang.

Les Gabrielinos avaient également inventé un mortier de pierre portable servant à broyer certains aliments végétaux, préférable aux mortiers creusés dans le roc, qu'on ne pouvait évidemment pas emporter lorsqu'un village se déplaçait. Les Luiseños utilisaient ces deux types de mortiers. Le modèle transportable consistait en une grosse pierre, qui pouvait peser 90 kilos, dans laquelle on pratiquait un évidement.

On trouvait également une variante réduite du mortier des Luiseños chez les Diegueños, qui figuraient parmi les plus méridionaux des Californiens. Avec les Kamias, les Yumas, les Halchidhomas et les Mohaves, ceux-ci occupaient une région en forme d'arc s'étendant vers l'est et remontant jusque vers le Colorado, et ils parlaient des dialectes hokas.

Pratiquant la poterie et la vannerie, les Diegueños partageaient d'autres aspects familiers de la culture indienne de Californie, dont les canoës en roseaux propulsés à l'aide d'avirons à double pale. Ils fabriquaient aussi des calumets de pierre et de poterie, les premiers étant vraisemblablement réservés aux rites religieux[39]. Ils accompagnaient leurs cérémonies au son de hochets confectionnés avec des gourdes et des carapaces de tortues, mais ils ne possédaient pas de tambours, comme les autres groupes du sud de la Californie.

Les Diegueños firent partie des premiers Indiens de Californie incorporés dans les missions espagnoles. Malgré l'impact totalement négatif de cette expérience, son but était pourtant plus bienveillant et humanitaire que ne le fut l'objectif lors de la prise de contrôle de la région par les États-Unis, après la guerre contre le Mexique et le traité de Guadalupe Hidalgo (1848). La découverte d'or qui suivit malheureusement rapidement ce transfert incita malheureusement à déplacer les Indiens dans des réserves qui :

> « [...] depuis leur création, en 1853, jusqu'à une époque récente, sont loin de constituer un sujet de fierté. Dans les années 1850 et 1860, la plupart des officiels responsables des Affaires indiennes se montrèrent incompétents. Trop souvent, lorsque des terres exploitables se trouvaient à l'intérieur d'une réserve, il fut permis à des Blancs égoïstes de se l'accaparer, les Indiens étant repoussés vers des terrains rocailleux ou sablonneux[40] ».

Cette situation particulièrement déplorable entraîna des réactions qui conduisirent parfois à des mouvements de réforme. Un des plus grands défenseurs de la cause des Indiens de Californie, Helen Hunt Jackson, écrivit deux livres cherchant à attirer l'attention du public sur leur condition critique. *A Century of Dishonor* et *Ramona*, publiés respectivement en 1881 et 1884, provoquèrent des remous qui furent alors ressentis jusqu'à Washington, de même que les écrits de Mary Hunter Austin et de Marah Ellis Ryan, qui suivirent la tradition littéraire de Helen Hunt Jackson avec beaucoup plus d'effets[41].

Le redressement se fit lentement. La loi Dawes de 1887 tenta de freiner la désintégration qui avait profondément marqué le XIXe siècle. Alors qu'il restait moins de six douzaines de réserves, dont certaines abritaient à peine 70 personnes dans les années 60, la lutte des Indiens pour la restitution de leurs territoires perdus fut enfin portée devant les tribunaux et le Congrès. Une commission fédérale accorda un dédommagement de 29 millions de dollars en échange des 256 000 km² qui, estime-t-on, nourrissaient autrefois les Amérindiens de Californie.

Hélas, « ces victoires juridiques arrivèrent bien tard [...] et n'ont pas vraiment suffi à préserver l'intégrité tribale[42] ». Un exode massif vers les villes, surtout Los Angeles et ses environs, a dépeuplé les réserves bien plus qu'avant la mise en œuvre de ces accords financiers[43]. Dans les villes, les Indiens de Californie se trouvent généralement en minorité face aux autres groupes de population, y compris les Indiens non originaires de l'État. Ainsi le premier peuple à avoir foulé ce sol doit-il lutter pour maintenir son identité devant cette écrasante majorité d'intrus.

Les Indiens de Californie sont confrontés au sort d'Ishi, « le dernier Indien primitif » de Californie, dont la mort marqua la fin d'une époque[44]. Une telle perte affectera non seulement cette nation aux cultures si diverses qui jadis, fleurissait en Californie, mais atteindra chacun de nous[45].

Références

1 Federal Writers' Project, 1943 : 9.
2 Pour toutes les informations et citations concernant ces différents environnements, voir *ibid.* : 23.
3 Joseph et Kerry Kona Chartkoff, 1984, apportent quelques éclaircissements de plus sur ce sujet.
4 Wissler, 1966 : 202. Les autres grandes familles linguistiques autrefois répandues en Californie étaient l'algonquin, le hoka (dont l'isoman), le lutuamien, le shoshone (uto-aztèque) et le yuki ; Heizer et Whipple, 1971 : 111. D'après une autre source, cet État aurait connu, à une époque ou à une autre, jusqu'à 22 familles linguistiques, donnant « pas moins de 135 dialectes régionaux » ; Rolle et Gaines, 1979 : 21.
5 Wissler, 1966 : 203.
6 Informations sur l'alimentation issues de Heizer et Whipple, 1971 : 297-300.
7 Cook, 1976 : 1, 199.
8 Davis, 1974, détaille ce sujet.
9 Ce groupe mérite plus d'attention que pour la seule production de vannerie. Leur vision de l'univers, par exemple, est d'un grand intérêt, comme indiqué dans Clark et Williams, 1954.
10 A. L. Kroeber, 1970 : 244. Pour situer l'art des vanniers californiens dans son contexte, voir Mason, 1976.
11 Merrill, 1980, approfondit ce sujet.
12 Heizer et Whipple, 1971 : 319.
13 *Ibid.* : 53.
14 A. L. Kroeber, 1970 : 2.
15 *Ibid.* : 34.
16 *Ibid.* : 76.
17 *Ibid.* : 319.
18 Thompson, 1971 : 5. Cet ouvrage, à recommander, offre une bonne vue d'ensemble sur ce conflit.
19 Utley, 1984 : 171.
20 Members of the Potomac Corral of the Westerners, 1966 : 196.
21 Pour en savoir plus, consulter Cook, 1976a, et éd. Heizer, 1974.
22 Éd. Edwards, 1970 : 56.
23 Noter que la découverte d'or dans ce territoire, vital pour les Miwoks et les Yokuts, entraîna des frictions entre ceux-ci et les prospecteurs. Le manque de place interdisant de développer ce sujet, le lecteur pourra consulter l'éd. Crampton, 1975, pour une excellente évocation de cette époque troublée.
24 Lang, 1979 : 3. Globalement, ce survol des Costanoans et des Miwoks du Littoral est issu de cette source, pages 1-56.
25 *Ibid.* : 7.
26 Un ancien missionnaire franciscain nota que beaucoup de Costanoans étaient chauves, barbus et avaient « coutume de s'épiler les sourcils [...] ». Il mentionnait, en outre, le port de capes en fourrure de castor et plumes de pélican pour les hommes, et de pagnes de « joncs tressés » pour les femmes, « car, chez eux, on voit très peu de peaux d'animaux » ; éd. Bolton, 1926 : 121.
27 Lang, 1979 : 11.
28 Heizer et Treganza, 1972, pour plus de détails sur les matériaux entrant dans la fabrication des instruments en pierre.
29 Fray Francisco Palou, « The Foundind of the Presidio and Mission of our Father St Francis », George E. Dane, trans XIV, *California Historical Society Quarterly* (juin 1953) : 109.
30 *Ibid.* : 110. Palou ne fut pas le seul missionnaire à fournir d'importantes informations sur les anciens Indiens de Californie. On en trouve un autre exemple particulièrement édifiant dans Geiger et Meighan, 1976.
31 Les Costanoans du Nord étaient dans les missions de San Francisco Assis, San Jose, Santa Clara et Santa Cruz ; ceux du Sud étaient essentiellement regroupés à San Juan Bautista, Soledad et San Carlos. Là, comme partout en Nouvelle-Espagne, les missions, institution capitale de la colonisation entreprise par l'Espagne dans le but de traiter avec la population indigène, « avaient trois objectifs fondamentaux : la convertir, la civiliser et l'exploiter ». Bolton, *in* éd. Bannon, 1974 : 190. Pour en savoir plus sur les activités des Indiens dans ces complexes socio-religieux, voir Webb, 1952.
32 Pour une vue d'ensemble sur ce sujet, on pourra consulter Cullin, 1975.
33 A. L. Kroeber, 1970 : 544.
34 *Ibid.* : 547.
35 *Ibid.* : 550.
36 Deux monographies de Casebier, *Carleton's Pah-Ute Campaign* et *The Battle at Camp Cady* (publiées par l'auteur à Norco, Californie, 1972), donnent des détails intéressants sur cette opération militaire de courte durée.
37 Reid 1926 : 49.
38 A. L. Kroeber, 1970 : 632.
39 Il était fréquent que les habitants de cette région sculptent l'os et la pierre de motifs variés. Burnett, 1944, approfondit ce sujet
40 Rolle et Gaines, 1976 : 24.
41 Tuska et Pickasski, 1983 : 12-14, 190-191, 303-304, donne des détails de base sur les travaux de ces trois auteurs.
42 Rolle et Gaines, 1976 : 27.
43 Wax, 1971 : 36, 216-217, 222, contient d'utiles statistiques en ce qui concerne les périodes plus récentes.
44 Theodora Kroeber, 1976, retrace cette fascinante histoire douce-amère.
45 Pour en savoir plus, éd. Heizer, 1978, est indispensable.

Diegueños

Ces objets furent réunis par Constance Goddard Du Bois entre 1903 et 1905 auprès de diverses communautés indiennes (dont le nom est mentionné ci-contre lorsqu'il est connu) du sud de la Californie, près de la frontière mexicaine. Ces groupes, qui parlaient un dialecte yuma, sont connus – pour certains – sous les noms de Kamia, Ipai, Tipai ou Kumeyaay. Ce sont les descendants de ceux que l'on nomma les « Indiens des missions », incorporés dans la première mission franciscaine de la Californie méridionale, établie en 1769 à San Diego – d'où dérive le nom Diegueño. Après la désintégration des missions, en 1834, ces Indiens menèrent un long combat pour préserver leurs territoires et assurer leur subsistance. Auparavant, celle-ci reposait essentiellement sur le prosopis, le gland et une farine faite à partir de différentes graines ; les Diegueños chassaient également le cerf, les oiseaux et les rongeurs (ces derniers constituant la principale source de viande). Des céréales et des haricots étaient par ailleurs cultivés sur les terres récemment inondées. Une boisson hallucinogène – décoction de racines – jouait un rôle capital dans les rituels chamaniques. Certains chamans pratiquaient aussi la guérison par les plantes. Les rites qui marquaient la puberté des jeunes filles revêtaient une grande importance dans de nombreuses communautés diegueños. La commémoration du décès des membres d'un clan constituait également un événement majeur qui donnait notamment lieu à un festin et à une distribution de cadeaux. Une danse honorait le défunt, dont des images circulaient, images qu'on brûlait à l'aube, avec d'autres objets personnels. Épreuves et rites chamaniques marquaient la cérémonie.

1 Récipient de cuisson ; ancien type.
2 et 4 Jarre à deux orifices.
3 Jarre en poterie. Manzanita.
5 Plat en poterie. Campo.
6 Outil pour lisser la poterie.
7 Pipe en terre utilisée avec un tuyau en os de lapin ; modèle d'un ancien type fabriqué à La Jolla.
8 Bâton utilisé pour tuer les lapins.
9 Jeu de bâtonnets pour les femmes.
10 Demi-jupe de jeune fille, en écorce de sureau retenue par une cordelette ; portée avec une seconde, placée devant ou derrière ; modèle de style démodé. Mesa Grande.
11 Chapeau de femme en vannerie. Campo.
12 Couverture ou robe de cérémonie en peaux de lapin tressées. San Felipe.
13 Panier tressé ajouré.
14 Brosse en fibres de yucca pour balayer les meules à grain.
15 Plat en poterie peinte.
16 Plat en poterie.
17 Sac en corde utilisé par les femmes pour transporter des objets. San Felipe.
18 Sandales en fibres de yucca. Manzanita.
19 Longe en crin de cheval. Campo.
20 Panier utilisé par les hommes. La Jolla.
21 Coiffe en filet ornée de plumes d'aigle, utilisée pour la Danse de l'Aigle.
22 Jeu de bâtonnets. Mesa Grande.
23 Baguette utilisée par le chaman pour jeter des sorts à l'ennemi, mais aussi pour guérir. Dans le manche en bois se trouve un projectile en pierre daté d'environ 1 500 ans avant J.-C.

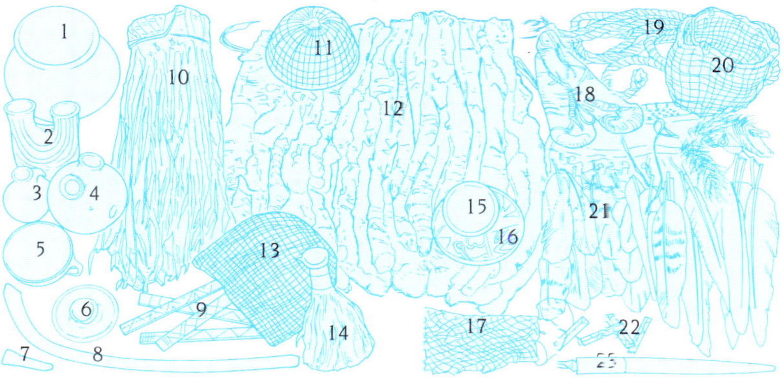

« Les Blancs et leur gouvernement s'emparèrent de terres qui appartenaient aux Indiens et en limitèrent l'accès. Le premier gouverneur [...] reconnut le droit à la terre pour les indigènes, mais ses successeurs nièrent que les Indiens aient jamais eu quelque droit. »

LA COTE NORD-OUEST

La côte Nord-Ouest, dont le climat est tempéré, offre un large éventail de ressources alimentaires. Sur cette étroite bande de terre qui, du fleuve Columbia, longe le littoral de la Colombie britannique jusqu'au sud de l'Alaska se sont développées des cultures distinctes, très proches sur certains points et très éloignées sur d'autres. A l'origine, chaque religion était fondée sur une intense vie spirituelle, dont les pratiquants étaient doués d'une extraordinaire énergie créative qui s'exprimait à travers des danses, des chants, de nombreuses légendes et des spectacles d'une haute portée philosophique.

Plusieurs familles linguistiques se partagent cette partie de la côte du Pacifique, chacune étant dotée de ses propres subdivisions ou d'un dialecte spécifique. En l'absence de grandes unités politiques, hormis celle du village, les différentes cultures sont communément regroupées par unités linguistiques. Le sud de la côte, incluant le littoral et l'île de Vancouver, est la patrie des Salishs de la Côte. Sur la côte ouest de l'île de Vancouver vivent les Nuu-chah-nulths, autrefois appelés Nootkas, nom qui leur avait été donné par le capitaine Cook. Ils sont étroitement liés aux Makahs, à l'extrémité de la péninsule Olympia, dans l'État de Washington, et la frontière nationale qui les sépare est relativement récente dans l'histoire de la région. Les villages des Kwakiutls du Sud sont situés dans la partie nord-est de l'île de Vancouver et sur le littoral de cette région. Des « rameaux » des Kwakiutls du Nord, qui diffèrent de ceux du Sud par leur langue et certains traits culturels, vivent dans la partie centrale de la côte de la Colombie britannique. La langue de leurs voisins bellas coolas est apparentée à celle des Salishs ; à

Intérieur de la demeure d'un chef tlingit, dans le village de Klukwan, vers 1895. Le panneau du fond, peint et gravé, appelé « Mur de pluie », illustre le contenu symbolique de l'art des Tlingits.

l'origine, ceux-ci, venus du Sud, adoptèrent quelques coutumes culturelles des peuples du centre de la Colombie britannique. Le long de la côte et entre les embouchures des fleuves Nass et Skeena se trouvent les villages des Tsimshians. Les îles de la Reine-Charlotte sont la patrie des Haidas. Grâce à la parfaite navigabilité de leurs grands canoës en cèdre, ceux-ci sont loin d'être isolés. Il y a quelques siècles, un groupe haida se déplaça plus au nord et s'installa dans la partie sud de l'actuelle île du Prince-de-Galles, en Alaska. On les appelle aujourd'hui Kaiganis Haidas, mais ils ont gardé des contacts avec leurs proches des îles de la Reine-Charlotte, car, ici encore, la frontière nationale est aussi récente qu'arbitraire. Les Tlingits occupent la côte sud-est de l'Alaska, un certain nombre s'étant également installés à l'intérieur des terres de la province de la Colombie britannique. Ce chapitre mettant l'accent sur les XVIIIe et XIXe siècles, nous emploierons le plus souvent le temps passé, mais il faut savoir que les Indiens de la côte Nord-Ouest vivent aujourd'hui encore dans la région, et qu'ils ont préservé leur vie culturelle et politique.

Ces peuples jouissaient d'un environnement naturel relativement favorable par rapport à beaucoup d'autres régions d'Amérique du Nord. Si toute cette contrée était battue par les vents et la pluie, seule sa partie nord connaissait des hivers glacials, avec de fortes chutes de neige. Lors de la migration, les saumons constituaient une véritable manne, tandis que d'autres espèces de poissons, des coquillages, des mammifères marins, des plantes, des racines et des baies complétaient cette nourriture, palliant même, parfois, les années où ce poisson n'était pas abondant. Mais si les Indiens purent tirer avantage de ces ressources, c'est surtout parce qu'ils développèrent un savoir hautement spécialisé et qu'ils fabriquèrent des outils particulièrement performants pour les obtenir et pour les transformer[1]. Les produits récoltés en été étaient conservés pour être consommés l'hiver. Ainsi, à l'instar des peuples agricoles, ils

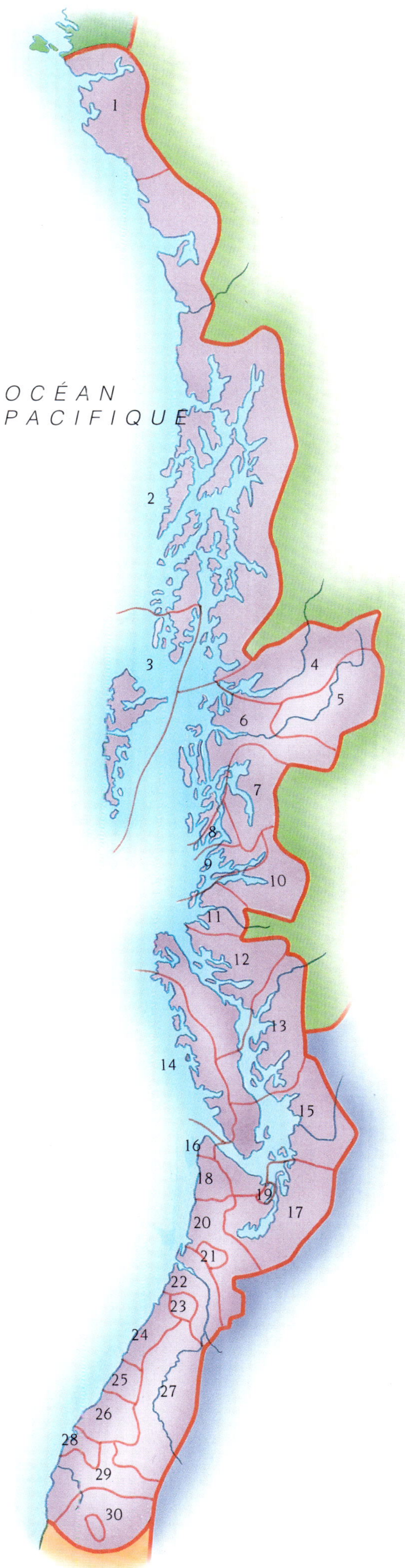

Cette carte montre les territoires approximatifs des tribus et groupes linguistiques, au début du XIXe siècle. Par la suite, toutes les tribus perdirent leurs terres.

Tribus du Nord-Ouest
1 Eyaks
2 Tlingits
3 Haidas
4 Nishgas
5 Gitskans
6 Tsimshians
7 Haislas
8 Haihais
9 Bellas Bellas
10 Bellas Coolas
11 Oowekeenos
12 Kwakiutls
13 Salishs de la côte Nord
14 Nuu-chah-nulths (Nootkas)
15 Salishs de la côte centrale
16 Makahs
17 Salishs de la côte Sud
18 Quileutes
19 Chemakums
20 Salishs de la côte Sud-Ouest
21 Kwalhiokwas
22 Chinooks
23 Clatskanies
24 Tillamooks
25 Alseas
26 Siuslaws
27 Kalapuyas
28 Coos
29 Athapascans
30 Takelmas

n'avaient pas besoin de partir en quête de nourriture à la mauvaise saison, ce qui leur permit de bâtir des villages permanents.

En raison de son environnement, cette région faisait vivre une population relativement dense, en comparaison des autres régions du continent au nord du Mexique. Bien qu'il s'agisse d'une spéculation, comme souvent lorsqu'il est question de chiffres, on a estimé qu'environ 46 700 Indiens peuplaient en 1835, le littoral de la Colombie britannique[2]. En revanche, l'estimation de 12 000 autochtones, en 1880, dans le sud-est de l'Alaska, assurément en régression, accuse les dégâts causés par l'importation des maladies européennes lors de l'arrivée des Blancs[3].

Traditionnellement, les Indiens étaient disséminés dans de nombreux villages, toujours situés le long de la côte et sur les fleuves. Souvent, plusieurs familles étendues (par opposition à la famille nucléaire) vivaient ensemble dans de grandes maisons communes alignées le long du rivage. Ces villages permanents étaient habités pendant plusieurs générations, et leurs occupants ne les quittaient que temporairement, pour la chasse, la pêche, le commerce, ainsi que pour certaines activités sociales et pour les raids de guerre. Le village constituait la principale unité politique, et ses habitants s'identifiaient en tout premier lieu à cette autorité.

Les villages étaient toujours construits le long de cours d'eau, ou bordaient la côte. Outre la nourriture, la mer fournissait toutes sortes de matériaux, utilisés pour la confection de vêtements et d'outils : peaux de mammifères marins, os, vessies et tendons. Les grandes forêts humides étaient également vitales pour les cultures. Les arbres, en particulier le cèdre, servaient à la construction des grandes bâtisses pluri familiales, des robustes canoës et d'un grand choix d'objets utilitaires et cérémoniels[4]. Les femmes tiraient parti de l'intérieur de l'écorce du cèdre, de même que de ses racines et de celles de l'épicéa, pour tresser des capes, des tapis, des cordages et des paniers tout à fait fonctionnels. Certains de ces paniers étaient tressés si serré qu'ils pouvaient parfaitement contenir de l'eau[5].

L'océan jouait également un rôle primordial dans les déplacements : les zones côtières, très accidentées, étaient en effet souvent peu praticables, et l'on avait alors recours à la navigation. Dans ce domaine aussi, l'habileté technologique des Indiens leur permit de tirer le meilleur parti de ce mode de locomotion. Ils construisaient de grands canoës dont la largeur était appréciable, grâce à la technique de la vapeur ; celle-ci était obtenue en versant de l'eau dans le fond de l'embarcation et en y plongeant des pierres brûlantes. Un parfait équilibrage des flancs assurait la stabilité requise. Cette technique témoignait d'une excellente maîtrise du travail du bois. Vitaux pour la pêche et la chasse, ces canoës l'étaient aussi pour toutes les communications intertribales : des habitants du sud-est de l'Alaska auraient même longé la côte jusqu'en Californie, pour y commercer, et certaines traditions orales des Haidas évoquent des expéditions sur Hawaii, bien que l'archéologie n'ait pas encore corroboré ce dernier point.

La région se peupla probablement peu après le recul des glaciers, découvrant le littoral, entre 9 000 et 13 000 ans avant J.-C. La terre et la mer se modifièrent encore pendant quelque temps avant d'atteindre la configuration que nous connaissons. Nomade dans les premiers temps, la population développa des techniques de conservation, au fur et à mesure que la faune et la flore commençaient à ressembler à celles de l'ère actuelle, permettant de bâtir des villages permanents. L'archéologie laisse penser que les traits culturels des époques récentes étaient déjà très marqués il y au moins 1 500 ans, et probablement avant[6]. Aucunement isolés, les Indiens de la côte Nord-Ouest commerçaient avec les autres nations des côtes et de l'intérieur bien avant l'arrivée des Européens, avec lesquels les contacts débutèrent réellement dans le dernier quart du XVIIIe siècle. Et, si cette rencontre est souvent considérée comme le début de la période historique, la tradition orale des Indiens de la côte Nord-Ouest est cependant riche d'une histoire remontant à des temps beaucoup plus anciens.

Les liens familiaux étaient importants sur toute la côte Nord-Ouest. Chacun était étroitement lié à sa famille et à sa lignée, tandis que le rang et le pouvoir politique étaient souvent héréditaires. Chaque lignée possédait ses privilèges, allant du droit de pratiquer certaines danses à celui de disposer des ressources d'une zone géographique donnée. Presque partout, on rencontrait plusieurs classes sociales : les nobles, la basse classe et les esclaves captifs de guerre, obtenus par la force ou le trafic[7].

Au nord, les sociétés tlingit, haida et tsimshian étaient matrilinéaires, les enfants héritant de leur mère. C'est ainsi qu'à un chef pouvait succéder le fils de sa sœur, plutôt que son propre fils, et que les garçons étaient souvent formés par leurs oncles maternels. Dans ces sociétés matriarcales, la structure sociale, fondée sur la parenté, était particulièrement importante. Chez les Tlingits, par exemple, il existait deux groupes héréditaires fondamentaux, appelés « moitiés » : les Corbeaux et les Loups (ou, parfois, Aigles). Chaque membre de la société appartenait aux uns ou aux autres et ne pouvait épouser qu'une personne de la moitié opposée. Du fait de la filiation matrilinéaire, les enfants appartenaient donc toujours à la moitié de leur mère, différente de celle de leur père. Chaque moitié était elle-même divisée en plus petits groupes, que les anthropologues appellent clans. Les Corbeaux étaient constitués de vingt-sept clans[8]. A l'intérieur du village, il pouvait y avoir un chef par clan. Beaucoup de ces clans avaient des ramifications dans plusieurs villages, mais l'autorité restait locale. L'organisation sociale des Haidas et des Tsimshians était identique, et l'on trouvait aussi quelques clans chez les Kwakiutls du Nord[9].

Chez les groupes de la côte centrale (Kwakiutls du Sud, Nuu-chah-nulths, Bellas Coolas et Salishs de la Côte), les enfants héritaient des deux parents, et les relations familiales et de parenté y étaient toujours aussi importantes. Comme dans le Nord, les familles alliées avaient des chefs reconnus, qui donnaient leur avis, entre autres, en matière d'utilisation des biens et de mariage[10].

Tout le long de la côte, les relations entre les différents groupes de parenté étaient essentielles, sur les plans politique et économique. Ces liens étaient consolidés par le commerce et, souvent (comme en Europe), les mariages aidaient à promouvoir les relations entre plusieurs cellules familiales ou entre villages[11].

Des rassemblements cérémoniels permettaient également de développer et de renforcer ces liens. Aujourd'hui, on les désigne en utilisant le terme

CI-DESSUS *Intérieur d'une habitation en planches tlingit, Sitka, Alaska. Les vêtements et les ustensiles en métal trahissent le contact avec les Blancs, mais l'intérieur est typique de la région.*

CI-DESSOUS *Village tlingit en Alaska, vers 1883. La disposition de ses maisons, légèrement au-dessus du niveau supérieur des marées ou de la crue des fleuves, est tout à fait typique.*

potlatch, issu du jargon commercial chinook et signifiant « donner »[12]. La nature et les objectifs de ces cérémonies revêtaient en fait une extrême diversité. C'étaient des institutions complexes, à composantes aussi bien sociales que culturelles, spirituelles, économiques et politiques. En raison de leur diversité sur la côte et de la complexité des cérémonies elles-mêmes, il est difficile de les décrire sans en réduire la portée.

Pour résumer, le potlatch était parrainé par un hôte ayant réservé de la nourriture et des biens matériels spécialement pour cette occasion. Les invités étaient des alliés, d'autres groupes ou d'autres villages. La cérémonie pouvait durer plusieurs jours, voire plus longtemps. Pendant le potlatch, l'hôte mettait en valeur certains droits et prérogatives. Ces privilèges pouvaient, par exemple, inclure le droit de prendre le nom, l'autorité ou toute autre prérogative héréditaire d'un proche récemment décédé. Dans d'autres cas, il s'agissait, à l'intérieur d'une cellule familiale, de transmettre certains privilèges aux jeunes générations, ce qui s'exprimait au travers de danses, de chants, de discours, et par le déploiement de réalisations artistiques[13].

Les invités d'autres familles ou villages assistaient à cette transmission de droits comme témoins. Leur hôte les nourrissait substantiellement et leur offrait des cadeaux qu'il avait réservés pour la circonstance. Si les victuailles et les cadeaux étaient acceptés, c'était le signe que les invités approuvaient les droits de l'hôte aux privilèges qu'il revendiquait au cours du potlatch. Ces témoins étaient en effet payés pour reconnaître ces droits en public, et pour maintenir la mémoire du potlatch. On se transmettait l'histoire des potlatchs auxquels on avait participé, créant ainsi une mémoire collective de l'événement et de la prodigalité de son organisateur. Ce système de témoignage, de mémoire collective et de transmission orale fonctionnait de façon si efficace qu'il rendait quasi inutile tout langage écrit.

Les potlatchs étaient, donc, extrêmement importants pour l'acquisition du rang social et des responsabilités. Ils étaient également vitaux pour la transmission de l'héritage culturel de génération en génération, car les jeunes, pendant ces cérémonies, assistaient aux chants et aux danses, toutes expressions artistiques évoquant l'histoire et les légendes de leur famille et de leur peuple. Le potlatch jouait en outre un rôle économique, en faisant circuler les biens de différentes façons. En vue d'un potlatch, l'hôte devait souvent prêter des marchandises, qui lui étaient rendues avec intérêts, à mesure que la date de la cérémonie approchait. Il distribuait ensuite tous ces biens à ses invités, en paiement de leur rôle de témoins. A leur tour, les témoins de haut rang n'avaient de cesse de rendre la pareille par leur propre potlatch, rivalisant avec la générosité de leur hôte, ce qui les conduisait de nouveau à recourir au système de prêt avec intérêts. Le potlatch se trouvait ainsi au centre d'un cycle d'échange des richesses. Et si un hôte pouvait s'en retrouver totalement dépouillé, à la fin de la cérémonie, sa renommée, elle, avait considérablement grandi.

Ces rassemblements avaient lieu en hiver, pendant les mois où la communauté vivait sur les réserves constituées au cours de l'été et de l'automne, et où, libérés de la contrainte de voyager en quête de nourriture, les Indiens avaient du temps à leur consacrer. La vie était ainsi rythmée sur les saisons, chacune donnant lieu à différentes activités économiques, sociales et culturelles.

Toute l'année durant, les peuples de la côte Nord-Ouest libéraient leur expression artistique. Il n'y avait pas de nette démarcation entre « art » et « vie quotidienne », comme il tend à en exister aujourd'hui dans les cultures occidentales. Fonctionnel, l'art de la côte Nord-Ouest servait à l'accomplissement d'une tâche ou à la transmission d'un message, avec des buts allant bien au-delà de l'esthétique ou de la contemplation. Les artistes de la côte décoraient outils et ustensiles de la vie quotidienne, et créaient des œuvres spectaculaires, mettant en scène les armoiries familiales ou celles utilisées pour les danses. Les hommes sculptaient le bois, l'os et la corne, et ils travaillaient aussi la pierre. Les femmes tissaient les fibres végétales et animales, décorant leurs ustensiles, tapis et couvertures de motifs précis. Tandis que presque tous les adultes excellaient à la fabrication d'objets de la vie quotidienne, l'art monumental et rituel était l'affaire de spécialistes. Ainsi les créateurs de mâts totémiques, de masques et autres réalisations apprenaient-ils leur métier auprès de maîtres sculpteurs. Leur compétence leur assurait la réputation et la commande d'œuvres de la part des chefs. Dans la région des Tlingits, il était fréquent

Sitka Jake, un Tlingit, arborant la coiffe et le manteau de la danse chilkat, en écorce de cèdre et laine de chèvre des montagnes tissé par les femmes à partir de motifs peints par les hommes sur un panneau de bois spécial servant de modèle.

Tlingits

Les Tlingits sont une nation et non une entité politique unie. Ils sont établis en bordure du littoral et sur des centaines d'îles avoisinantes, au sud-est de l'Alaska. Il y a trois principaux groupes de tribus tlingits, ou communautés locales, chacune consistant en villages rapprochés où vivent plusieurs clans matrilinéaires. Ces clans disposent de droits territoriaux, et chacun possède plusieurs emblèmes, que les membres dominants exhibent sur les totems frontaux de leurs demeures ancestrales et sur de nombreux objets. Le rang social et le droit d'arborer un emblème étaient attribués lors des potlatchs, au cours desquels l'hôte distribuait des biens à ses invités. Danses et festins incluaient les célèbres manteaux chilkats et les capes aux dessins rehaussés de boutons de nacre, avec, souvent, l'emblème du clan représenté par des motifs appliqués. Lorsqu'elle est connue, l'origine tribale des objets suivants est indiquée, de même que la date de leur collecte (ou de leur entrée au musée).

1 et 23 Cordes d'écorce de cèdre tressée servant de ceinture lors des danses. Hutsnuwu, 1881.
2 Chapeau en bois avec sculpture de castor et anneaux de potlatch. Vers 1883.
3 Cape de danse en cuir décorée de motifs peints, pompons et franges ornées de sabots de cerfs. 1903.
4 Récipient en bois sculpté. Chilkat, 1882.
5 Hochet de chaman en bois Huna, 1884.
6 Ancien couteau de combat à deux lames, martelé à partir d'acier, importé et incrusté d'ormeaux. Sitka, avant 1881.
7 Poignard du Nord, à manche d'os sculpté représentant un ours. Hutsnuwu, 1881.
8 Paire de petites rames de canoë. 1876.
9 Ornement frontal en bois sculpté polychrome, représentant un ours. Haida, Skidegate, 1883.
10 Ornement frontal ; portrait de la fille favorite d'un chef haida. Haida,

Skidegate, avant 1903.
11 Bol peint en bois, rainuré et plié à la vapeur. Sitka, 1884.
12 Cuiller de bois à manche sculpté.
13 Pochette de cuir contenant des bâtonnets de jeu. Chilkat, 1882.
14 Coffret en vannerie, avec couvercle. 1893.
15 Coffret en vannerie, avec couvercle. Sitka, 1882.
16 Couverture chilkat tissée en laine de chèvre des montagnes. 1893.
17 Bandeau de danse en écorce de cèdre tressée et teinte en rouge, avec médaillon d'ormeau. Stikine, 1905.
18 Peigne en corne sculptée. Sitka, 1884.
19 Récipient à nourriture en bois sculpté. Sitka, 1884.
20 Plat en bois en forme de phoque. Hutsnuwu, 1881.
21 Louche en corne de chèvre des montagnes. Sitka, 1874.
22 Cuiller en bois sculpté. Hutsnuwu, 1881.
24 Chapeau en vannerie. Chilkat, 1903.
25 Plat en bois gravé et peint. 1874.
26 Plat en bois sculpté, pour enfant. Stikine, 1876.
27 et 28 Bracelets en argent gravé. Sitka, 1875.
29 Cuiller en bois gravé. Stikine, 1875.

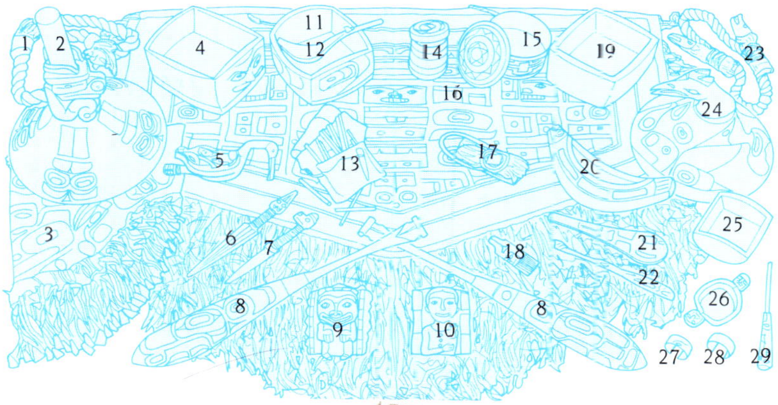

qu'un dirigeant commande une œuvre à un artiste appartenant à la moitié opposée à la sienne[14].

Aujourd'hui, l'art des Indiens de la côte Nord-Ouest jouit d'une renommée internationale, bien que ce terme soit trop souvent associé à l'art linéaire et très structuré des régions du Nord, ou aux splendides masques colorés des Kwakiutls du Sud. Il existe, en effet, une extraordinaire diversité entre les expressions artistiques du nord et du sud de la côte, et il serait plus juste de parler des arts, et non de l'art, des Indiens de cette partie de l'Amérique. Des styles régionaux se sont développés, et l'on peut même déceler des caractères spécifiques à certains villages.

On rencontrait trois principales formes d'expression : le motif bidimensionnel, sous forme de panneaux peints ou légèrement gravés ; la sculpture tridimensionnelle, le plus souvent en bois, et, enfin, la production de vannerie, de tapis, de chapeaux tressés et de textiles. Le décor bidimensionnel apparaît sur une grande variété d'articles. Les pigments étaient à base de minéraux, comme l'ocre rouge et le cuivre associés à un médium d'œufs de poisson ; plus tard, les artistes adoptèrent les pigments du commerce. Des motifs étaient parfois peints sur les façades des maisons et sur les canoës, et, plus souvent encore, sur les grands coffres de rangement, qui pouvaient également être gravés. Les chapeaux tressés étaient aussi enrichis, témoignant d'une collaboration entre artistes féminins et masculins. La plupart du temps, la vaisselle et les bols « à graisse » (huile de flétan essentiellement) en bois, de même que toutes sortes d'ustensiles, étaient ornés (peinture ou gravure). Les objets rituels comme les masques, eux aussi, étaient peints. Ces dessins bidimensionnels précèdent nettement l'arrivée des Européens sur la côte Nord-Ouest : les découvertes archéologiques démontrent que le style très formalisé rencontré au nord de la région s'y est développé il y a au moins un millénaire.

La sculpture tridimensionnelle s'appliquait à de nombreuses réalisations, des outils de bois aux plats de cérémonie, en passant par les masques rituels et, dans certains endroits de la côte, les mâts totémiques, qui font la célébrité de la région. La tradition de cette sculpture remonte à des siècles et peut-être même à un millénaire. Des pièces en pierre, très expressives, retrouvées sur

CI-DESSUS Tlingits *en costumes de danse,* 1895. *Leurs tenues sont faites avec du tissu importé, décoré de perles et de boutons en os et en nacre reproduisant des motifs traditionnels.*

A GAUCHE Huit Tlingits, *dont les trois de gauche portent de précieuses couvertures chilkats et des coiffes à ornement frontal en bois sculpté, ornées de moustaches de lion de mer et d'hermine.*

de nombreux sites datent au moins de 3 000 ans[15]. Il est à peu près certain que les mêmes artistes travaillaient aussi bien le bois, mais, ce dernier se détériorant beaucoup plus rapidement que la pierre, il est moins vraisemblable que l'on en retrouve trace.

Les femmes tressaient et tissaient des paniers, des tapis, des chapeaux, des capes et des tissus. Après les premiers échanges avec les Européens, elles se mirent également à la broderie de perles, aux décorations en tissu appliquées, et elles soulignaient les capes de danse destinées à être vendues de rangées de boutons de perles. Jusqu'à une époque récente, ces formes d'expression étaient trop peu évoquées dans les ouvrages consacrés à l'art des Indiens de la côte Nord-Ouest, alors qu'elles témoignent d'un grand talent et d'une étonnante créativité. Sur les sites archéologiques, la vannerie n'a pas plus subsisté que le bois, sauf circonstances exceptionnelles, mais, là aussi, tout laisse à penser que cette pratique remonte à des milliers d'années.

Chacune de ces trois formes d'art fondamentales variait suivant les régions de la côte. Les dessins bidimensionnels réalisés par les artistes du Nord (Haidas, Tsimshians et Tlingits) étaient complètement différents de ceux des Kwakiutls du Sud, des Nuu-chah-nulths, des Bellas Coolas et des Salishs, au sud. Entre ces deux groupes, les œuvres produites par les Kwakiutls du Nord trahissaient des influences venues du Nord comme du Sud. L'art bidimensionnel des artistes haidas, tsimshians et tlingits répond aux mêmes conventions techniques, à tel point qu'il est extrêmement difficile d'attribuer certaines œuvres à tel ou tel groupe si l'on ne dispose pas de documentation, ou si ces dernières n'offrent pas de caractéristiques précises. Aujourd'hui, on appelle « formes linéaires du Nord[16] » cet art complexe. En simplifiant, ces artistes représentaient des animaux par des séries de signes conventionnels, répartis de façon symétrique. Les contours de base sont curvilignes, les angles droits étant plus rares. Ces formes linéaires varient considérablement en taille, donnant au dessin une dynamique tout en souplesse et en mouvement. Les lignes convergent et divergent de façon à former des motifs se répétant à l'infini. Ainsi, un motif à peu près ovoïde évoque généralement les yeux et les articulations, tandis qu'un dessin en U décrit souvent les oreilles, le museau, les plumes, ainsi que les nageoires et barbillons des poissons et mammifères marins. De telles créations répondaient à des conventions précises : travail et harmonie des formes et cadrage selon le support. Si l'expression personnelle n'était pas le but, chacun possédait son style propre.

Chez les groupes les plus méridionaux, le dessin bidimensionnel, en revanche, était moins soumis à ces conventions, offrant ainsi beaucoup plus de variété. Généralement, il n'est pas difficile de distinguer ces œuvres kwakiutls du Sud, nuu-chah-nulths ou salishs, chacun de ces groupes ayant ses propres exigences esthétiques. Malheureusement, on a peu de renseignements sur l'art kwakiutl du XVIIIe siècle. Au XIXe siècle, les artistes s'attachèrent à des éléments picturaux du Nord et les modifièrent pour créer un style distinct. Les œuvres anciennes des Nuu-chah-nulths, trouvées sur les sites archéologiques par les explorateurs européens du XVIIIe siècle, semblent indiquer une tradition reposant sur des rangées ou bandes de motifs géométriques et une libre utilisation des cercles et des points, avec des courbes suggérant une influence plus septentrionale. Cette tendance ne fit que s'accentuer, chez certains de ces artistes, vers le milieu du XIXe siècle. Dans le dessin bidimensionnel des Salishs de la Côte, les lignes et formes ressemblent beaucoup à celles de l'art du Nord, bien que, là encore, les conventions soient moins respectées, que la gamme des dessins soit plus variée et, enfin, que l'esthétique soit très développée, caractéristiques propres aux artistes de la région. Il est possible que, à une époque très reculée, il y ait eu un style uniforme sur toute la côte, puis que les artistes des différentes régions aient choisi de le modifier de diverses manières[17].

Les styles sculpturaux ne sont pas identiques sur toute la côte. Dans le Nord, où les styles linéaires sont quasi identiques, les styles sculpturaux diffèrent cependant beaucoup d'un groupe

Tlingits en tenue de cérémonie, au cours d'un potlatch à Klukwan, Alaska. L'homme de gauche porte une tunique en cuir peint au décor raffiné sur une chemise. Certains ont le nez percé d'un anneau.

Tlingits

Le style de vie des Tlingits était, et demeure, largement maritime. Les cinq principales variétés de saumon sont pêchées, surtout l'été. Le flétan est pêché au printemps, comme l'étaient autrefois le phoque et la loutre. C'est encore au printemps que l'on chassait le gibier d'eau, tandis que les épaisses forêts, en retrait du rivage, fournissaient baies, racines, cerfs, ours, martres, visons, castors, moutons et chèvres des montagnes. Le style artistique du Nord, présent dans la plupart des objets tlingits, suit certaines règles présidant à la représentation de formes humaines et animales, incluant le décor, par des dessins bidimensionnels d'objets tridimensionnels. Ceux-ci recréent certaines parties du corps de telle façon qu'il est parfois difficile de les reconnaître, et relient les éléments de ces dessins par des contours choisis. La taille de l'objet influe relativement peu. Les lignes et formes sont traitées de la même façon, qu'elles soient gravées ou peintes. Le bois constitue le principal support, suivi de l'os et de l'ivoire. Les incrustations de coquillages sont fréquentes, ainsi que le cuivre.

1 Panier cylindrique tressé. Sitka, 1882.
2 Herminette à lame d'acier et manche en os ; modèle droit typique du sud de la région. Makah (non tlingit), 1876.
3 Boîte en bois à couvercle incrusté d'opercules de coquillages. Sitka, 1884.
4 Pilon en pierre. Sitka, 1884.
5 Boîte en bois gravé à couvercle incrusté d'opercules de coquillages. Hutsnuwu, 1881.
6 Ciseau pour graver le bois. 1901.
7 Couteau de femme. Sitka, 1892.
8 Couteau à poisson. Sitka, 1884.
9 Pilon à poisson, en pierre. Sitka, 1874.
10 et 11 Pilons en pierre. 1876.
12 Robe en peau tannée de caribou blanc. 1901.
13 Labret pour femme. 1900.
14 Broyeur à poisson en bois. Ile de Baranof. Sitka ou hutsnuwu.
15 Panier tressé.
16 Panier tressé. 1890.

17 Fer de harpon et sa ligne. Vers 1890.
18 Chemise en daim. Sitka, 1875.
19 Tambour : peau tendue sur un cerceau de pin. Sitka, 1875.
20 Collier de chaman, à pendentifs d'ivoire gravés. Sitka, 1884.
21 Tube à priser ; os. Chilkat, 1882.
22 Sculpture en pierre. Killisnoo, Hutsnuwu, 1903.
23 Instrument de graveur. 1901.
24 Alêne à manche gravé. Hoonah, 1881.
25 Coiffe de cérémonie en bois. Hoonah, 1881.
26 Cape de chaman, à motifs peints et sonnailles. Sitka, 1875.
27 Masque de chaman. Sitka, 1904.
28 Pipe en bois. Sitka, 1884.
29 Amulette en ivoire sculpté. Sitka, 1882.
30 Masque en cuivre incrusté de coquillages. Yakutat, 1926.
31 Heaume de danse sculpté, peint et orné de touffes de cheveux. Sitka, 1875.
32 Masque-collier en bois servant d'armure, tenue en place par des cordes serrées entre les dents. Sitka, 1874.
33 Armure faite de baguettes maintenues ensemble par des cordes tressées. Hutsnuwu, 1882.
34 Coutea ; lame non indienne. Tlingit 1881.

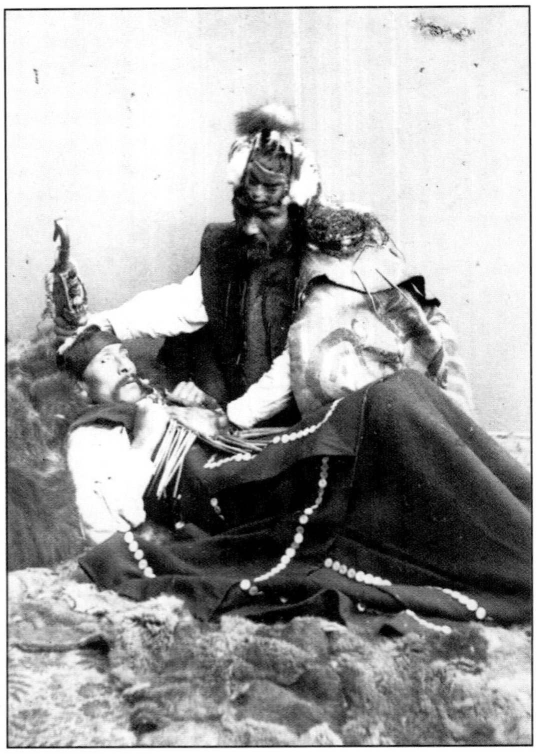

A GAUCHE *Chaman haida et son patient reconstituant une guérison. Le costume des chamans, un tablier ou une grande cape recouverte de signes ésotériques, variait selon l'esprit qui les possédait.*

A DROITE *Johnnie Kit Elswa, un Haida de Skidegate, îles de la Reine-Charlotte, 1886. Ses tatouages, un ours brun sur la poitrine et une roussette sur les avant-bras, se réfèrent à l'histoire de sa famille.*

linguistique à un autre. Les variations sont encore plus grandes dans le Sud, où chaque groupe possède son type distinctif de sculpture et un genre exclusif de masques[18].

Dans toute la région, les femmes excellaient dans le tissage de paniers, tapis, chapeaux et capes en fibres végétales. Le plus souvent, on utilisait l'intérieur de l'écorce et la racine de cèdre, la racine de l'épicéa et des herbacées. Le tissage était la technique la plus répandue, alors que les villages salishs de l'intérieur fabriquaient aussi des paniers tressés. Des brins d'herbes et de fibres, teintés, étaient ajoutés au cours du travail, pour former des motifs décoratifs, généralement géométriques. Les dessins et la forme variaient sensiblement d'une région à l'autre. Au XVIIIe siècle, les Nuu-chah-nulths tissaient des chapeaux coniques caractéristiques, ornés de scènes de chasse à la baleine. Avec leurs proches parents, les Makahs, ils étaient les seuls à pratiquer cette chasse, et leurs chapeaux étaient uniques dans toute la région[19].

Dans certains groupes, en particulier les Salishs de la Côte et les Tlingits, les femmes tissaient également des couvertures avec de la laine. Les premières employaient les poils de petits chiens domestiques comme la laine des chèvres des montagnes, souvent mélangés à des fibres végétales[20]. Les secondes étaient réputées pour leurs fameuses couvertures de danse chilkats, faites en laine de chèvre et en écorce de cèdre. Ces couvertures étaient ornées de dessins élaborés, dans le style linéaire du Nord, recopiant fidèlement un modèle peint par un homme sur un panneau de bois[21]. Lorsqu'elles purent disposer des perles du commerce, celles-ci furent également employées pour les objets rituels.

L'art religieux et monumental jouait différents rôles dans les cultures traditionnelles. A l'instar des styles artistiques, il variait d'une région à l'autre. Au nord, l'art monumental était le plus souvent une représentation héraldique de la lignée de son possesseur. Ainsi, un homme portant un masque d'ours était censé appartenir au clan de l'Ours. Dans une certaine mesure, ces « armoiries » s'apparentaient aux blasons européens, mais elles en différaient toutefois, puisqu'elles pouvaient faire allusion aux expériences que l'ancêtre de celui qui les arborait, fondateur de la famille, avait réellement eues avec un Esprit-Ours.

L'essentiel de cet art fait référence à des temps primordiaux où les frontières entre êtres humains, esprits et animaux étaient beaucoup moins strictes

CI-DESSOUS *Danseurs haidas lors d'un potlatch, à Klinkwan, Alaska, vers 1900. Ces cérémonies complexes, incluant danses et banquets, très importantes pour les Haidas, revêtaient des formes diverses.*

CI-DESSUS *Village bella coola, sur le littoral de la Colombie britannique, vers 1885. On peut voir, entre l'alignement de maisons à façades décorées et les personnages, une série de nasses en osier.*

qu'aujourd'hui. En ce temps-là, des animaux pouvaient épouser des humains et, parfois, les esprits passaient de la forme animale à la forme humaine. Celui qui entrait en contact avec les animaux et les esprits obtenait le droit de prendre un animal comme emblème et de le transmettre à sa descendance.

Ainsi, une œuvre d'art figurant une « armoirie » peut représenter plus qu'une généalogie et raconter l'histoire d'une famille, et attester les droits spécifiques dont elle jouit, grâce aux expériences de ses ancêtres. Cet art rend en effet visibles les droits de la famille, comme pratiquer certaines danses, chanter certains chants, conter certaines légendes et se réclamer d'une histoire ancestrale particulière. Ces droits étaient jalousement préservés, et il était interdit à tout membre de la société d'accomplir une danse ou de chanter un chant qui ne lui était pas attribué.

Ces emblèmes étaient montrés à diverses occasions. Les masques sculptés étaient arborés pendant les danses. On portait sur le front des bandeaux sur lesquels ils étaient dessinés, et, parfois, ils étaient représentés sur les façades des maisons. Mais, sans doute, la forme la mieux connue est-elle encore celle du mât totémique, devenu, aujourd'hui, le symbole de la côte Nord-Ouest. Contrairement à la croyance populaire, ces emblèmes n'étaient pas sculptés partout dans la région ; ils étaient essentiellement l'apanage des Tlingits, des Haidas, des Tsimshians et des Kwakiutls. La question a été posée de savoir si les mâts totémiques existaient avant l'arrivée des Européens, avec leurs outils en acier. Presque tous les chercheurs admettent que cette forme d'art était bien établie avant la venue des Blancs, mais il est probable que l'introduction de leurs outils ainsi que les rituels entraînés par le commerce de fourrures en aient multiplié le nombre.

Il y avait plusieurs types de totems, dont la taille différait selon la fonction. Lorsqu'une personne de haut rang décédait, son successeur ou d'autres membres de sa famille érigeaient souvent un totem en son honneur. Ce mât funéraire pouvait montrer les emblèmes de la famille. D'autres, appelés mâts frontaux, s'élevaient contre la façade d'une maison, arborant les emblèmes de la famille qui y vivait. A l'intérieur, d'autres mâts, plus petits que la plupart des mâts funéraires et frontaux, supportaient les poutres faîtières. Chez certaines tribus, notamment chez les Haidas, les restes des défunts étaient mis dans des cercueils placés au sommet des mâts funéraires. Ceux-ci étaient relativement courts, avec un ou deux emblèmes fondamentaux. Ces sculptures servaient généralement à marquer l'endroit de la sépulture. Des sculptures d'êtres humains, non plantées, ornaient parfois la place du village, principalement sur la moitié sud de la côte, pour souhaiter la bienvenue aux visiteurs[22].

L'érection d'un mât totémique s'accompagnait d'un potlatch. Les invités devaient témoigner que la famille qui dressait le totem en avait le droit. Le potlatch donné pour un mât funéraire était destiné à honorer le défunt et contribuait également au souvenir collectif de l'hommage qu'il avait reçu. Les mâts totémiques étaient commandés à des maîtres sculpteurs réputés pour leurs talents d'artistes. Le coût du mât lui-même et celui du potlatch accompagnant son érection représentaient des sommes considérables.

L'art servait autant à déployer ses emblèmes que sa fortune. En effet, sur la côte Nord-Ouest, la richesse se mesurait aussi bien en termes de droits que de possessions matérielles. Toutes les formes d'art de cette région ne représentaient pas uni-

Mât totémique haida

A DROITE *Traditionnellement, les lourdes poutres des maisons de la côte Nord-Ouest et leur pignon central étaient sculptés et peints. C'est ce qui servit de modèle au mât totémique. Largement répandu au nord de la côte, le mât libre dressé sur le devant des habitations semble être une innovation assez récente, son apogée se situant entre 1850 et 1900. Majestueuse et imposante, chaque figure du totem rappelait l'emblème de son possesseur, de sa famille, ou les péripéties de son histoire.*

Haidas

Le territoire des Haidas comprend les îles de la Reine-Charlotte, en Colombie britannique, ainsi qu'une petite partie de l'Alaska, au nord. L'organisation sociale tradidionnelle est matrilinéaire, avec transmission héréditaire des « grandes maisons » de planches. Il n'y avait pas de structure politique générale, mais un rattachement régional à des groupes de villages. Les emblèmes totémiques étaient reliés aux familles et à certains individus en faisant partie. La plupart étaient des animaux et des oiseaux, mais ils pouvaient aussi évoquer des phénomènes naturels tels que les nuages, l'arc-en-ciel, la tombée de la nuit. C'était une société très hiérarchisée, dont les cérémonies étaient étroitement liées au rang social. Ces rites comprenaient les banquets, les potlatchs et les danses, par lesquels on obtenait ou conservait son rang et son prestige en déployant ses richesses. On servait aux invités des mets recherchés dans une vaisselle d'apparat. Les atours de danse étaient riches et variés, incluant masques et coiffes, ainsi que des instruments de musique spécialisés tels que tambours, hochets et sifflets. Une décoration artistique raffinée et codifiée était mise en valeur, tandis que presque tous les objets usuels étaient décorés, généralement de motifs zoomorphes. Les maîtres de la sculpture et de la peinture jouissaient d'un grand prestige. Leur style, apprécié bien au-delà de la côte Nord-Ouest, est souvent repris par d'excellents artistes. Sauf mention spéciale, les objets présentés ici furent tous collectés entre 1875 et 1884 par le juge James G. Swan, du Territoire de Washington, dans les localités indiquées.

1 Cape de danse ; couverture de laine décorée de boutons de nacre, avec motif en flanelle : orque dont les nageoires dorsales en bois sont fixées sur le tissu. Skidegate.
2 Masque de danse représentant un épervier.
3 Masque de danse représentant une vieille femme. Cumshewa.
4 Coiffe de danse, portée par une femme.
5 Hochet sphérique en bois peints. Skidegate.
6 Masque de danse en bois polychrome incrusté de cuivre, représentant un ours avec un collier en écorce de cèdre.
7 Figurine sculptée et peinte. Sitka.
8 Coiffe pour la Danse du Corbeau. Skidegate.
9 Pipe en bois sculpté. Sitka.
10 Parure de danse, représentant un orque ; tête et nageoires mobiles en bois polychrome reliées à la queue par une pièce de tissu. Skidegate.
11 Plat en bois strié, plié à la vapeur. Skidegate.
12 Double sifflet en bois, pour les danses. Skidegate.
13 Hochet de danse ; bois sculpté et peint représentant un corbeau avec un homme et une grenouille sur le dos, et un épervier sur la gorge. Masset.
14 Grand sifflet de bois reproduisant le cri du démon de la montagne. Skidegate.

Haidas

Dans les temps lointains, les Haidas vivaient du poisson (flétan et saumon notamment), ainsi que des crustacés et des mammifères marins (phoque, marsouin, lion de mer et loutre de mer), de produits végétaux (baies, mais aussi racines, algues, et fibres de sapin du Canada et d'épicéa), d'animaux terrestres (cerf, caribou, castor, ours) et d'oiseaux. Tous ramassaient des coquillages, des œufs d'oiseaux, oiseaux qu'ils chassaient d'ailleurs. Les femmes étaient chargées de la cueillette de tubercules et de baies, d'algues et de matériaux pour la vannerie. Elles préparaient, cuisinaient et conservaient la nourriture, tannaient les peaux, confectionnaient tous les vêtements et la vannerie. Les hommes pêchaient et chassaient les animaux aussi bien aquatiques que terrestres, construisaient les maisons, fabriquaient de grands canoës et réalisaient les sculptures et peintures sur bois. Les chapeaux de vannerie tissés et portés par les femmes étaient décorés de motifs réalisés par les hommes. L'art haida est semblable à celui des Tlingits, Tsimshians et Bellas Bellas, mais la sculpture sur ardoise (argilite) est spécifique aux Haidas.

1 Coffret constitué de cinq plaques d'argilite ; orque sur le couvercle, têtes sur les façades (ours) et les côtés (loups).
2 Plaque d'argilite sculptée, collectée par l'expédition Wilkes, 1841.
3 Plateau en argilite représentant un poisson, fabriqué pour la vente.
4 Cape de danse, couverture bleu foncé avec motif en tissu rouge appliqué, représentant des orques. Skidegate.
5 Pièces de bois sculpté avec incrustations d'os, à motifs européens (peut-être russes), destinées à la vente. Collectées par l'expédition Wilkes, 1841.
6 Plat de cérémonie en bois sculpté et peint, incrusté de coquillages. Collecté par J. J. McLean, 1882. Hutsunuwu, Tlingit.
7 Coupe en corne de mouflon. Collectée par J. J. McLean, 1884. Sitka.
8 Arc et flèche de chef, utilisés lors des danses. Reçus du capitaine Skedans, chef de Kloo.
9 Chapeau en vannerie à décor peint. Masset.
10 Coupe en corne de mouflon, formée

à la vapeur, puis sculptée et incrustée de coquilles d'ormeaux.
11 Coupe en corne de mouflon. Fort Simpson.
12 Chapeau de danse ; bois peint en bleu incrusté de cuivre, avec huit anneaux de potlatch en vannerie.
13 Habit de danse orné de monnaies chinoises, bordé de piquants de porc-épic et frangé de becs de macareux. Skidegate.
14 Chapeau tissé avec de fines fibres de racines d'épicéa. Skidegate.
15 Coiffe de danse en bois sculpté et peint. Skidegate.
16 Coupe en corne de chèvre.
17 Coupe en corne de chèvre, avec effigie de canard. Skidegate.
18 Fer de harpon pour la chasse au phoque, avec son fourreau en bois. Collecté par J. L. Gould, 1884.
19 Plat en bois en forme de phoque. Collecté par L. Curtis, 1881.
20 Panier en racine d'épicéa. Collecté par G. T. Emmons, vers 1892.
21 Massue pour la chasse au phoque, représentant un lion de mer. Masset.

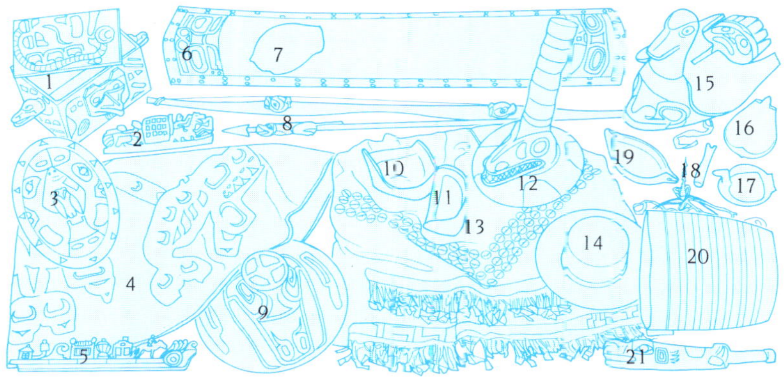

Canoës haidas

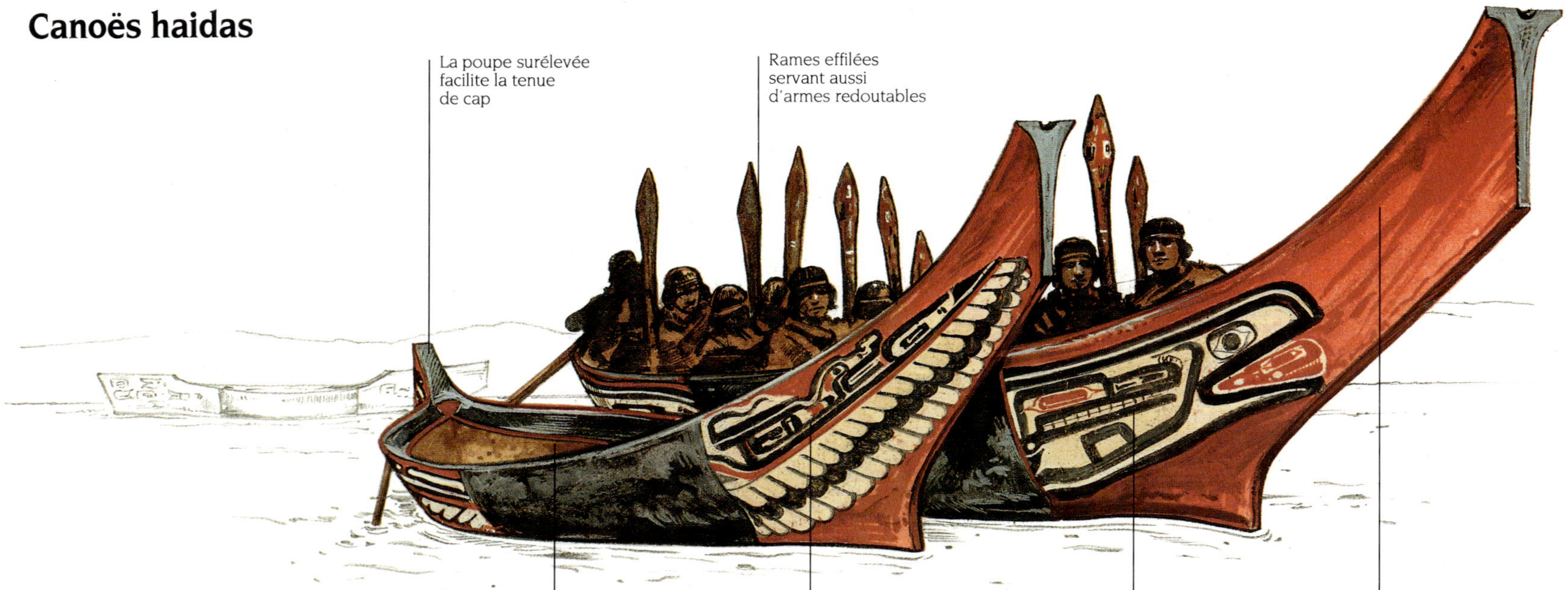

CI-DESSUS *Pour les Haidas, peuple insulaire à vocation maritime, les canoës constituaient un outil essentiel. Construites à partir de troncs de cèdre rouge, ces embarcations étaient parmi les plus belles du genre.*

quement les emblèmes de cette manière : d'autres formes évoquaient également les titres et les privilèges.

Les masques cérémoniels étaient portés lors de danses transmises héréditairement. Le droit à participer à ces danses et à revendiquer la richesse la moins visible de leur héritage s'obtenait exclusivement par initiation. Les splendides masques arborés par les Kwakiutls du Sud et les Nuu-chah-nulths pendant leurs danses sont exemplaires et témoignent de la volonté d'associer des œuvres d'art à ces cérémonies[23].

Les Kwakiutls du Sud sont particulièrement connus pour leurs danses tseykas, ou cérémonies de l'hiver, mieux connues sous le nom de danses hamatsas, qui, elles aussi, sont liées aux relations ancestrales avec les esprits. L'hamatsa, ou initiation, fait revivre les aventures d'un ancêtre ayant rencontré l'Esprit Cannibale Bakhbakwalanooksiwey, qui était accompagné de féroces oiseaux mangeurs d'hommes. Cet ancêtre échappa pourtant au sort qui lui était réservé et rapporta à sa famille le privilège de pouvoir exécuter les danses apprises lors de cet épisode[24].

Pendant ces cérémonies hivernales, les frontières entre les humains et les esprits étaient transgressées, comme l'étaient celles entre présent et passé, et entre ancêtre et initié, celui-ci revivant la rencontre du premier avec l'Esprit-Cannibale. A l'issue d'une période d'isolement, parvenu à un

CI-DESSOUS *Village kwakiutl du sud de Koskimo, Quatsino Sound, île de Vancouver, vers 1880. On voit, sur cette photo, des maisons en planches de cèdre, divers types de canoës ainsi que du matériel de pêche.*

CI-DESSUS *Discours du chef kwakiutl* Ho-Letite, *lors du* Rituel d'Hiver, *vers* 1894. *Sa couverture est sans doute faite d'un tissu rouge d'importation, à motif noir en application et entièrement bordé de boutons d'os et de nacre.*

état sauvage, il retournait chez les siens pendant les rites de l'hiver, où on le domptait et lui redonnait son apparence humaine à l'aide d'une série de danses spécifiques. Graduellement, on rétablissait les frontières entre être humain et esprit, présent et passé, initié et ancêtre.

Pour certaines de ces danses, on portait de grands masques représentant les oiseaux mangeurs d'hommes alliés à Bakhbakwalanooksiwey, sculptés dans le bois, et d'où pendaient de longues fibres d'écorce de cèdre rouge. Par leur épaisseur, ces dernières dissimulaient les mains des danseurs manipulant les cordes qui actionnaient l'ouverture du bec de leur masque, dont le claquement scandait la danse.

Les cérémonies tseykas évoquaient un privilège particulier, réservé à quelques-uns, qui en héritaient et avaient suivi une initiation leur donnant le droit de les exécuter à leur tour. Les œuvres d'art aidaient à retracer ou à revivre les expériences ancestrales qui conféraient ces privilèges aux jeunes générations. Un rite aux fonctions semblables avait lieu chez les Nuu-chah-nulths et les Makahs, qui l'appelaient respectivement klookwana et klookwalli. Au cours de cette cérémonie, les initiés étaient enlevés par des loups surnaturels, et les villageois les aidaient à revenir au moyen de danses.

Lorsque ces efforts avaient abouti, les initiés rentraient et accomplissaient les séries de danses dont ils avaient hérité. Pour certaines, les danseurs portaient des masques à l'effigie du loup ; pour d'autres, ils avaient des coiffes constituées de panneaux peints représentant des profils de loups, ou des figures mythologiques du Serpent-Éclair ou de l'Oiseau-Tonnerre. Pendant le klookwana ou le klookwalli, les frontières entre humain et esprit, présent et passé, ancêtre et initié étaient, là encore, temporairement abolies[25].

Certains Salishs — ceux qui vivaient sur la péninsule d'Olympic, à proximité des Makahs — organisaient aussi des danses de même nature. Chez ceux qui étaient établis en bordure du détroit de Puget, d'autres types de cérémonies ne comportaient pas d'initiation. Il y était néanmoins question de la fluctuation des frontières. Ces rites, appelés cérémonies de l'Esprit-Canoë, avaient une fonction curative. Les chamans, ou les personnes de la communauté investies du pouvoir d'entrer en relation avec les esprits alliés, entreprenaient un voyage dans le monde souterrain où résidaient les âmes des morts. La cérémonie avait pour but de faire accomplir ce trajet par les alliés des chamans, afin qu'ils ramènent l'âme du malade. Au cours du rituel, on utilisait des panneaux en bois et des sculptures servant à invoquer les puissances supérieures et à jeter des ponts au-dessus des frontières entre les humains et les esprits. En raison de

CI-DESSOUS *Village kwakiutl, Fort Rupert, île de* Vancouver, *vers* 1888. *Traditionnelles maisons de planches sans fenêtres, dont une à façade peinte (à gauche), et plusieurs mâts totémiques.*

Kwakiutls

Le kwakiutl est parlé par une trentaine de tribus répertoriées (dont l'une est elle-même appelée kwakiutl), au nord-est de l'île de Vancouver et sur le littoral adjacent. Aujourd'hui, il y a 15 réserves kwakiutls, chacune dirigée par un conseil indépendant. A l'exception de deux d'entre eux, tous les objets présentés ici furent collectés entre 1897 et 1904 par George Hunt (d'origine tlingit et anglaise), qui fut élevé dans la ville kwakiutl de Fort Rupert, épousa une Kwakiutl et fut un membre actif de cette communauté. Une collaboration de quarante années avec Franz Boas permit la publication d'une somme de documents sur les traditions kwakiutls, dont la langue, la littérature orale, l'art et les rituels complexes qui formaient le pivot de la vie de ce peuple, et qui ont gardé toute leur importance. Les cérémonies religieuses donnent lieu à d'impressionnants spectacles, donnés par des danseurs masqués, où chants et discours mettent en scène les mythes ancestraux des familles.

1 Masque-Corbeau de danseur hamatsa pour le Rituel d'Hiver. Nakwoktak.
2 Masque de l'Aube lumineuse. Koskimo.
3 Masque représentant la rotule d'un grizzly. Koskimo.
4 Masque-Soleil. Kwakiutl.
5 Collier en écorce de cèdre, porté lors du Rituel d'Hiver par un initié hamatsa partiellement soumis.
6 Couronne de cèdre rouge portée par un initié hamatsa partiellement soumis. Kwakiutl.
7 Cape de femme; écorce de cèdre jaune tressée. Nakwoktak.
8 Ornement nasal. Kwakiutl (collecté par Boas).
9 Bourse de jeune femme en écorce de cèdre. Tsawatainuk.
10 Sac fait en vannerie. Kwakiutl.
11 Cuiller en corne de chèvre des montagnes. Kwakiutl.
12 Cuiller en bois. Kwakiutl.
13 Hache de *nutlmatl*, ou « danseur fou », lors de la cérémonie hamatsa.

Tsawatainuk.
14 Hochet à effigie hamatsa. Koskimo.
15 Massue pour la pêche au flétan. Kwakiutl.
16 Coin pour fendre le bois. Kwakiutl.
17 Seau. Kwakiutl.
18 Gobelet pour l'épouse du chef. Koskimo.
19 Plat de cérémonie pour manger des baies bouillies ou des pommes sauvages. Koskimo.
20 Plat pour la fille du chef. Kwakiutl.
21 Poignard d'acteur personnifiant Dzoonokwa, géante surnaturelle.
22 Boîte à ouvrage de jeune fille. Kwakiutl.
23 Hochet en forme de crâne. Koskimo.
24 Peigne en bois. Kwakiutl.
25 Masque-Corbeau de danseur hamatsa.
26 Grenouille-marionnette utilisée lors du Rituel d'Hiver. Koskimo.
27 Plat pour servir le saumon séché. Koskimo.
28 Maquette du plat de cérémonie de 5 mètres, associé à la géante Dzoonokwa, lors du Rituel d'Hiver.
29 Masque pour le tlasula, dit Danse de l'Été ou de la Fouine.
30 Masque-Guêpe. Tsawatainuk.
31 Herminette. Collectée en 1881 par I. W. Powell.

Vannerie kwakiutl, 1850

Une femme et sa petite-fille travaillent, assises sur la plate-forme surplombant la plage devant un village kwakiutl. Un canoë a été remonté (à droite), et du poisson est mis à sécher sur des râteliers, en bas. Les habitations aux façades peintes, avec leurs mâts totémiques (dont un à bec articulé en guise de porte), ressemblent à celles du village d'Alert Bay. Tous les personnages présentent un crâne intentionnellement déformé, résultat de la pression, durant l'enfance, des paquets que l'on voit sur le bébé dont le berceau est balancé par l'orteil de la femme. Ses boucles d'oreilles sont en coquilles d'ormeaux et son chemisier est en calicot importé. Toutes deux portent des jupes en lanières d'écorce de cèdre et des capes tissées avec l'intérieur de l'écorce, et bordées de fourrure de loutre de mer. Les brins d'écorce servant au tressage des paniers sont assouplis dans l'eau conservée à l'intérieur du seau en bois.

A DROITE *Des Kwakiutls sont rassemblés autour d'un tas de couvertures, lors d'un potlatch qui fut photographié à Fort Rupert, avant 1895. Interdits par le gouvernement canadien en 1884, les potlatchs demeurèrent illégaux jusqu'en 1951.*

leurs pouvoirs considérés comme redoutables, ces objets étaient cachés hors du village tant qu'on ne les utilisait pas[26].

L'art des Salishs de la Côte se réfère souvent à des alliés individuels, jusque dans les objets utilitaires. Il existait aussi un style de masque particulier, notamment en Colombie britannique. Appelé masque de Sxwayxwey, celui-ci était porté lors d'événements privés, tels que naissances, mariages, décès, et pour d'éventuels changements de noms. Contrairement aux autres masques de cette région, les yeux de celui-ci étaient cylindriques et proéminents. On y trouvait également souvent des sortes de « jeux visuels », le dessin d'un oiseau étant introduit à l'intérieur d'un personnage mythique[27].

Cette technique, très courante tout au long de la côte, mérite d'être décrite. Dans les « jeux visuels », les parties du corps d'un animal se dédoublent pour devenir celles du corps d'un autre animal ; ainsi, les ailes d'un aigle peuvent aussi représenter la nageoire pectorale d'une baleine, permettant à l'artiste de suggérer un caractère commun aux deux[28].

Une fois encore, cette technique implique des frontières très souples. Deux présences peuvent occuper la même place au même moment, comme un danseur peut exister dans le passé et le présent au même instant.

La forme d'art que l'on vient d'évoquer concernait essentiellement les initiés qui avaient obtenu le droit de pratiquer certaines danses et de revendiquer certains privilèges liés à l'hérédité, mais cet art rituel était également pratiqué par les chamans, ou hommes-médecine. Ceux-ci détenaient le pouvoir de transcender les frontières entre les hommes et les esprits, et d'entrer en contact direct avec ces derniers. Ces facultés leur permettaient de guérir les malades et de prévoir les événements. Tout chaman possédait son esprit allié ou un groupe d'alliés, et sa panoplie personnelle d'objets rituels l'autorisait à faire appel aux pouvoirs de ces alliés. En raison de leur puissance, les chamans étaient enterrés à l'écart du village, avec leurs objets d'art.

Sur la côte Nord-Ouest, l'expression artistique et rituelle était liée à tous les aspects de la vie. Les objets utilitaires étaient décorés, tout comme les objets cérémoniels. L'art était fonctionnel et pre-

CI-DESSOUS *Guerriers swinomishs mettant un canoë à l'eau. Creusé dans le tronc d'un cèdre, il devait mesurer 15 mètres de long. La forme de sa proue et de sa poupe augmentait sa stabilité par mer agitée.*

nait souvent la place d'un langage écrit transmettant la généalogie et la mémoire historique. De même, les rites prolongeaient l'expérience des ancêtres, tout en consacrant les privilèges héréditaires. Certains objets d'art symbolisaient et facilitaient le pouvoir des chamans à franchir les frontières entre êtres humains et esprits, et à faire appel aux puissances surnaturelles. En dépit d'une forte oppression culturelle de la part des Euro-Américains, qui, au XIXe siècle, s'opposèrent au cérémonial indigène, nombre de rites ont survécu et sont toujours pratiqués.

La première mention d'un contact entre les Indiens de la côte Nord-Ouest et les Européens remonte à 1741, quand le navire de l'explorateur russe Chirikov mouilla au sud-est de l'Alaska, près de l'actuelle Sitka. En 1774, c'est l'Espagnol Juan Perez qui accosta sur les îles de la Reine-Charlotte et y traita avec les Haidas. Une autre expédition espagnole eut lieu en 1775, suivie de celle du capitaine James Cook, en 1778[29].

Les Indiens de la côte Nord-Ouest étaient habitués à commercer avec les autres groupes indigènes, et les produits qu'apportaient les Européens les intéressèrent. Durant les premières années d'échange, leur demande en acier, les lames en particulier, était élevée. De leur côté, les Indiens fournissaient de la nourriture et des fourrures, principalement celle de la loutre de mer, que les hommes du capitaine Cook vendirent à prix d'or en Chine.

Cette information se propagea en 1784, lors de la publication du livre de bord de cette expédition, et, aussitôt, des investisseurs financèrent l'envoi de navires de commerce vers la côte Nord-Ouest. En peu de temps, la région devint un centre d'affaires extrêmement prospère entre l'Europe et la côte est des États-Unis, les Indiens se livrant à un commerce intensif de la peau de loutre. Vers 1820, ces petits mammifères marins avaient pratiquement disparu.

Ce trafic maritime affecta la vie des indigènes de diverses manières. De violents incidents étaient fréquents : les navires étaient, en effet, toujours armés de canons, et, lorsqu'un malentendu survenait, du fait des différences de cultures ou de langues, l'une ou l'autre des parties pouvait déclencher l'affrontement. De plus, les Blancs apportèrent et répandirent des maladies telles que la variole, qui firent des ravages chez les Indiens dont les défenses immunitaires étaient faibles. Quant à l'importation des armes à feu, on ne sait pas exactement dans quelle mesure elle a contribué à augmenter le nombre de morts dans les guerres intertribales.

Le trafic des fourrures, source d'un grand apport de biens matériels, fut plus positif pour les Indiens, mais sur une courte période seulement. Cette nouvelle richesse favorisa la vie culturelle et rituelle des sociétés indiennes : il y eut probablement plus de potlatchs et de cérémonies religieuses dans la décennie qui suivit le début du commerce des fourrures qu'auparavant. Les trafiquants de fourrure étaient pour la plupart de passage ; ils ne s'approprièrent donc pas les ressources des Indiens, tant que ceux-ci furent en mesure de leur fournir ce qu'ils voulaient, et ne cherchèrent pas à changer leur vie économique ou culturelle. Si ce commerce a pu contribuer à bouleverser les structures sociales en donnant accès aux richesses à une plus large tranche de population, il n'a pas atteint la culture indigène et, d'une certaine manière, il l'aurait même plutôt favorisée[30].

CI-DESSUS *Culchillum, un Salish de la côte centrale, par Paul Kane (1847). Son bonnet de guérisseur est frangé de bandes de fourrure d'hermine et orné de piquants, avec deux plumes d'aigle fixées au sommet.*

La situation changea quand des colons européens et euro-américains vinrent s'installer dans la région : ils entendaient y résider en permanence et ils cherchèrent à s'emparer de terres appartenant aux Indiens, vitales pour ces derniers. Ces changements advinrent à divers moments et en des endroits différents de la côte. A l'exception de la région de Sitka, où les Russes possédaient la colonie de New Archangel, les non-indigènes n'exercèrent pas de pression sur les Indiens du sud-est de l'Alaska, jusqu'à la cession de leur contrée aux États-Unis, en 1867. Celle-ci, en revanche, se fit sentir quelque temps plus tôt en Colombie britannique, l'Angleterre ayant encouragé, dès 1849, la colonisation de l'île de Vancouver, afin d'empêcher les États-Unis de la revendiquer. Puis, dans les années 1850, plusieurs traités furent conclus avec les Indiens, avant la création de réserves, qui s'effectua sans aucune négociation. Les colons et leur gouvernement s'emparèrent de terres appartenant aux Indiens tout en leur en limitant l'accès. Des canonnières patrouillaient le long du littoral, prêtes à bombarder les villages au moindre signe d'insurrection. Le premier gouverneur, James Douglas, avait reconnu les droits territoriaux des indigènes, mais ses successeurs nièrent que les Indiens aient jamais eu quelque droit, qu'ils aient pu prétendre à quoi que ce fût. A l'aube des années 90, le problème des terres indiennes en Colombie britannique n'est toujours pas résolu[31].

Dans le sud-est de l'Alaska, la situation fut quasi identique. Aucun traité ne fut négocié, et aucune réserve ne fut concédée, sauf une, créée après qu'un groupe tsimshian de Colombie britannique eut suivi, en 1887, le missionnaire William Duncan et eut traversé la frontière. De 1867, date de la cession de l'Alaska aux États-Unis, à 1877, l'armée américaine stationna dans le sud-est de l'Alaska; en 1879, elle fut remplacée par des canonnières de

CI-DESSOUS *On voit, sur cette photo, l'influence qu'ont eue les Blancs sur les Salishs de la côte Sud (Puyallup). Leur vie fut bouleversée par l'arrivée de non-Indiens sur leurs terres.*

la marine. Dans les années 1870, des industriels commencèrent à affluer dans la région, pour y établir des conserveries et des exploitations minières. Des Indiens y furent employés à des salaires relativement bas et, de surcroît, ils furent obligés de quitter leurs villages, car ces établissements en étaient souvent très éloignés. La question territoriale du sud-est de l'Alaska fut réglée en 1959, d'abord sur un site, après de nombreuses années de pressions, puis, pour l'ensemble de l'État, par la signature de l'Alaska Native Claims Settlement Act, en 1971.

Outre l'arrivée des colons, la côte Nord-Ouest connut celle des missionnaires chrétiens. Depuis le milieu du XIXe siècle, des orthodoxes russes s'étaient manifestés parmi les Tlingits de New Archangel, dans le sud-est de l'Alaska, région qui vit également affluer, dans le dernier quart du siècle, les missionnaires de l'Église catholique romaine, les presbytériens et les quakers, alors que, en Colombie britannique, les Églises catholique romaine, anglicane et méthodiste étaient représentées dès le milieu du siècle. S'ils dispensaient l'enseignement religieux, ces missionnaires créaient aussi des écoles pour les enfants et les adultes. Certains, comme William Duncan, établirent des « villages modèles », totalement isolés des villages existants, où les Indiens vivaient dans des maisons à l'européenne et acceptaient de renoncer à l'expression de leurs traditions culturelles, tel le potlatch[32].

Les Indiens de la côte réagirent de diverses façons envers ces missionnaires. Beaucoup furent intéressés par leur enseignement, notamment l'apprentissage de l'anglais et d'autres disciplines pouvant les aider à survivre au sein de la société euro-américaine qui se développait autour d'eux. A mesure que les Blancs s'appropriaient leurs terres et que les industries s'emparaient des eaux poissonneuses et des ressources alimentaires, les Indiens pouvaient difficilement maintenir leur style de vie traditionnel, et il devenait indispensable qu'ils soient capables de travailler comme salariés[33]. Les missionnaires pouvaient leur permettre d'acquérir les connaissances nécessaires pour ce faire et les préparer à évoluer dans une société où les Blancs étaient prêts à les exploiter. Bien que l'on accuse souvent les missionnaires d'avoir eu une attitude paternaliste, condescendante et qui a pu paraître, parfois, dictatoriale, ils s'attachaient réellement à organiser la survie des Indiens et, à cette époque, croyaient sincèrement qu'ils pouvaient les aider.

Certains missionnaires et responsables du gouvernement, toutefois, ne se limitèrent pas à enseigner l'anglais. Affirmant que les traditions indigènes étaient des plus « païennes » et totalement dépravées, ils firent campagne pour empêcher les Indiens de maintenir leurs expressions culturelles et de transmettre cet héritage aux jeunes générations. Ils séparèrent de force les enfants de leurs familles et de leurs communautés, afin de les élever dans des établissements scolaires où on les punissait sévèrement s'ils parlaient leur langue ou s'ils persévéraient dans la pratique de leur culture.

En Colombie britannique comme dans le sud-est de l'Alaska, le potlatch fut particulièrement visé par les autorités religieuses et politiques, auxquelles il apparaissait comme une menace, pour toutes sortes de raisons. Ne considérant la richesse qu'en termes de possessions matérielles, le fait de distribuer, lors des cérémonies d'hiver,

A GAUCHE *John Hunter, un Nuu-chah-nulth, en costume de danse, vers 1925. Son lourd manteau de peau est probablement peint avec des pigments rouges et noirs. Les collections sont très rarement en possession d'aussi belles coiffes sculptées et peintes.*

CI-DESSOUS *Les effets des importations sur les Nuu-chah-nulths. Le personnage central tient un fusil ; l'homme à sa gauche sur la photo, porte une couverture qui n'est probablement pas de facture indigène.*

Makahs

Les Makahs vivaient dans de grandes maisons en planches, dans cinq villages permanents et semi-autonomes, sur la péninsule d'Olympic ; aujourd'hui, ils vivent principalement à Neah Bay. Les dirigeants et leurs proches parents occupaient le plus haut niveau de la société, et attestaient leurs privilèges en organisant des potlatchs. La pêche à la baleine, activité particulièrement prestigieuse, avait un caractère héréditaire et faisait l'objet d'un rituel. Les longs canoës, qui servaient pour la chasse au phoque et les expéditions commerciales, étaient exportés vers certaines tribus du Sud et de l'Est. Le saumon et le flétan tenaient une grande place dans l'alimentation, de préférence aux mammifères terrestres. Les femmes participaient activement au ravitaillement, par la récolte de baies, de coquillages et de bulbes. Les hommes disposaient d'une technologie complexe pour le travail du bois. Les plats en bois sculpté étaient réservés aux festins des familles dirigeantes. Les femmes faisaient preuve d'un grand talent pour la vannerie. Tous les objets présentés ici furent collectés par le juge G. Swan entre 1861 et 1884.

1 Sangle en fibres tressées, utilisée pour porter des fardeaux sur le dos ; la partie élargie se passait simplement autour du front.
2 Maquette de canoë baleinier, typique des Makahs, avec son harpon, ses flotteurs en peau gonflée et ses figurines sculptées.
3 Hameçon à flétan (essentiellement pêché l'été, de même que le saumon).
4 Arc.
5 Flèches à pointes de laiton.
6 Deux lignes en varech avec leurs flotteurs.
7 Couteau pour ouvrir le poisson.
8 Hochet de danseur, fait de coquilles Saint-Jacques.
9 Courroie en fibres tressées, utilisée, comme en 1, pour porter des charges sur le dos, en passant la partie élargie autour du front.
10 Arc.
11 Carquois en bois et trois flèches.
12 Sac tressé, pour pointes de lance et autres matériels.

13 Coiffe pour danse de guérison; écorce de cèdre, plumes découpées et flanelle rouge.
14 Panier de fantaisie avec pied et couvercle.
15 et 16 Grands napperons, destinés à la vente.
17 Sac en paille tressée.
18 Panier en fibre végétale.
19 Emblèmes sculptés dans une pierre.
20 Bouteille recouverte de racines de cèdre torsadées.
21 Plat de cérémonie en bois sculpté.
22 Coupe en bois en forme de tortue.
23 et 24 Petits napperons en vannerie, destinés à la vente.
25 Petite couverture ; trame faite de duvet entortillé.
26 Panier de fibres végétales.
27 Panier en paille; fait selon trois techniques différentes.
28 Chapeau conique.
29 Chapeau de paille ; imitation d'un modèle non indien.
30 Hochet de chaman surmonté d'une fouine.
31 Hochet de chaman, avec personnage surmonté d'un oiseau.
32 Panier avec couvercle.
33 Bouteille recouverte de vannerie torsadée.
34 Napperon à damier ; écorce de cèdre tressée.

A GAUCHE *Intérieur d'une hutte rituelle chinook, par* Paul Kane (1846). *Elle est faite de planches de cèdre; noter le trou pour la fumée et les fentes entre les planches, afin d'assurer une bonne aération.*

les ressources accumulées en été leur semblait être pur gaspillage. Les agents des Affaires indiennes de Colombie britannique, qui voulaient faire des Indiens des agriculteurs, auraient très certainement préféré voir cet argent consacré à l'achat de matériel d'exploitation et de semences. Les missionnaires déploraient que les enfants soient retirés de l'école, à l'occasion des potlatchs, tandis que les employeurs se plaignaient de ne pouvoir compter régulièrement sur leurs ouvriers à cause de ces cérémonies, pendant lesquelles ils s'absentaient.

La raison fondamentale de l'opposition au potlatch est probablement qu'il maintenait la culture indigène en vie. Il était l'expression d'une religion transmettant leur culture et leur histoire aux jeunes générations. C'était aussi l'expression d'une spiritualité, de systèmes politiques et de privilèges héréditaires qui furent alors ressentis comme menaçants par les religieux comme par les représentants du gouvernement. C'est ainsi que le potlatch finit par être considéré comme la coutume empêchant les Indiens de devenir « civilisés », aux yeux des Blancs, lesquels estimèrent devoir l'interdire afin qu'ils deviennent à la fois des chrétiens mais aussi des citoyens[34] à part entière.

CI-DESSOUS *Intérieur d'une maison chinook, par* Paul Kane (1847), *avec fosse pour le foyer central. La viande est mise à fumer sur la poutre traversant la maison, ainsi que les peaux, pour les imperméabiliser.*

En Colombie britannique et dans le sud-est de l'Alaska, les efforts des nouveaux dirigeants aboutirent, en 1884, à la loi fédérale canadienne proscrivant les potlatchs, qui ne devait être abolie qu'en 1951. Beaucoup d'Indiens, et certains responsables Blancs, protestèrent immédiatement contre cette mesure, mais sans résultat. Bien qu'elles ne fussent pas systématiquement appliquées, les menaces de poursuites, ainsi que les autres formes d'oppressions culturelles qu'ils subissaient, conduisirent les Indiens à cesser d'organiser leurs cérémonies en public. Certains continuèrent à les pratiquer dans la clandestinité, tandis que d'autres se résignaient à les abandonner progressivement.

Dans le sud-est de l'Alaska, si aucune loi ne fut adoptée contre les potlatchs, les missionnaires et le gouvernement exercèrent cependant une pression suffisamment forte sur les Indiens pour qu'ils renoncent à les organiser, ce que certains acceptèrent de bon gré[35].

Ceux-ci estimaient que, avec les modes de vie euro-américains qu'ils avaient adoptés, ils ne pouvaient se permettre de courir le risque lié au maintien de la culture ancestrale, alors qu'ils souhaitaient donner à leurs enfants les moyens de vivre dans un bon niveau de sécurité physique et psychologique. En 1904, de nombreux notables tlingits du sud-est de l'Alaska se soumirent à la requête du gouverneur de ne plus organiser de potlatch[36].

En plus de l'appropriation des terres et de cette oppression culturelle, l'arrivée des Blancs allait porter un autre coup dévastateur aux sociétés indigènes, avec l'introduction des maladies et de l'alcool. Ces fléaux, qui se manifestèrent d'abord par le biais du commerce de fourrures, ne firent que s'amplifier au fur et à mesure de l'installation des colons. Plus les Blancs arrivaient dans la région, plus les maladies sévissaient. La situation était particulièrement grave : en Colombie britannique, en effet, des Indiens de plusieurs villages commençaient à se regrouper en une seule ville, et, si une épidémie s'y était déclarée, toute la région aurait pu être contaminée, sans que l'on ait été en mesure de l'enrayer.

Cela se produisit, d'ailleurs, en 1862, quand un navire de San Francisco apporta la variole à Victoria. Lorsque les Indiens qui campaient en dehors de la ville contractèrent la maladie, les Blancs les expulsèrent. Ils se trouvèrent donc contraints de retourner dans leurs villages, y apportant leurs germes. La terrible épidémie qui s'ensuivit emporta au moins un tiers de la population totale des Indiens de Colombie britannique, et, en certains endroits du littoral, des villages disparurent purement et simplement.

Outre la variole, d'autres maladies extrêmement contagieuses telles que la rougeole, la grippe, la tuberculose et les maladies vénériennes eurent des effets dévastateurs sur les sociétés indigènes, au même titre que l'alcoolisme[37]. Sur un court laps de temps, il est quasi certain que chaque Indien a connu au moins un parent ou un proche atteint de l'une de ces maladies et qui en soit décédé. En raison de ce bouleversement social, les populations se rassemblèrent dans un petit nombre de villages en différents endroits de la côte. Ce désastre

Pêcheur makah. Les harpons destinés à la chasse à la baleine, généralement en bois d'if, mesuraient environ 6 mètres. Une coquille de moule maintenue par un manchon en corne d'élan servait de fer.

accrut grandement l'efficacité des mesures d'oppression culturelle.

Dans les premières décennies du XXe siècle, la libre expression religieuse avait été supprimée, de façon effective, par les Blancs. En Colombie britannique, les Indiens étaient poursuivis en justice s'ils continuaient à pratiquer leur culte. C'était particulièrement vrai pour les populations de la région des Kwakiutls du Sud, qui maintenaient leurs traditions plus activement que la plupart des autres tribus[38]. Cette oppression culturelle, alliée aux autres formes de dévastation que les Indiens devaient sans cesse affronter, réduisit de plus en plus le nombre de cérémonies. Les occasions se faisaient donc beaucoup plus rares d'utiliser l'art traditionnel, et de moins en moins d'œuvres rituelles furent réalisées.

A partir des années 1870, des musées d'Amérique du Nord et d'Europe commencèrent à constituer des collections d'art indien de la côte Nord-Ouest[39]. Les conservateurs croyaient, à tort, que ces cultures ne survivraient pas et voulaient, alors qu'il en était encore temps, établir un témoignage scientifique.

Afin de se doter de collections « représentatives », ils envoyèrent des collecteurs sur la côte Nord-Ouest. Ceux-ci se procuraient des œuvres d'art auprès des populations qui ne les utilisaient plus au cours de leurs cérémonies et avaient besoin d'argent. Très souvent, ces collecteurs pillèrent sans vergogne des œuvres placées sur les sépultures. Ainsi, en l'espace de quelques décennies, une quantité considérable d'objets rituels et de mâts totémiques quittèrent les villages de la côte Nord-Ouest.

Durant cette période, peu d'œuvres rituelles furent créées, sauf chez les Kwakiutls et les Salishs. Quelques artistes produisaient un art destiné à la vente aux touristes et autres amateurs non indigènes. Certaines de ces productions étaient techniquement remarquables notamment les paniers tissés par les femmes pour les collecteurs blancs. En raison du peu de probabilité de trouver un emploi dans la structure économique des Blancs, ces femmes pouvaient consacrer le temps nécessaire à la fabrication de ces objets, cette activité étant en outre compatible avec l'éducation des enfants.

Mais, avec l'institution d'un cadre cérémoniel très restreint et la possibilité de travailler pour les colons, de moins en moins d'hommes avaient le loisir d'apprendre l'art de la sculpture et de la peinture, et le nombre de maîtres et d'élèves diminua avec le déclin de la population. Inévitablement, la situation empira au fil des ans. Vers 1960, lorsque l'historien d'art Bill Holm étudia le style linéaire du Nord, il ne put trouver, chez les Bellas Coolas, un seul artiste en activité ayant appris les méthodes traditionnelles[40].

Malgré cette oppression culturelle et la rupture sociale, les populations indigènes ont néanmoins su préserver leur identité ethnique et leurs valeurs culturelles, même après que leur vie religieuse fut supprimée. Aujourd'hui alors que les droits de l'homme et du citoyen sont plus largement proclamés, les Indiens de la côte Nord-Ouest revivent leurs traditions et expriment de nouveau ouvertement leur identité culturelle. Les artistes exécutent des œuvres traditionnelles, destinées aussi bien à la vente aux collectionneurs qu'à l'accompagnement des cérémonies. De même, les Indiens se sont organisés politiquement et continuent inlassablement à demander réparation des injustices dont ils ont été victimes dans le passé. Ils jouent aussi un rôle primordial en matière d'environnement, le maintien de leur culture étant étroitement lié à la préservation des forêts de leur terre natale de la côte Nord-Ouest.

Références

1 Pour approfondir ce sujet, voir Holm, 1983 : 15-16. Pour plus de détails sur les méthodes indigènes de cueillette, voir Stewart, 1973, 1977, 1984.
2 Duff, 1964 : 38-39.
3 Jackson : 62-69.
4 Pour en savoir plus, voir Stewart, 1984.
5 Lobb : 21.
6 Pour plus de détails sur l'archéologie de la côte Nord-Ouest, voir éd. Carlson, 1976 ; MacDonald et Inglis, 1976; Fladmark, 1986.
7 Pour plus de détails sur la structure sociale de la côte Nord-Est, voir Macnair et col. 1984 : 15-24; Bancroft-Hunt et Forman, 1979 : 25-49. L'exposé qui suit est basé sur ces sources.
8 Bancroft-Hunt, 1979 : 37.
9 Pour plus de détails sur la structure sociale des Tlingits, voir Jonaitis, 1986 : 34-39; Holmberg, 1985 : 10-11; de Laguna, 1972 : 212-213.
10 Macnair et col., 1984 : 21.
11 *Ibid.* : 22.
12 *Ibid.* : 22.
13 Pour un survol à propos des rites de la région, voir Halpin, 1981 : 6-15.
14 Brown, éd. Corey, 1987 : 157-175.
15 Duff, 1975.
16 Ce style fut analysé par Bill Holm, 1965. C'est là qu'il définit la notion de « Northern Formline ». Un essai de vulgarisation de sa description technique est fournie par Stewart, 1979.
17 Pour en savoir plus, voir Macnair et col., 1984 : 25-42.
18 Une description succincte des divers styles culturels est donnée dans Macnair et col., 1984 : 43-62.
19 Ces chapeaux sont évoqués par Vaughan et Holm, 1982 : 32-33.
20 Pour plus de détails sur la vannerie salish, voir Gustafson, 1980.
21 Pour plus de détails sur les couvertures chilkats, voir Samuel, 1982.
22 Halpin, 1981 : 16-23.
23 *Ibid.* : 7-12; Holm, 1987 : 84, 100.
24 Holm, 1987 : 100; Macnair et col., 1984 : 50-51, 96; Holm, 1983 : 86-87. Le paragraphe sur le tseyka est fondé sur ces ouvrages.
25 Holm, 1987 : 84.
26 *Ibid.* : 48-49.
27 Macnair et col., 1984 : 52-53, 62.
28 Un exemple classique est représenté par la coupe haida en bois, illustrée et décrite par Macnair et col., 1984 : 46-47, 50. Cet objet figure dans les collections du Royal British Columbia Museum, Victoria.
29 Pour plus de détails sur l'interaction entre Indiens de la côte Nord-Ouest, explorateurs et marchands de fourrures, voir Gunther, 1972; Pethick, 1973; Cook, 1973.
30 Pour en savoir plus sur le commerce maritime des fourrures, voir Duff, 1964 : 53-60; Fisher, 1977; Vaughan et Holm, 1983; Wyatt, 1984.
31 Pour mieux comprendre les politiques gouvernementales envers les territoires indigènes de Colombie britannique, voir Tennant, 1990. Elles sont aussi évoquées par Duff, 1964 : 60-74; Fisher, 1977.
32 A propos des missionnaires, voir Duff, 1964 : 87-101; LaViolette, 1973; Fisher, 1977 : 119-145; Fisher dans Veillette et White, 1977 : 1-11.
33 Sur l'emploi des Indiens dans l'industrie, voir Knight, 1978; Wyatt, Pacific Northwest Quarterly 78 (1-2) : 43-49.
34 Pour plus de détails sur l'opposition aux potlatchs, voir LaViolette, 1973; Sewid-Smith, 1979; Hou, non daté; Halliday, 1935. Un livre sur la prohibition du potlatch, écrit par Cole et Chaikin, doit être publié par l'University of Washington Press.
35 Hinckley, 1982 : 249-253.
36 *Ibid.* : 251-253.
37 Duff, 1964 : 40-44.
38 Un récit d'arrestations entreprises à la suite d'un potlatch, en 1921, est donné par Sewid-Smith, 1979.
39 Pour plus de détails sur ces collectes, voir Cole, 1985.
40 Holm, 1965 : VII

« Au sud et à l'est, sur les terres traditionnelles des Chippewas et des Montagnais-Naskapis, les Indiens de pure souche et les métis racontaient tous la même histoire : "Le nombre des castors diminuait très vite ; dans de vastes régions, ils avaient déjà disparu." »

LA RÉGION SUBARCTIQUE

Cette immense région s'étend sur toute la largeur du continent nord-américain, de la péninsule du Labrador à l'est (en incluant Terre-Neuve) au sud de la baie d'Hudson, et jusqu'à l'Alaska à l'ouest. Elle représente un territoire d'environ 5 200 000 km², où ne vivent guère plus de 60 000 Athapascans et Indiens de la famille linguistique algonquine.

Bien que les conditions climatiques du Subarctique tendent à être uniformes, la végétation est relativement variée. La configuration dominante est une taïga de conifères clairsemés, bordée au nord par une toundra alpino-arctique et au sud par une forêt boréale, appelée Parkland, consistant en feuillus disséminés sur des étendues herbeuses.

A l'ouest du fleuve Churchill, lorsqu'il traverse le Manitoba pour déboucher sur la baie d'Hudson, étaient établis les Indiens de langue athapascane, tandis que les Algonquins se trouvaient à l'est. Afin de mieux pêcher et chasser, de petits groupes de familles étendues parlant un dialecte commun vivaient ensemble et suivaient les déplacements du gibier ; ces divers groupes ne se rassemblaient que pendant une courte période, chaque été, manifestant ainsi une forme de solidarité tribale. La famille linguistique athapascane comprenait, au nord-ouest, les Tanainas, les Tananas, les Kutchins, les Hans, les Tlingits de l'Intérieur, les Tahltans, les Hares et les Mountain Indians, et, à l'est et au sud du Grand Lac de l'Ours et du Grand Lac des Esclaves, les Yellowknives, les Dogribs, les Slaveys, les Beavers et les Chippewyans. Certains Algonquins, comme les Crees Strongwoods, les Crees des Forêts et les Crees des Rocheuses, habitaient à l'est et au sud des rivières Slavey et Athabasca. Beaucoup plus loin à l'est, dans l'actuel Manitoba, au-delà du lac Winnipeg, on trouvait les Crees des Marécages, les Ojibwas du Nord, les Saulteaux et les Crees de l'Ouest, dont le territoire touchait les rives de la baie d'Hudson et de la baie de James. A l'est de ces baies et au nord du Saint-Laurent vivaient les Crees de l'Est, les Attikameks, les Naskapis et les Montagnais, le territoire de ces deux dernières tribus s'étendant jusqu'à la mer du Labrador. En raison de son immensité, le Subarctique fut divisé en régions plus petites — le Yukon, le Mackenzie, le Centre (au sud de la baie d'Hudson) et l'Est, représenté par la péninsule du Labrador. Le mode de vie des autochtones y était relativement semblable, aucun groupe ne pratiquant l'agriculture. Ils étaient tous chasseurs et pêcheurs, et la cohésion tribale était réduite à son minimum. Toutefois, le type d'habitation, les modes de transport, le régime alimentaire, le traitement réservé aux vieillards et les méthodes de guerre variaient souvent de façon considérable. L'importance de l'affiliation à une bande locale était un des traits caractéristiques de l'organisation sociale du Subarctique. Les bandes s'adaptaient aisément aux migrations annuelles et aux déplacements saisonniers des animaux en quête de fourrage. Elles assuraient leur continuité dans le temps, mais leur composition demeurait très fluide, et un spécialiste des Chippewyans a récemment fait remarquer la grande valeur d'une telle organisation pour maintenir une identité dans une multiplicité d'environnements traditionnels et modernes. Ainsi, tandis que les grands mouvements de troupeaux de caribous étaient la plupart du temps prévisibles, tout changement inattendu, en revanche, pouvait être dominé grâce à la répartition dans l'espace et au système de communications des bandes indiennes, qui « rendait compte de la direction du déplacement, de la dispersion et de la concentration des caribous[1] » (Smith, 1978 : 68).

La population totale des bandes dispersées, qui constituaient une tribu aux liens relâchés, était en général peu importante ; celle des Montagnais-Naskapis, par exemple, représentait environ 4 000

Cette carte indique les territoires approximatifs des tribus et groupes linguistiques vers 1850, et antérieurement pour de vastes régions à l'ouest de la baie d'Hudson. Après cette date, de nombreuses tribus perdirent leurs territoires et d'autres se déplacèrent.

Tribus de la région subarctique
1 Holikachuks
2 Ingaliks
3 Kolchans
4 Tanainas
5 Koyukons
6 Kutchins
7 Tananas
8 Ahtnas
9 Hans
10 Tutchones
11 Hares
12 Mountain Indians
13 Tagishs
14 Tlingits de l'Intérieur
15 Kaskas
16 Tahltans
17 Tsetsauts
18 Sekanis
19 Slaveys
20 Beavers
21 Carriers
22 Chilcotins
23 Dogribs
24 Yellowknives
25 Chippewyans
26 Crees des Forêts
27 Crees de l'Ouest
28 Ojibwas du Nord
29 Saulteaux du lac Winnipeg
30 Naskapis
31 Crees de l'Est
32 Attikameks
33 Montagnais
34 Beothuks

individus vers le milieu du XIXe siècle, répartis sur un territoire d'au moins 1 000 000 de km². Les statistiques concernant les Chippewyans sont identiques : ainsi, une densité de population d'une personne pour 250 km² n'était pas rare, aussi bien chez les Algonquins que chez les Athapascans.

Une des caractéristiques sociales notables des peuples du Subarctique était la grande importance accordée à l'autonomie de l'individu, qui permettait de développer des comportements non agressifs, sans recherche de domination et dans le respect de la liberté des autres. Parallèlement, un autre trait commun du monde subarctique était un avertissement culturel symbolique, mettant en garde contre les risques d'une trop grande indépendance ; ce message était porté par la mythologie tribale, qui prévenait des dangers d'un isolement total de la vie communautaire et se référait à des rôdeurs solitaires de la forêt, comme le Windigo (cannibale) des Crees et des Saulteaux, ou les « hommes des bois » des Kutchins.

L'initiative personnelle et l'autonomie exceptionnelle manifestées par les habitants de cette région ont été mises en relief par un épisode remarquable survenu au cours des premières années du commerce des fourrures au Canada et rapporté en 1770 par Samuel Hearne, qui conduisit une expédition partie de Fort Churchill, au sud-ouest de la baie d'Hudson, à la recherche de la rivière Coppermine, à l'est du Grand Lac des Esclaves. Pendant le voyage de retour, ses hommes rencontrèrent une femme dogrib qui avait échappé à des ravisseurs crees ; seule depuis sept mois, non seulement elle s'était construit un abri, avait posé des collets pour prendre des lièvres des neiges, s'était fabriqué des raquettes et avait commencé à préparer un filet de pêche en prévision de la fonte des glaces, mais elle avait également décoré ses vêtements de fourrure. Hearne, visiblement très impressionné par cette femme courageuse et pleine de ressources, écrivit : « Il est difficile d'imaginer qu'une personne se trouvant dans une telle situation d'isolement puisse être aussi soigneuse [...] tout son habillement, par ailleurs essentiellement conçu pour être utile, montrait beaucoup de goût et était richement et diversement orné [...] comme si elle avait voulu que son costume tout entier lui donne une agréable [...] apparence. » (Hearne, 1958 : 169.)

Le journal de Hearne faisait en outre état de considérations intéressantes sur le statut de la femme dans la culture subarctique à l'époque des premiers contact avec les Blancs. Accueilli par l'influent chef chippewyan Mattonabee, Hearne fut chapitré sur ses mésaventures, qui étaient dues, lui expliqua son hôte, à l'absence de femmes dans son groupe. Les femmes, insista le chef, étaient « faites pour le travail » ; chacune d'elles était capable de porter ou de traîner la même charge que deux hommes. Elles pouvaient aussi dresser les tentes et entretenir les feux la nuit. De plus, précisait Hearne, alors qu'elles prenaient pratiquement tout en charge, elles étaient peu exigeantes et un rien les satisfaisait ; il prétendait même, non sans faire preuve d'un certain humour, que lorsqu'elles faisaient la cuisine, le simple fait de « se lécher les doigts » après en période de disette, suffisait à assurer leur subsistance (*ibid.*).

Un Ingalik muni d'une perche et d'une écope employées pour la pêche, à Anvik, Alaska vers 1923. Cet attirail était utilisé durant l'hiver, pour percer et dégager des trous dans la glace.

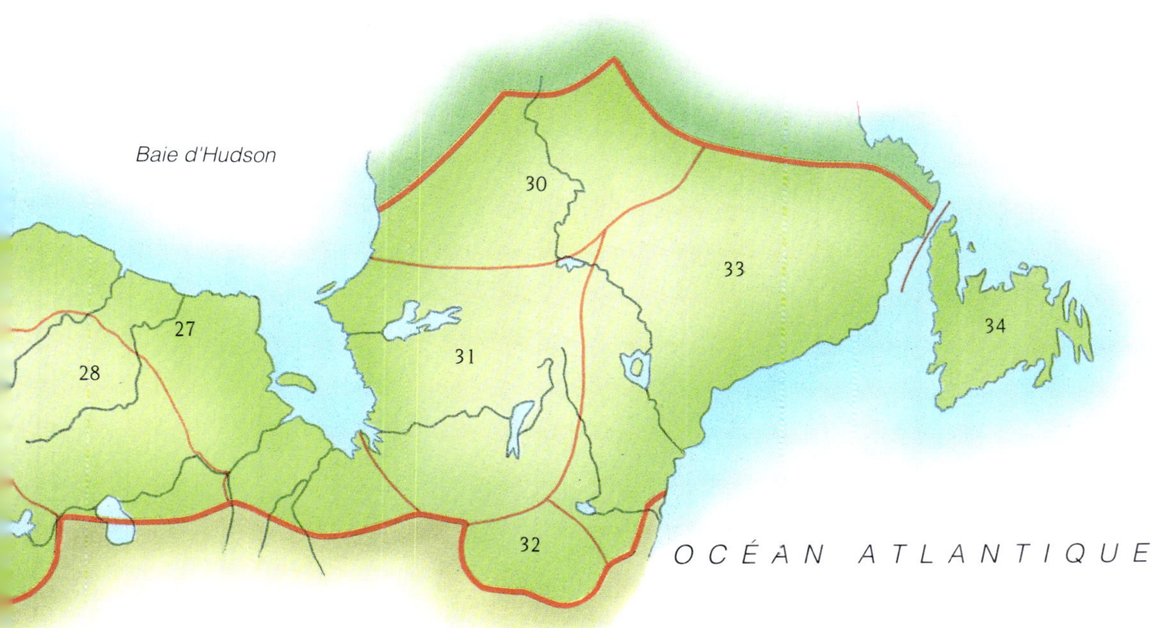

Le type d'habitation le plus répandu était la tente conique — le wigwam des groupes de langue algonquine —, ressemblant au tipi des Indiens des Plaines et couvert de peaux de caribou ou d'élan dans la toundra, ou bien d'écorce dans les régions forestières. Les Crees utilisaient parfois des huttes à toit arrondi recouvertes d'écorce de bouleau, tandis que les Kutchins, qui avaient un accès plus limité aux forêts de bouleaux, construisaient des huttes en dôme qu'ils recouvraient de peaux. Dans tous les cas, l'emplacement du foyer se trouvait au centre de l'habitation, la seule exception à cette règle étant le *shabûktowan*, « la maison qui se traverse de part en part », des Crees de l'Est, qui consistait en deux wigwams rassemblés avec un feu et un trou à fumée à chaque extrémité (Skinner, éd. Wissler, 1911 : 14). Pour la construction des huttes coniques, deux poteaux étaient disposés en croix sur le sol, attachés à leur intersection et dressés, puis un troisième était glissé dans l'enfourchure et également lié. La base de ce tripode était ensuite resserrée, de manière que son sommet s'élève et que ses côtés se redressent. La structure était alors renforcée par d'autres poteaux pour lui permettre de porter les peaux ou l'écorce. Celle-ci était employée sous forme de rouleaux d'environ 1 mètre de large, dont la longueur variait en fonction de la hauteur où ils devaient être utilisés. Une fois l'écorce mise en place, d'autres poteaux étaient ajoutés par-dessus

CI-DESSUS *Caches des Ingaliks à Shageluk, sur le cours inférieur du Yukon, Alaska. Construites près du village, on les montait sur pilotis pour les protéger des prédateurs. On y entreposait des vivres.*

CI-DESSOUS *Un Ingalik retirant le poisson d'une nasse, écope de bois en main. Sa perche et son écope à long manche sont plantées dans la glace. Ces grandes nasses étaient employées pour pêcher la morue.*

pour la fixer. Les wigwams en peau étaient construits de la même façon, différant ainsi sensiblement des tipis des Indiens des Plaines, dont les peaux cousues ensemble se présentaient généralement d'un seul tenant et n'étaient pas maintenues par une armature extérieure.

Les wigwams, contrairement à ce que pourrait laisser supposer un examen superficiel, étaient loin d'être des habitations primitives : la couture des rouleaux d'écorce, leur longueur variable, leur chevauchement précis, les décorations peintes qu'ils portaient, correspondant à des marques de propriété dans le cas des Crees de l'Est, indiquent qu'il s'agissait de demeures construites avec soin, parfaitement adaptées à l'environnement et au mode de vie nomade de leurs occupants. A l'intérieur, la vie quotidienne et le protocole étaient bien organisés : des poteaux liés en croix disposés à environ 2 mètres du sol permettaient de suspendre les ustensiles de cuisine et les mocassins, d'accrocher le poisson au-dessus du feu afin qu'il soit lentement fumé, et la place d'honneur réservée aux invités se trouvait en face de la porte.

Les plus grands animaux chassés pour leur viande étaient le caribou des *barren grounds* (terrains rocheux) dans la taïga de conifères et la toundra arctique au nord, et, au sud et dans les forêts boréales, le caribou des forêts, l'élan et plus rarement le bison.

La technique des Chippewyans pour chasser les caribous consistait à les faire entrer dans un couloir bordé de broussailles ou de troncs, large de 15 à 20 mètres, conduisant à un enclos circulaire pouvant avoir jusqu'à 500 mètres de diamètre ; cet enclos abritait un labyrinthe complexe de haies buissonneuses entre lesquelles étaient disposés des collets. Les caribous qui s'y faisaient prendre étaient achevés à coups de javelots, tandis que les autres étaient tués avec des flèches.

Pour l'énorme élan, qui ne se déplaçait pas en troupeaux, une technique différente devait être utilisée, qui s'appuyait sur une observation attentive des caractéristiques de son comportement. Afin de s'assurer qu'il n'est pas suivi par un prédateur, l'élan revient généralement sur ses pas après s'être nourri, s'arrêtant à vau-vent par rapport à son trajet initial. Tenant compte de cette habitude, le chasseur indien ne suivait pas la piste de l'élan, mais progressait par demi-cercles, en se tenant lui aussi à vau-vent, pouvant ainsi localiser avec précision l'animal lorsque celui-ci décrivait une boucle vers l'arrière.

Le régime alimentaire carné à base de caribou et d'élan était complété par la chair d'animaux plus petits, tels que le castor, le lièvre, le lapin, le rat musqué et l'écureuil, généralement capturés avec des pièges ou au lacet. Dans la région subarctique, il fallait de grandes quantités de nourriture pour faire vivre les familles, chaque adulte devant en effet consommer en moyenne au moins 2 kilos de viande par jour. Le choix de la viande avait son importance, car celle-ci devait être la plus grasse possible pour fournir suffisamment de calories et d'acides gras. Le lapin et le lièvre, par exemple, étaient considérés par certains groupes comme n'ayant pratiquement aucune valeur nutritive en raison du fait qu'ils offraient très peu de graisse pendant la plus grande partie de l'année ; un célèbre proverbe autochtone affirmait même qu'un homme pouvait « mourir de faim avec des lapins » ! (Rogers et Smith, 1981 : 135). Un négociant de l'Hudson Bay Company faisait remarquer que, pour les habitants du Subarctique, le castor — et cela était particulièrement vrai pour les Crees, sur le territoire desquels on le trouvait en abondance — était dans une grande mesure l'équivalent de ce que représentait le phoque pour les Esquimaux. Le castor, à l'inverse des lagomorphes, a le corps protégé par une épaisse couche de graisse ; il était, selon les Indiens, « tout aussi nécessaire à leur bien-être pendant la saison froide que le bacon et le beurre à celui des hommes blancs » (Godsell, 1935 : 114).

L'importance des ressources alimentaires variant selon les saisons, une grande partie de la

Lower Ahtnas de la vallée de la Copper River, *sud-est de l'Alaska, vers* 1902. *Les vêtements sont ornés de boutons en os, les bandeaux de portage perlés. De la mousse forme le siège du bébé (à dr.).*

Ingaliks

Les Ingaliks, de langue athapascane, vivaient à la fin du XIXe siècle essentiellement à Anvik, sur le cours inférieur du Yukon, et à Shageluk, sur un affluent proche. Ils chassaient le caribou, l'élan, l'ours, le castor et d'autres mammifères, ainsi que le gibier d'eau, et dépendaient largement de la pêche, qu'ils pratiquaient toute l'année, y compris l'hiver en plaçant des nasses sous la glace. L'introduction de la nasse à volant, à la fin du siècle, améliora la prise du saumon l'été. Chaque village était construit autour d'une grande bâtisse à demi souterraine, où avaient lieu les cérémonies et où les hommes se réunissaient, fabriquaient et réparaient leurs armes et leurs outils. Les Ingaliks observaient sept cérémonies principales, comprenant des festins, des échanges de cadeaux et s'accompagnant d'un grand nombre de danses, la plupart masquées, comme la Danse des Masques, dont le but était d'obtenir un abondant gibier. Tous les objets présentés ici (à l'exception du n° 13) ont été recueillis avant 1905 par le révérend John W. Chapman, missionnaire à Anvik depuis 1887.

1 Masques des messagers priant les invités d'assister à la Danse du Saumon.
2 Masque de tétras pour la Danse des Masques.
3 Allume-feu. Anvik.
4 Masque d'ours pour la Danse des Masques. Shageluk.
5 Masque peint à l'ocre, pour les danses non cérémonielles de la Danse des Masques. Anvik.
6 Anneaux munis de plumes tenus dans chaque main par les danseurs portant le masque ci-dessus (n° 5). Anvik.
7 Baguette ornée d'une figurine de loup sculptée, utilisée par le maître de danse à la cérémonie du Partner's Potlatch. Anvik.
8 Ulu en pierre (couteau de femme). Anvik.
9 Demi-masque d'homme pour la Danse des Masques. Shageluk.
10 et 11 Deux masques caricaturant des hommes Holikachuk, pour la Danse des Masques. Shageluk.
12 Masque de loutre pour la Danse des Masques.
13 Masque des Inuit de la côte Nord, utilisé à Point Hope. Vers 1903.

14 Récipient en écorce de bouleau. Anvik.
15 Cuiller en bois utilisée comme cuiller ou comme tasse. Anvik.
16 Sacoche en peau de poisson.
17 Bourse en cuir ornée de piquants. Holikachuk.
18 Ceinture de laine tressée avec les doigts. Anvik.
19 Sac en cuir avec des incrustations de peau d'oiseau.
20 Sac de femme en herbe tressée.
21 Soucoupe de terre cuite utilisée pour l'éclairage avec une mèche en mousse et de l'huile, jusqu'en 1904. Anvik.
22 Masque de sirène pour la Danse des Masques.
23 Petit masque des messagers invitant à la Danse de la Loutre.
24 Masque de corneille pour la Danse des Masques. Shageluk.
25 Masque du Père des Moustiques pour la Danse des Masques. Shageluk.
26 Masque de corbeau pour la Danse des Masques. Shageluk.
27 Masque de sirène pour la Danse des Masques. Shageluk.
28 Masque.
29 Masque de la Mère des Moustiques pour la Danse des Masques. Shageluk.
30 Masque caricaturant un Holikachuk pour la Danse des Masques.

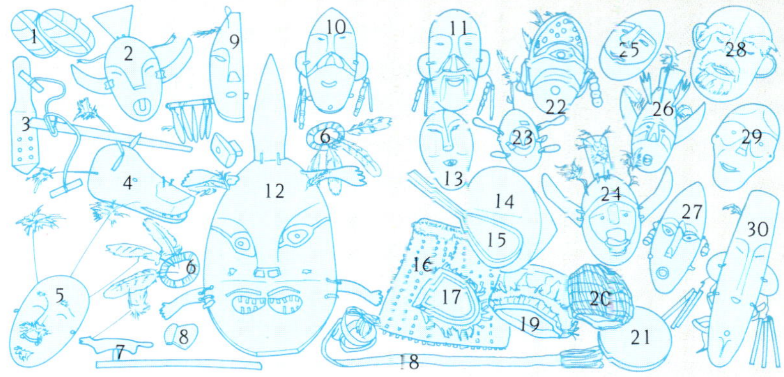

viande et du poisson était conservée, afin d'assurer un régime équilibré. Il arrivait que la viande soit gelée pendant l'hiver, mais les méthodes de conservation les plus répandues étaient le fumage et le séchage au soleil. Un témoin décrivit la manière de fumer la viande d'élan en vue d'une préservation rapide pendant un voyage comme une opération consistant à en « faire sortir le jus à la chaleur du feu » (Skinner, 1911 : 29). La viande était découpée en fines lamelles et placée à environ 1 mètre de hauteur sur un échafaudage formé par quatre bâtonnets de bois vert plantés dans le sol de manière à former un rectangle ; d'autres cannes étaient ensuite fixées sur la longueur du rectangle pour soutenir le gril de bois vert au-dessus duquel étaient suspendues les lamelles de viande. Un feu de bonne taille fumait la viande en deux ou trois heures — suffisamment pour qu'elle se conserve pendant quelques jours —, mais cette méthode nécessitait que l'opération soit fréquemment répétée, ce qui impliquait, lors d'un voyage relativement long, de faire halte plus tôt pour la préparer et la mener à bien. Une autre technique, qui assurait une conservation de plus longue durée, consistait à utiliser trois poteaux attachés ensemble avec des barres transversales placées près du sommet ; la viande était accrochée à ces barres et fumée pendant plusieurs jours. D'énormes quantités de poisson étaient souvent préparées de cette façon, en particulier par les Kutchins et certaines bandes de Hares, de Tananas et de Tanainas, le saumon étant la base principale de l'alimentation de ces derniers.

Le tannage des peaux était une des activités les plus importantes des tribus du Subarctique. Le caribou, notamment, jouait un rôle prédominant dans la technologie culturelle des Chippewyans. Alors que les animaux étaient chassés, dépecés et découpés par les hommes, l'épuisante responsabilité du tannage était laissée aux femmes. A la différence des peaux de bison et d'élan, qui étaient tendues ou fixées à des montants, la peau de caribou « fraîche » était préparée sur un rondin par les femmes chippewyans, qui la débarrassaient de la chair qui y adhérait encore avec un outil en os à bord denté. La peau était ensuite mise à tremper pendant plusieurs jours, ce qui amollissait le pelage et permettait de l'enlever plus aisément avec un racloir en os. Le cerveau du caribou, retiré du crâne et mélangé avec de l'eau, produisait une substance ayant la consistance d'une soupe, que l'on faisait alors pénétrer dans la peau, alternativement en la frottant et en la trempant. On faisait alors sécher la peau, souvent à l'aide de sel, puis on la lavait à grande eau pour éliminer la solution tannante encore active. Pendant la période finale du séchage, on la tendait sur un piquet et on la travaillait à la main pour l'assouplir. Enfin, on pouvait lui donner une belle teinte brune en la plaçant sur un tripode au-dessus d'un feu de bois dur étouffé sous de la mousse ; ce procédé offrait en outre l'avantage d'imperméabiliser partiellement la peau, grâce à la résine qu'elle absorbait.

Bien que ce procédé ait pu subir certaines variations — les Dogribs, par exemple, utilisaient de l'urine pour ôter l'excédent de graisse (Hatt, 1969 : 18) —, la technique de base était la même dans tout le Subarctique : décollage de la chair, peut-être des poils, tannage avec des substances grasses, puis assouplissement à la main après le séchage.

Alors qu'il existait de grandes différences entre les groupes quant à la dénomination des mois et des saisons, le cycle annuel était unanimement

CI-DESSUS *Deux Indiennes Lower Ahtnas, filles du chef Stickwan, vers 1902, probablement près de la Tonsina ou de la Taral. Elles utilisent des sangles frontales pour transporter l'équipement du camp.*

CI-DESSOUS *Un camp de Beavers dans la région de la Peace River, vers 1920. L'agencement des appentis caractérise les groupes de langue athapascane. Les tipis s'inspirent de ceux des Indiens des Plaines.*

Des chasseurs beavers, vers 1920. On voit ici que certains groupes du Subarctique gardèrent un mode de vie nomade après que le commerce des fourrures eut modifié leurs itinéraires traditionnels.

perçu de manière relativement semblable au travers des transformations de la nature.

Les Crees divisaient l'année en huit saisons et douze mois, ou « lunes », composant le cycle annuel représenté dans le tableau ci-contre. Dans le nom des lunes de décembre et de janvier, l'hiver était désigné comme le « jeune homme », puis comme le « vieil homme » qui faisait tomber les aiguilles des conifères, couvrant la neige d'un tapis sombre à l'instar des branches de pin qui étaient disposées chaque nuit sur le sol des wigwams, et son action était appelée « coucher la forêt » (Skinner, éd. Wissler, 1911 : 48).

Les activités des groupes liées aux changements saisonniers étaient déterminées par l'abondance ou la rareté du poisson ou du gros gibier dans une région déterminée. Les Tananas qui habitaient près du cours inférieur des grandes rivières où se trouvaient de grandes concentrations de saumons, par exemple, vivaient presque exclusivement de la pêche, étaient très peu mobiles et avaient une densité de population relativement élevée. A l'inverse, les Tananas du cours supérieur des mêmes rivières — parfois installés à moins de 300 kilomètres des premiers — subsistaient en chassant des caribous et en pêchant des corégones en juillet et en août. Leurs groupes, qui suivaient les troupeaux, étaient parmi les plus mobiles, et leur densité de population était la plus basse. De semblables différencia-

SAISONS		LUNES	
Cree	**Français**	**Cree**	**Français**
Sigun	Printemps, avant le dégel	*Migisupizun*	Mois de l'Aigle (mars)
		Miskipizun	Mois de l'Oie cendrée (avril)
Miluskamin	Printemps, entre le dégel et l'été	*Aligipizun*	Mois de la Grenouille (mai)
Nipin	Début de l'été	*Sagipukawipizun*	Lune où les feuilles apparaissent (juin)
Megwanipiu	Milieu de l'été	*Opaskwuwipizun*	Lune où les canards commencent à muer (juillet)
		Opunhopizun	Lune où les canetons commencent à voler (août)
Tukwagun	Début de l'automne	*Weweopizun*	Mois de la Brise ou de l'Oie des neiges (septembre)
Migiskau	Fin de l'automne	*Opinahamowipizun*	Lune où les oiseaux volent vers le sud (octobre)
Pichipipun	Début de l'hiver, juste avant le gel	*Kaskatinopizun*	Lune où les cours d'eau commencent à geler (novembre)
Megwapipun	Fin de l'hiver	*Papiwatiginashispizun*	Lune où le jeune homme couche la forêt (décembre)
		Gishepapiwatekimumpizun	Lune où le vieil homme couche la forêt (janvier)
		Cepizun	Vieux mois (février)

(D'APRÈS SKINNER, ÉD. WISSLER, 1911 : 48.)

Kutchins

Au début du XIXe siècle, les Kutchins formaient neuf ou dix bandes régionales vivant des deux côtés de l'actuelle frontière entre le Canada et l'Alaska, séparés de l'océan Arctique par une étroite bande de territoire inuit. Ils se nourrissaient de saumons, d'ombles et de harengs, qu'ils prenaient avec des filets, des hameçons ou des harpons. Il chassaient les petits mammifères, le mouton sauvage, l'ours et l'élan, mais les caribous étaient leur gibier de prédilection ; ils les faisaient entrer dans des enclos pour les tuer à coups de flèches ou de javelots. Ils se procuraient ainsi de la viande, des os pour fabriquer leurs armes et leurs outils, et des peaux avec lesquelles ils confectionnèrent leurs vêtements jusque vers 1870. Les hommes et les femmes portaient des chemises amples et des pantalons, le plus souvent attachés à des mocassins en peau d'élan. La plupart des objets présentés ici ont été façonnés avant que la technologie des Kutchins soit gravement affectée par leur participation au commerce des fourrures et par d'autres influences extérieures. La date à laquelle ils ont été recueillis est indiquée.

1 Chemise d'homme en peau de caribou, ornée de piquants de porc-épic. Yukon Flats (ou Birch Creek). 1866.
2 Chemise d'homme en peau de caribou, décorée de piquants de porc-épic, de pony beads (petites perles), de graines et d'ocre rouge. Yukon Flats (ou Birch Creek). 1866.
3 Pantalon d'été avec les mocassins attachés et des parures de perles. Yukon Flats (ou Birch Creek). Vers 1860.
4 Raquettes du type Loucheux. Elles devinrent le modèle standard dans l'ouest du Subarctique. Probablement bande de l'Arctic Red River. Avant 1905.
5 Chemise d'homme en peau de caribou, ornée de coquilles de dentale et de pony beads. Yukon Flats (ou Birch Creek). Vers 1860.
6 Bandoulière de femme utilisée pour porter un enfant dans

une couverture ; en peau de caribou doublée de velours noir, ornée de perles brodées. Avant 1905.

7 Moufle d'été à lanière. Peel River. Vers 1860.

8 Chemise d'homme en peau de caribou ornée de perles. Elle fut achetée à Saint Michael par E. W. Nelson à un Kutchin de l'Innoko River, qui fut photographié avec elle un été entre 1877 et 1881.

9 Pantalon, porté avec la chemise n° 8.

10 Paire de moufles à lanière (permettant de les fixer aux manches de la chemise pour éviter de les perdre), recueillies avec les deux vêtements précédents.

11 Paire de mocassins en peau. Yukon Flats. Vers 1866.

12 Modèle réduit de canoë de chasse monoplace en écorce de bouleau, avec son harpon. Avant 1905.

13 Couteau. Yukon Flats (ou Birch Creek). Vers 1860.

14 Cuiller en corne de mouton sauvage. Han (et non kutchin) du cours supérieur du Yukon. Vers 1866.

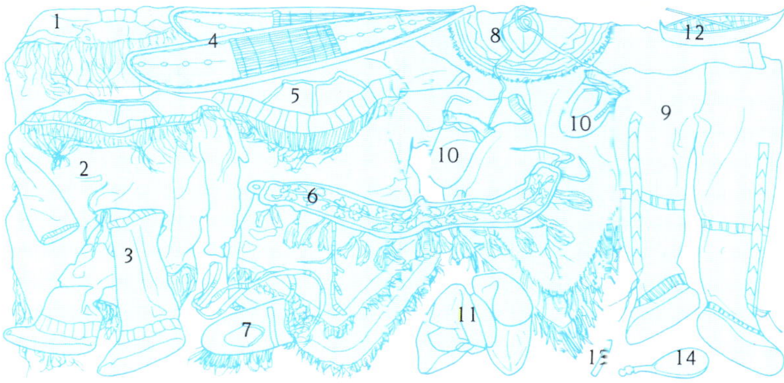

tions se rencontraient dans pratiquement tout le Subarctique. Les Indiens étaient relativement sédentaires pendant les mois d'été, lorsque les bandes locales se rassemblaient au bord des cours d'eau et des lacs, où elles étaient mieux protégées des immenses essaims de moustiques et de mouches noires. C'était une période où les liens sociaux et familiaux étaient renforcés et où l'on discutait des projets pour l'hiver. Au début de l'automne, les rassemblements prenaient fin, chaque bande repartant en canoë ; c'était à cette époque de l'année que le gros gibier offrait le plus d'avantages : les peaux étaient alors de meilleure qualité, et les animaux avaient accumulé une grande quantité de graisse pendant l'été. La chasse était donc l'activité principale, et chaque bande regagnait sa résidence d'hiver en amassant le plus possible de poisson et de viande pour les longs mois d'immobilisation à venir. Le piégeage des animaux à fourrure avait lieu en novembre et en décembre, lorsque les fourrures étaient les plus épaisses. Les peaux et les fourrures étaient traitées pendant les mois les plus rigoureux, janvier et février, quand les activités extérieures étaient rendues pratiquement impossibles par le froid intense et l'obscurité presque constante.

C'était pendant cette période d'inactivité forcée que les conteurs d'histoires narraient les légendes et perpétuaient les traditions orales des tribus. Chez les Montagnais-Naskapis, les chasseurs et les chamans pouvaient interroger l'avenir, interpréter les rêves ou organiser des discussions au travers de séances rituelles de scapulomancie : des omoplates d'élan, de caribou ou de lièvre étaient tenues au-dessus d'un feu, les fendillements, les noircissements et les brisures de l'os étant considérés comme des signes dont le sens était révélé par le sorcier. Cette coutume ancienne existe encore de nos jours. Décrite par le missionnaire jésuite Paul Le Jeune, qui la vit pratiquer pendant l'hiver 1633-1634 (Rogers et Leacock, 1981 : 184-186), elle a été filmée par Hugh Brody au camp de Pien Penashue des Montagnais de l'Est, à Goose Bay, Terre-Neuve, au cours de l'automne 1989 (Brody, 1990).

CI-DESSUS *Un Indien Cree de la région de Fort Edmonton, peint par Paul Kane en 1846. Il porte une chemise en peau ornée de larges bandes de pony beads aux épaules et sur les manches.*

A GAUCHE *Otisskun, également appelé The Horn, un guerrier cree, peint par Paul Kane en 1846. Il porte une coiffure de guerre, recouverte de fourrure d'hermine blanche et surmontée de deux cornes.*

Outre les récits parlant des rôdeurs solitaires des forêts — les cannibales et les hommes des bois —, les légendes du Subarctique faisaient également référence aux esprits vivant dans le ciel. En décrivant ses voyages avec deux Crees des Marécages, un observateur raconta qu'en apercevant une aurore boréale un de ses compagnons s'exclama : « Les *Choepi* "fantômes" s'amusent bien, cette nuit ![...] Regardez comme les esprits de nos amis disparus dansent [...] nous appelons cela *Pahkukkar-nemichik* — la Danse des Esprits ! » (Godsell, 1938 : 101.)

Dans leurs relations avec le surnaturel, les Crees de l'Est, à l'instar de la plupart des groupes du Subarctique, étaient conscients de dépendre presque entièrement des produits de la chasse : cette idée se manifestait sous forme de sacrifices offerts pour obtenir le pardon des animaux qu'ils devaient tuer pour survivre. Une croyance largement répandue reconnaissait l'existence d'un lien étroit entre les animaux et les hommes. Chaque animal était supposé avoir un esprit dont les bonnes grâces devaient être recherchées, faute de quoi il pouvait user de son influence pour faire en sorte que son espèce ne soit plus tuée par les chasseurs. Ainsi, les os des castors étaient rejetés dans les rivières après avoir été soigneusement nettoyés, tandis que les têtes des oies et des canards, les dents des caribous et des élans, les griffes et les crânes des ours étaient lavés et conservés, non seulement comme talismans et moyens de comptage, mais surtout comme offrandes à l'esprit de l'animal tué. Les ours étaient spécialement honorés : leurs crânes étaient délicatement curés, séchés puis peints avec des rayures ou des taches[2] rouge vermillon, avant d'être placés dans des arbres, ce qui constituait un hommage à l'animal vaincu.

En combat rapproché, les ours étaient de for-

Un camp de chasse des Crees. Les wigwams coniques ont une armature extérieure de poteaux, une caractéristique des habitations au revêtement constitué de plusieurs pièces de peau (ou d'écorce).

midables adversaires ; néanmoins, l'arc étant jugé insuffisant pour les abattre, ils étaient chassés à la massue et au couteau. Les Crees avaient remarqué qu'un ours, brun ou blanc, devenait vulnérable lorsqu'il se mettait debout pour se défendre, parce qu'il avait du mal à se tourner vers la droite ; un chasseur agile pouvait donc, selon eux, se glisser près de lui et le frapper en plein cœur. L'ours était souvent comparé à l'homme, et l'on croyait communément qu'il comprenait son langage ; quand un chasseur s'approchait d'un ours, il s'excusait et lui expliquait qu'il ne s'apprêtait à le tuer que parce qu'il avait besoin de se nourrir, demandant aux esprits des ours de ne pas être fâchés contre lui. Il arrivait parfois que l'ours sorte vainqueur du combat, mais les Crees expliquaient que dans ces circonstances l'animal pouvait se montrer magnanime, comme dans le cas de ce chasseur qui fut « horriblement balafré et déchiré » en attaquant un ours, mais fut épargné après l'avoir supplié de lui faire grâce (Skinner, éd. Wissler, 1911 : 73).

Par ailleurs, les habitants du Subarctique ne manquaient pas de faire appel aux puissances de la nature pour les aider dans leur difficile lutte pour la vie[3]. Les vents étaient assimilés à quatre frères, le plus âgé et le plus redouté étant le vent du nord, qui amenait le froid et avait le pouvoir de punir les méchants. Les autres vents avaient également des caractéristiques et des attributions distinctes, présentées dans le tableau ci-dessous.

VENT		CARACTÉRISTIQUES
Français	**Cree**	
Ouest	*Nikapi-hun-nizeo*	« Une créature amicale, bonne et généreuse envers l'humanité. C'est le meilleur vent pour la chasse. »
Est	*Wapanung-nizeo*	« Un homme avare ; il affame les gens et ne leur laisse rien à manger. »
Sud	*Shawanung-nizeo*	« Il donne la nourriture en été et en est responsable ; il nous offre les baies. »

(D'APRÈS SKINNER, 1911)

Pour voyager rapidement et sans risques, des raquettes étaient indispensables pendant les mois d'hiver ; leur apparence pouvait varier d'un groupe à l'autre, la principale différence résidant généralement dans la forme de l'armature. En simplifiant quelque peu, on peut dire que les Montagnais-Naskapis se déplaçaient sur des raquettes presque rondes, tandis que les Indiens vivant plus à l'ouest fabriquaient des raquettes plus étroites et plus longues. Dans la plupart des cas, elles étaient constituées d'une armature en bois soutenant un treillis de lanières de cuir non tanné, généralement appelées *babiches* (« tendons »), qui remplaçaient les cordages à base de fibres végétales, pratiquement introuvables dans cette partie du monde. Le cuir non tanné découpé en fines lanières était utilisé pour les filets, les lacets et certaines carnassières, les bandes plus larges étant employées pour tirer les fardeaux, parfois pour délimiter les enclos où les caribous étaient piégés et tués.

Dans cette immense région, l'habillement avait tendance à être de plus en plus recherché lorsqu'on remontait du sud vers le nord. Le costume le plus répandu consistait en des jambières ou un pantalon attachés à des mocassins fourrés ou garnis d'herbe et une robe à demi ajustée ou une chemise en peau. Certains des plus beaux vêtements, ordinaires ou de cérémonie, de tribus comme les Kutchins et les Dogribs se trouvent aujourd'hui au Royal Scottish Museum d'Édimbourg. Recueillis par le commissionnaire de l'Hudson Bay Company, Bernard Rogan Ross, en 1859 et 1860, ils ont été fabriqués avant que l'influence dominante de l'homme blanc ait marqué la région, et représentent donc un matériau d'une valeur inestimable pour l'étude des sociétés du Subarctique (Kerr, 1953 : 32-35). Pour les Dogribs, le costume de la femme se compose d'une robe en peau de caribou fumée cousue avec des tendons et ornée de flanelle rouge et de piquants de porc-épic rouges et blancs, avec une ceinture ruchée rouge et blanc ; les jambières sont également en caribou fumé cousu avec des tendons, ainsi que les mocassins non attachés à couture centrale droite à l'avant et couture en T au talon (Type 2(Ab), Webber, 1989 : 28). Le costume de l'homme est conçu sur le même modèle, mais avec un surprenant col militaire, qui pourrait indiquer un début d'influence de la civilisation blanche.

Des vêtements usuels semblables arborés par les Crees de l'Est avaient été décrits trois quarts de siècle plus tôt par l'explorateur Alexander Mackenzie, et Skinner mentionna plus tard des vestes à capuchon en peau de caribou portées par les chasseurs qui protégeaient leurs cheveux et « ressemblaient aux parkas des Esquimaux ». Une de leurs caractéristiques les plus remarquables étaient qu'elles étaient peintes à l'intérieur, dessinant la peau, les yeux et la bouche de l'animal, soulignant symboliquement que ses qualités — vitesse, endurance ou ruse — demeuraient présentes dans le vêtement et pouvaient être transmises à celui qui s'en couvrait (Skinner, éd. Wissler, 1911 : 15-17).

Parmi les vêtements les plus remarquables de la région subarctique figuraient incontestablement ceux des Naskapis, qui étaient embellis de motifs compliqués peints avec des outils en os ou en bois.

Carriers

Les Carriers de Colombie britannique furent très influencés par leurs voisins proches bellas coolas et gitskans, qui pratiquaient le potlatch, par le commerce des fourrures, la recherche de l'or et les missionnaires catholiques au XIXe siècle, et plus tard par l'exploitation des forêts. L'anthropologue Julian Steward recueillit des spécimens de leur culture matérielle lors des recherches qu'il fit en 1940 parmi les Carriers du lac Stuart. Le nom de ses sources, qu'il nota à l'époque, est reproduit ici.

1 Filet de pêche moderne en corde fine, fabriqué par Sophie Basil (Mme Sam).
2 Raquettes oblongues à fixation simple et pointe avant redressée. Modèle créé par Keon Sagalon.
3 Bâton pour la marche dans la neige orné d'un motif en spirale « brûlé », avec un volant en filet de tendon à la base. Modèle créé par Louie Billy Price.
4 Racloir à peau à lame dentée, moderne, en tibia d'élan. Fabriqué par Mme Puis.
5 Ancienne écope employée pour élargir les trous de pêche dans la glace, cordes en tendon. De Louie Billy Price.
6 Ancienne navette pour le tissage des filets de pêche. De Mme Stevens.
7 Chemise d'homme en peau d'élan, cousue avec du fil (non du tendon). Modèle de Mme Alec McKinnon.
8 Jambières d'homme en peau d'élan, cousues avec du fil. Modèle de Mme Stevens.
9 Anciennes moufles en peau d'élan, cousues avec du fil. De Mme George Todd.
10 Mocassins montants à semelle souple en peau d'élan, cousus avec du fil. Modèle créé par Mme Isadore Louis.
11 Carquois en peau d'élan. Modèle de Mme Edward Thomas.
12 Ancienne pointe de harpon en acier à trois barbelures pour la chasse au castor. De Mme Jimmy Stevens.
13 Pagaie de canoë pour la pêche sur les lacs, motif brûlé sur le manche. Modèle (échelle environ 3/4) de J. B. Patrick.
14 Récipient moderne en écorce de bouleau à bord

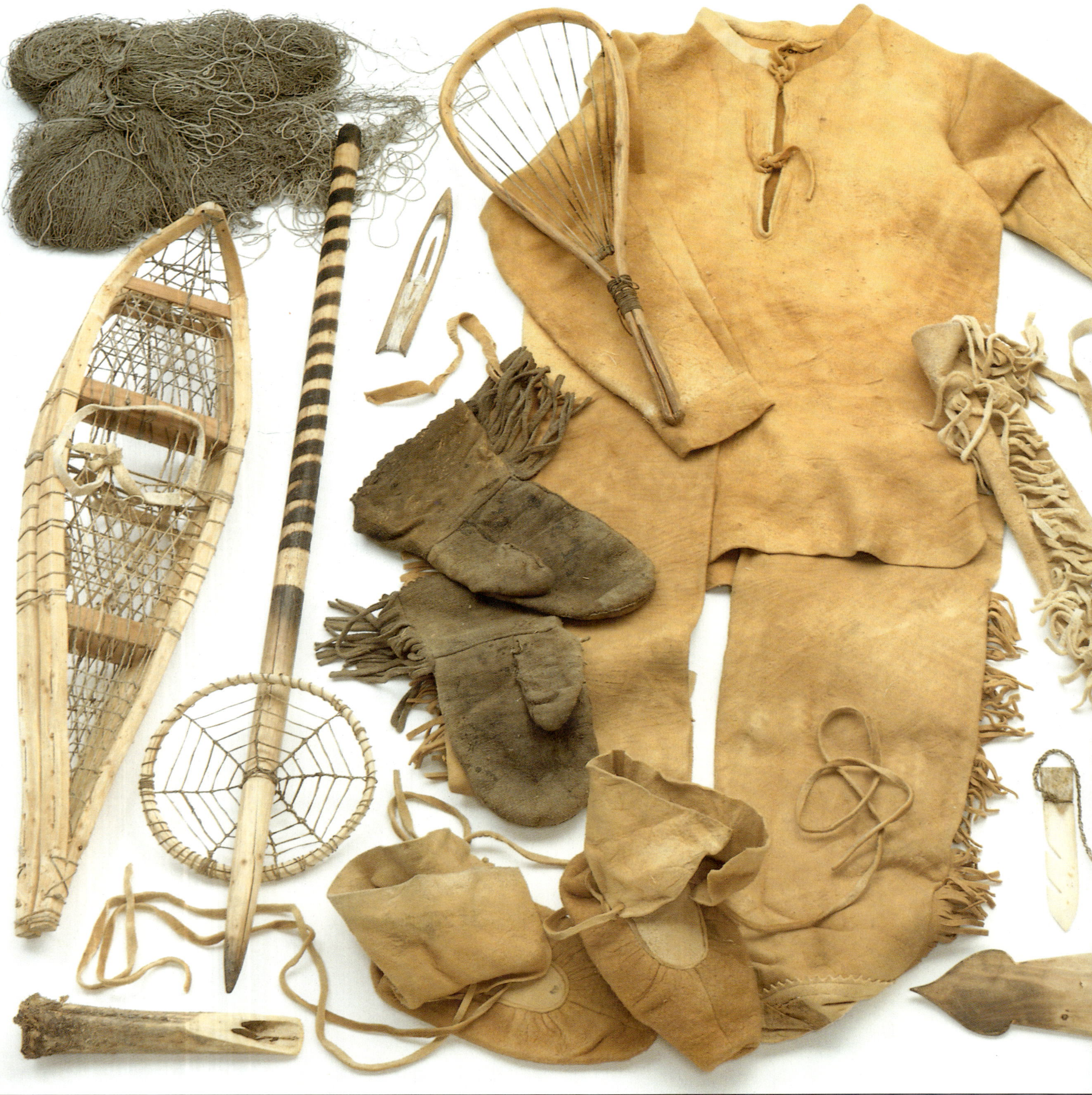

en bois tressé. Fabriqué par Mme Isadore Louis.
15 Ancien filet de portage en cuir d'élan non tanné, utilisé par les femmes. De Mme D. Todd.
16 Pointe de harpon en tibia d'élan à deux barbelures, pour la chasse au castor.
17 Rhombe en osselet d'élan, avec des cordes en tendon et des poignées en bois. Modèle de Pierre Sagalon.
18 Crosse de hockey en bois de peuplier. Modèle réduit de Louie Billy Price.
19 Balle de hockey moderne, en peau d'élan cousue avec du fil bleu et rouge. Fabriquée par Mme Sam Sekani.
20 Bât moderne pour chien, formé d'une double sacoche en peau d'élan. Fait par Mme George Todd.
21 Balle à jouer en écorce d'épicéa. Modèle de Pierre Sagalon.
22 Pelle à neige en bois de peuplier. Modèle de Daniel Michel.
23 Sac de transport moderne en peau d'élan, fermé par des lacets. Confectionné par Mme Isadore Louis.
24 Panier moderne en écorce de bouleau, avec bordure en bois et courroie en tissu.
25 Anneau de brindilles enveloppées d'écorce de saule, sur lequel sont lancées des fléchettes dans un jeu d'équipe populaire. Modèle de Mme Edward Thomas.

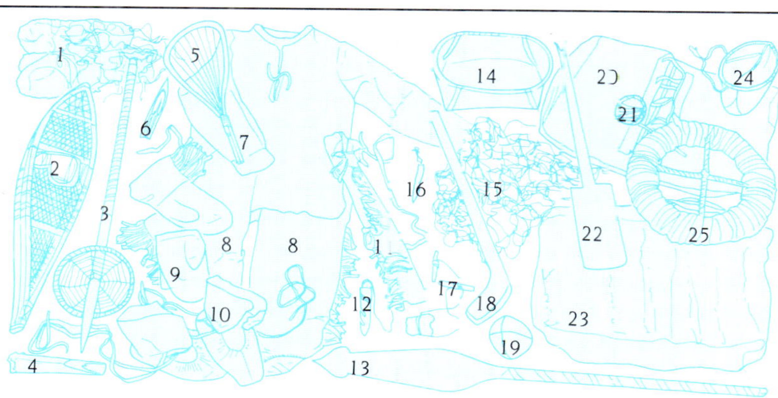

Les couleurs principales étaient le jaune et le rouge, mais les pigments étaient également mélangés afin d'obtenir une grande diversité de nuances. Les longues lignes parallèles étaient tracées à l'aide d'un outil à dents multiples, tandis que les lignes plus fines étaient dessinées avec un bâtonnet courbe ; la plupart des motifs étaient rectilignes, mais la double courbure en S était aussi souvent employée. Ce travail était particulièrement soigné pour les vestes d'été et les robes d'homme, dont un exemplaire datant de 1740 est conservé à Ottawa (Muséum national). Il est en peau de caribou souple, bordé de franges qui portaient à l'origine des piquants de porc-épic rouges. Il est orné de nombreux motifs en S venant s'ajouter à des lignes droites, des triangles et des points dans une composition en trois volants, dont un spécialiste a suggéré qu'ils pourraient symboliser les trois zones cosmiques dans lesquelles seul un chaman portant la robe aurait eu le pouvoir de pénétrer. Des recherches récentes ont abouti à l'hypothèse que des robes de ce genre représentaient un microcosme religieux, et que, en en revêtant une, un homme entrait en contact avec le monde des esprits, abolissant le temps et l'espace et retournant à l'état primordial. On pense que cette renaissance symbolique du porteur de la robe « était synonyme de la réapparition du soleil, du renouveau de la nature, du réveil de son peuple et, presque certainement, du retour des caribous » (Webber, 1983 : 69).

Certaines des plus anciennes descriptions des somptueux vêtements d'apparat des Kutchins du Nord-Ouest ont été relatées par Alexander Murray dans son *Journal of the Yukon*, 1847-1848. Les chemises ou les tuniques en pointe étaient souvent constituées d'un assemblage complexe de nombreux éléments, bien que les parties principales, recouvrant la poitrine et le dos, aient été généralement faites d'une seule pièce. Le même style vestimentaire était traditionnellement en faveur chez les Chippewyans du Sud-Ouest. De fait, le mot « chippewyan » pourrait être un dérivé du nom que les Crees donnaient à cette tribu, *Chepau-Wayanuk*, qui signifiait « peaux (taillées) en pointe »[4] (Godsell, 1938 : 246, Duncan, 1989 : 46).

Avant l'introduction des perles de verroterie, ces vêtements étaient ornés de bandes de piquants de porc-épic de 5 à 6 centimètres de large, qui s'étendaient en travers de la poitrine, sur les épaules et entouraient parfois les poignets. Diverses techniques étaient utilisées pour coudre ces bandes ; dans certains cas, les piquants étaient fixés à la chemise par deux rangées parallèles de points, le tendon servant de fil perçant la peau entre chaque pliure de piquant. Des effets différents pouvaient être obtenus en variant la manière d'assembler les piquants et en les faisant se croiser, ce qui donnait un double motif en dents de scie. Cinq ou six bandelettes de cette sorte composaient une bande de largeur moyenne, présentant des figures triangulaires, des croix ou de simples lignes, le plus souvent rouges, blanches ou bleues. En outre, le bas de ces habits était généralement décoré de franges en peau de daim, dont chacune était enveloppée de piquants sur une longueur d'environ 6 centimètres à partir de son point d'attache, puis découverte et recouverte de 6 centimètres en 6 centimètres jusqu'à son extrémité.

Une autre technique d'application des piquants était un genre de tissage où on les cousait directement sur la peau. Elle a été observée pour la première fois par Orchard chez les Tlingits (Orchard, 1916 : 36-37), mais on sait aujourd'hui qu'elle fut aussi utilisée par les Tanainas de l'Alaska. Les piquants étaient placés les uns à côté des autres sur la peau. Les points de devant étaient dissimulés sous leurs extrémités, et à intervalles réguliers un point était fait en travers de leur surface ; sortant de la peau sous le piquant situé le plus à l'extérieur, le fil passait par-dessus le second, de nouveau dans la peau, puis sous le troisième, et ainsi de suite jusqu'à ce que toute la largeur de la bande soit couverte. Pour la seconde rangée de points, le fil passait par-dessus le premier piquant, sous le second, sur le troisième, et ainsi de suite jusqu'au bord opposé. Des piquants supplémentaires étaient ajoutés par épissure en faisant passer l'extrémité du piquant précédent en même temps que celle du nouveau sous le point de plumetis le plus proche (*ibid.* : fig. 22).

Une variante de cette technique consistait à employer un fil de trame, de façon que, à l'exception des piquants qui étaient situés à l'extérieur, chaque rectangle décoratif soit entouré par un fil de tendon. Alors que les motifs étaient le plus souvent à base de rayures horizontales, ces procédés permettaient de dessiner des motifs curvilignes ; dans les modèles les plus anciens, les couleurs dominantes étaient le jaune/orange, le brun/noir et le blanc.

Les piquants étaient également utilisés pour orner les *mukluks* (jambières et mocassins attachés), les gaines des couteaux et les moufles[5]. Pour ces derniers objets, les piquants étaient appliqués directement sur la surface à décorer, mais pour les pièces de vêtement plus importantes, il n'était pas inhabituel de façonner d'abord une bande séparée avant de la coudre sur la peau.

Un camp d'Ojibwas du Nord, vers 1900. Une femme fait bouillir de l'eau dans un récipient en métal obtenu grâce au troc. Des foulards servent de protection contre les essaims de moustiques.

Raquettes des Crees

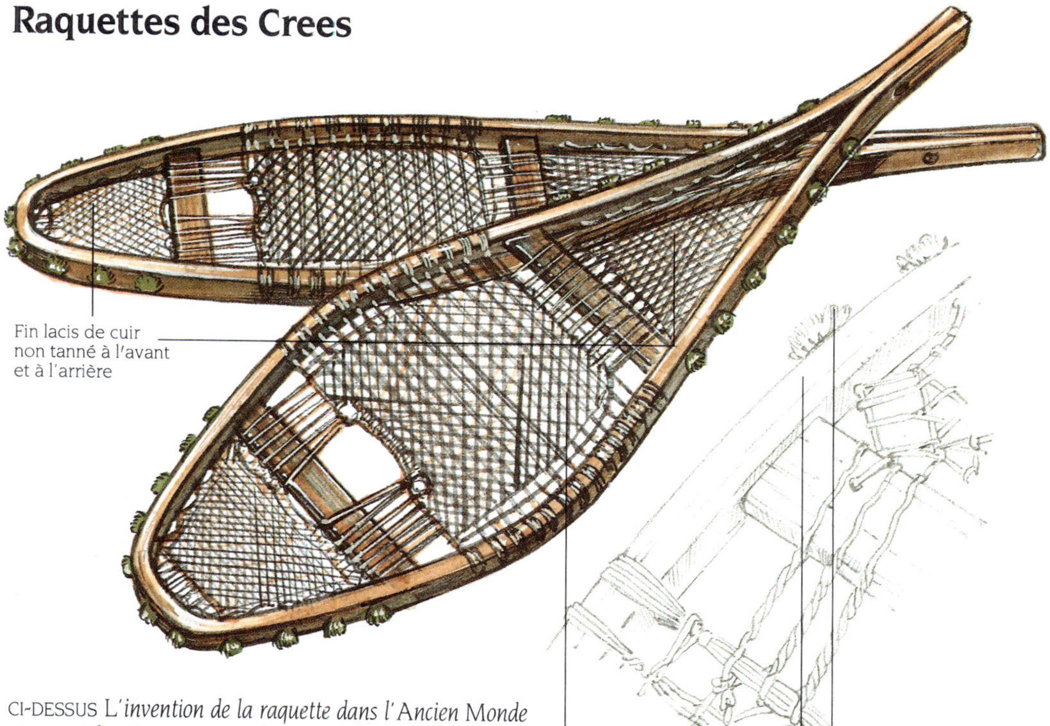

CI-DESSUS *L'invention de la raquette dans l'Ancien Monde et son utilisation massive ultérieure en Amérique du Nord permirent aux hommes de s'établir dans des régions où les déplacements dans la neige auraient autrement été impossibles, ce qui eut pour résultat une plus grande exploitation des ressources naturelles. Divers types de raquettes étaient employés, selon le terrain et la densité de la neige. Dans l'Ouest, elles étaient longues et étroites (ci-dessus) ; dans l'Est, comme chez les Montagnais-Naskapis, elles étaient plus larges, parfois ovales ou presque rondes. Elles portaient en général des noms faisant référence à leur forme (Queue-de-castor, Patte-de-castor, Queue-d'hirondelle).*

A GAUCHE *Un camp d'hiver des Montagnais-Naskapis, vers 1910. Type d'habitation le plus répandu. Sur 20 à 30 piquets, dressés pour former un bâti conique, étaient fixés des rouleaux d'écorce de bouleau.*

Le tissage des bandes de piquants était, et est encore, une des grandes spécialités des Slaveys et à un moindre degré des Dogribs, qui vivaient près du Grand Lac des Esclaves, dans les Territoires du Nord-Ouest. A la différence du travail des Tananas décrit ci-dessus, celui-ci était effectué sur un métier à tisser rudimentaire. Les fils de chaîne étaient attachés à chaque extrémité d'un rameau de bois vert, la tension courbant le rameau en forme d'arc et laissant une place suffisante pour travailler sans être gêné par le bois. Un fil de trame était ensuite fixé au début de la chaîne et passé alternativement au-dessus et au-dessous de celle-ci jusqu'à ce qu'il ait atteint l'autre extrémité et soit revenu à son point de départ, des piquants aplatis étant glissés au fur et à mesure entre la trame et la chaîne et ramenés les uns contre les autres à la fin de chaque rangée pour dissimuler les fils. Des motifs géométriques étaient obtenus en ajoutant des piquants de couleurs différentes à intervalles irréguliers. Ce travail achevé les extrémités des piquants rabattues vers l'intérieur étaient sectionnées, afin que la bande puisse être par la suite plaquée sur un objet. On obtenait ainsi des alignements serrés de courts éléments cylindriques qui donnaient l'impression que les piquants avaient été coupés aux dimensions voulues avant d'être tissés — comme auraient pu l'être des perles de taille et de forme identiques. Les motifs étaient rectilignes, consistant la plupart du temps en une série de losanges apparaissant sur un fond de piquants rouges, verts, bleus ou orange. Aujourd'hui encore, une des caractéristiques les plus frappantes de ces productions est la finesse et la répétition régulière des mêmes motifs, qui les distinguent nettement des bandes façonnées selon un procédé identique par certains Algonquins du Sud, comme les Crees et les métis (population de sang-mêlé indien et franco-canadien) de la région de la Red River.

Un autre trait unique du travail de tissage des Slaveys est l'emploi occasionnel de poils d'élan en alternance avec les piquants. Un certain nombre de poils, peut-être quatre ou cinq, équivalant à la largeur d'un piquant, sont introduits de temps en temps entre deux piquants, afin de souligner l'échelonnement des losanges (Turner, 1955 : 38-39). Bien que communément employées comme ceintures, les bandes de piquants servaient aussi à décorer les vestes en peau d'élan, les carnassières et les étuis à fusil. Requérant une grande habileté et beaucoup de patience, ce genre de tissage était très prisé, comme Bernard Ross le nota en 1862 : « La longueur de ceinture produite en un jour par un bon artisan est d'à peu près 6,3 cm — et un de ces objets est achevé en une quinzaine de jours, après quoi il est troqué contre l'équivalent d'environ 8 livres de marchandises. » (Hail et Duncan, 1989 : 144.)

L'impact du troc avec les Européens sur les tribus du Subarctique fut considérable. Lorsque Alexander Hunter Murray, un commissionnaire principal de l'Hudson Bay Company, ouvrit Fort Yukon sur la rivière Porcupine, en 1847[6], il signala la grande importance qu'avait la verroterie dans le négoce avec les Kutchins, précisant : « Sans perles, et en grande quantité, on ne peut rien ou presque rien faire ici [...]. Pour faire du commerce avec succès ici, il faut avoir pour une année quatre caisses

Chasseur naskapi, 1880

Un chasseur naskapi rentre chez lui en tirant le castor qu'il vient juste de tuer. La corde rituelle utilisée pour le tractage du gibier, passée dans les narines de l'animal, est conçue pour montrer du respect envers la proie ; pour les castors, la corde était rouge. L'homme porte une veste d'hiver en peau de caribou tannée, des jambières en peau de caribou et des moufles en peau de cerf fumée. Son fusil se chargeant par la gueule est enveloppé pour le protéger du froid. Il est muni d'un cornet à poudre et d'un sac à balles orné de perles. Son épouse, fumant une pipe en terre, a les cheveux enroulés autour de deux rondelles de bois. Son bonnet et ses jambières sont en tissu décoré de perles, et sa robe en peau de caribou. Les vêtements de peau peints furent envoyés à la Smithsonian Institution l'année suivante. Les wigwams coniques sont recouverts de peaux et de grosse toile. Un toboggan est appuyé contre l'un d'eux, montrant son avant recourbé orné de dessins magiques.

de perles blanches ordinaires, une caisse de rouges (de la même taille) et une caisse de perles de fantaisie. » (Murray, éd. Burpee, 1910 : 94.) Les perles étaient incontestablement un signe de richesse et de prestige aux yeux des Indiens. « J'ai remarqué que tous les chefs de la région environnante sont de jeunes hommes [...] aucun n'est considéré comme un chef avant d'avoir acquis l'équivalent en perles de 200 peaux [...]. Il y a un homme de la bande du haut-pays qui a entre 90 et 100 peaux de martres et de castors, et qui les garde toutes pour les échanger contre des perles à notre retour. » (*Ibid.* : 90 et 93.) Murray signala également la concurrence qu'exerçaient les marchands russes et exprima son inquiétude concernant le temps qu'il fallait pour que les marchandises soient acheminées des lointains comptoirs commerciaux — parfois jusqu'à sept ans après la commande. Il parla aussi de l'engouement que montraient les Indiens locaux pour les coquilles de dentale[7] et demanda à en recevoir plus pour les troquer : « Elles ont une grande valeur, tous les Indiens en portent, comme ornement de nez ou d'oreille, sur les bandes de tête, etc. » (*Ibid.* : 94.)

Les perles et les coquilles de dentale étaient très prisées par les Kutchins, et Murray était impressionné par les grandes quantités qu'ils se procuraient et utilisaient pour embellir leurs vêtements. Ses dessins à la plume croqués sur le vif montrent l'usage massif qu'ils en faisaient à l'époque ; en outre, ils constituent une mine de détails ethnologiques, qui, bien que manquant généralement de précision quant aux motifs représentés sur les ornements, se révèlent presque toujours authentiques quand on les compare aux vêtements réels. Les bandes de perles qui décoraient les habits ressemblaient aux bandes de piquants, les chapelets de perles étant alignés de la même manière sur toute la longueur de la bande. Les motifs étaient également semblables, se limitant le plus souvent à des formes rectangulaires barrées ou rayées, mais les couleurs différaient néanmoins, les plus communes étant le bleu, le rouge, le noir et le blanc, et les préférences changeant parfois avec une étonnante rapidité[8]. L'examen de spécimens réels a montré que les perles cylindriques larges aux extrémités arrondies, de 4 à 5 millimètres de longueur et de diamètre, restèrent d'usage courant jusque vers le milieu du XIXe siècle, mais furent supplantées moins d'un quart de siècle plus tard par une variété plus petite et plus ronde connue sous le nom de *pony bead* (de *pony*, signifiant « de petite taille »).

La précieuse coquille de dentale, très utilisée pour les colliers et les courroies de portage, était également employée avec des pony beads bleues ou noires et cousue sur la tunique ou sur la robe, généralement en suivant la ligne du collet. Bien qu'il ait été possible de couvrir des surfaces plus importantes avec relativement peu de coquilles, elles représentaient néanmoins une décoration coûteuse. Murray, dans un rapport de Fort Yukon datant de 1847, écrivait : « Celles-ci sont échangées dans ce pays à raison de 6 et 8 pour 1 castor ou 3 martres ; une caisse de ces coquilles vaudrait ici plus de 2 000 livres. » (*Ibid.* : 71-72.)

Dans les années 1850, des perles nettement plus petites commencèrent à être appréciées dans la région subarctique. Connues sous le nom de *seed beads* (graines), elles avaient de 1 à 2 millimètres de diamètre et elles offraient une grande variété de couleurs.

A peu près à la même époque, les fils de coton et de soie furent introduits dans le Subarctique, en particulier autour du lac Winnipeg, sur la rive septentrionale duquel le comptoir commercial de Norway House de l'Hudson Bay Company assura leur distribution. La broderie à base de fils de soie et de coton était très populaire parmi les Crees, les Saulteaux et les métis de cette région, ainsi que, à un moindre degré, au nord et à l'ouest, parmi les Chippewyans, les Slaveys et les Dogribs, qui entouraient de fils colorés les crins de cheval[9] ou utilisaient souvent des rubans de soie colorée pour entourer l'empeigne de leurs mocassins.

Alors que les motifs en bandes de pony beads n'étaient pas sans rappeler ceux des bandes en piquants de porc-épic, il n'en allait plus de même avec la broderie en perles, où dominaient des motifs floraux, particulièrement répandus dans la région du Mackenzie et du Grand Lac des Esclaves parmi les tribus — essentiellement les Chippewyans, les Slaveys et les Dogribs — qui avaient des contacts réguliers avec les comptoirs de Fort Chippewyan, sur le lac Athabasca, et de Fort Resolution, Fort Rae et Fort Providence sur le Grand Lac des Esclaves. Le nouveau support (les perles) offrait une liberté beaucoup plus grande dans le choix des dessins. Par ailleurs, les influences extérieures étaient importantes, à commencer par celle des missionnaires, qui, après avoir établi une communauté sur la Red River parmi les Crees des Plaines et les Chippewas (Ojibwas) en 1818, remontèrent vers le nord jusqu'au lac Athabasca et au Grand Lac des Esclaves en 1849. Concernant les peintures des églises, une mère supérieure remarqua : « Les femmes indigènes, qui aiment broder avec du fil de soie, des perles et des piquants, viennent copier leurs dessins sur ceux de la cathédrale. »[10] (Duncan, 1989 : 59.)

Les premières tentatives d'utilisation de motifs floraux aboutirent en général à des créations agréables à l'œil, mais froides et apprêtées ; toutefois, en les entremêlant sur un fond de perles, on obtint par la suite des représentations dynamiques plus réalistes, incluant généralement des tiges, qui devinrent une des caractéristiques majeures des ornements fabriqués par les Athapascans à la fin du XIXe siècle et au début du XXe. Cette intégration de la technologie européenne illustre bien la grande flexibilité de la société athapascane, développée au cours des siècles afin de survivre dans un environnement la plupart du temps hostile et fréquemment imprévisible, où il était relativement difficile de se procurer et d'utiliser les matériaux naturels nécessaires à l'art ornemental. Celui-ci

Un camp de Montagnais-Naskapis, vers 1883. Les canoës sont laissés à terre. Très légères, ces embarcations aux extrémités relevées étaient adaptées au cours rapide des rivières de la région.

Crees

Les objets présentés ici ont été recueillis en 1908 et 1909 dans l'Ontario et le Québec par Alanson Skinner, auprès de Crees parlant trois dialectes différents de la langue de la tribu. Les Crees d'Eastmain et de Rupert House parlent le cree de l'Est, ceux de Moose Factory le moose cree, ceux de Fort Albany le swampy cree de l'Est, les autres étant des Crees de l'Ouest. Lorsque Skinner les rencontra, ils vivaient de la chasse et de la pêche, obtenant également de la nourriture aux comptoirs de l'Hudson Bay Company en échange de leurs fourrures. Ils habitaient des wigwams coniques ou en dôme couverts de toile, portaient des vêtements euro-américains (à l'exception des mocassins des chasseurs) et utilisaient des fusils. Ils se déplaçaient en canoë l'été, en traîneau tiré par des chiens et avec des raquettes l'hiver. Leur artisanat comprenait le travail du bois, le tannage des peaux, le tissage des perles et la fabrication de couvertures en peaux de lapin. Depuis longtemps évangélisés, ils étaient catholiques ou anglicans, tout en conservant certains rites locaux.

1 Racloir pour les peaux. Fort Albany.
2 Navette pour la fabrication des filets.
3 Cuiller en bois. Rupert House.
4 Pelle à neige (longueur réelle de 1,20 à 1,50 m). Rupert House.
5 Fronde de jeune garçon. Rupert House.
6 Couteau pour sculpter le bois. Tom Bain, Moose Factory.
7 Ancien couteau en incisives de castor. Eastmain.
8 Sacoche à balles en tissu orné de perles. Fort Albany.
9 Sac en peau brodé de fil de soie. Eastmain.
10 Sac orné de perles pour les amorces de fusil. Fort Albany.
11 Sac à balles en peau de phoque. Eastmain.
12 et 13 Cuillers en bois. Fort Albany.
14 Cuiller en bois, utilisée pour retirer le poisson bouilli. Rupert House.
15 Cuiller en bois, pour le sang de caribou bouilli. Rupert House.
16 Sac de femme en peau de fœtus de caribou. Eastmain.

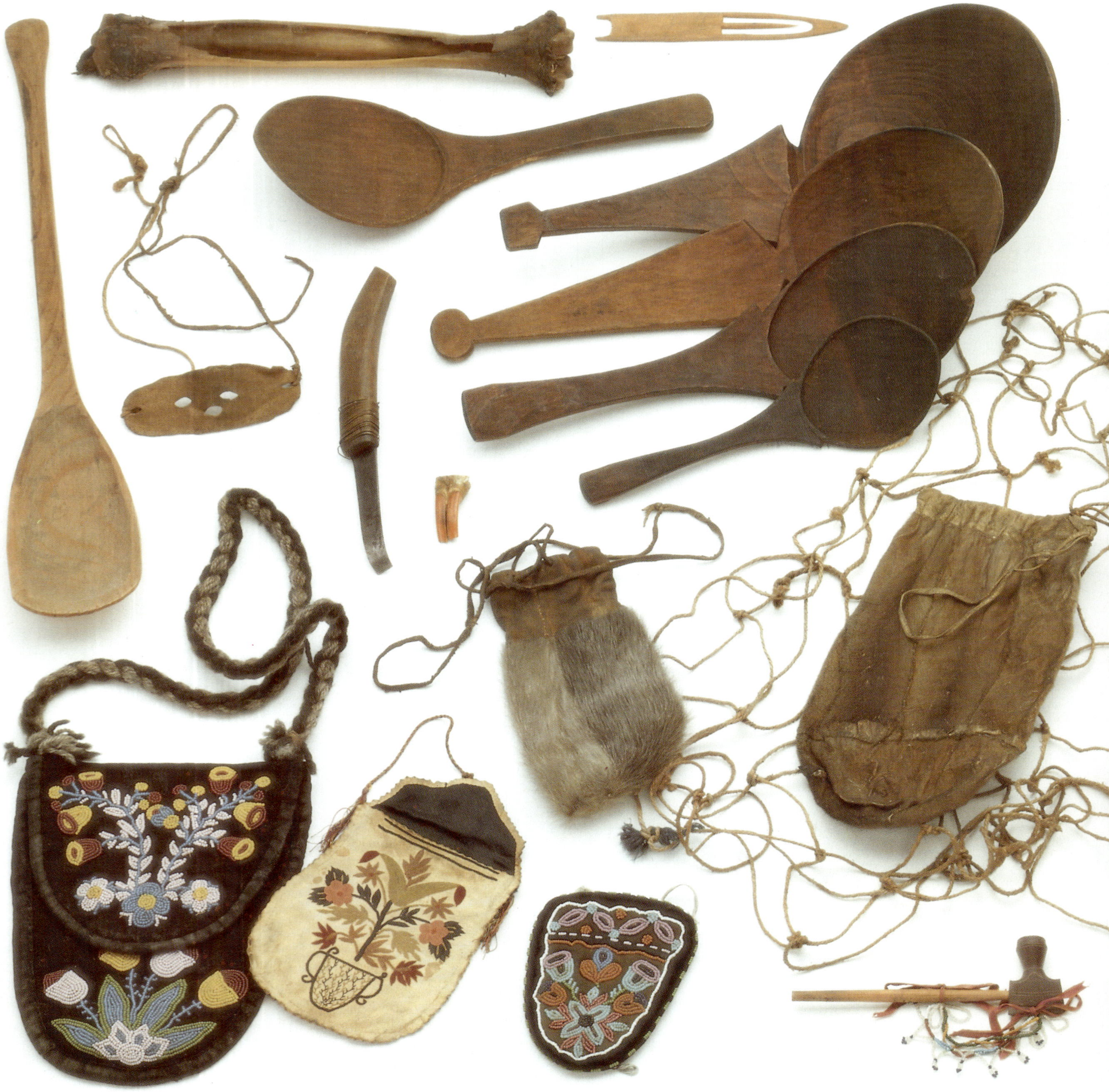

17 Fourneau de pipe en pierre rouge. Rupert House.
18 Récipient en écorce de bouleau à bordure en étoffe. Moose Factory.
19 Bol à porridge en écorce de bouleau. Fort Albany.
20 Modèle de plateau en bois. Rupert House.
21 Modèle de filet utilisé pour la chasse au castor. Rupert House.
22 Crâne d'ours peint, pendu dans la forêt pour favoriser la chasse à l'ours. Eastmain.
23 et 24 Deux lèvres inférieures d'ours brun, trophées de chasse ou talismans. Rupert House.
25 Omoplate de jeune ours, conservée comme trophée et talisman. Eastmain.
26 Talisman de dents de caribou. Rupert House.
27 Couteau.
28 Tête d'oie empaillée (talisman ou trophée de chasse). Rupert House.
29 Sac à balles orné de perles. Fort Albany.
30 Sac à amorces orné de perles. Fort Albany.
31 Modèle d'allume-feu à archet. Moose Factory.
32 Modèle d'hameçon de style ancien. Rupert House.
33 Baguette de tambour de chaman. De Old Swallow, sorcier-guérisseur à Rupert House.
34 Sac de femme en peau de patte de caribou. Rupert House.
35 Hochet d'enfant. Rupert House.

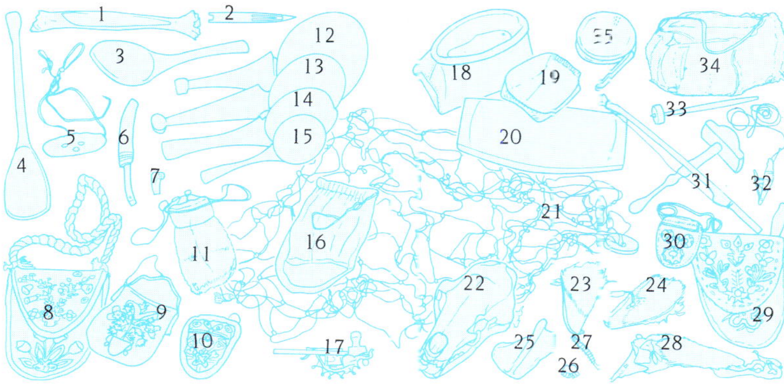

devint par ailleurs une source de revenus pour les familles souvent appauvries, dont les femmes employèrent leur habileté à fabriquer des objets magnifiquement ornés de perles, et dans une moindre mesure de broderies[11]. La plus grande partie des matières premières était fournie par l'« Hudson », qui, depuis sa création par la charte royale de Charles II, en 1670, encourageait les Indiens du Subarctique à chasser à outrance des animaux comme le castor, le vison, l'hermine, le renard, le loup, l'ours et la loutre, souvent à l'aide de cruels pièges métalliques, qu'elle leur procurait dans le seul but de satisfaire la demande de fourrures exotiques des marchés européens. En réponse à cette exigence, et moyennant certainement de sérieux compromis avec leurs anciennes pratiques, qui voulaient que les animaux fussent traités avec respect et tués uniquement pour survivre, les Indiens multiplièrent leurs activités de chasse, obtenant en échange les moyens de mieux se protéger des rigueurs de leur environnement — exprimées dans des formulations douloureuses comme le cri traditionnel des Chippewyans, « *Dow-diddla* ! *Dow-diddla* ! » (« C'est dur ! C'est dur ! »), ou cette affirmation des Montagnais : « Nous sommes démunis [...] et nous vivons parmi les arbres, mais nous avons nos enfants. » (Godsell, 1938 : 250 ; Hubbard, 1908 : 193.)

Mais le prix à payer pour ce commerce fut considérable, car de même que les immenses troupeaux de bisons des Grandes Plaines du Sud furent décimés pendant le dernier quart du XIXe siècle, les animaux à fourrure des terres du Nord furent victimes d'une extermination sauvage. L'effrayante quantité de bêtes qui furent massacrées uniquement pour leur peau est révélée par les rapports annuels

Vue d'un camp de Montagnais-Naskapis sur le Grand Lac, Labrador, vers 1891. Les huttes coniques sont recouvertes de peau ou d'écorce et ont une ouverture pour la fumée à la verticale du foyer. L'armature dressée pour les peaux d'ours et les planches de bois indiquent que les hommes sont en train de fabriquer des canoës. Des canoës se trouvent à proximité des habitations, soulignant l'importance du déplacement.

des compagnies commerciales de la région. Aux environs de 1800, les rentrées de la North West Company[12] pour une seule saison s'élevaient à :

Castors	106 000
Ours	21 000
Renards	15 000
Renardeaux	40 000
Loutres	46 000
Martres	32 000

La valeur des fourrures pouvait varier, surtout en fonction de la concurrence, mais les profits réalisés étaient toujours énormes. Lorsqu'il ouvrit un comptoir en territoire kutchin en 1847, Alexandre Murray rapporta que les marchands russes offraient alors 10 perles bleues « à peine plus grosses qu'un petit pois » en échange d'une peau de castor (Murray, éd. Burpee, 1910 : 71). Le massacre se poursuivit, pratiquement sans interruption, pendant un siècle. Sur une période de neuf ans, de 1920 à 1929, le nombre moyen des peaux mises chaque année sur le marché par les provinces du Canada s'éleva à :

Castors	137 400
Renards communs	56 030
Renards polaires	39 688
Loutres	43 480

L'année suivante, toutefois, une chute dramatique ramena à moins de 50 000 la production des peaux de castor, un animal généralement considéré comme le symbole du commerce des fourrures, et qui était aussi important pour la survie de certaines tribus du Subarctique que le phoque pour celle des Inuit. Comme cela s'était produit avec les chasseurs de bisons quelque soixante ans auparavant, les substantiels profits qui pouvaient être réalisés attiraient de nombreux trappeurs blancs ; leurs méthodes de chasse ne tenaient fréquemment aucun compte des lois de préservation de la nature, dont l'une des plus importantes voulait que les femelles soient laissées en paix pendant qu'elles élevaient leurs petits. Ils étaient encouragés à agir ainsi par les marchands, car les peaux obtenues à cette époque de l'année, bien que de médiocre qualité, étaient quand même acceptées par tous les comptoirs, « excepté ceux de l'Hudson Bay Company » (Cory, 1935 : 66).

Les Dogribs et les Slaveys du nord de la Peace River, exaspérés par les agissements des trappeurs, se défendirent en allumant des feux de forêt pour chasser les envahisseurs blancs. Au sud et à l'est, sur les terres traditionnelles des Chippewas et des Montagnais-Naskapis, les Indiens de pure souche et les métis racontaient tous la même histoire : « Le nombre des castors diminuait très vite ; dans de vastes régions, ils avaient déjà disparu. » (Grey Owl, 1935 : 48.)

À la limite du Subarctique et de la forêt tempérée, au nord du lac Nipissing, pendant l'hiver 1925-1926, un chasseur indien avait « douze hommes blancs posant des pièges sur son territoire de chasse familial [...] Comme les nouveaux venus épuisaient les ressources d'un secteur jusqu'à ce qu'il n'y ait plus rien à en tirer, afin de ne pas être exploités, les Indiens se mirent à faire de même[13] » (Smith, 1990 : 80).[13]

Les maladies apportées d'Europe, et dans certains cas les carences alimentaires, affaiblirent également les populations autochtones. Comme les tribus des Plaines, un grand nombre des groupes tribaux du Nord furent décimés par la variole en 1791-1792, puis de nouveau en 1837-1838, tandis que les épidémies de grippe faisaient d'importants ravages. En 1911, par exemple, Skinner constata que, à la suite de l'épidémie de grippe qui avait frappé le nord du Québec et l'Ontario au cours de l'hiver 1908-1909, il était pratiquement impossible de trouver quelqu'un qui soit encore capable de raconter les mythes des Crees de l'Est. La grippe sévit une nouvelle fois en 1917, tuant 40 pour cent des Chippewas/Crees du lac Nipigon, puis pendant l'hiver 1927, entraînant la quasi-disparition de la bande des Sekanis de la Prophet River.

Pendant les années 30, le Subarctique vécut des bouleversements en profondeur qui ne furent pas sans rappeler les dernières années de la « frontier » aux États-Unis. Bien que l'on puisse établir des comparaisons, il serait toutefois hâtif, dans le cas du Canada, d'en conclure que l'exploitation sauvage de ses ressources fut essentiellement due à la rapacité, le phénomène devant être apprécié dans le contexte de l'époque. La dépression mondiale des années 20 provoqua l'afflux, dans le Nord, d'un nombre important de trappeurs et de chasseurs. Attirés par l'espoir de gains faciles, ils tentèrent leur chance en chassant, le plus souvent sans se soucier de préserver la nature ou d'éviter à leurs proies des souffrances inutiles. C'était de leur part une tentative désespérée d'« échapper au chômage et à la misère de la Grande Dépression » (Irving et col., 1985 : 23).

Au début des années 40, les effets économiques de la Dépression et de la Seconde Guerre mondiale se firent sentir dans le Nord. Le marché s'effondra, et le prix des fourrures connut une chute brutale. La plupart des marchands et trappeurs blancs s'en furent presque aussi soudainement qu'ils étaient arrivés, et le commerce des fourrures passa entre les mains des Denes, des métis et d'autres groupes autochtones du Subarctique. Ce changement intervint juste à temps : aujourd'hui, il semblerait en effet qu'aucune espèce commercialement chassée pour sa peau ne soit plus en danger ou menacée d'extinction et que les animaux à fourrure soient redevenus « aussi nombreux qu'ils l'étaient autrefois » (*ibid.* : 48).

Une nouvelle menace cependant, pèse sur les habitants du Subarctique, confrontés aux campagnes internationales de défense des animaux qui stigmatisent leur mode d'existence. Vivant dans des contrées où aucune agriculture n'est possible, où l'exploitation des richesses minières et pétrolières coûte excessivement cher, ils ont été durement frappés par ces campagnes, qui deviennent un sérieux danger pour la perpétuation d'un mode de vie naturel séculaire, ayant su s'adapter à ses conditions et produire un environnement équilibré[14]. Il est indispensable que les peuples du Subarctique puissent faire valoir leur droit à occuper leurs terres et traiter leurs animaux, non en fonction de critères imposés de l'extérieur, mais en s'appuyant sur des principes hérités de leurs ancêtres.

Ce message a été transmis au peuple canadien en anglais, en français, ainsi que dans une langue écrite presque universelle des Crees du grand Subarctique dont voici un extrait :

ᓄᓇᑦᓯᐊᒥᐅᓕᒫᒐᓚᐃᑦ ᐃᓅᐃᑦ ᑲᓇᑕᒥ
ᓄᓇᖃᖄᖅᓯᒪᓂᑰᔪᑦ. ᑲᑎᒪᔪᖅᓯᑎᒃ, ᐃᓕᑦᓯᓯᒪᔪᑦ
ᐱᖅᑯᓯᑐᖃᕐᓂᖅ ᐋᖅᑭᒃᐸᓪᓕᐊᓯᒪᔭᓂᒃ ᐊᑦᔪᓂᒃ
1000-ᐃᑦ ᐅᖓᑖᓄᑦ ᓇᐅᔭᓕᐅᕆᑎᑦᑲᔅᓯᐊᑦᓃᑦ
ᐊᒻᒪᓗ ᐃᓅᓯᕐᒥ ᐊᓯᔾᔨᖅᐸᓪᓕᐊᔪᑦ ᑕᒪᑦᓯᒥᒃᑲ
ᐱᖅᑯᓯᑐᖃᕐᒥᒃ ᐊᓯᕈᐃᐸᓪᓕᐊᔪᒻᒪᕆᐅᓂᐅᓴᔪᑦ.
ᓄᓇᖃᖄᖅᓯᒪᔪᑦ ᒫᓐᓇᐅᔪᖅ ᐅᔾᔨᕆᓯᓕᖅᐸᓪᓕᐊᔪᑦ
ᐊᐅᓚᑦᓯᓂᐊᕐᓂᕆᑎᒃ ᓯᐅᓂᒃᓴᒥᓐᓂᒃ.
ᑕᑯᒃᓴᐅᑎᑦᓯᔭᓚᐊᖃᖅᐳᑦ ᐱᔾᔪᓇᐅᑎᒋᔭᕐᒥᓐᓂᒃ
ᒥᐊᓂᖅᓯᓂᕐᒥ ᐅᑭᐅᖅᑕᖅᑐᒥ ᓄᓇᑦᑎᓐᓂᒃ
ᐆᒪᔪᑦᑎᓐᓂᒡᓗ ᑐᓐᖓᐱᑦᑕᕐᓗᑎᒃ.
ᐃᓕᓐᓂᐊᓂᕆᑕᐅᔪᑎᒥᓯᒪᔭᕐᒥᓐᓂᒃ ᐃᓕᖅᑯᓯᕐᓂᒃ.
ᐊᑐᖅᑕᐅᓯᓚᔪᐅᓯᒪᔪᓂᑰᖅᑭᑦᑐᖅ ᒪᓕᒐᖅᑎᒍᑦ

(*Ibid.* : 3)

Références

1 Les communications entre bandes permettaient de toute évidence d'adopter des stratégies de chasse efficaces : bien qu'ils vivent dans un environnement rigoureux, Smith fait remarquer que les Chippewyans « n'ont pas de mythes et de légendes parlant de la famine » (Smith, 1978 : 68).
2 Frank G. Speck a étudié la répartition et le symbolisme des décorations à base de points, à la fois sur les objets des Inuit et ceux des Indiens (Speck, 1925 : 151-172).
3 Voir l'épigraphe de ce chapitre.
4 Un observateur attentif des Chippewyans a noté le nombre élevé de peaux de caribou nécessaires — de 10 à 12 — pour vêtir un chasseur de pied en cap et « un nombre encore plus grand pour lui fournir un toit, ses courroies, ses pièges et ses filets » (Godsell, 1938 : 246-247).
5 Speyer, 1968 : Ill. 2 et 4.
6 C'est-à-dire en territoire russe. Comme le souligne Burpee, Murray semble s'être installé délibérément sur le domaine de ses rivaux, mais cela « faisait partie des règles du jeu du commerce des fourrures, et ce jeu était une empoignade brutale dans le meilleur des cas » (Murray, éd. Burpee, 1910 : 5).
7 Petroff signale la grande valeur qu'avaient ces coquilles en 1802 : « Le prix d'une paire de ces coquilles était une parka entière de peaux d'écureuils. » (*Ibid.* : 71.)
8 Duncan rapporte qu'un inventaire de l'Hudson Bay Company parle de « perles ambres et cristallines, invendables cinq ans auparavant, qui sont désormais signalées comme échangeables » (Duncan, 1989 : 4).
9 Le crin de cheval était également un produit recherché pour le troc (Turner, 1955 : 64).
10 Je suis reconnaissant à ce sujet à Katherine Pettipas, du Museum of Man and Nature du Manitoba, qui attira la première mon attention sur ces influences pendant nos discussions de l'été 1977.
11 L'influence sur cet artisanat de certaines femmes métis particulièrement actives fut soulignée par Agnes Cameron, une journaliste qui visita Fort Chippewyan en 1909. De Mme Loutit, une métisse de sang chippewyan, cree et écossais, Bell écrivit : « Elle tisse de fantastiques ceintures de perles et dicte la mode pour tout le Nord. » (Cameron, 1912 : 321.)
12 La plus puissante des compagnies rivales de l'Hudson Bay Company.
13 L'intense activité déployée dans les années 30 par Archibald Belaney — plus connu sous le nom de Grey Owl — pour réintroduire le castor dans le Subarctique et respecter la nature lui valut le titre de « Père de la préservation du Canada ».
14 Le directeur canadien de Greenpeace affirma, il y a quelques années : « Greenpeace, il va de soi, est philosophiquement opposée à toute souffrance infligée à la vie sauvage, quel que soit son objet. Mais [...] là où survit encore un semblant d'écosystème naturel et où les espèces sauvages demeurent abondantes [...] je ne vois aucune raison de ne pas essayer, au moins, de conserver une sorte d'échange équilibré entre les peuples indigènes et les ressources animales et végétales dont ils ont dépendu pendant tant de siècles. » (Bourque, 1986 : 11.)

« Lors d'un incident, le Russe aligna l'un derrière l'autre une douzaine d'hommes et fit feu [...] avec son mousquet pour voir combien d'Aléoutes une balle pouvait tuer. La réponse fut neuf. Les Aléoutes reconnurent leur impuissance à lutter contre les fusils des Russes. Des maladies importées réduisirent encore leur nombre, et, en 1799, il ne restait plus qu'un huitième de la population d'avant le contact. »

L'ARCTIQUE

L'Arctique n'est pas une terre désertique. C'est le territoire traditionnel de trois groupes linguistiques distincts : les Aléoutes, les Yup'ik et les Inuit-Inupiaq. En réalité, ces groupes n'habitent pas exclusivement l'Arctique tel qu'il est défini par les géographes. L'Arctique est généralement situé au nord de la limite des arbres, de l'isotherme de 10 °C en juillet et/ou de la ligne de permafrost (Stager et McSkimming, 1984 : 27). Selon la définition adoptée, certains membres de ces trois groupes ne vivent pas dans l'Arctique. Ils sont néanmoins considérés comme les descendants d'un groupe ancestral unique, les Esquimaux-Aléoutes, et conséquemment rangés parmi les habitants de l'Arctique par les anthropologues.

On pense que les Esquimaux-Aléoutes, qui parlaient vraisemblablement une langue mère, l'eskaleut, ont traversé le détroit de Béring il y a environ 8 à 10 000 ans (Turner, 1988 ; Dumond, 1984). Tandis qu'ils se répandaient dans le Nord, les groupes linguistiques se formèrent, les Aléoutes se détachant les premiers, les Yup'ik se séparant ensuite des Inuit-Inupiaq. Ces trois groupes peuplèrent la région qui s'étend de Prince William Sound, au sud de l'Alaska, à la côte est du Groenland. Les peuples de l'Arctique ont de nombreuses cultures, nettement différenciées. Ils ont toujours été dynamiques, et aujourd'hui encore ils continuent d'évoluer pour s'adapter à de nouvelles conditions sociales, politiques et économiques. (La carte ci-contre montre les territoires des tribus de l'Arctique ; certains groupes ou sociétés mentionnés dans le texte peuvent être inclus dans des ensembles plus importants, et ne figurent donc pas comme tels sur la carte.)

Mon souffle, je l'ai ici
Mes os, je les ai ici
Ma chair, je l'ai ici
Avec eux je te cherche,
Avec eux je te trouve,
Mais parle-moi
Dis-moi quelque chose de gentil.

(Chanson d'amour aléoute
du XIXe siècle, citée dans
Bergsland et Dirks, 1990 : 687.)

En 1741, la culture des Aléoutes fut modifiée pour toujours par l'arrivée de deux navires russes. Les capitaines Béring et Chirikov, en voyage d'exploration, furent les premiers Européens qui visitèrent les îles Aléoutiennes. Bien que Béring soit mort peu après sur les îles du Commandeur, à la suite d'un naufrage, une grande partie de son équipage rentra en Russie avec un chargement de peaux de loutres de mer. Ces peaux, hautement appréciées par l'empereur de Chine et sa cour, étaient devenues pratiquement introuvables depuis que les loutres avaient été quasi exterminées par les chasseurs dans l'ouest du Pacifique. La découverte d'une nouvelle terre où elles semblaient abonder conduisit les marchands de fourrures russes, appelés *promyshlenniki*, à construire des vaisseaux et à faire voile vers l'Alaska.

Pour les Aléoutes, l'apparition d'étrangers dans des navires était un événement rarissime, mais non sans précédent. Steller, le naturaliste de l'équipe de Béring, remarqua par ailleurs :

> « Deux d'entre eux avaient, à la manière des paysans russes, un long couteau en fer très mal exécuté, qui pouvait être leur œuvre et non une fabrication européenne [...]. De loin, j'observai attentivement la qualité de ce couteau, quand l'un des Américains le sortit de sa gaine et s'en servit pour couper une vessie en deux, et je vis[...] qu'il ne ressemblait à rien qui fût produit en Europe. »
>
> (Steller, 1988 : 103.)

Ce fer pouvait avoir été troqué dans le Nord-Est, ou plus vraisemblablement récupéré sur les épaves de bateaux de pêche japonais déroutés par la tempête et échoués sur les rivages brumeux de l'archipel (Black, 1983). Ces contacts avec des étrangers étaient toutefois exceptionnels, et n'avaient pour la plupart aucune conséquence.

Au début du XVIIIe siècle, la nation aléoute était encore en expansion. Elle a été estimée à cette époque entre 12 et 15 000 personnes (Lantis, 1984 : 163), réparties sur les 2 000 kilomètres de longueur de l'archipel, un chapelet d'îles volcaniques dessinant un arc dans le nord du Pacifique. La majorité des Aléoutes vivaient sur les îles les plus proches de l'Alaska, mais même les îles Near (voisines de la Russie) étaient habitées. Les archéologues estiment que les Aléoutiennes furent occupées il y a environ 8 000 ans et les îles

Groupes de l'Arctique
1 Esquimaux de Sibérie (Yup'ik de Sibérie)
2 Esquimaux de l'île Saint-Laurent
3 Esquimaux de l'île Nunivak
4 Aléoutes
5 Esquimaux du Pacifique (Yup'ik du Pacifique)
6 Esquimaux du sud-ouest de l'Alaska (Yup'ik du Centre-Alaska)
7 Inuit du détroit de Béring
8 Inuit de la baie de Kotzebue
9 Inuit de l'intérieur du Nord-Alaska
10 Inuit de la côte du Nord-Alaska
11 Inuit du delta du Mackenzie
12 Inuit du Cuivre
13 Netsiliks
14 Inuit du Caribou
15 Sallirmiuts (Sadlermiuts)
16 Igluliks
17 Inuit de la Terre de Baffin
18 Esquimaux du pôle Nord
19 Esquimaux de l'est du Groenland
20 Esquimaux de l'ouest du Groenland
21 Inuit de la côte du Labrador
22 Inuit du Québec

Near atteintes il y a seulement 1 000 ans (McCartney, 1984). L'archipel a été divisé en deux régions correspondant aux deux dialectes de la population : l'aleut de l'est et l'aleut de l'ouest (Krauss, 1988 : 146). Dans ces régions coexistaient de nombreuses sociétés villageoises, ayant chacune son territoire et ses propres chefs.

Les relations entre les villages étaient généralement amicales. Des produits comme l'écorce de pin et l'écorce de bouleau étaient régulièrement échangés entre le continent et les îles dépourvues d'arbres. Les villageois se rendaient visite pour les fêtes et les danses masquées, qui avaient lieu habituellement en décembre (Black, 1980 : 89). Les rapports n'étaient cependant pas toujours très harmonieux ; les meurtres, la sorcellerie, les offenses étaient parfois suivis de raids sanglants. Les prisonniers devenaient des esclaves, et les morts étaient aussitôt démembrés par les vainqueurs, afin de dissiper la puissance contenue dans les cadavres (Laughlin, 1980 : 103).

CI-DESSUS *Des Aléoutes dans un kayak à deux places, au large de l'île Saint Paul (archipel des Pribilof). Ces embarcations étaient très longues, ce qui les faisait paraître à la fois légères et fragiles.*

Cette carte montre les territoires approximatifs des tribus et groupes linguistiques vers 1850 pour la plus grande partie de la région, plus tôt pour le nord-ouest de l'Alaska et la côte du Labrador, plus tard pour le sud de l'Alaska et le Groenland. Ensuite, la plupart perdirent leurs terres, d'autres disparurent.

Les habitations des Aléoutes étaient creusées dans le sol à une profondeur de 1,50 à 2 mètres. Les toits en os de baleine ou en bois flotté étaient recouverts de terre, si bien que « lorsqu'elles étaient là depuis un certain temps, l'herbe les recouvrait [...] et un village avait l'apparence d'un cimetière européen garni de tombes » (Langsdorff, *in* Lantis, 1970 : 183). Certaines n'abritaient qu'une seule famille, tandis que d'autres étaient des maisons communes occupées par plusieurs familles, longues de 12 à 20 mètres et larges de 6 à 10 mètres (Laughlin, 1980 : 50).

Les habitations étaient orientées suivant un axe est-ouest, et la disposition des familles y reflétait l'importance de l'est dans la cosmologie des Aléoutes qui le considéraient comme la demeure du Créateur (Black et Liapunova, 1988 : 57). Les maisons communes avaient une allée centrale, de part et d'autre de laquelle se trouvaient les logements familiaux, et toutes les familles qui vivaient ensemble avaient un lien de parenté. Le chef et ses proches étaient installés dans la partie la plus orientale, tandis que les esclaves étaient confinés à l'ouest. L'accès à ces maisons se faisait par un ou deux trous dans le toit, un tronc à grosses encoches permettant d'atteindre le sol.

Ces trous étaient le seul moyen d'entrer ou de sortir des maisons, ce qui mettait les familles à la merci des assaillants en cas d'attaque surprise. Pour parer ce danger, les Aléoutes disposaient de trois moyens : les villages étaient fréquemment construits sur des isthmes ou d'étroites bandes de terre offrant un double accès à la mer ; des sentinelles étaient postées pour signaler l'approche des visiteurs inattendus ou indésirés et, enfin, des compartiments secrets étaient creusés dans les murs des habitations, en guise de refuge.

Les raids étaient rarement liés à des questions de territoire, mais résultaient le plus souvent d'inimitiés et de querelles entre groupes ou clans. Les

Aléoutes vivant dans une contrée où la terre et la mer leur fournissaient des ressources en abondance, ils n'avaient aucun besoin de s'en disputer la possession. La famine était inconnue chez eux, bien que le mois de mars fût parfois difficile. Il y avait peu de mammifères terrestres dans les Aléoutiennes, mais leur absence était compensée par la variété de la flore et celle de la faune marine, et par un grand nombre d'oiseaux. Les racines féculentes de certaines plantes servaient à préparer un épais gruau ; les feuilles d'oseille sauvage, de cresson et de primevère étaient consommées, et des herbes et des racines étaient récoltées pour un usage médicinal. Les mûres, les myrtilles et d'autres baies étaient mangées fraîches ou conservées pour l'hiver. Le gourbet (roseau des sables) était utilisé pour les paniers et les nattes d'une texture remarquablement fine fabriqués par les femmes. Les feuilles étaient découpées en minces lanières avec les ongles et tressées, avec parfois plus de cent mailles par centimètre carré (Hudson, 1987 : 64). Cette qualité et cette précision du travail caractérisaient tous les objets produits par les femmes aléoutes. Enfin, les propriétés vénéneuses de l'aconit étaient connues et probablement employées pour chasser les baleines. Toutes ces plantes saisonnières, à l'exception de l'aconit et de certaines espèces médicinales, étaient cueillies par les femmes, qui les conservaient dans des poches en estomac de phoque ou d'otarie (Collins, 1945).

Chaque printemps, de nombreuses volées d'oiseaux aquatiques faisaient leur apparition dans l'archipel. Les canards, les oies, les cygnes, les guillemots, les macareux et divers autres volatiles pondaient leurs œufs, élevaient leurs oisillons, puis repartaient vers le sud à l'automne. Les Aléoutes recueillaient une partie des œufs et chassaient les différentes espèces en adaptant leurs méthodes aux habitudes des oiseaux. Pour les macareux, qui nichent dans des terriers, les chasseurs plaçaient des collets devant l'entrée des trous, qui étranglaient les animaux lorsqu'ils sortaient le matin. La chasse aux albatros était, elle aussi, l'objet d'une technique particulière : « Les hommes sortent pour les attraper lorsque le temps est lourd et brumeux, parce que dans ces conditions leur vol est moins aisé. Les chasseurs les abordent de face, car ils savent que les oiseaux s'élèvent toujours contre le vent. » (Merck, 1980 : 62.)

Sur les côtes, la zone comprise entre le niveau des marées les plus basses et celui des marées les plus hautes offrait des coquillages, des poulpes et des algues, qui pouvaient être aisément ramassés par les femmes, les enfants et les vieillards. Grâce à ces ressources alimentaires toujours disponibles, les veuves avaient la possibilité de choisir leur avenir, sans être contraintes de se remarier immédiatement, comme dans d'autres populations du Nord (Robert-Lamblin, 1982 : 199). Les produits de la mer étaient également précieux pendant les mois difficiles, lorsque les réserves s'épuisaient et qu'il faisait trop mauvais pour sortir chasser.

Les saumons étaient capturés l'été et au début de l'automne, quand ils remontaient le cours des petites rivières des Aléoutiennes pour pondre leurs œufs. Bien que beaucoup de ces poissons aient été pêchés et séchés en grand nombre pour être consommés l'hiver, la base du régime alimentaire des Aléoutes était cependant la chair des mammifères marins, en particulier des otaries (Yesner, 1988). Ces animaux étaient chassés par les hommes dans leurs *baidarkas* (équivalent russe du mot aléoute « kayak »). Les phoques, les otaries et les loutres de mer étaient tués à l'aide de javelots projetés par-dessus la tête avec des propulseurs.

Oululuk, le plus important village aléoute de l'île Unalaska, peint par Louis Choris (1816-1817). L'influence des Blancs était déjà sensible, comme le montre l'église que l'on aperçoit à gauche.

Tous les hommes sans exception pratiquaient cette chasse. Pour avoir une chasse fructueuse, un homme devait se préparer à la fois physiquement et spirituellement. Son attirail comprenait des amulettes destinées à attirer les animaux et à apaiser leurs esprits. « Leur fabrication et l'endroit où elles sont rangées sont tenus secrets, faute de quoi les amulettes perdraient leur pouvoir. Il est nécessaire de les protéger de l'humidité ; si une amulette est mouillée, son porteur risque de se putréfier. » (Jochelson, 1968 : 78.)

Seuls quelques hommes qui avaient suivi un entraînement spécial chassaient les baleines. La chasse commençait sur le rivage, avec la préparation des amulettes du chasseur et d'une potion spéciale destinée à enduire la pointe du javelot pour empoisonner l'animal. Certaines amulettes contenaient de l'hématite, des plumes de roselin rose ou les fluides des corps momifiés de chasseurs décédés. Les amulettes de cette dernière catégorie étaient jugées extrêmement puissantes, mais celui qui en possédait une ne vivait pas longtemps (Jochelson, 1968 : 78). Lorsqu'une baleine était aperçue, un seul chasseur prenait la mer dans sa baidarka, lui décochait son javelot, puis regagnait immédiatement le village, s'enfermait dans une hutte d'isolement et demeurait trois jours couché sous une couverture sans faire un geste. « Il se comportait comme un malade, essayant ainsi, par envoûtement, de persuader la baleine d'être également malade. Il se relevait le troisième jour, quand la baleine paraissait sur le point de mourir. Les autres hommes l'achevaient alors et la tiraient jusqu'au rivage. On ignore quelle était l'efficacité de cette méthode de chasse. Si la baleine ne dérivait pas dans la bonne direction, elle pouvait constituer le butin inespéré d'un autre village. » (Laughlin, 1980 : 41.)

Toutes ces chasses étaient pratiquées dans la baidarka, une embarcation réputée pour sa vitesse et sa capacité à affronter les eaux agitées du golfe d'Alaska (Zimmerly, 1986 : 18). La baidarka des Aléoutes, à la différence des autres kayaks, avait une proue bifide et une poupe droite. Cette particularité lui permettait probablement de chevaucher les flots et de résister à « la poussée produitequand l'étrave heurte les vagues » (Heath, 1987 : 24). Lorsqu'un orage menaçait, les Aléoutes attachaient ensemble leurs baidarkas, de manière à former une embarcation plus stable.

Les garçons étaient préparés très jeunes à la conduite des kayaks. Leurs tendons et leurs ligaments étaient étirés pour leur permettre de rester assis des heures durant dans une baidarka (Laughlin, 1980 : 28). Ils avaient également des jeux mimant les gestes de la chasse (Laughlin, 1980 : 2) et ils s'entraînaient sur les baidarkas dans des eaux calmes. Plus tard, ils s'aventuraient au large dans une embarcation à deux places en compagnie d'un chasseur expérimenté, souvent un oncle maternel. A l'approche de ses 20 ans, un adolescent devenait un homme en construisant sa propre baidarka, et était alors jugé apte à se marier.

La construction d'une baidarka était une opération très complexe. On commençait par sélectionner du bois flotté pour l'armature. Ensuite, on assemblait l'embarcation aux dimensions exactes de son futur utilisateur. La plupart des techniques de construction étaient des secrets jalousement gardés, transmis au jeune homme par son père ou son oncle.

> « A certains endroits, où les différentes pièces de la charpente sont attachées ensemble, deux os plats sont liés en croix sur la face interne de la jointure, et le chef m'assura que cela était très utile par temps orageux. Comme les attaches sont susceptibles d'être desserrées par le choc des vagues, ces os contribuent essentiellement à empêcher un tel inconvénient ; mais cet art n'est pas connu de tous, et tenu véritablement secret par ceux qui le possèdent. »
> (Langsdorff, *in* Dyson, 1986 : 42.)

Enfin, les femmes recouvraient la baidarka de peaux d'otaries. Elles devaient faire très attention à ce qu'aucun de leurs cheveux ne reste pris dans les coutures, sous peine qu'une otarie, mise en rage par cette souillure femelle, ne fasse un trou avec ses dents dans l'embarcation.

L'intérêt que les Russes portèrent aux Aléoutes fut dû tout autant aux performances de leurs baidarkas qu'à la présence des loutres de mer dans les eaux de l'archipel. Les premiers promyshlenniki qui se rendirent aux Aléoutiennes chassèrent eux-mêmes, ne considérant les Aléoutes que comme d'utiles partenaires commerciaux. Par la suite, ils se rendirent compte du rôle décisif que jouait la baidarka dans la chasse aux loutres, et commencèrent à exploiter les chasseurs aléoutes, contraignant les villageois à chasser pour leur compte en prenant des otages qui n'étaient libérés qu'à la fin de la saison (Pierce, 1988 : 121).

Au début des années 1760, les Aléoutes de l'Est tentèrent de se révolter, mais leur rébellion fut écrasée dans le sang. Lors d'un incident, le Russe Soloviev aligna l'un derrière l'autre une douzaine

CI-DESSUS *Habitants des îles Aléoutiennes, peints par Louis Choris (1816-1817). L'influence des marchands de fourrures, des explorateurs et des missionnaires est déjà sensible dans ces études du XIXe siècle.*

d'hommes de Kashega et fit feu à bout portant avec son mousquet pour voir combien d'Aléoutes une balle pouvait tuer. La réponse fut neuf. Les Aléoutes reconnurent leur impuissance à lutter contre les fusils des Russes. Des maladies importées réduisirent encore leur nombre, et, en 1799, il ne restait plus qu'un huitième de la population d'avant le contact (Laughlin, 1980 : 129-130).

La Compagnie russe d'Amérique (CRA) fut créée en 1799 par une charte de l'empereur de Russie lui accordant le monopole du commerce des fourrures. Pour la majorité des Aléoutes, cette charte signifiait qu'ils étaient désormais de simples vassaux de la compagnie. Celle-ci avait le droit de faire travailler la moitié des hommes valides d'un village en ne leur versant que le cinquième du salaire accordé à un Russe (Hansen, 1982 : 67), mais même ces clauses minimales étaient le plus souvent ignorées par les agents de la compagnie. Cette situation conduisit les Aléoutes à se plaindre à la Couronne de Russie et entraîna une révision de la charte de la CRA en 1821, qui limitait à trois ans la durée du travail que les chasseurs devaient à la compagnie.

Au début du XIXe siècle, des Aléoutes avaient été transplantés sur les îles du Commandeur et les îles Pribilof (les aires de reproduction de l'otarie à fourrure), et des chasseurs aléoutes se trouvaient à Sitka, sur l'île Baranof, et à Fort Ross, le comptoir de la CRA sur la côte californienne. Un chant exprime particulièrement la nostalgie du chasseur aléoute exilé loin de son foyer :

Oh, que va-t-il arriver ?
Que va-t-il dire ?

Sans m'attendre à rien de semblable,
Je suis entré de nouveau dans la fin de tout.

Mes îles, mes chères îles à l'est !
Au-dessus d'elles les nuages seront clairs
lorsque le matin viendra

Là-bas ce sera comme ça aussi, le matin.
Si je continue ainsi sans fin, sans m'arrêter.
Cet ennui, ce chagrin !
(Bergsland et Dirks, 1990 : 697.)

Selon la charte révisée de 1821, la CRA devait prendre en charge l'éducation, la santé et l'évangélisation des Aléoutes. Dans les écoles qu'elle fit ouvrir, les enfants n'apprenaient pas seulement à lire et à écrire, mais étaient également initiés à la charpenterie, à la construction navale et au travail du fer. La plupart des élèves étaient des métis, nés de mariages entre des Russes et des Aléoutes. Les métis formaient une classe sociale « moyenne », dominée par les Russes mais jouissant de meilleures conditions de vie que les Aléoutes. L'hygiène sociale demeurait rudimentaire, bien qu'un programme de vaccination massive ait été appliqué après la terrible épidémie de variole de 1838 (Black, 1980 : 103).

Un grand nombre d'Aléoutes furent convertis à la religion orthodoxe par des prédicateurs laïcs, qui construisirent également de petites églises. Le premier missionnaire, le père Veniaminov, arriva aux Aléoutiennes en 1824. Révéré par les fidèles de l'Alaska, il devint plus tard Métropolite de leur église et est aujourd'hui vénéré sous le nom de saint Innokenti. Un autre des premiers popes des Aléoutiennes fut le père Netsvetov, un métis qui avait fait ses études en Russie (Black, dans Netsve-

CI-DESSOUS *Karluk, sur l'île Kodiak, Alaska, vers 1900. Les pêcheurs aléoutes livraient leurs poissons à la conserverie, qui employait à l'époque des ouvriers saisonniers chinois de San Francisco.*

Aléoutes

Ces objets montrent le rôle essentiel que jouait la chasse en kayak dans l'économie des Aléoutes, l'emploi qu'ils faisaient des intestins animaux pour confectionner des vêtements et des sacs imperméables, et leur art très élaboré de la vannerie. L'influence russe, qui commença à s'exercer dans les années 1740, est sensible dans certaines formes et certains ornements. Lorsqu'elle est connue, l'île d'origine est mentionnée. Les dates indiquent quand l'objet a été recueilli, ou reçu par le musée.

1 Panier en roseau des sables tressé avec motif en similibroderie, utilisé pour transporter le poisson. Atka. 1882.
2 Panier tressé ajouré décoré avec des fils de couleur. 1903.
3 Boîte tressée à couvercle ajusté, décorée avec des fils de soie bleus, rouges et jaunes ; probablement destinée à la vente. Attu. 1927.
4 Étui à cigares en vannerie très fine avec motif en similibroderie ; objet populaire des Aléoutes, destiné à la vente. Attu. 1874.
5 Modèle réduit typique de kayak à deux places, avec des pagayeurs coiffés de chapeaux en bois courbé. Recueilli par l'expédition Wilkes. 1841.
6 Chapeau conique en bois courbé léger, orné de motifs abstraits polychromes et de vibrisses d'otarie à l'arrière. 1868.
7 Coiffure en cuir noir, ornée de fourrure blanche et de fils rouges, en forme de bonnet russe. Ile Unalaska. 1868.
8 Coiffure en bois léger portant le dessin stylisé d'un oiseau. Kayaligmiut (yup'ik, non aléoute). 1879.
9 Étui à cigares en roseau des sables tressé, avec une similibroderie en fil de laine, destiné à la vente. 1921.
10 Panier orné d'un motif en fil de laine près du bord. Attu. 1894.
11 Panier tressé ajouré pour le transport du poisson. Atka. 1879.
12 Panier tressé à couvercle orné d'un motif en similibroderie. Atka. 1879.
13 Boîte à ouvrage de femme en roseau tressé, à couvercle ajusté orné d'un motif en fils de laine colorés. Attu. 1920.
14 Napperon en roseau des sables tressé, destiné à la vente. Atka. 1879.
15 Bottes montantes en cuir sombre et clair, bordées de fourrure et de laine rouge et verte. Attu. 1890.

16 Épieu en bois pour la chasse aux oiseaux, muni de plusieurs pointes en os. Années 1890.
17 Propulseur pour harpon ou javelot en étant assis dans un kayak ; trou et encoches pour la préhension, crochet en ivoire et rainure pour accueillir l'extrémité inférieure du projectile ; peint en rouge sur la face supérieure, en noir sur la face inférieure. Ile Unalaska. 1892.
18 Nécessaire à ouvrage en intestin d'otarie. Atka. 1879.
19 Sacoche en intestin d'otarie, avec des bandes décoratives. Recueillie par l'expédition Wilkes. 1841.
20 Sac en intestin d'otarie. Recueilli par l'expédition Wilkes. 1841.
21 Combinaison imperméable en intestin de mammifère marin. 1896.
22 Pantalon en peau de phoque. Atka. 1879.
23 Pochette en roseau tressé décorée avec du fil de couleur. 1921.
24 Napperon en roseau des sables tressé, destiné à la vente. Atka. 1879.
25 Bottines (mukluks) à décorations appliquées. Attu. Années 1890.

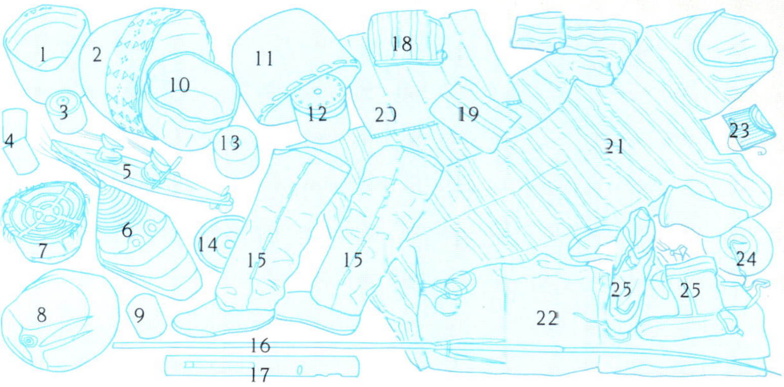

CI-DESSUS *Aléoute, peint par Louis Choris (1816-1817). Il porte une chemise à capuchon imperméable et une coiffure à visière peinte en bois léger.*

tov, 1980 : XV). Pourquoi les Aléoutes embrassèrent-ils si aisément la religion chrétienne ? Une des raisons pourrait être que l'Église orthodoxe sut les secourir, une autre que le parrainage religieux des Aléoutes par les Russes créa des liens personnels et économiques profitant également aux deux communautés (Black, 1984 : 94 ; Kan, 1988 : 506).

En 1867, la société aléoute s'était adaptée à la présence russe. La population montrait des signes de récupération, de nombreux enfants recevaient une instruction élémentaire, et pratiquement tous les adultes avaient été convertis à la religion orthodoxe. Mais les guerres de l'opium avaient entraîné un effondrement du marché des peaux de loutres, et les efforts de la CRA pour diversifier l'économie de l'Alaska avaient complètement échoué (Black, 1988 : 80). Par ailleurs, la colonie russe d'Amérique était trop loin de Moscou. En conséquence, l'Empire russe vendit ses possessions américaines aux États-Unis pour un montant de 7,2 millions de dollars-or.

Une nouvelle fois, sans aucun avertissement, la vie des Aléoutes fut brutalement bouleversée. La CRA disparut, les écoles et les dispensaires furent fermés, et de nombreux métis instruits choisirent d'aller s'installer en Russie. Tout ce qui demeura de la présence russe fut l'église orthodoxe, dont les popes furent autorisés à rester. Les Aléoutes étaient toujours des vassaux, mais ils perdaient tout ce que leur symbiose avec les Russes leur avait permis d'acquérir jusqu'alors. La grande époque de la chasse aux loutres de mer était terminée, et ils ne recevaient plus les produits du commerce des fourrures dont ils étaient peu à peu devenus dépendants. Les Aléoutiennes n'étaient plus qu'une terre lointaine et oubliée des États-Unis. Il fallut attendre 1885, pour qu'une mission et une école y soient de nouveau ouvertes (Morgan, 1980 : 114).

Petit à petit, cependant, les Américains commencèrent à s'intéresser à leur nouvelle colonie. Une société de San Francisco racheta les avoirs de la CRA et créa la Compagnie commerciale de l'Alaska (CCA ; Van-Stone, 1967 : 57), qui concentra son activité sur la lucrative industrie du phoque établie dans les îles Pribilof. La chasse aux phoques et aux loutres de mer fut intensifiée, les quotas fixés par la CRA pour protéger ces deux espèces ayant été supprimés. Dans les années 1880, la population de phoques connut une baisse inquiétante et celle des loutres de mer frôla l'extinction. En 1911, un traité international limita la chasse aux loutres et imposa des quotas très stricts pour la chasse aux phoques.

Les renards avaient été introduits par les Russes sur quelques-unes des îles Aléoutiennes. En 1880, des trappeurs et des négociants américains indépendants commencèrent à louer des îles entières au gouvernement. Sans prédateurs pour réduire leur nombre et avec un abondant gibier d'eau pour l'accroître, les renards se multiplièrent — ainsi que les profits de certains des négociants. Mais l'effondrement du marché des fourrures, en 1941, marqua la fin de cette industrie. Cette prospérité soudaine suivie d'une crise sévère caractérisa toutes les activités économiques des Aléoutiennes jusqu'à la Seconde Guerre mondiale. Une ruée vers l'or attira de nombreux Américains de 1886 à 1908. Une usine de salage de la morue fut construite en 1876, bientôt suivie par des conserveries de saumon et par l'établissement d'une base norvégienne de pêche à la baleine, qui fonctionna de 1907 à 1939 (Morgan, 1980 : 119).

CI-DESSUS *Femme aléoute, par Louis Choris (1816-1817). Sa robe en étoffe et la croix qui orne sa poitrine témoignent de l'influence européenne.*

CI-DESSOUS *Le quartier des Aléoutes à Karluk, Alaska, vers 1900. Au premier plan, quelques habitations semi-souterraines. A gauche, l'église et le cimetière rappellent que les Russes introduisirent la religion orthodoxe en Alaska plus d'un siècle auparavant.*

Esquimaux de l'île Saint-Laurent, 1930

Un chasseur et son épouse achèvent de monter l'armature d'un umiak, destiné à la pêche à la baleine, qu'ils recouvriront ensuite de peaux de morse. L'homme arbore la coiffure caractéristique des Esquimaux de Sibérie, des pendants d'oreilles et des amulettes autour du cou. Il porte une blague à tabac et une gaine de couteau à la ceinture. Sa parka est en peau de caribou tannée et teinte en rouge, avec un col en peau de chien. Son pantalon est en peau de phoque, avec le poil à l'extérieur, et ses bottes sont ornées de bandelettes de fourrure et de peau appliquées. La femme a le visage et les avant-bras tatoués et porte un talisman à son biceps. Sa parka est en peau sombre de jeune caribou, avec des incrustations en peau de caribou blanche et des franges en peau de chien sibérien blanc. Ses bottes sont en peau de phoque teinte en rouge.

CI-DESSUS *Esquimaux de l'île Saint Laurent, dans le détroit de Béring, Alaska. Leur embarcation (umiak), en bois flotté recouvert de peau de morse, est munie de voiles pour la chasse à la baleine.*

Le début de la Seconde Guerre mondiale vit un effondrement total de l'économie fragile et toujours menacée des îles Aléoutiennes.

Seul l'esprit
poussera quelqu'un
à continuer,
seule sa volonté d'imiter
ceux qui réussissent
le conduira finalement à son but.

Une grande richesse ne le conduira pas
jusqu'au bout de cette manière
seulement sa volonté de suivre ceux qui
réussissent.

Celui qui possède peu
doit aspirer à faire
comme font autour de lui
ceux qui réussissent mieux.

Il doit essayer d'imiter, de suivre
et d'écouter
ceux auxquels il veut ressembler
et seulement ainsi il peut réussir dans la vie.
(Leo Moses, in Woodbury, 1984 a : 69.)

Les peuples de langue yup'ik sont établis depuis des siècles des deux côtés du détroit de Béring. En traversant cet étroit passage de 80 kilomètres, ils faisaient du troc, se rendaient mutuellement visite, et parfois se combattaient. Les principales marchandises échangées de la Sibérie à l'Alaska étaient le fer, le tabac et les peaux de renne domestique. La peau tachetée du renne domestique sibérien, plus colorée que celle du caribou sauvage américain, était particulièrement appré-

CI-DESSOUS *Un camp d'Esquimaux du Pacifique, vers 1900. L'habitation semi-souterraine (une grande pièce avec un foyer central) est recouverte de terre et de paille. Jusqu'à vingt personnes pouvaient y vivre.*

ciée par les Yup'ik du sud-ouest de l'Alaska. Le tabac, un autre produit fort recherché, partait de son pays d'origine, dans le sud du continent nord-américain, et faisait pratiquement le tour du globe avant de parvenir en Alaska. En dépit de ces liens séculaires, les différences entre les groupes de langue yup'ik sont considérables. Il existe cinq langues yup'ik distinctes : le sireniski, le yup'ik de Sibérie centrale, le naukanski (esquimau de Sibérie), le yup'ik du Centre-Alaska (esquimau continental du sud-ouest de l'Alaska) et le yup'ik du Pacifique (esquimau du Pacifique) (Woodbury, 1984 a). En réalité, les Yup'ik de Sibérie (Esquimaux de Sibérie) sont plus proches de leurs voisins immédiats, les Chukchis de Sibérie, que de leurs parents américains (Hughes, 1984 : 249). Cette diversité linguistique s'étend également à l'économie, à l'organisation sociale, à la religion et à l'histoire des contacts des différents groupes avec la civilisation blanche. Nous nous bornerons ici à en étudier un seul, celui des Yup'ik du Centre-Alaska, qui vivent dans le sud-ouest de l'Alaska.

L'organisation sociale des Yup'ik antérieure au contact était centrée sur la famille, comme celle des Aléoutes, mais sans esclaves et avec une hiérarchie moins stricte. Les sociétés villageoises disposaient de territoires suffisamment étendus pour subvenir à leurs besoins. Les deltas du Yukon et du Kuskokwim grouillaient déjà d'une faune riche et variée, bien que de nombreuses espèces — oiseaux, poissons anadromes, caribou — fussent migratrices. Cette abondance permettait aux Yup'ik de vivre dans des villages permanents situés le long des cours d'eau. Au printemps, en été et à l'automne, ils se déplaçaient à l'intérieur des terres pour intercepter les animaux migrateurs. Chaque village était constitué de nombreuses demeures familiales et d'une ou deux *qasgiq*, qui étaient les maisons communes des hommes. Les demeures familiales appartenaient aux femmes et étaient leur domaine. C'était là qu'elles cousaient, faisaient la cuisine et élevaient les enfants. Vers l'âge de 6 ans, les garçons étaient transférés du foyer maternel au qasgiq. Cette habitation de grandes dimensions jouait un rôle important dans la vie des hommes, car c'était là qu'ils mangeaient, travaillaient, se distrayaient, tenaient leurs cérémonies, prenaient des bains de vapeur et dormaient. L'entrée au qasgiq signifiait le début de la préparation à l'âge adulte.

> « Il était très utile pour nous d'entendre les mises en garde de ceux du qasgiq qui avaient la charge de nous parler, bien que nous ne pensions pas toujours ainsi. Pauvre de moi ! Parfois, j'avais l'impression qu'ils lisaient à l'intérieur de moi, dans ma vie, lorsqu'ils parlaient. C'était effrayant, j'en avais des frissons. Comment pouvaient-ils me connaître aussi bien [...]. Leurs conseils sur la manière de mener sa vie revenaient encore et encore [...]. C'est vrai, le qasgiq est un endroit où l'on apprend le seul endroit où ce qu'il faut savoir peut être enseigné. »
> (Joseph Friday de Chevak 1978, propos recueillis par Anthony C. Woodbury, dans Fitzhugh et Kaplan, 1982 : 210.)

Les leçons données au qasgiq étaient extrêmement importantes. Il ne suffisait pas que les jeunes garçons y développent leurs connaissances techniques et leur habileté manuelle, ils devaient également apprendre quelle était leur place dans le monde. Dans la cosmologie des Yup'ik, l'univers était formé d'un grand nombre de niveaux maintenus ensemble dans un équilibre précaire. Les mauvaises actions des hommes pouvaient offenser les esprits et détruire cet équilibre, le résultat étant une maladie, une mauvaise chasse ou une tempête. En conséquence, il était indispensable que les enfants apprennent à se conduire correctement. Par exemple, les parents d'une personne décédée ne devaient pas utiliser d'intruments tranchants, afin de ne pas courir le risque de couper

Des Esquimaux du Sud-Ouest de l'Alaska (Yup'ik du Centre-Alaska) près du Kuskokwim, vers 1880. *Leurs vêtements d'hiver, en peau d'écureuil de terre, de castor ou de rat musqué, amples, sont moins élégants que ceux de certains groupes plus septentrionaux.*

l'esprit du défunt. Si un esprit était coupé, « il se mettait dans une grande colère et pouvait rendre les gens malades ou les faire mourir » (Nelson, 1899 : 312). Les garçons étaient instruits dans les maisons communes des hommes, les filles l'étaient par leur mère et les femmes de leur famille.

Les Yup'ik croyaient également à l'existence de deux mondes : le visible et l'invisible. Ces deux mondes occupaient le même espace physique, bien que les esprits peuplant le second aient été rarement perceptibles par les hommes qui occupaient le premier. La frontière entre ces deux réalités n'était pas infranchissable, et à certains moments de transition, elle cessait même d'être un obstacle. Il fallait alors respecter scrupuleusement les rituels, faute de quoi les *tunghats*, des esprits malveillants, pouvaient passer dans le monde visible et se mettre à tourmenter ses habitants.

Tous les objets, animés ou inanimés, avaient des esprits, ou *yuas*, de forme humaine. Dans un passé lointain, les animaux avaient eu la capacité de se métamorphoser à volonté.

> « Après un moment, elle vit un vieux loup à l'air féroce apparaître sur une hauteur près de la rive du lac. Sa langue rouge pendait. Lorsqu'il descendit, il s'approcha de la fillette et la fit rouler sur le flanc avec son nez. Puis il se dressa à côté d'elle et se transforma en un homme vigoureux dans la fleur de l'âge. Il ne portait sur lui qu'une cape en peau de loup. »
>
> (*Adventures of a Young Girl*, raconté par Ella Lewis, dans Tennant et Bitar, 1981 : 173.)

Enfants de l'île Saint-Laurent, 1888. Les filles ont les cheveux longs, les garçons le sommet du crâne rasé. Leurs parkas sont en peau de renne, avec la fourrure à l'intérieur.

A l'époque du contact avec l'homme blanc, les animaux avaient perdu ce pouvoir.

De temps à autre, cependant, un chasseur pouvait encore apercevoir un visage humain dans l'œil de l'animal qu'il poursuivait — et savoir qu'il avait vu son yua. Il sculptait alors un masque représentant sa vision et, lors de la première fête qui avait lieu ensuite, il racontait sa rencontre en chantant et en dansant avec son masque. Les chamans avaient des expériences similaires avec les tunghats, qu'ils étaient les seuls à pouvoir distinguer. La danse suivante fut exécutée en présence du lieutenant Zagoskin au début des années 1840 :

> « Mais maintenant la trappe s'ouvre, et rapidement, en un éclair, un danseur se laisse glisser le long d'une corde et saute d'un bond sur la scène ; deux couples de femmes prennent place à côté de lui. Il porte un masque représentant une tête fantastique de corbeau et se met à sauter çà et là en croassant comme un corbeau ; les tambours rythment ses mouvements, les chanteurs entonnent une mélopée. Le danseur imite à certains moments un corbeau qui se perche ou sautille, à d'autres les gestes familiers d'un homme échouant dans tout ce qu'il fait. La signification de la danse est donnée par les paroles du chant et peut être résumée de la manière suivante. Un chaman se trouve dans son camp de chasse. Il a faim et il remarque que, en quelque endroit qu'il se rende, un corbeau le suit et contrecarre ses projets. Si le gibier qu'il poursuit est un cerf, le corbeau pousse son cri, effraie le cerf et rend impossible au chaman de s'en approcher en rampant jusqu'à ce qu'il soit à portée de ses flèches. Si l'homme pose un piège pour prendre un lièvre ou une perdrix, le corbeau emmêle les lacets ou les emporte avec lui. S'il tend un filet pour attraper du poisson, le corbeau s'arrange, là encore, pour l'empêcher de réussir. "Qui es-tu ?" finit par demander le chaman. L'esprit qui a pris la forme du corbeau sourit et répond : "Ton mauvais sort." »
>
> (Michael, 1967 : 227.)

Les chamans pratiquaient une médecine holistique, traitant les maux physiques, psychologiques et spirituels de leurs patients. Grâce à leurs dons, ils pouvaient deviner les causes d'une maladie ou d'une mauvaise chasse. Lorsque les erreurs commises par les hommes bouleversaient l'univers, les chamans s'envolaient dans le monde des esprits et négociaient avec eux pour rétablir l'équilibre.

Les chamans et les anciens étaient responsables du cycle annuel des cérémonies. Chaque année, il y avait quatre fêtes principales : la Fête de la Demande (*Petugtaq*), le Festin des Morts (*Merr'aq*), la Fête des Vessies (*Nakaciuq*) et la Fête de l'Invitation (*Kelek/Itruka'ar*). La Fête de la Demande était une festivité au cours de laquelle les relations de parenté, en particulier entre cousins au second degré, étaient renforcées par l'échange de cadeaux demandés. Lors du Festin des Morts, on faisait en sorte que les défunts aient de la nourriture, de la boisson et des vêtements dans l'autre monde. Pour la Fête des Vessies, les vessies de tous les phoques tués pendant l'année étaient gonflées, peintes et pendues dans le qasgiq. Les âmes des phoques vivant dans les vessies se voyaient offrir pendant plusieurs jours de la nourriture, des chants et des danses, puis les âmes et les vessies étaient rendues à la mer. Si les phoques avaient été traités avec suffisamment de respect, ils accepteraient d'être de nouveau capturés. La dernière fête de l'année était la Fête de l'Invitation. Pour cette cérémonie, qui se tenait lorsque la nourriture était peu abondante, les hommes invitaient les esprits à venir partager ce qui leur restait, espérant par ce moyen les convaincre de leur accorder de bonnes chasses l'année suivante.

D'autres fêtes étaient organisées à intervalles irréguliers. L'une d'elles était la Grande Fête des Morts. Lors de cette festivité, souvent tenue dix ans après le décès, des cadeaux étaient offerts pour honorer le défunt. Pendant la cérémonie, l'esprit du mort était supposé entrer dans son homonyme. Les vêtements et les nombreux présents offerts à la personne portant le même nom étaient en conséquence des cadeaux faits au disparu. Après cette fête, il n'était plus nécessaire d'évoquer le souvenir des individus précis lors du Festin des Morts annuel.

Mes enfants, où êtes-vous ?
Ai-ya-ya-yai.
Revenez-nous, nos enfants,
Nous sommes seuls et tristes.
Ai-ya-ya-yai.
Car nos enfants sont partis,
Alors que ceux de nos amis sont encore là
Ai-ya-ya-yai.
Reviens, neveu, reviens, tu nous manques ;
Ai-ya-ya-yai.
Revenez, nos disparus,
Nous avons des cadeaux pour vous,
Ai-ya-ya-yai.
(Nelson, 1899 : 374-375.)

Les rapports avec le monde des esprits n'étaient par ailleurs pas limités à l'observation de règles de conduite et à l'organisation de cérémonies, mais imprégnaient tous les aspects de l'existence des Yup'ik. Leur équipement de chasse était splendidement décoré, afin de séduire l'esprit des proies et de les convaincre de se laisser tuer. En sculptant des ours, des loups et des loutres sur leurs armes, les chasseurs pensaient s'approprier les qualités de ces prédateurs. Des fonctions du même genre étaient également remplies par la décoration des vêtements cousus par les femmes (Chaussonnet, 1988).

Des concepts religieux très complexes étaient contenus dans les dessins symboliques qui ornaient les vêtements et les outils. Un trou dans la paume d'une main dépourvue de pouce représentait le gibier que les tunghats laissaient s'échapper du monde céleste pour qu'il puisse nourrir les hommes. Un symbole très simple, un cercle et un point, servait à illustrer la vision du monde des Yup'ik. Comme l'univers, il avait plusieurs niveaux de signification, représentant aussi bien l'œil clairvoyant, le monde et les niveaux de l'univers que le passage permettant de circuler entre deux mondes voisins (Morrow, 1984 ; Mather, 1985 ; Fienup-Riordan, 1988).

Esquimaux du sud-ouest de l'Alaska (Yup'ik du Centre) devant des entrepôts à Togiak, Alaska, vers 1877. Ces bâtisses en planches ont des toits arrondis en terre et en paille, dotés de traverses.

Le premier contact direct des Yup'ik du Centre-Alaska avec les Européens fut celui qu'ils eurent avec les Russes après la création de la CRA, en 1799. Les Russes explorèrent le sud-ouest de l'Alaska et découvrirent qu'on y trouvait des castors en abondance. Lorsque les loutres de mer commencèrent à devenir rares, ils reportèrent une partie de leur intérêt sur les castors. Au début du XIXe siècle, la CRA ouvrit plusieurs comptoirs commerciaux sur le continent, et en 1845 des missionnaires orthodoxes s'étaient établis près de la plupart de ces postes (Shalkop, 1987). Les Yup'ik, toutefois, maintinrent leur indépendance par rapport à la compagnie et certains refusèrent même de se convertir au christianisme (Kan, 1988 : 513).

Après la vente de l'Alaska aux États-Unis, la CRA fut remplacée par la Compagnie commerciale de l'Alaska ; cela eut peu de conséquences pour la population autochtone, à l'exception d'un accroissement de la quantité et de la variété des échanges commerciaux (VanStone, 1984 : 154). Le désir des Yup'ik d'obtenir des biens de consommation conduisit à un changement graduel de leur économie. Les hommes qui passaient beaucoup de temps à chasser le castor en avaient d'autant moins pour assurer leur subsistance et celle de leurs proches, aussi dépendirent-ils de plus en plus étroitement des comptoirs (VanStone, 1984).

L'Église orthodoxe russe continua de jouer un rôle prédominant dans la vie des Yup'ik. Des missionnaires d'autres Églises tentèrent de les convertir, mais la plupart du temps sans succès. L'influence d'un pasteur inuit permit cependant la création d'une mission de la Moravian Church américaine à Bethel, en 1885 (VanStone, 1967 : 38).

Le « chemin de l'homme riche » de la ruée vers l'or du Klondike canadien remontait le haut Yukon en vapeur à aubes à partir de Saint Michael, en Alaska, mais comme on ne découvrit pas la moindre once d'or sur les terres des Yup'ik, les milliers d'orpailleurs qui affluèrent dans le Territoire du Yukon entre 1896 et 1899 n'exercèrent pratiquement aucune action sur la population autochtone (VanStone, 1984).

En 1883, la première conserverie de saumon entra en activité, bientôt suivie par de nombreuses autres (VanStone, 1967 : 67). A l'origine, ces pêcheries employèrent essentiellement des Euro-Américains et des Philippins, mais à partir des années 20 la majorité des employés fut recrutée parmi les autochtones. Les emplois saisonniers qu'elles offraient entraînèrent une migration de certaines communautés du Nord et de l'intérieur vers la baie de Bristol. Jusqu'à la Seconde Guerre mondiale, les conserveries de poisson et l'industrie des peaux furent les principaux employeurs des Yup'ik (VanStone, 1984).

A l'exception du christianisme et des planches à clin au-dessus des habitations, la culture yup'ik d'avant 1940 différait très peu de celle qui avait précédé le contact avec les Blancs. Les dernières danses masquées cérémonielles eurent lieu dans les années 30. Actuellement, cette tradition, ainsi que d'autres, semble connaître un renouveau.

Tout est si paisible dans la maison,
Le calme règne dans la maison ;
La tempête de neige gémit à l'extérieur,
Et les chiens sont roulés en boule, le museau
[sous la queue.
Mon petit garçon dort sur la planche,
Sur le dos il est couché, respirant la bouche
[ouverte.
Son petit estomac est bien rond —
Est-il étrange que je pleure de joie ?
(Poème maternel, recueilli
dans Freuchen, 1961 : 276.)

Les membres du groupe linguistique inuit-inupiaq vivent dans quatre pays : l'ex-Union soviétique, les États-Unis, le Canada et le Groenland (ancienne possession du Danemark). En dépit des milliers de kilomètres qui les séparent, on considère que les nombreux dialectes qu'ils parlent appartiennent à la même langue, l'inuit-inupiaq (Woodbury, 1984 b ; Krauss, 1988). Cette identité linguistique serait la conséquence d'une migration récente, datant de l'an mille, des peuples du nord de l'Alaska jusqu'au Groenland — et peut-être également jusqu'en Sibérie.

Un homme vêtu de fourrure guettant patiemment l'apparition d'un phoque à côté d'un trou dans la glace. Un bébé au large sourire emmitouflé dans la parka de sa mère. Un vent violent soufflant sur des chiens de traîneau et un igloo. Un homme pagayant dans un kayak. Telles sont les images stéréotypées que nous avons le plus souvent des Inuit — un peuple souriant, amical, menant tant bien que mal une existence marginale dans un environnement rigoureux. Ces clichés ne tiennent aucun compte de la diversité et de la complexité des sociétés inuit. Les Nuvugmiuts (un sous-groupe des Inuit de la côte nord de l'Alaska) chassaient les baleines et vivaient dans des villages permanents de bâtisses en bois à demi souterraines. Ils employaient rarement des kayaks et ne construisaient des igloos que lorsqu'ils étaient pris dans une tempête de neige à l'intérieur des terres. Leur société était très structurée, et un statut spécial était accordé à l'*umialik* — le propriétaire d'une embarcation de chasse à la baleine. A l'inverse, les Padlirmiuts (un sous-groupe des Caribous Inuit) étaient un peuple nomade de la côte ouest de la baie d'Hudson. Au printemps, ils chassaient les phoques qui se chauffaient au soleil sur la glace, et le reste de l'année le caribou et le bœuf musqué à l'intérieur des terres. Leur société était fortement égalitaire ; les individus les plus expérimentés étaient consultés, mais chacun restait libre.

Les descriptions des Inuit du Centre, habitant l'Arctique canadien, par les explorateurs britanniques sont à l'origine de notre vision stéréotypée des Esquimaux (Brody, 1987). En réalité, ils sont divisés en de nombreux groupes, dont l'un est celui des Igluliks Inuit, qui est composé de quatre sociétés distinctes : les Tununirusirmiuts (du nord de la Terre de Baffin), les Tununirmiuts (du sud de la Terre de Baffin), les Iglulingmiuts (du nord du bassin Foxe) et les Aivilingmiuts (de la côte nord-ouest de la baie d'Hudson) (Mary-Rousselière, 1984 : 432).

Lorsqu'on parle des Aivilingmiuts, on ne peut pas éviter certaines généralisations. Il existe des myriades de niches écologiques dans le Nord, chacune d'elles mettant les Inuit au défi de découvrir sa complexité et d'élaborer une stratégie de chasse appropriée pour tirer parti de ses ressources. Des récits de la tradition orale des Inuit parlent d'individus ou de groupes qui émigrèrent dans de nouvelles régions et ne purent y survivre parce qu'ils ne connaissaient pas les conditions locales. On peut ainsi citer la mésaventure du meurtrier et de sa famille élargie (des Tununirusirmiuts), qui découvrirent une île inhabitée avec une vie marine abondante et décidèrent de s'y établir. Tout l'hiver, ils attendirent, en vain, que la glace se solidifie. La population de cette région (des Iglulingmiuts) avait appris à chasser sur les blocs charriés par le courant, mais les nouveaux arrivants, qui ignoraient cette technique, finirent par mourir de faim (Mary-Rousselière, 1954).

L'inuit-inupiaq, comme l'aleut et le yup'ik, est une langue agglutinante. Le mot *aivilingmiut*, par exemple, est composé de *aivik* (« morse »), *lik* (« lieu ») et *miut* (« peuple de »), et signifie « le peuple du lieu du morse ». Les Aivilingmiuts étaient réputés pour leur pratique de la chasse au morse, ainsi que pour la puissance de leurs attelages de chiens. Ces attelages leur permettaient de parcourir de longues distances pour chasser ou

Un Inuit du détroit de Béring travaille l'ivoire avec un foret à archet. Ce groupe produisait beaucoup d'objets artisanaux, surtout des sculptures sur bois et sur ivoire, pour les vendre aux marins.

CI-DESSUS *Un Inuit du détroit de Béring lançant son harpon à l'aide d'un propulseur, vers 1888. Le bras lanceur était ainsi prolongé vers l'arrière, ce qui donnait une poussée plus grande au projectile.*

CI-DESSOUS *Kayaks et umiaks des Esquimaux de l'ouest du Groenland. Leur subsistance dépendait presque entièrement des mammifères marins, comme le phoque à capuchon, le phoque marbré, le morse et la baleine.*

pour rendre visite à des parents, puis, par la suite, pour fréquenter les comptoirs commerciaux. Les longs déplacements avaient lieu au printemps, lorsque les jours devenaient plus longs et plus chauds, que les oiseaux migrateurs regagnaient leurs aires de reproduction et que les phoques représentaient des proies relativement faciles.

A l'approche de l'été, les chasseurs gagnaient le bord de la banquise pour chasser les morses, qu'ils harponnaient à pied ou en utilisant leurs kayaks. La proue du kayak était effilée, de manière que le chasseur puisse la propulser entre les défenses d'un morse furieux, évitant ainsi que l'animal ne déchire l'enveloppe de peaux de l'embarcation et que son occupant ne se noie (commentaire personnel de G. Quluat). Une fois tué, le morse était découpé, et l'on en réservait une grande partie dans des caches pour un usage ultérieur. Certains morceaux étaient consommés sur-le-champ, crus ou cuits sur un feu préparé avec de l'huile et des os. Le régime alimentaire des Inuit était, et est toujours, presque entièrement carné, la viande offrant tous les éléments nutritifs nécessaires à la vie, pour peu que la chair et la graisse soient consommées en quantités égales et qu'une proportion suffisante le soit crue (Stefansson, 1946).

A l'automne, les Aivilingmiuts se divisaient en petits groupes, ne rassemblant parfois qu'une ou deux familles et se dirigeaient vers des territoires de chasse réservés. Les familles exploitaient leurs propres secteurs (Damas, 1963), et, bien qu'il n'y eût pas de propriété privée de la terre au sens strict du terme, si des personnes étrangères au groupe désiraient y chasser, la politesse exigeait qu'elles en demandent l'autorisation (commentaire personnel de R. Inuksuk). La chasse d'automne variait selon les circonstances. En règle générale, les hommes les plus âgés demeuraient sur la côte, chassant les morses, les phoques et les baleines jusqu'à la réapparition de la mer de glace, tandis que les plus jeunes poursuivaient souvent le caribou à l'intérieur (Mathiassen, 1928 : 24).

Les caribous étaient chassés de différentes manières. Dans certains cas, les chasseurs les approchaient en tenant leurs mains au-dessus de leur tête pour imiter des bois. Une autre méthode requérait la participation de toute une famille : une série d'*inukshuit* (signifiant « qui ressemble aux gens ») en pierre étaient disposés le long d'une piste de caribous, et ceux-ci, prenant les tumulus pour des hommes, étaient détournés et conduits jusqu'à un cours d'eau ou un ravin encaissé. Cette technique permettait de tuer beaucoup d'animaux en un

Inuit du Centre

Les Inuit du Centre, au nord et à l'ouest de la baie d'Hudson, parlent l'inuktitut et ont des cultures relativement semblables. Les Inuit du Cuivre et les Netsiliks chassaient le phoque l'hiver et le caribou l'été. Les Sallirmiuts (éteints en 1904), les Igluliks et les Inuit de la Terre de Baffin se nourrissaient essentiellement de mammifères marins, tandis que les Caribous Inuit vivaient de caribou et de poisson. Les plus importantes collections de leurs objets (dont certains sont montrés ici) ont été rassemblées par George Comer entre 1895 et 1908, alors qu'il commandait une baleinière de la Nouvelle-Angleterre dont l'équipage passait l'hiver parmi les Inuit. Bien que ceux-ci aient été en contact avec des marins depuis plusieurs siècles, leur culture technologique était si parfaitement adaptée à leur environnement qu'elle n'a pratiquement pas été modifiée, à l'exception de l'introduction des métaux, des perles, du tissu, du tabac et de certains aliments d'origine euro-américaine. Ig = Iglulik ; CI = Caribou inuit ; ICL = Inuit de la côte du Labrador.

1 Pelle à neige. Ig.
2 Modèle réduit de kayak à une place, avec deux pagaies. CI.
3 Corde pour tirer les phoques sur la glace. Ig.
4 et 6 Boîtes à aiguilles en ivoire. Ig.
5 Boîte à aiguilles et à épingles en ivoire. Ig.
7 Pipe. Baie d'Hudson (Ig ?).
8 Corde pour tirer les phoques, avec cheville en ivoire. Ig.
9 Boîte à aiguilles en ivoire avec cordon. Ig.
10 Pointe de harpon attachée à un filin en peau. Tununa (Ig ?).
11 Parka d'enfant à capuchon. Ile Savage. ICL.
12 Couteau en os pour découper la glace. CI.
13 Scie. Netsilik.
14 Grattoir en pierre taillée montée sur une poignée en os. Sallirmiut.
15 Couteau à lame de cuivre, récupéré après l'échec de l'expédition Franklin. Netsilik.
16 Propulseur de harpon en bois (atlatl). CI.
17 Grattoir en os. CI.
18 Grand couteau ; manche artisanal. Sallirmiut.

19 Lunettes de neige de style iglulik. CI.
20 Parka de femme à pan en pointe court devant, droit et long dans le dos. CI.
21 Costume d'enfant. Ile Savage. ICL.
22 Plateau en bois à montures en os. CI.
23 Boîte en fanon de baleine plié. Netsilik.
24 Écope pour élargir les trous de phoque. Netsilik.
25 Cuiller à manche en os, cuilleron en corne de bœuf musqué. Netsilik.
26 Gamelle en cuivre, récupérée sur le navire de l'expédition Franklin. Netsilik.
27 Seau en fanon de baleine. Sallirmiut.
28 Plat en fanon de baleine à fond en bois. Baie d'Hudson (CI ?).
29 Couteau de femme (ulu). CI.
30 Louche en corne de bœuf musqué. Netsilik.
31 Plat en bois. Baie d'Hudson (CI ?).
32 Écope. Netsilik.
33 Cuiller en corne de bœuf musqué. Kidlingnukniut, ouest de la Back River (Netsilik ?).
34 Grand sac en peau, fourrure à l'extérieur. Ile Southampton (Ig ?).
35 Boîte en cuir rigide à garniture métallique. CI.
36 et 37 Peignes en ivoire. CI.
38 et 39 Peignes en ivoire. Ig.
40 Jeu de dominos en os. Ile Savage. ICL.

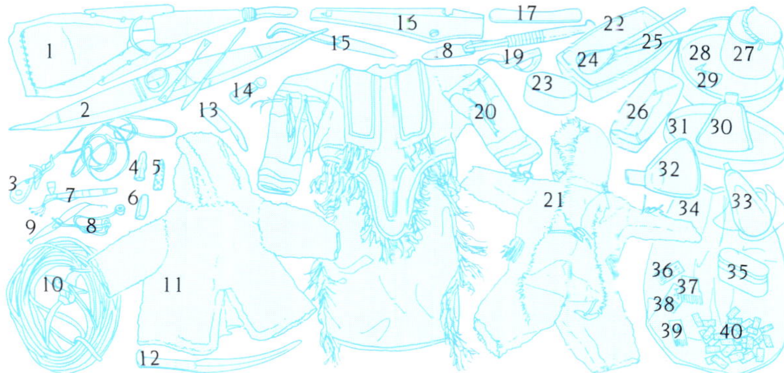

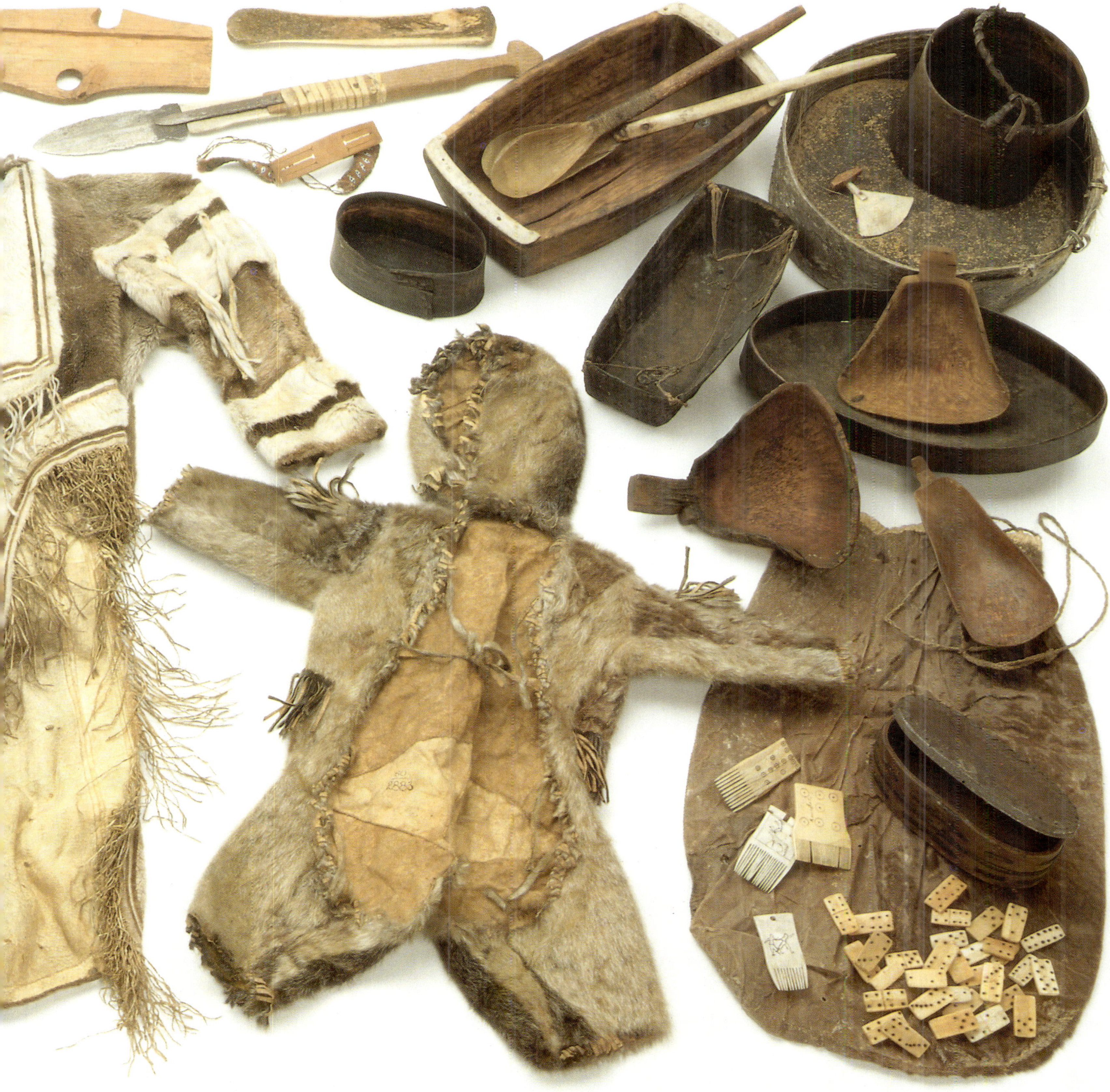

court laps de temps. Les caribous fournissaient non seulement de la nourriture, mais aussi des os et des bois pour fabriquer les outils, ainsi que des peaux pour l'habillement. Les peaux de caribous tués en septembre et en octobre étaient les meilleures. Les autres, aux poils plus longs, étaient utilisées pour la literie.

Lorsque la mer gelait, en général vers la mi-septembre (Mathiassen, 1928 : 24), les hommes âgés et leurs familles s'éloignaient eux aussi de la côte pour chasser le caribou. A cette époque de l'année, on pêchait également des ombles de l'Arctique dans les rivières en dressant des barrages en pierres et en utilisant des tridents.

En janvier et en février, les Aivilingmiuts se rassemblaient dans de grands villages d'igloos. La neige est un excellent matériau de construction, à la fois très plastique et offrant une bonne isolation. En voyage, les Aivilingmiuts construisaient de petits igloos d'une seule pièce. Dans leurs villages d'hiver, les igloos étaient plus élaborés, avec une entrée et des pièces latérales de rangement ; parfois, plusieurs igloos étaient reliés entre eux, (Rasmussen, 1929 : 46).

En hiver, lorsque le temps était le plus mauvais, les familles subsistaient essentiellement en consommant leurs réserves. Elles profitaient toutefois des jours d'éclaircie pour chasser les phoques venant respirer à la surface de la glace. Les Aivilingmiuts employaient différents moyens pour les prendre. Le plus souvent, les chasseurs sortaient en groupe, chacun se postant près d'un trou. Parfois, un seul chasseur se plaçait à côté d'un trou, et les femmes et les enfants chassaient le phoque des autres trous pour le rabattre vers lui, ou bien un jeune garçon en traîneau décrivait de grands cercles autour du trou pour effrayer l'animal et le diriger vers l'ouverture où le guettait le chasseur (Mathiassen, 1928 : 44).

L'hiver était aussi l'époque où l'on se rencontrait. Les igloos familiaux étaient trop petits, aussi une habitation plus grande, une merveille d'architecture pouvant avoir plus de 7 mètres de diamètre, était-elle construite. C'était là qu'avaient lieu les danses, accompagnées par les tambours,

CI-DESSUS *Chasseurs de caribou inuit du Cuivre. Le caribou était chassé avec des arcs en bois, en corne de bœuf musqué ou encore en bois de caribou, faits de plusieurs parties fixées ensemble par des tendons.*

CI-DESSOUS *Des Inuit du Cuivre bâtissant un igloo, vers 1915. Ces habitations d'hiver arrondies étaient utilisées d'octobre à mai. Leur entrée à toit plat était une des caractéristiques de ces igloos.*

et qu'officiaient les chamans. On improvisait des chansons personnelles, comme celle-ci :

La faim me tourmente,
Mais je n'ai pas le cœur d'aller chasser.
Je me moque des conseils des anciens,
Je n'ai envie que de rêver, d'espérer, de rien
[d'autre.
Je n'ai envie que de bavarder ;
J'adore les jeunes caribous, à l'âge où leurs
[bois commencent à pousser ;
Personne n'est comme moi,
Je suis trop paresseux, simplement trop
[paresseux,
Je n'arrive pas à me décider à aller chercher
[de la viande.

(Arnatkoak, dans Columbo, 1981 : 90.)

Les croyances des Aivilingmiuts étaient très semblables à celles des Yup'ik. Lorsque le temps était trop mauvais ou le gibier trop rare, le chaman organisait une séance de divination pour en rechercher la cause. Il se transformait en ours et rendait visite à Uiniyumayuittuq (littéralement : « Celle qui ne veut pas de mari »), la déesse sous-marine qui faisait jaillir de ses mains et contrôlait tous les mammifères marins. Le chaman peignait sa chevelure et lui demandait pardon des transgressions commises par les hommes.

Cette femme là-bas sous la mer,
Elle veut nous enlever les phoques.
Ces chasseurs dans la maison de danse,
Ils ne peuvent pas corriger les choses.
Ils ne peuvent pas arranger les choses.

CI-DESSUS *Une famille d'Inuit du détroit de Béring, avec ses chiens et son traîneau chargé, vers 1880. Les traîneaux étaient en général tirés par trois chiens, celui-ci étant d'une taille exceptionnelle.*

CI-DESSOUS *Dans un igloo, une femme iglulik assouplit une peau. Avant de sécher les peaux, on en ôtait la graisse et la chair, puis on les assouplissait en les mâchant, comme ici, ou à l'aide d'un grattoir en os.*

Dans le monde des esprits
Je vais aller,
Où aucun humain n'habite.
Je vais remettre les choses en ordre.
Je vais remettre les choses en ordre.
(Houston, 1972 : 71.)

Les chamans étaient tenus en haute estime, mais ils n'étaient pas considérés comme des chefs. De la même manière, on respectait les anciens, et leur opinion était reconnue. On consultait aussi les personnes qui avaient de l'expérience. Un homme qui remplissait plusieurs de ces fonctions était un *isumataq* (« un qui pense »). Il pouvait donner des ordres aux autres membres du groupe et décider d'établir de nouveaux camps.

L'organisation sociale des Aivilingmiuts était particulièrement souple ; chacun pouvait aller et venir comme il lui plaisait. Cette flexibilité jouait un rôle important dans un milieu naturel souvent imprévisible. Par exemple, lorsqu'une crise survenait accidentellement et que la famine menaçait, les camps étaient dispersés. Dans de telles circonstances, on faisait appel à un réseau de relations complémentaire qui renforçait celui de la parenté. Les Aivilingmiuts entretenaient des systèmes d'alliances complexes qui fonctionnaient à de multiples niveaux. Ces systèmes, ou liens de

parenté fictifs, incluaient les homonymes, les partenaires de jeu, de danse, de travail, des personnes adoptées et les participants aux échanges des couples (et non des femmes, comme on l'a parfois dit par erreur). « L'idéal de l'Esquimau était d'avoir un réseau, aussi étendu que possible, de relations de parenté réelles et fictives. » (Mary-Rousselière, 1984 : 436.) En général, ces alliances avaient pour fonction de distraire, mais elles facilitaient également les déplacements vers de nouveaux secteurs. Lorsque la situation était dramatique, en revanche, les alliés étaient tenus d'apporter leur aide, habituellement sous forme d'abri et de nourriture. Cette obligation fut souvent ignorée par les Euro-Américains qui furent invités à participer à des échanges inégaux d'époux, qui consistaient à intervertir les partenaires des couples pendant une courte période. Cela aboutissait à une obligation mutuelle de se venir en aide à l'avenir, et les enfants des couples concernés, indépendamment de leurs liens de parenté réels, se considéraient ensuite comme frères et sœurs (Guemple, 1961).

Le premier contact des Aivilingmiuts avec les Européens fut indirect. Ils ne furent pas affectés par les explorateurs britanniques à la recherche du passage du Nord-Ouest (des années 1570 aux années 1630). En 1670, la couronne britannique accorda à l'Hudson's Bay Company le monopole du commerce des fourrures sur la Terre de Rupert. La compagnie établit ses postes « au fond de la baie », mais il n'y avait pas de castors au nord, et elle ne s'intéressa que très peu à cette région, y envoyant seulement une expédition de temps en temps, lorsque son monopole était battu en brèche, et faisant fonctionner de 1765 à 1772 une pêcherie de baleines en territoire padlirmiut, sur la côte ouest de la baie (Ross, 1975). Au début des années 1800, des Inuit de l'Ouest venaient échanger des peaux de phoque au comptoir de Churchill. Pour autant que l'on sache, il ne s'agissait pas d'Aivilingmiuts, mais lorsque les explorateurs britanniques Lyon et Parry rencontrèrent ceux-ci pour la première fois, ils utilisaient déjà des couteaux en fer et des bouilloires en cuivre (Parry, 1842 ; Lyon, 1824). Il est probable qu'ils avaient obtenu ces objets en les échangeant avec leurs voisins du Sud.

Parry et Lyon recherchaient le passage du Nord-Ouest en suivant la côte du continent nord-américain. Après deux ans de vaines tentatives pour franchir le détroit Fury et Hecla, ils rentrèrent en Grande-Bretagne et firent savoir qu'il n'existait pas de route possible en passant par le continent. On laissa donc les Aivilingmiuts en paix jusqu'en 1860, lorsque les baleiniers américains étendirent leurs activités à la baie d'Hudson. Les Aivilingmiuts émigrèrent alors en direction du sud, afin de se rassembler autour des navires et d'y trouver des emplois comme membres d'équipage.

Les équipages inuit ne percevaient pas de salaire, mais recevaient de la nourriture et des objets utilitaires tels que des chemises, des fusils, des couteaux, et même un bateau de chasse en bois lorsqu'un homme avait tué une baleine (Eber, 1989 : 102-103). Les femmes nettoyaient les ponts et les vêtements ; elles cousaient aussi des habits d'hiver, recevant en échange des robes, des ciseaux, des aiguilles et du fil.

La présence des bateaux-chasseurs modifia de nombreux aspects de la vie des Aivilingmiuts. Les armes à feu et les baleinières remplacèrent les kayaks, les arcs et les flèches (Mathiassen, 1928 : 92). L'approvisionnement des équipages en viande fraîche, assuré par les Aivilingmiuts pendant l'hiver, lorsque les navires étaient pris par les glaces, épuisa les ressources de la faune régionale. Par ailleurs, les pêcheurs introduisirent de nouveaux aliments, dont l'alcool, et d'autres groupes d'Inuit vinrent eux aussi travailler sur les baleinières, ce qui provoqua de multiples batailles rangées (Mathiassen, 1928 : 101).

Les maladies épidémiques firent des ravages. En 1902, l'épidémie de dysenterie fut si violente que les Aivilingmiuts crurent avoir été envoûtés par leurs voisins (Rose, 1975 : 117), et qu'elle faillit même entraîner l'extinction des Sadlermiuts (Sallirmiuts) de l'île Southampton, qui fut plus tard repeuplée par les Aivilingmiuts (Comer, 1906).

Bien que les conséquences de la chasse à la baleine aient été plutôt négatives, les Aivilingmiuts et les autres Inuit qui y participèrent s'en souviennent avec nostalgie.

CI-DESSUS *Des Inuit du détroit de Béring faisant du troc avec les passagers du vapeur Roanoke, vers 1900. Ils utilisent des kayaks à une place, surmontés de bâtis en bois, pour transporter leurs marchandises.*

CI-DESSOUS *Un camp d'été des Inuit de la côte nord de l'Alaska, montrant des habitations coniques et des habitations en dôme. Le caribou constituant la base du régime alimentaire de ce groupe, les maisons sont probablement recouvertes de peaux de cet animal.*

« Nous avions des regrets, parce que nous nous souvenions que leur nourriture était bonne et que nous étions tous ensemble comme une grande famille. Lorsque les baleiniers ont abandonné, cette grande famille s'est éteinte. »
(Leah Arnaujaq, *in* Eber, 1989 : 105.)

La police montée royale du Canada (RCMP) établit son premier poste de l'Arctique oriental en 1903, parmi les Aivilingmiuts. Son objectif était de faire respecter la souveraineté canadienne et de percevoir les taxes dues par les baleiniers américains. Lorsque ceux-ci s'en allèrent, la RCMP demeura sur place pour faire respecter la loi.

L'Hudson's Bay Company, alors intéressée par les phoques et les renards polaires, combla ce vide par l'apport des missionnaires catholiques et anglicans. La compagnie, la police montée du Canada et les hommes d'Église essayèrent de modifier la culture des Inuit. La compagnie dépendait des chasseurs qui lui apportaient les fourrures, et elle accrut leur dépendance à l'égard des marchandises précédemment introduites par les pêcheurs de baleine. Les chasseurs s'adaptèrent, mais sans altérer fondamentalement l'économie de subsistance des Inuit. Les missionnaires s'efforcèrent de remplacer la cosmologie des Inuit par une vision chrétienne. Ils firent des conversions, amoindrirent le pouvoir des chamans, mais ne parvinrent pas à faire disparaître complètement l'ancienne religion de leurs ouailles. Bien que la compagnie, la police et les missions aient été des institutions paternalistes et autoritaires, leur impact fut en réalité très limité. C'est seulement après la Seconde Guerre mondiale que la plupart des groupes inuit furent exposés à la culture du Sud canadien, et qu'ils commencèrent à bénéficier d'organismes sociaux et de services de santé réguliers.

CI-DESSUS *Inuit du delta du Mackenzie, avec leurs chiens et traîneau, en général muni de patins en os ou en bois de caribou. Ils chassaient les mammifères dans la toundra, les phoques au bord de la banquise.*

CI-DESSOUS *Groupe d'hommes de Icy Cape, sur l'océan* Arctique, *Alaska, vers* 1880. *Remarquer les labrets, en os et en ivoire, qui ornent leur bouche. Les lèvres des garçons étaient percées à la puberté.*

« Une observatrice [...] fut touchée par la beauté des contrées boisées du Nord, avec leur alternance familière des saisons, leur abondance matérielle, leur inspiration, qui manifestaient [...] toute la poésie et l'essence spirituelle de la culture des Chippewas. »

LE NORD-EST

L'aire géographique présentée dans ce chapitre, appelée « Nord-Est » pour des raisons de commodité, s'étend approximativement du lac Supérieur, au nord, au confluent de l'Ohio et du Cumberland au sud et à l'est jusqu'à l'océan Atlantique. Sa limite septentrionale passe juste au sud du lac Woods, tandis que sa partie méridionale inclut la plaine côtière de la Virginie et de la Caroline du Nord. Terre-Neuve, autrefois habitée par les Beothuks, aujourd'hui disparus, est rattachée à la région subarctique.

Bien que le concept d'aire culturelle, suggérant une homogénéité interne, soit utile en Amérique du Nord, il est important de souligner qu'il peut aussi recouvrir une grande variété de modes de vie ; cela est particulièrement vrai pour le Nord-Est, où dominaient les groupes de langue algonquine et iroquoise, mais où des groupes de langue sioux étaient également présents à l'ouest — et probablement aussi à l'est. Reconnaissant l'insuffisance d'une description culturelle globale, les études actuelles divisent le Nord-Est en trois secteurs géographiques, la côte atlantique, la région des Grands Lacs et la vallée du Saint-Laurent. Cette distinction, sans être idéale, permet de délimiter avec plus de pertinence des modes de vie communs. Par exemple, le sud du lac Ontario fut le berceau de la puissante Confédération iroquoise — « Le Peuple de la Longue Maison » —, qui rassemblait des tribus ayant des cultures identiques, caractérisées par la pêche et l'horticulture, l'édification de villages fortifiés, le sacrifice rituel des prisonniers et un système de filiation matrilinéaire.

Les traits principaux des populations des trois régions du Nord-Est sont indiqués dans le tableau de la page ci-contre, qui rappelle également quelles étaient les tribus les plus importantes, à quel groupe linguistique elles appartenaient et quels furent leurs principaux schémas culturels (ainsi que les événements majeurs qui les affectèrent).

En termes de population, les tribus et les groupes étaient relativement peu étendus. Il n'y avait certainement pas plus de 16 000 Iroquois à la fin du XVIIe siècle, 20 000 Hurons avant l'épidémie de variole de l'hiver 1639-1640, qui réduisit leur nombre de moitié, et environ 25 000 Chippewas en 1760. Ces chiffres ne sont cependant que des estimations, les diverses tribus n'ayant eu des contacts avec les Blancs, dans les premiers temps, qu'au travers d'un nombre toujours limité de leurs représentants, comme ce fut le cas notamment pour les Chippewas, qui vivaient à cette époque en petites bandes largement éparpillées. Le sort des tribus indiennes, les changements de leur mode de vie et les variations de leur population peuvent être illustrés en prenant l'exemple d'une tribu, celle des Micmacs, qui fut l'une des premières à rencontrer les Blancs.

Cette carte montre les territoires approximatifs des tribus et groupes linguistiques au XVIIe siècle. Plus tard, ceux-ci perdirent leurs territoires, disparurent, ou se déplacèrent, quelques-uns apparaissant.

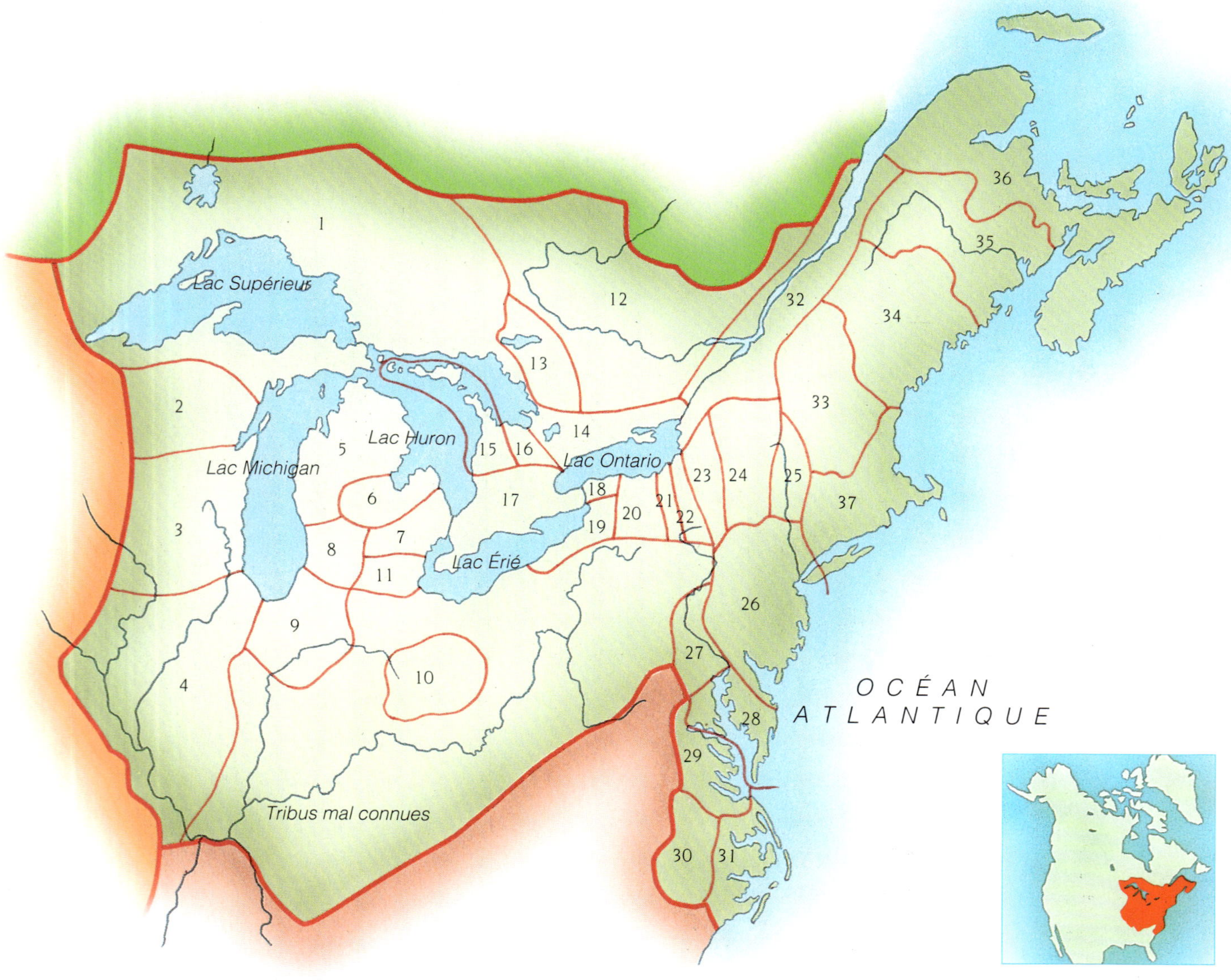

Tribus du Nord-Est
1 Chippewas (Ojibwas)
2 Menominees
3 Winnebagos
4 Illinois
5 Potawatomis
6 Sauks
7 Foxes
8 Mascoutens
9 Miamis
10 Shawnees
11 Kickapoos
12 Algonquins
13 Nipissings
14 Hurons
15 Ottawas
16 Petuns
17 Neutres
18 Wenros
19 Ériés
20 Senecas
21 Cayugas
22 Onondagas
23 Oneidas
24 Mohawks
25 Mohicans
26 Delawares
27 Susquehannocks
28 Nanticokes et tribus voisines
29 Algonquins de Virginie
30 Iroquois de Virginie et Caroline du Nord
31 Algonquins de Caroline du Nord
32 Iroquois du Saint-Laurent
33 Abenakis de l'Ouest
34 Abenakis de l'Est
35 Maliseet-Passamaquoddys
36 Micmacs
37 Algonquins du sud de la Nouvelle-Angleterre et de l'est de Long Island

On estime que les Micmacs, de langue algonquine, étaient approximativement 4 000 avant l'arrivée des Blancs. Leur territoire se trouvait au sud et à l'est du golfe du Saint-Laurent, sur la péninsule de Gaspé et dans les provinces maritimes du Canada (Nouvelle-Écosse et Nouveau-Brunswick), une région de forêts denses, avec de nombreux lacs, cours d'eau et ports naturels sur la côte longue et découpée. En utilisant leurs canoës, les bandes disséminées maintenaient une forte identité ethnique au sein des sept districts traditionnellement définis par la tribu[1]. En raison de la rigueur des hivers, seul le tabac était cultivé, la subsistance des familles étant essentiellement assurée par un cycle annuel de chasse et de pêche. Une des descriptions les plus complètes de la culture des Micmacs, présentant un mode de vie quasi inchangé depuis des siècles, se trouve dans les écrits du missionnaire français Pierre Biard (vers 1616). Étudiant les groupes du sud de la Nouvelle-Écosse, Biard divisait leur cycle annuel en deux phases, qualifiées aujourd'hui de campements « diffus » et de campements « compacts ».

Dans la première, qui correspondait à l'hiver, la population était largement éparpillée dans les sept districts ; son occupation principale était alors la chasse — au castor, à la loutre, à l'élan, au caribou, à l'ours —, qui l'occupait de janvier à mars. Au début du printemps, « après l'éperlan arrive le hareng à la fin avril ; et en même temps l'outarde, l'esturgeon, le saumon, et la grande recherche des œufs [d'oiseaux aquatiques] dans les îlots [...]. De mai jusqu'au milieu de septembre, ils sont libérés de toute crainte concernant leur subsistance, car

Groupe linguistique	Principales tribus	Culture/histoire
(1) Côte atlantique. Provinces atlantiques du Canada et côte des États-Unis jusqu'à la Caroline du Nord. Séparée de l'intérieur par la chaîne des Appalaches.		
ALGONQUINS DE L'EST	Micmacs Maliseet- Passamaquoddys Abenakis de l'Est Lenni-Lenapes (Delawares) Nanticokes Powhatans	Les diverses langues du groupe algonquin de l'Est semblent avoir formé un tissu variable mais continu le long de la côte. La population et l'agriculture devenaient plus importantes en descendant vers le sud. L'organisation politique allait de bandes de chasseurs dans le Nord à des États rudimentaires dans le Sud. Ces tribus ont été les premières à être en contact étroit avec les Européens. N'ayant pas eu le temps de s'organiser pour résister à l'impact de la colonisation, elles furent plus gravement décimées et dispersées que les autres tribus du Nord-Est.
(2) Baie du Saint-Laurent. Sud de l'Ontario, nord de l'État de New York, vallées du Saint-Laurent et du Susquehanna.		
IROQUOIS DU NORD	Iroquois du Saint-Laurent Mohawks Oneidas Onondagas Cayugas Senecas Tuscaroras (après 1722) Hurons Ériés Susquehannocks	Ces tribus pratiquaient une pêche et une agriculture intensives et vivaient souvent dans des villages fortifiés. Suffisamment éloignées des grands centres de colonisation, elles furent à l'origine peu affectées par l'arrivée des Européens, et jusqu'en 1760, qui vit la chute de la Nouvelle-France, les Iroquois maintinrent leur autonomie. Après cette date, leurs terres furent de plus en plus envahies et exploitées par les Blancs.
(3) Région des Grands Lacs. Territoires riverains du lac Huron, du lac Michigan et du lac Supérieur, et à l'ouest presque jusqu'au Mississippi.		
ALGONQUINS DU CENTRE	Chippewas (Ojibwas) Ottawas Potawatomis Menominees Sauks et Foxes Kickapoos Miamis Illinois Shawnees	Toutes ces tribus dépendaient, à des degrés divers, de l'horticulture et avaient un système de filiation patrilinéaire. Face à l'envahissement des Blancs, cette région, grâce à la coopération entre les tribus, devint le centre de la résistance à la domination européenne, avec des actions comme celles de Pontiac en 1763 et de Tecumseh en 1811.

Un wigwam traditionnel des Micmacs, photographié en 1873. Il est fait de poteaux et de branches liés avec des fibres d'écorce de cèdre et recouverts de bandes d'écorce de bouleau.

les morues sont sur la côte, ainsi que toutes sortes de poissons et de coquillages [...] » (Bock, éd. Trigger, 1978 : 110).

Pendant cette période d'abondance, des groupes importants — les campements « compacts » — se rassemblaient dans des lieux de séjour privilégiés au bord de l'océan ou des cours d'eau. Les amitiés se nouaient, ou se renouaient, et surtout la solidarité tribale prenait alors tout son sens. Comme l'écrivit Biard, c'est à cette époque « qu'ils se rendent visite et tiennent leurs conseils d'État ; je veux dire que plusieurs Sagamores [chefs] se rencontrent et se consultent [...] sur la guerre et la paix, les traités d'amitié et les traités utiles au bien commun » (Biard, éd. Thwaites, J.R.3. 1896-1901 : 89-91).

Les Français furent très impressionnés par les Micmacs, et nombre d'entre eux trouvèrent leur mode de vie infiniment plus plaisant que celui qu'ils avaient connu dans leur patrie. Les jeunes, en particulier, adoptèrent avec enthousiasme leurs coutumes et leur langue, vivement encouragés en cela par les marchands de la Nouvelle-France, qui y gagnaient des interprètes et des agents efficaces pour le lucratif commerce des fourrures. Les Français trouvèrent que les Micmacs étaient une race vigoureuse, belle et saine, méprisant les tares physiques qui frappaient beaucoup d'Européens. Les Micmacs avaient peu de maladies ; ils ignoraient les fièvres, la goutte et les rhumatismes, et montraient une grande connaissance des plantes qui permettaient de soigner « les blessures et d'autres infortunes » (Bishop, 1949 : 112). Aussi les Micmacs développèrent-ils des liens étroits avec les Français[2] et devinrent-ils de plus en plus dépendants des marchandises qu'ils en recevaient, en particulier des haches, des couteaux et des gamelles en métal. Cette amélioration de leur existence matérielle fut toutefois contrebalancée par une diminution rapide de leur population, due à la variole et à d'autres maladies épidémiques contre lesquelles ils n'étaient pas armés, et leur nombre, estime-t-on, décrut jusqu'à atteindre 2 000 individus au début du XVIIIe siècle.

CI-DESSUS *Des Passamaquoddys avec leurs canoës. Comme les Maliseets, ils excellaient dans le travail du bois, leur produit le plus achevé étant le canoë en écorce de bouleau, léger et manœuvrable.*

A GAUCHE *Jennie Bobb et sa fille Nellie Longhat, des Delawares de l'Ouest, vers 1910-1915. Elles portent les lourds colliers, les broches en argent et les mocassins « incrustés » traditionnels de la tribu.*

De 1610 à 1760, la dépendance des Micmacs à l'égard du commerce des fourrures — qu'ils pratiquaient essentiellement avec les Français — s'accrut, et lorsque l'Acadie[3] fut cédée aux Anglais par le traité d'Utrecht en 1713, les nouveaux arrivants eurent le plus grand mal à briser le monopole établi par les colons français. Toutes leurs tentatives pour modifier cet état de fait se heurtèrent à l'opposition violente des Micmacs, qui ne furent définitivement « pacifiés » qu'en 1779.

Les méthodes de colonisation classiques des Britanniques furent rapidement mises en pratique, les Indiens étant enfermés dans des réserves et leur libre économie à base de chasse et de pêche détruite pour toujours. L'exploitation qui en résulta — confiscation continue des terres, perte des ressources naturelles, offre d'emplois saisonniers à des salaires de misère — est un chapitre honteux de l'histoire de l'Acadie, mais elle démontra l'extraordinaire résistance de sa population

Tribus	Comment elles se désignaient
Senecas	« Le Peuple de la Grande Colline »
Cayugas	« Le Peuple des Marais »
Onondagas	« Le Peuple des Collines » (parce qu'ils vivaient au sommet des montagnes et des collines)
Oneidas	« Le Peuple des Pierres Dressées »
Mohawks	« Les Propriétaires du Silex »
Tuscaroras (après 1722)	« Le Peuple Cueilleur du Chanvre » ou « Le Peuple aux Chemises »

(D'APRÈS LYFORD, 1945 : 9)

autochtone. S'adaptant aux changements brutaux de leur situation, les hommes se mirent à fabriquer des objets en bois et des paniers, tandis que les femmes, utilisant leur savoir et leur habileté traditionnels en mettant à profit ce qu'elles avaient appris des Ursulines de Québec, produisaient des souvenirs très prisés, ornés de piquants de porc-épic, de perles et de crins d'élan. Ainsi, à la différence des Beothuks de Terre-Neuve, qui disparurent en 1830, les Micmacs, à la grande surprise de ceux des Blancs qui se préoccupaient de leur avenir, virent leur population s'accroître progressivement et retrouver pratiquement, en 1900, l'importance qu'elle avait eue avant la colonisation.

Les divers peuples du Nord-Est, qu'ils aient appartenu au groupe linguistique algonquin ou iroquois, avaient en commun au moins trois grands principes de base. Le premier concernait la liberté et les droits de l'individu, et voulait que tous les actes d'un homme résultent de ses propres décisions, tout comme les actions collectives devaient recevoir l'approbation de la communauté. Le deuxième principe avait trait à la nécessité du partage, qui exigeait qu'en période de rigueur le bien-être de tous soit toujours pris en compte, et faisait de la charité et de la générosité des obligations auxquelles nul n'avait le droit de se soustraire. Enfin, le troisième affirmait que l'homme n'était pas extérieur à la nature, mais faisait partie de l'immense trame unique du monde naturel, et qu'en conséquence la terre ne devait être ni possédée ni exploitée. Un chercheur de renom, Cleland, exprima en termes fort justes ce principe d'interdépendance :

> « Ainsi un homme naît et pour un temps donné devient cannibale, mangeant et absorbant l'énergie des autres créatures vivantes ; lorsque son âme et son ombre quittent son corps, la Terre Mère récupère celui-ci pour faire croître les plantes, qui à leur tour nourrissent les animaux et les hommes. Il a payé sa dette, son esprit est libéré, et le cycle de la vie est accompli. »
> (Cleland, 1973 : XIII.)

Ces principes essentiels furent appliqués au sein de la célèbre Confédération iroquoise, ou Ligue des nations iroquoises, dont l'anniversaire de la création est encore célébré de nos jours. Selon la tradition iroquoise, la Ligue fut fondée par le prophète Deganawida[4], appelé aussi le Grand Pacificateur, qui avait eu la vision d'un immense épicéa se dressant vers le ciel pour toucher le Père de toute vie, dont le tronc représentait la fraternité de toutes les tribus et les racines les cinq tribus iroquoises — Senecas, Cayugas, Onondagas, Oneidas et Mohawks — qui formèrent la Confédération.[5] Les noms que ces tribus se donnaient, rappelés dans le tableau ci-dessus, fournissent quelques informations intéressantes sur leur répartition géographique, leurs activités et leur richesse à l'époque où elles s'unirent.

La Ligue fut créée en 1570 pour mettre fin à l'état de guerre permanent qui existait alors entre les tribus de la vallée du Saint-Laurent. Elle avait un double objectif : l'établissement et le maintien de la paix, et le développement d'une force capable de s'opposer à toutes les agressions de l'extérieur. Dans la vision de Deganawida, l'aigle perché au sommet du grand épicéa devait symboliser la vigilance nécessaire à l'égard de tous ceux qui pouvaient menacer la paix. La Ligue était régie par une constitution soigneusement élaborée, dont les lois et les règlements étaient transmis oralement de génération en génération par des chefs élus. A l'époque de sa fondation, la position géographique centrale des Onondagas les fit choisir comme « gardiens du feu central » et « gardiens des wampums » (ceintures). En tant que gardiens du feu, ils avaient la charge de réunir les conseils, annuels ou exceptionnels, au cours desquels les lois et la constitution étaient amendées, et les divergences aplanies. La Confédération respecta le système des clans en usage dans les cinq tribus

Micmacs de la Nouvelle-Écosse, vers 1815. La femme est probablement Christianne Morris, très célèbre pour son exceptionnel talent dans la confection d'ornements en perles et en piquants de porc-épic.

Micmacs

Les Micmacs vivaient éparpillés dans de nombreux camps sur les sept districts traditionnels de la Nouvelle-Écosse et du Nouveau-Brunswick, qui constituaient leur territoire au XVIe siècle. C'était une région de forêts denses, avec une longue côte très découpée et d'innombrables lacs et cours d'eau. En raison de la rigueur du climat, la seule plante cultivée était le tabac. Les Micmacs se nourrissaient de coquillages, de hareng, de saumon et d'autres poissons, d'élan, de caribou, d'œufs d'oiseaux, de gibier d'eau, de perdrix, de phoque, de castor, de lapin, de loutre et de porc-épic ; ils chassaient pour se procurer de la viande, mais aussi des peaux, des plumes et des piquants. Ils utilisaient l'écorce de bouleau pour construire leurs canoës, qui représentaient leur principal moyen de transport, fabriquer leurs récipients et recouvrir leurs wigwams de forme conique. Pendant l'occupation française, qui dura de 1600 à 1760, le commerce des fourrures modifia profondément le mode de vie des Micmacs, qui se convertirent alors au catholicisme. Au XIXe siècle, ils chassèrent les marsouins pour vendre leur huile. Vers la fin du siècle, ils furent essentiellement employés par l'industrie forestière ou comme guides dans les expéditions de chasse ou de pêche. Après la fin de la chasse aux animaux à fourrure, un grand nombre pratiquèrent la culture de la pomme de terre et du bluet (airelle) du Canada. Les vêtements de fête des hommes et des femmes étaient ornés de perles formant de splendides motifs. Les objets présentés ici ont été recueillis en 1913 et 1914 par G. A. Paul, un Maliseet-Penobscot de Old Town, dans le Maine (à l'exception du n° 10, recueilli vers 1916 par l'anthropologue F. G. Speck).

1 Gouge en bois sculpté.
2 Panier en racine d'épicéa tressée, avec anse.
3 Boîte en écorce de bouleau à fond et couvercle en bois.
4 Dés à jouer en os.
5 Plat en bois poli pour le lancement des dés.
6 Baguettes en bois pour marquer les points aux dés.
7 et 8 Jarretières ornées de perles.
9 Coiffe de bébé brodée de motifs en perles.
10 Cape de femme en étoffe rouge ornée de motifs de perles. Recueillie par F. G. Speck vers 1916.
11 Cape d'homme en étoffe rouge ornée de perles, pour les fêtes et les cérémonies.
12 Veste d'homme en étoffe bleue décorée de bandes de tissu rouge et de perles.
13 Collier en perles tissées.
14 Modèle réduit de mocassins (jouet).
15 Modèle réduit de plat en écorce de bouleau (jouet).
16 Spatule de cuisine en bois.
17 et 18 Gouges en bois munies de lames métalliques pour couper la vannerie.
19 Hochet en corne de vache à décorations gravées.
20 Hochet en corne de vache.
21 Appareil fixé à l'extrémité d'un harpon à saumon, constitué d'une pointe en fer et de deux pinces en bois pour tenir le poisson.
22 Coiffure d'homme en peau d'élan. Portée avec le rabat orné de perles à l'arrière.
23 Manche de couteau en bois, finement sculpté.

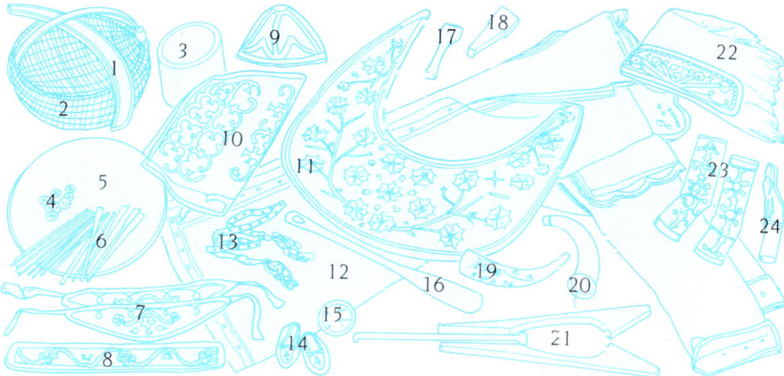

Guerrier mohawk, 1750

Un combattant mohawk court devant un arbre gravé de pictogrammes relatifs à la guerre. Ses armes sont un fusil à pierre anglais Brown Bess et un tomahawk en métal avec des mèches de scalps .
Sa corne à poudre marquée de fleurs de lis est d'origine française. Son sac, sa ceinture et ses jarretières en laine sont ornés de perles. La gaine de son poignard et ses mocassins sont décorés de piquants de porc-épic. Il est vêtu d'un pagne court en peau de cerf et de jambières à franges bordées de perles. La médaille qu'il porte au cou est la Médaille indienne de George Ier.
Ses tatouages sont identiques à ceux peints par Benjamin West sur son tableau intitulé *La Mort du général Wolfe*.
Ses vêtements, et ses armes sont semblables à ceux que George Townshend avait collectés et qui sont représentés sculptés dans le marbre de deux atlantes qui ornent, à l'abbaye de Westminster, le monument érigé à la mémoire de son fils, tué à Ticonderoga en 1759 en combattant les Français au côté des Mohawks, alliés de l'Angleterre.

depuis des temps immémoriaux ; chaque clan avait plusieurs noms, qui servaient à répartir les tâches à l'intérieur des tribus, et chacun des cinquante sachems qui constituaient, à raison de dix par tribu, l'« Appel nominal des chefs » était élu par les membres du clan approprié. Ainsi, l'ancienne organisation sociale était maintenue, donnant à la Ligue une unité et une stabilité dont elle aurait été totalement dépourvue si les structures antérieures avaient été abolies[6] (Tooker, éd. Trigger, 1978 : 426-428).

Le système clanique des Iroquois était matrilinéaire, la coutume exigeant que chaque enfant reçoive à sa naissance un nom appartenant au clan de sa mère. C'étaient par ailleurs les femmes, ou certaines d'entre elles, qui avaient le pouvoir de nommer les chefs de clan : « Lorsqu'un de ces chefs "fédéraux" mourait, la mère du clan [la doyenne, ou, du moins, la "sage aïeule" reconnue comme telle par ses compagnes], en consultant les autres femmes du clan dans la même tribu, choisissait l'homme qui reprendrait son nom et deviendrait conséquemment son successeur. Son choix se portait souvent sur un homme de sa lignée [et de la lignée du chef défunt], mais si elle n'en trouvait aucun qu'elle puisse accepter, un homme d'une autre lignée du clan pouvait être désigné. Si le clan n'offrait pas de candidat valable, le nom était alors "prêté" à un autre clan, c'est-à-dire donné à un homme d'un autre clan avec l'engagement qu'à sa mort le nom serait restitué au clan qui l'avait prêté. » (*Ibid.* : 425-426.) Ainsi, bien que la Ligue des Iroquois eût l'apparence d'un gouvernement assuré uniquement par des hommes, chaque membre de ses instances dirigeantes devait en réalité rendre compte de ses actes devant les femmes de sa famille maternelle, ou plus précisément devant une seule femme, la « sage aïeule » de son clan. On estime que ce pouvoir détenu par les femmes avait son origine dans le mode de subsistance des Iroquois, presque entièrement basé sur l'horticulture.

Le maïs, les haricots et les courges étaient les trois principales sources de nourriture des Iroquois, qui les considéraient comme des dons sacrés du Créateur ; appelées « les trois sœurs », ces plantes jouaient un rôle important dans les rituels religieux, en particulier ceux qui étaient destinés à remercier les divinités. Lors de leur récolte et de leur mise en réserve, les communautés célébraient l'achèvement d'un cycle vital : « Les trois sœurs sont heureuses parce qu'elles rentrent de nouveau chez elles après leur été dans les champs[7]. » (Fenton, éd. Trigger, 1978 : 301.) Un examen des réalisations horticoles et de l'art culinaire des Iroquois, associés à leur connaissance précise des plantes sauvages, montre à l'évidence qu'à l'instar de leurs ennemis et voisins du Nord, les Hurons, ils n'accordaient qu'une place très réduite à la viande dans leur régime alimentaire. Ils faisaient pousser jusqu'à 17 variétés de maïs, quelque 60 variétés de haricots et 7 de cucurbitacées. Par ailleurs, ils cueillaient 34 fruits sauvages, 11 espèces de noix et noisettes, 12 sortes de racines comestibles, 6 de champignons, et ils utilisaient 38 produits tirés de racines, d'écorces ou de feuilles. Ils fabriquaient 12 boissons et 11 infusions à partir de plantes, et si leur usage du sel était

CI-DESSUS Six chefs des Iroquois photographiés à la réserve des Six Nations, au Canada, en septembre 1871. *La plupart des tribus iroquoises prirent le parti des Anglais lors de la révolution américaine, et après l'indépendance des États-Unis de nombreux Iroquois émigrèrent le long de la Grand River, dans l'Ontario. Ces chefs tiennent les wampums de leur tribu, sortes de ceintures tissées en perles blanches et pourpres avec des pictogrammes symbolisant les accords et les traités conclus avec les Blancs.*

A DROITE *Une fillette mohawk, identifiée par son nom de scène, White Deer (Biche Blanche), portant le costume de cérémonie traditionnel de sa tribu, modernisé pour sa prestation de « merveille équestre » à l'Exposition pan-américaine de Buffalo, en 1901.*

réduit, ils employaient largement la sève d'érable transformée en sirop, aussi bien comme boisson que pour donner du goût à certains de leurs aliments. Rien d'étonnant, dès lors, si les historiens de la nutrition ont accordé aux Indiens des forêts de l'Est « un rang élevé dans le classement des découvertes alimentaires » en comparant celles des peuples de l'Ancien et du Nouveau Monde (Speck, 1945 : 33).

Les villages iroquois étaient composés de maisons couvertes d'écorce mesurant en moyenne 20 mètres de long, 6 mètres de large et 6 mètres de haut. Elles étaient appelées *ganonh'sees*, les « longues maisons », et pouvaient abriter, suivant leur taille, entre cinq et vingt familles. Chacune d'elles avait seulement deux portes, une à chaque extrémité, reliées par un couloir central large de 2 à 3 mètres. Des deux côtés de ce passage, à environ 50 centimètres du sol, se trouvait une plate-forme où les occupants pouvaient s'asseoir et se coucher. Une seconde plate-forme, située à 2,50 m du sol, servait au rangement et pouvait accueillir des lits supplémentaires en cas de besoin. La maison était divisée de chaque côté du couloir en logements familiaux d'environ 3 mètres de large, entre lesquels étaient entretenus des feux utilisables par deux familles voisines. Des ouvertures dans le toit, qui pouvaient être fermées avec des panneaux en écorce, laissaient entrer la lumière du soleil et permettaient l'évacuation de la fumée. L'habitation était bien chauffée et protégée des intempéries, mais, à l'inverse des tipis des Indiens des Plaines, elle ne comportait pas de système assurant directement la sortie de la fumée, qui était refoulée vers les trous de la toiture par le courant d'air créé entre les deux grandes portes situées à chaque bout du passage central.

La longue maison était bâtie à partir d'une charpente rectangulaire de solides poteaux plantés verticalement dans le sol, au sommet desquels étaient attachées des perches flexibles formant l'armature du toit. Celle-ci était recouverte d'un chevauchement de panneaux d'écorce d'environ 1,50 m de large et 2 mètres de long, le plus souvent en orme, mais parfois aussi en tilleul, en frêne, en if ou en cèdre, avec des bandes intérieures en écorce de tilleul ou de noyer. Comme le défrichage des champs, la construction était assurée par les hommes, mais les maisons appartenaient exclusivement aux femmes.

Bien que des habitations semblables aient été utilisées par d'autres tribus du Nord-Est — en particulier les Hurons, qui préféraient cependant l'écorce de cèdre à l'écorce d'orme —, les longues maisons étaient la caractéristique la plus notable des villages iroquois ; chacune était un microcosme de l'ensemble de la communauté et symbolisait une certaine forme d'identité culturelle, aussi les Iroquois se définissaient-ils souvent à juste titre — quoique avec des variantes — comme « Le Peuple de la Longue Maison ».

A la fin du XVIIIe siècle, on assista à un abandon graduel des longues maisons au profit d'habitations plus petites n'abritant plus qu'une seule famille. Toutefois, la longue maison est devenue aujourd'hui la maison du Conseil des communautés iroquoises. Tout en ayant souvent l'apparence d'un bâtiment moderne, elle demeure le signe visible de l'unité tribale et le centre où se perpétue l'enseignement du prophète seneca Handsome Lake, qui, en 1799, prenant conscience de la désagrégation de l'ordre social traditionnel, prêcha le retour aux anciennes cérémonies annuelles des Iroquois. La « Religion de la Longue Maison » représente ainsi « l'affirmation permanente du maintien d'une identité ethnique iroquoise » (Wallace, éd. Trigger, 1978 : 442).

CI-DESSUS *La bataille du lac Champlain, en 1609. Les Iroquois furent vaincus par une coalition de Hurons, Montagnais et Ottawas, et les mousquets français. Palmiers et nudité des guerriers sont inventés.*

CI-DESSOUS *Les chefs de la Confédération iroquoise dans la Maison du Conseil de la réserve des Six Nations, vers 1910. Le chef des Onondagas tient à la main les wampums.*

Des descriptions anciennes de villages iroquois font état de fortifications complexes, consistant le plus souvent en une haute barrière de bois, parfois bordée d'un fossé. En illustrant son attaque de 1615 contre les Onondagas, l'explorateur français Samuel Champlain a montré des palissades massives, que les Iroquois avaient érigées en fichant deux rangées de troncs dans le sol et en les inclinant les uns vers les autres de manière qu'ils se croisent à environ 5 mètres de hauteur ; l'espace qui les séparait était rempli de rondins ; les troncs étaient attachés à leur intersection, et des planches horizontales étaient posées sur l'enfourchure, formant une étroite passerelle protégée par des panneaux d'écorce. A l'intérieur, des piquets à encoches permettaient aux défenseurs d'accéder à la passerelle (Bishop, 1949 : 232). L'ensemble était pratiquement imprenable, même avec un « cavalier »[8], et les Onondagas repoussèrent pendant près d'une semaine tous les assauts des Français armés de mousquets et de leurs alliés hurons, qui finirent par lever le siège, ce qui porta un coup sévère au prestige de Champlain, aussi bien aux yeux de ses amis qu'à ceux de ses ennemis.[9]

Indépendamment de la participation des Français, l'attaque du village onondaga était caractéristique des guerres incessantes que se livraient entre elles les diverses tribus du groupe linguistique iroquois (en particulier les Hurons et les tribus de la Confédération). Dans ce contexte, compte tenu de la conception générale de la guerre qu'avaient les Iroquois, il est probable que les Hurons, n'eussent été les Français, n'auraient pas considéré le siège interrompu de 1615 comme un échec, les affrontements entre Iroquois n'étant généralement pas des conflits territoriaux, mais plutôt des occasions d'éprouver la valeur des guerriers, de prendre quelques scalps et de faire des prisonniers promis à une mort atroce.

Avant de lancer une expédition guerrière, et après que le conseil de la tribu eut donné son accord, les Hurons tenaient une fête de guerre, qui était préparée par les femmes. L'origine de cette fête — qui explique en quelque sorte également la place importante qu'occupait la guerre chez les Iroquois en général — était attribuée, dans leur mythologie, à un géant que des ancêtres de la tribu avaient rencontré autrefois sur la berge d'un grand lac ; blessé au front par un des Hurons qui n'avait pas répondu poliment à son salut, le géant avait semé les graines de la discorde parmi les Hurons et, avant de disparaître dans la terre, avait recommandé la pratique de la guerre et des fêtes préalables, et l'emploi du cri de guerre « wiiiiii ». Lors de l'une de ces fêtes, les jeunes guerriers dansaient et chantaient, injuriaient l'ennemi, se vantaient de leur victoire proche et, tandis qu'ils couraient d'un bout à l'autre de la longue maison, « prenant prétexte de la bousculade amicale, en profitaient pour assommer tous ceux qu'ils n'aimaient pas » (Trigger, 1969 : 46).

Il n'était pas rare que plusieurs centaines de guerriers hurons aillent assiéger un village iroquois, généralement de la tribu des Senecas, dont le territoire était le plus proche de celui des Hurons. De telles expéditions avaient habituellement lieu pendant l'été, lorsque le couvert offrait une meilleure protection, et prenaient souvent l'allure d'une promenade, comme le nota Champlain lors de la préparation d'une bataille entre Hurons et Iroquois : « Cette guerre ressemble beaucoup à un sport organisé. » (Bishop, 1949 : 147.) Les hommes progressaient lentement en direction du territoire ennemi, chassant et pêchant sur leur chemin. Après avoir atteint en canoë la rive sud du lac Ontario, ils se divisaient en petits groupes et avançaient en se cachant jusqu'aux villages iroquois. Les femmes et les enfants étaient parfois capturés avant que la place forte elle-même soit assiégée. Avant l'arrivée des Blancs et pendant les premières années de la conquête, l'arme principale des guerriers était une massue à tête en pierre ou en bois. Redoutable dans les combats rapprochés, la massue en bois, généralement en bois très dur (sicéroxylon), était longue d'une soixantaine de centimètres et avait à son extrémité une « boule » de 12 à 15 centimètres de diamètre, souvent sculptée de figures animales, qui représentaient probablement le totem personnel de son propriétaire[10]. La massue en bois fut remplacée plus tard par une arme de commerce : le tomahawk à lame de métal, tout comme l'arc et les flèches, fut abandonné au profit du fusil, l'emploi de celui-ci conduisant à l'abandon des armes en bois, désormais inefficaces, et à une modification des formations de bataille[11].

Dans tous les cas, le nombre des morts et des blessés était peu élevé, les jeunes guerriers ambitieux cherchant plus à montrer leur bravoure qu'à obtenir des résultats. La plupart du temps, après une effusion de sang limitée, les assaillants se retiraient dans les fortins provisoires qu'ils construisaient fréquemment à côté du village ennemi. Les batailles rangées étaient soigneusement évitées, et lorsque des renforts venant d'autres villages étaient annoncés, les attaquants rentraient purement et simplement chez eux. Les blessés étaient ramenés sur le dos de leurs compagnons dans des civières de fortune, ce qui était certainement le meilleur moyen de les transporter dans le sous-bois épais mais se révélait extrêmement inconfortable pour eux. Champlain, qui reçut lui-même deux flèches dans la cuisse et le genou, décrivit comment les Hurons fabriquaient une armature en bois d'orme ou de noyer et confectionnaient un

Caroline Parker, une Seneca, sœur du général Ely Parker, photographiée en studio vers 1850 ; elle porte un costume traditionnel qu'elle a confectionné elle-même, avec de magnifiques ornements de perles.

Senecas

Les Senecas sont l'une des six tribus qui formèrent la Confédération iroquoise. Un petit nombre d'entre eux vivent au Canada depuis 1784, date à laquelle la Ligue se scinda en deux organisations politiques distinctes, l'une canadienne, l'autre américaine. La majorité des Senecas demeura aux États-Unis et vit actuellement dans trois réserves à l'ouest de l'État de New York. Les réserves d'Allegany et de Cattaraugus forment la Nation Seneca, qui s'est détachée de la Confédération en 1848, tandis que la réserve de Tonawanda fait toujours partie de la Ligue américaine. A cette différence près, la culture des Senecas est très homogène. Beaucoup sont chrétiens, mais une importante minorité pratique la Religion de la Longue Maison, instaurée entre 1799 et 1815 par le prophète Handsome Lake. Dans chaque réserve seneca se trouve une longue maison, où sont observés les rituels de cette religion, celle de Tonawanda servant également de quartier général. Lorsque les objets présentés ici ont été recueillis dans les trois réserves, entre 1905 et 1910, de nombreux Senecas étaient encore agriculteurs, cultivant le maïs, les haricots et les courges, plantes appelées « les trois sœurs » et qualifiées de « soutiens de la vie » dans leur tradition. Certains de ces objets étaient utilisés pour la récolte et la préparation du maïs ; les instruments de musique étaient employés lors des cérémonies tenues dans les longues maisons. Les vêtements traditionnels, portés dans des circonstances particulières, témoignaient encore de la mode iroquoise du début du XIXe siècle.

1 Grand panier à farine en bois.
2 Panier en bois tressé.
3 Crible en noyer blanc pour la farine de maïs.
4 Ceinture d'homme en laine rouge et perles blanches tissée avec les doigts.
5 Kilt d'homme en peau de caribou avec des motifs floraux brodés.
6 Porte-bébé en bois.
7 Bandeau de portage en fibre d'écorce tressée.
8 Hotte pour la récolte du maïs, avec son bandeau de portage.
9 Demi-mâchoire de cerf employée pour détacher les grains de maïs de la rafle.
10 Couteau pour sculpter le bois.
11 Panier de lavage pour monder le maïs.
12 Panier utilisé pour planter le maïs et cueillir des baies.
13 Blouse de femme en coton imprimé ornée de perles et de broches d'argent.
14 Jambières de femme en flanelle rouge, perlées.
15 Bourse en étoffe ornée de perles composant un motif floral en relief.
16 Hochet en carapace de tortue, employé pour la Danse des Femmes.
17 Hochet fait avec une tortue alligator.
18 Hochet en courge séchée pour accompagner les chanteurs.
19 Hochet en corne de vache utilisé par les chanteurs.

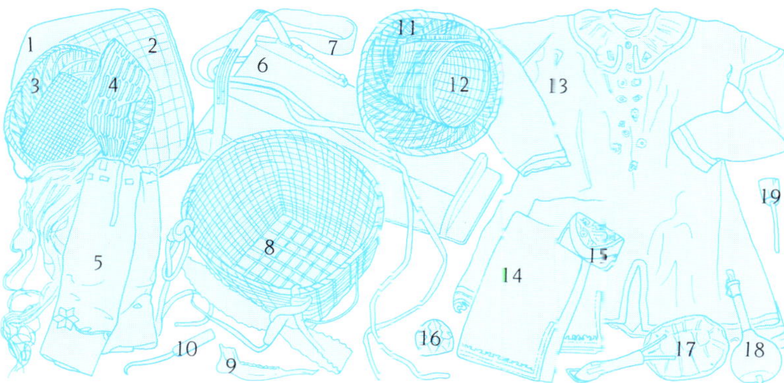

siège à l'aide de bandes de cuir ou d'écorce d'orme tressées. L'armature et son fardeau étaient soutenus par une sangle passée sur le front du porteur, et le blessé était attaché sur le siège, les jambes ramenées sous le menton. Champlain raconta ainsi son calvaire, qui devait être aussi celui de tous les guerriers rapatriés de cette manière :

> « Il était impossible de bouger plus qu'un petit enfant dans ses langes [...] et les blessés enduraient de terribles souffrances. Je puis en parler en connaissance de cause, ayant été moi-même transporté ainsi pendant plusieurs jours parce que je ne pouvais plus me tenir debout, à cause de la flèche que j'avais reçue dans le genou, car jamais je n'ai connu pires tourments ; la douleur de ma blessure au genou n'était rien en comparaison de celle que j'eus à subir attaché et arrimé sur le dos d'un de nos sauvages [...]. »
> (Bishop, 1949 : 238.)

Des voyages de ce genre imposaient aux malheureux blessés d'être secoués, cognés, fouettés par les branches des arbres, plongés dans l'eau, parfois complètement immergés tandis que leurs porteurs traversaient forêts et cours d'eau, mais ce sort était incomparablement plus enviable que celui qu'ils auraient connu s'ils avaient été laissés aux mains de leurs ennemis.

Les premiers explorateurs du Nouveau Monde sont souvent tombés en admiration en découvrant la société iroquoise ; ils ont décrit leur étonnement devant la superbe apparence physique des hommes et la beauté des jeunes femmes, mais aussi la bonne entente qui régnait habituellement dans les villages surpeuplés, où l'on riait et s'amusait, réglait les différends avec bon sens et équité, montrait une réelle hospitalité et faisait parfois preuve d'une étonnante gentillesse. Les Iroquois étaient intelligents, courageux, endurants et stoïques face à la douleur.

La manière dont ils traitaient leurs prisonniers était cependant une autre histoire, et plus d'un observateur blanc fut stupéfait et épouvanté par ce qu'il les vit faire. Dans la conception de la guerre des Iroquois, aucun acte n'était plus glorieux que celui de faire des prisonniers, et tout particulièrement de capturer des guerriers ennemis. Dans certains cas, lorsque plusieurs hommes revendiquaient la capture d'un même prisonnier, celui-ci était prié de trancher lui-même le différend. S'il était malin, et s'il connaissait bien les réalités psychologiques de la guerre tribale, il pouvait désigner un homme qui n'était qu'accessoirement impliqué dans sa capture. En agissant ainsi, il semait le trouble parmi ceux qui l'avaient réellement pris et, parfois, plutôt qu'honorer quelqu'un qui ne l'avait pas mérité, certains l'aidaient à s'échapper. Alors que les femmes et les enfants étaient tués sur-le-champ, ou emmenés pour être adoptés plus tard, les prisonniers mâles étaient tous ramenés — sauf quand ils étaient trop nombreux — dans les villages. Il arrivait que certains hommes soient adoptés, recevant le nom d'un parent défunt « pour sécher les larmes de ses proches éplorés » (Trigger, 1969 : 49), mais la plupart étaient soumis à des tortures rituelles, qui, pour une raison inexpliquée, faisaient partie des traditions des Hurons et des Iroquois, mais étaient bien plus rarement pratiquées par les tribus voisines de langue algonquine.

L'historien Francis Parkman a décrit en détail le sort réservé à un prisonnier iroquois capturé pendant la sanglante guerre qui opposa les Hurons aux Iroquois de 1648 à 1650[12]. Saouandanancous fut ramené au village et adopté par un vieux chef qui, ayant perdu un fils, espérait que l'Iroquois prendrait sa place ; mais les mains du prisonnier avaient été gravement mutilées[13], aussi, tout en étant traité avec la plus grande courtoisie et de sincères marques d'affection, fut-il condamné à mourir. Il fut tué par le feu d'une manière si raffinée qu'il n'expira qu'au bout de douze heures. Étonnamment, ses bourreaux ne perdirent pas un seul instant le contrôle d'eux-mêmes, chacun s'adressant à lui sur un ton amical tandis qu'il le torturait. Tout aussi extraordinairement, Saouandanancous montra de son côté le courage et l'endurance d'un vrai guerrier iroquois : pendant les intervalles entre les tortures, il parla des Hurons qui avaient été adoptés par sa tribu et parvint même à chanter. Après sa mort, son corps fut découpé en morceaux, qui furent distribués pour être mangés.

Now-on-dhu-go, un chef ottawa de la région du lac Michigan, peint par Paul Kane en 1845. *Les bandes vermillon sur son visage sont symboliques ; ses cheveux semblent être attachés avec un tissu rouge.*

En 1609, Champlain décrivit un épisode à peu près similaire ; après la bataille de Ticonderoga, une douzaine de prisonniers furent ramenés et l'un d'eux fut choisi pour être torturé. Les Hurons lui décrivirent toutes les atrocités que sa tribu avait fait subir à la leur et le prévinrent qu'il devait se préparer à connaître un sort tout aussi cruel. Ils lui conseillèrent de chanter « s'il en avait le cœur », et Champlain raconta qu'il le fit, « mais que c'était un chant très triste à entendre » (Bishop, 1949 : 150).

Bien qu'il ait été rapporté qu'en certaines occasions le corps d'un prisonnier mort pouvait être brûlé en sacrifice à la plus puissante des divinités des Hurons, Oki, « le ciel[14] », les captifs rituellement torturés étaient probablement des symboles de la tribu qu'ils représentaient ; ainsi qu'un anthropologue l'a récemment formulé, les prisonniers étaient des « boucs émissaires qui payaient pour toutes les frustrations de l'existence et les erreurs du passé » (Heidenreich, éd. Trigger, 1978 : 386).

A l'ouest et au nord du territoire des Hurons vivait une autre tribu aussi puissante, mais nettement moins organisée et centralisée, les Chippewas, de langue algonquine, qui occupaient la plus grande partie de l'actuel Wisconsin, le sud-ouest de l'Ontario et le nord-est du Minnesota. A l'inverse des Iroquois, qui se trouvaient trop au sud et devaient recourir à l'écorce d'orme pour construire leurs longues maisons et fabriquer leurs outils et leurs canoës, les Chippewas avaient à leur disposition un matériau naturel remarquable, l'écorce de bouleau, et leur subsistance dépendait nettement moins de l'horticulture, la place du maïs cultivé par leurs voisins du sud étant tenue dans leur alimentation par le riz sauvage qui poussait en abondance dans les innombrables lacs et rivières du Haut-Mississippi.

Le riz sauvage (*Zizania aquatica*), également appelé riz du Canada, n'est pas un riz à proprement parler, mais une graminée aquatique. Les premiers explorateurs furent très impressionnés par sa valeur nutritive, et il jouait un rôle important dans le régime alimentaire des tribus de l'ouest des Grands Lacs, en particulier les Chippewas et les Menominees ; ces derniers, dont le nom dérive du mot chippewa *manomini*, signifiant « riz sauvage », en consommaient de grandes quantités, mais ils ne tentèrent jamais de le cultiver, pour des raisons religieuses, apparemment parce qu'ils répugnaient à « blesser leur mère, la terre » (éd: Hodge, 1907-1910 : 843).

La récolte du riz avait lieu fin août ou début septembre[15] et s'effectuait en groupes ; certains secteurs étaient considérés comme appartenant à des familles particulières, et ce droit de propriété était rarement contesté. Souvent, la végétation était si dense que les « rizières » ressemblaient à d'immenses prairies verdoyantes et que les canoës devaient être conduits à la perche sur les eaux stagnantes et peu profondes des petits lacs et des ruisseaux, généralement par un des hommes du groupe, tandis que les femmes se chargeaient de la cueillette. Assises à l'arrière de l'embarcation, elles utilisaient deux bâtons d'environ 60 centimètres de long, le premier pour courber les tiges, qui pouvaient atteindre jusqu'à 6 mètres de haut, le second pour frapper les panicules et faire tomber les grains jusqu'à ce que le canoë soit rempli. Ramené au camp provisoire établi au bord de la « rizière », le riz était mis à sécher sur des feuilles d'écorce de bouleau, puis une ou plusieurs femmes l'écrasaient, dans un trou creusé dans le sol, à l'aide de longs pilons ou de cannes courbes ; enfin, on le triait en le secouant et en le versant dans des plateaux en écorce spécialement conçus à cet effet. La qualité, la grosseur et le goût des grains pouvaient différer selon les secteurs, et il était admis que certaines régions donnaient de meilleures récoltes que d'autres, les panicules de la réserve de La Pointe, par exemple, étant réputées « plus fines que celles de Red Lake » (Hilger, 1951 : 147), mais la récolte du riz, tout comme le gemmage des érables au printemps, offrait toujours à tous les groupes une occasion appréciée de se retrouver et de travailler ensemble.

La récolte du sucre d'érable était une activité importante, car il était employé dans les repas de fête ou de cérémonie, où chacun était censé manger tout ce qui se trouvait devant lui. On s'en servait pour relever les fruits, les légumes, les céréales et même le poisson. Bien que sa collecte, qui débutait généralement en mars, fût une période de travail, c'était aussi un moment de fête, pour lequel certains wigwams spéciaux étaient laissés en place d'une année sur l'autre, une époque de retrouvailles et de rassemblements sociaux et rituels, où s'échangeaient notamment les dernières nouvelles de la tribu.

Le gemmage des érables s'effectuait en pratiquant une incision dans le tronc, à environ 1 mètre du sol, et en fixant une pointe en cèdre dans l'orifice, inclinée de manière que la sève tombe dans un seau en écorce d'érable placé au pied de l'arbre. La sève était ensuite chauffée jusqu'à ce qu'elle commence à adhérer à la spatule en bois avec laquelle on la remuait, puis passée à travers un tamis en fibres de tilleul et mise à cristalliser dans un grand récipient, où le sucre refroidissant était cassé en fins granules. Une fraction du sucre était tassée dans des moules pour confectionner de petits gâteaux, mais la plus grande partie était transférée dans des *makuks* – des récipients de conservation en écorce de bouleau – et ramenée dans les wigwams pour être utilisée tout au long de l'année. Outre son usage dans la cuisine, le sucre était également mélangé avec de l'eau pour faire une boisson rafraîchissante. Une petite quantité du sucre obtenu était toujours offerte à Manitou[16], et cette cérémonie rituelle – l'offrande du premier fruit ou du premier gibier – était observée lors de la préparation ou de l'obtention de chaque nourriture saisonnière.

CI-DESSUS Un *Kickapoo, peint par Karl Bodmer* (1833). *A l'époque où Maximilien de Wied rencontra cette tribu, elle venait d'être chassée de ses terres du Wisconsin et confinée dans une réserve au Kansas.*

CI-DESSOUS *Blackhawk et Winneshiek, deux chefs winnebagos, photographiés avant* 1900. *Ils furent célèbres pour s'être opposés, en* 1870, *au déplacement forcé des Winnebagos du Wisconsin au Nebraska.*

CI-DESSOUS Une *femme winnebago nettoyant une peau de daim, vers* 1880. *La peau a été tendue sur une armature en bois verticale, puis a été débarrassée de sa chair à l'aide d'un grattoir.*

Déjeuner à Secotan, 1585

Le village algonquin de Secotan, en Caroline du Nord, fut visité en 1585 par le peintre anglais John White, qui en fit plusieurs dessins à l'aquarelle très détaillés. L'homme et la femme, assis sur une natte en typha tressé, mangent à la main la bouillie de maïs contenue dans un grand plat en bois. La femme tient à la main un éventail en plumes de dindon pour entretenir le feu, sur lequel du poisson et des épis de maïs cuisent dans une marmite en terre. Près du pied de l'homme, on voit un étui en cuir contenant une pipe en argile, et la courge transformée en récipient qui se trouve au premier plan a un bouchon en rafle de maïs. La femme est tatouée et porte un bandeau frontal en coquillages, l'homme arborant des peintures de guerre, un pectoral en cuivre natif et des pendants d'oreilles en peau ornés de perles. Tous deux sont vêtus de pagnes en peau de cerf, celui de la femme étant bordé de perles.

CI-DESSUS *Un Chippewa achevant la construction d'un canoë en écorce de bouleau. Cette embarcation, dont on distingue ici une partie de la charpente non encore recouverte, avait des lignes élégantes.*

CI-DESSOUS *Deux Potawatomis : Ne Shiw Shkak (Jack Davis) et Wis Ki Gete (Rising Smoke, « Fumée qui Monte »). Les ornements typiques en ruban appliqué sont visibles sur les jambières de Rising Smoke.*

Les grandes forêts de la région des lacs regorgeaient de ressources naturelles comestibles, comme les canneberges, les groseilles, les myrtilles, les airelles, les framboises rouges et noires, les cerises, le raisin, les noix, les noisettes, les noix cendrées, les faines, les oignons sauvages et les pommes de terre. A la fin de l'été, lorsque les plantes avaient atteint leur maturité, avait lieu la cueillette des herbes médicinales. Les cueilleurs offraient du tabac aux quatre points cardinaux, ainsi qu'au Ciel et à la Terre, et murmuraient des prières, promettant de ne pas prendre plus que le strict nécessaire et demandant aux puissances surnaturelles de rendre les herbes efficaces. Alors que la plupart d'entre elles étaient employées comme remèdes contre les inflammations oculaires, les troubles digestifs, et pour soigner la peau et les poumons, certaines herbes étaient également utilisées comme charmes pour la chasse ; pulvérisées ou sous forme de fines racines, elles étaient mélangées à du tabac ou à des feuilles de saule rouge ; les chasseurs poursuivant un cerf s'asseyaient parfois pour en fumer dans une pipe, « et on raconte que, peu après qu'ils avaient commencé, le cerf s'approchait d'eux en humant l'air » (Densmore, 1929 : 129). Tous les objets qui servaient aux Chippewas à assurer leur subsistance, des canoës aux divers récipients avec lesquels ils mondaient le riz, transportaient les baies et recueillaient la sève d'érable, étaient fabriqués à partir d'un matériau naturel dont ils disposaient en abondance, l'écorce de bouleau, ou *wigass*, qui était à la base de toute leur culture matérielle.

En général, malgré de sensibles variations d'une région à l'autre, les Chippewas savaient à quelle époque de l'année ils pouvaient détacher l'écorce des bouleaux sans les endommager — en principe à la fin du printemps ou au tout début de l'été. La technique qu'ils employaient fut montrée à sœur Inez Hilger par une femme chippewa du lac Courte Oreille, dans le Wisconsin : tenant son couteau de poche dans sa main droite, « la lame du côté du petit doigt [elle] coupait soigneusement l'écorce extérieure (la seule à être enlevée) en commençant le plus haut possible et en descendant jusqu'au bas du tronc, [puis] elle faisait le tour de l'arbre dans le sens des aiguilles d'une montre, en détachant l'écorce avec ses deux mains, afin de ne pas la briser » (Hilger, 1951 : 133). Lorsque de très grandes surfaces d'écorce étaient nécessaires, comme pour la construction des canoës, les arbres étaient coupés et leur tronc entièrement dénudé, puis les écorces étaient pliées ou roulées, attachées avec des fibres de tilleul et transportées à dos d'homme ; il n'était pas rare de voir dans les wigwams, ou juste à côté, des rouleaux ou des plaques d'écorce prêts à l'emploi. Celui-ci dépendait essentiellement de leur épaisseur : l'écorce des plus gros bouleaux pouvait avoir jusqu'à neuf couches distinctes, et était réservée au revêtement des canoës ; d'autres écorces étaient aussi fines et aisément pliables que du papier de soie, mais si solides et si résistantes qu'elles étaient utilisées pour l'emballage. Entre ces deux extrêmes, on trouvait des écorces de moyenne épaisseur, qui servaient à faire les plateaux et les récipients ; les wigwams d'hiver, en dôme ou pointus, étaient recouverts avec des écorces présentant trois couches ou plus, tandis que des écorces à deux couches suffisaient pour les huttes coniques d'été.

Le wigwam en dôme consistait en un bâti de piquets flexibles ou de jeunes troncs d'orme ou de sidéroxylon, plantés dans le sol et courbés pour

CI-DESSUS *Une femme chippewa tissant une natte, occupation typique des femmes âgées. La chaîne semble être en écorce de cèdre naturelle brun doré, les motifs de la trame en écorce de cèdre teinte.*

former des arches, puis entourés aux deux tiers de leur hauteur par un cercle de piquets horizontaux liés avec des fibres de tilleul. Les plaques d'écorce, d'environ 2 mètres de long sur 1 mètre de large, étaient enchevauchées sur un revêtement intérieur de nattes de typha tressé. Un trou à fumée était ménagé au sommet, et le feu de petite taille était alimenté par des bûches sèches disposées en étoile, poussées vers le centre au fur et à mesure qu'elles se consumaient. En sélectionnant soigneusement le bois, on pouvait faire en sorte qu'il n'y ait pratiquement pas de fumée à l'intérieur. Les habitations permanentes étaient en général dotées d'une plate-forme d'environ 50 centimètres, longeant une partie de la paroi, qui servait à s'asseoir et à se coucher ; un grand nombre d'entre elles avaient également un « poteau-médecine », un poteau haut de 6 mètres au sommet duquel demeurait attaché en permanence un sacrifice offert aux mystérieuses et impénétrables puissances de la vie et de l'univers — symbolisées par Manitou.

Une observatrice, Frances Densmore, qui passa plus de vingt ans à étudier la vie des Chippewas, en vint à les considérer avec un immense respect. Elle fut touchée par la beauté des contrées boisées du Nord, avec leur alternance familière des saisons, leur abondance matérielle, leur inspiration, qui manifestaient, affirma-t-elle, toute la poésie et l'essence spirituelle de la culture des Chippewas. F. Densmore décrivit avec talent l'atmosphère chaleureuse des wigwams d'hiver, où « les soirées étaient sociales et plaisantes. Le feu illuminait la pièce, mais aucun travail n'était fait qui aurait pu fatiguer les yeux. Un des passe-temps favoris était la confection de motifs découpés et transparents en écorce de bouleau. Les femmes tressaient des cordes ou des filets de pêche en fibres de tilleul, parfois fabriquaient des makuks ou des plats en bouleau. Les jeunes hommes se reposaient dans le wigwam, ayant toujours un tambour à portée de la main [...] l'hiver était l'époque où l'on racontait des histoires, et de nombreuses femmes âgées étaient expertes dans cet art. L'une d'elles jouait même ses récits, courant autour du feu et mimant tout ce qu'elle racontait » (Densmore, 1929 : 29).

La région des Grands Lacs étant parsemée d'innombrables lacs et entrecoupée de milliers de rivières et de cours d'eau, la plus grande partie des transports et des déplacements était assurée en canoës, dont les meilleurs étaient recouverts de l'omniprésente écorce de bouleau[17]. A l'instar de nombreuses autres tribus voisines, les Chippewas avaient la réputation d'être d'excellents constructeurs — et utilisateurs — de canoës. Ils en fabriquaient de trois sortes, bien qu'il soit probable que le type « à bouts relevés » ait été un vieux modèle tribal emprunté aux Algonquins de l'Est. Ce type

CI-DESSOUS *Un village ojibwa près de Sault-Sainte-Marie, peint par Paul Kane en 1846. Le wigwam le plus grand, couvert d'écorce de bouleau blanc au sommet et de nattes de typha à la base, laisse supposer qu'il peut s'agir d'un campement de fortune.*

particulier était encore employé au XIXe siècle par les Chippewas du lac Nipigon, dans l'Ontario, ainsi que par les Menominees du Wisconsin. L'explorateur et artiste George Catlin, très impressionné par les canoës des Chippewas et l'art consommé avec lequel ils étaient fabriqués, écrivit :

> « Le canoë de bouleau des Chippewas est, peut-être, la plus belle et la plus légère de toutes les embarcations de ce genre qui ont jamais été créées. Ils sont [...] si ingénieusement dessinés et cousus, avec des racines de mélèze [...] qu'ils [...] dansent sur l'eau, aussi légers que du liège. »

L'habileté requise pour les manœuvrer fut également remarquée par Catlin :

> « Ils s'inclinent et virent gracieusement, équilibrés avec sûreté par un Indien [...] mais comme toute chose sauvage, ils se montrent timides et imprévisibles sous la conduite d'un homme blanc ; s'il n'est pas un acrobate expérimenté, il peut être certain de se retrouver à l'eau deux ou trois fois, dans ses premières tentatives pour se familiariser avec eux. »
>
> (Catlin, 1841, vol. 2 : 138.)

Les dimensions des canoës variaient en fonction de l'usage auquel ils étaient destinés, mais le modèle le plus courant était long d'un peu moins de 5 mètres, large de 1 mètre en son milieu, haut de 50 centimètres, et pouvait transporter en moyenne six adultes. Toutes les mesures des Chippewas étant basées sur les distances entre diverses parties du corps humain, l'unité de base employée par de nombreux bons constructeurs de canoës

CI-DESSUS *Une Danse de la Grande Médecine, réserve du lac Courte Oreille, dans le Wisconsin, en 1899. C'était une des plus importantes cérémonies de la Midewiwin (Grande Société des Sorciers) des Chippewas. Les participants avancent sous les arches.*

CI-DESSOUS *Danseurs, chanteurs et musiciens chippewas et menominees lors d'une cérémonie religieuse pratiquée dans la réserve des Menominees, vers 1910. Lors de certains rituels des Menominees, les esprits étaient appelés à l'aide des tambours sacrés que l'on voit ici.*

Chippewas

Les Chippewas des États-Unis (Wisconsin, Minnesota, Michigan, Dakota du Nord) et du sud de l'Ontario, et les Ojibwas de l'ouest de l'Ontario et du Saskatchewan parlaient tous la langue ojibwa (beaucoup la parlent encore aujourd'hui). En 1900, ils habitaient dans les forêts, vivant de chasse, de pêche et de cueillette. Leur principale cérémonie religieuse était la Danse de la Midewiwin. Les objets présentés ici, sauf mention particulière, ont été recueillis par Frances Densmore entre 1907 et 1930.

1 Baquet en écorce de bouleau. Réserve de White Earth, Minnesota.
2 Plat en écorce de bouleau. Réserve de White Earth.
3 Poupées en écorce d'orme rouge représentant un homme et une femme. Réserve de Red Lake, Minnesota.
4 Poupées représentant des femmes, en racine de typha. Minnesota.
5 Berceau en bois avec literie et décoration.
6 Morceau de natte en typha. Réserve de Bois Fort.
7 Petit sac en écorce de cèdre. Réserve de Bois Fort.
8 Morceau de natte en typha. Réserve de White Earth.
9 Plat en écorce de bouleau pour le riz sauvage. Réserve de White Earth.
10 Jeu : os de cerf et dé à coudre enfilés sur un cordon de cuir, attachés à une épingle en fer. Réserve de White Earth.
11 Cuiller en bois. Réserve de White Earth.
12 Cuiller en bois pour la cuisson de la sève d'érable. Réserve de White Earth.
13 Modèles de feuilles en écorce de bouleau pour les décorations en perles.
14 Bâtonnet pour marquer les points dans le jeu des mocassins, où l'on doit deviner le nombre de balles qui y sont cachées. Minnesota, 1891 (coll. W. J. Hoffman).
15 Morceau de natte en écorce de cèdre. Réserve de Bois Fort.
16 Bol en bois pour la Fête de la Midewiwin. Réserve de White Earth.
17 Sac non terminé en écorce d'orme rouge. Minnesota.
18 Bandeau de tête de chef, en étoffe. Réserve de Leech Lake, Minnesota, 1891-1892 (coll. Hoffman).
19 Jouet d'enfant : peau d'écureuil du Canada remplie de grains de riz. Réserve de White Earth.
20 Morceau de natte en typha. Réserve de Bois Fort.
21 Sac en écorce de cèdre pour stocker le riz.
22 Petites raquettes de neige.
23 Alêne pour le laçage des raquettes.
24 Crochets en arêtes de poisson.
25 Arc en bois de chêne,

fabriqué en 1928 par Kawakatusk, de la réserve de Rainy Lake, Ontario, pour J. M. Cooper.
26 Cinq flèches à pointe en os. Réserve de Manitou Rapids, Ontario (coll. Cooper).
27 Jarretières en fourrure de moufette ; partie du costume de Red Blanket, qui lui fut acheté en 1899.
28 Bandeau de tête et ceinture (?) en velours noir, fourrure blanche et plumes. Costume de Red Blanket.
29 Bande-culotte en laine rouge. Costume de Red Blanket.
30 Mocassins ornés de perles. Costume de Red Blanket.
31 Massue en bois à tête ronde, d'un homme nommé Odjibwe. Réserve de White Earth.
32 et 33 Hochets utilisés pendant les cérémonies de la Midewiwin. Réserves de Red Lake et de White Earth.
34 Tambour et baguette enveloppée de galon.
35 Veste en peau de cerf, ornée de perles tissées et de queues de belette. Costume de Red Blanket.
36 Ceinture en peau de cerf ornée de perles. Costume de Red Blanket.
37 Gaine de couteau en peau de cerf, peinte et ornée de perles. Costume de Red Blanket.
38 Jambières en peau de cerf ornées de bandes de perles. Red Blanket.
39 Pipe en terre. Red Blanket.
40 Pipe de femme.
41 Pochette ornée de perles. Réserve de White Earth, 1891 (coll. Hoffman).

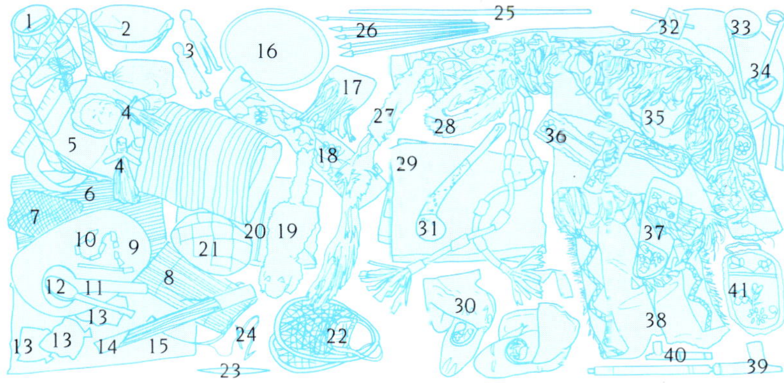

était l'empan, ou « main ouverte », qui allait de l'extrémité du majeur à l'extrémité du pouce. Il fallait beaucoup d'application et de dextérité pour fabriquer un canoë : les femmes préparaient généralement l'aire de travail, l'écorce de bouleau et l'enduit pour le calfatage, tandis que les hommes taillaient le bois destiné à la charpente et montaient les plats-bords, la proue et la poupe ; tout le processus était habituellement placé sous la surveillance d'un constructeur expérimenté, dont l'art était souvent transmis de père en fils.

Il fallait environ une semaine pour rassembler les éléments nécessaires et achever la construction d'un canoë. Tous les matériaux utilisés étaient d'origine végétale : l'armature et le revêtement intérieur étaient en cèdre léger ; les cordes employées pour l'assemblage des pièces étaient en racine d'épicéa ; l'enduit destiné à assurer le calfatage des coutures était fabriqué à partir de résine d'épicéa épaissie au feu (mélangée pour les coutures principales avec du charbon de bois en poudre, qui rendait la résine moins friable lorsqu'elle séchait et permettait d'obtenir un calfatage décoratif). Souvent, l'aire sur laquelle l'embarcation devait être construite était recouverte de sable, sur lequel étaient posées de longues feuilles d'écorce épaisse, avec la face interne de l'écorce à l'extérieur, puis un cadre en bois plat qui permettait de délimiter la longueur et la largeur approximatives du canoë ; l'écorce et le cadre étaient maintenus en place par de lourdes pierres. Sept ou huit paires de courts piquets étaient ensuite plantés dans le sol, légèrement en oblique, en suivant le pourtour du fond du canoë, ce qui relevait l'écorce et commençait à donner forme aux côtés de l'embarcation. On plaçait alors les plats-bords déjà prêts sur toute la longueur, en cousant l'écorce avec de la racine d'épicéa, ainsi que la proue et la poupe en cèdre à chaque extrémité des feuilles d'écorce, qui pouvaient alors être rabattues et taillées aux dimensions du canoë. Toute la couture de finition était assurée par les femmes, qui employaient traditionnellement une alêne en os, et de la racine d'épicéa découpée et trempée pour les raccords les plus fins. Ce travail était probablement effectué en une journée par plusieurs femmes ; les points étaient d'inégale longueur, afin d'éviter que l'écorce n'éclate.

Il était important que tous les bords chevauchants de l'écorce soient orientés vers l'arrière du canoë, de façon à permettre un écoulement laminaire de l'eau sur ses côtés, et que tous les ourlets et les pointes soient solidement collés avec de la résine d'épicéa. Les membrures étaient ensuite coupées, pliées et mises en place par-dessus un revêtement interne de fines bandes d'écorce de cèdre, qui protégeait le fond et les flancs du canoë. Les membrures, le revêtement et l'écorce étaient maintenus humides, tandis que les pièces de traverse de différente largeur qui donnaient sa courbure définitive à la partie supérieure de l'embarcation étaient cousues sèches.

A GAUCHE *Un chef sauk et fox. Son turban en queue de cerf, surmonté d'une plume d'aigle, et la bande de peau d'ours et de loutre qu'il porte en travers de l'épaule marquent son rang élevé.*

CI-DESSOUS *Scène familiale chez les Sauks et Foxes, vers 1900. Les wigwams d'hiver sont recouverts de nattes de roseau. L'emplacement pour travailler l'été, au centre, est protégé par des branchages.*

CI-DESSUS *Kiyo' Kaga, ou Keokuk, un grand chef des Sauks, remarquable dirigeant, qui mourut empoisonné. Sur cette photo datant de 1847, il porte un collier de griffes d'ours sur un col en peau de loutre.*

CI-DESSOUS *Délégation de Sauks, Foxes et Kansas, parmi lesquels Moses Keokuk, le fils de Keokuk, à Washington, en 1867. Ils viennent de céder leurs dernières terres du Kansas pour 1 dollar l'acre.*

Le canoë était ensuite mis à sécher pendant plusieurs jours, si nécessaire en l'attachant entre des pieux pour rectifier sa forme, puis il était renversé et les coutures principales étaient recouvertes de résine d'épicéa mélangée à du charbon de bois.

Les pagaies étaient en bois de bouleau ou de cèdre, longues d'environ 1,20 m, avec une palette d'une soixantaine de centimètres de long et de 12 à 15 centimètres de large. Les hommes et les femmes pagayaient, les premiers étant généralement assis à l'avant et les secondes à l'arrière, mais, pour les voyages rapides, jusqu'à quatre hommes pouvaient pagayer en même temps.

Étant donné la place que l'écorce de bouleau occupait dans la vie des tribus des forêts, il n'est guère étonnant qu'elle ait été fréquemment considérée comme un matériau sacré. Les Abenakis, par exemple, l'appelaient *gluskabe*, qui était aussi le nom d'une de leurs divinités, réputée avoir demandé aux arbres de « prendre soin des Indiens » (Butler et Hadlock, 1957 : 49). Une légende largement répandue explique ainsi le retour des oiseaux migrateurs dans les forêts du Nord après les rigueurs de l'hiver : les oiseaux sont enfermés pendant la saison froide dans des boîtes en écorce de bouleau ; des hommes-animaux volontaires descendent du Nord pour déchirer les boîtes, libérant les oiseaux qui remontent alors vers le nord en ramenant avec eux la chaleur et le renouveau printanier ; symboliquement, la vie surgit des boîtes en bouleau, ce qui explique les dessins d'oiseaux, de plantes et d'arbustes, obtenus par une technique de grattage (sgraffite), qui les décorent habituellement[18].

La vie spirituelle des tribus des Grands Lacs, si éloquemment retracée dans les écrits déjà cités de Frances Densmore, s'articulait autour des rituels de la Midewiwin[19], ou Grande Société des Sorciers, dont la « branche » chippewa a pu être particulièrement bien étudiée. L'existence de la Midewiwin n'a pas été signalée dans les rapports des jésuites

Sauks et Foxes

Les Sauks et les Foxes, qui parlent la même langue et ont des cultures très voisines, ont été de très proches alliés depuis 1733, tout en maintenant cependant des identités distinctes. Traditionnellement, ils chassaient et piégeaient l'automne et l'hiver, vivant dans des huttes couvertes de nattes de paille, dans les camps de chasse, et cultivaient du maïs, des haricots et des courges l'été, habitant de grands wigwams en écorce dans des villages proches des cours d'eau. Dans chacune des deux tribus existaient deux organisations politiques pour la guerre et la paix, qui regroupaient pratiquement les mêmes personnes mais n'étaient pas dirigées par les mêmes chefs. Les Sauks et les Foxes étaient ennemis des Dakotas et des Chippewas, et alliés aux Iowas, aux Winnebagos et aux Potawatomis. Vaincus par l'armée américaine dans la guerre de Black Hawk de 1832, ils furent déplacés de l'Iowa au Kansas en 1837 et 1842. De nombreux Foxes regagnèrent l'Iowa pendant les années 1850, achetant des terres qui formèrent plus tard une réserve, la Colonie Mesquakie, près de Tama. Les Foxes demeurés au Kansas se joignirent à la majorité des Sauks pour gagner, en 1869, le Territoire Indien (aujourd'hui l'Oklahoma), une petite bande de Sauks seulement restant au Kansas. Les objets présentés ici ont été recueillis en 1901-1903 par l'ethnologue William Jones (qui était lui-même un Fox du Territoire Indien) parmi les Mesquakies (Foxes) de Tama ou, quand cela est précisé, parmi les Foxes et les Sauks de l'Oklahoma.

1 Jupe de cérémonie de femme en flanelle rouge avec des rubans de soie appliqués.
2 Lisse en bois pour tisser des bandes de perles.
3 Robe de femme décorée avec des rubans appliqués. Sauk, Oklahoma.
4 Jambières de femme ornées de perles, de boutons et de rubans appliqués.
5 Spatule en bois.
6 Hochet de guerrier en courge noire.
7 Sac orné de perles.
8 Sac en fil et effilochures de couverture tissés.
9 Éventail de plumes.
10 Pelote de fil écru.
11 Tresses de fibres de roseau pour tisser les sacs.
12 Sac tissé.
13 Selle de bât.
14 Turban d'homme en fourrure.
15 Natte en roseau tressé.
16 Sac tissé orné de l'Oiseau-Tonnerre.
17 Sac tressé.
18 Grattoir pour tanner les peaux.
19 Dés à jouer en os.
20 Bol en bois pour lancer les dés.
21 Chemise de jeune homme à rubans appliqués.
22 Jambières de garçonnet en peau de cerf. Fox, Oklahoma.
23 Jambières d'homme en peau de cerf. Fox, Oklahoma.
24 « Sac d'amour » de jeune homme orné de perles.
25 Ornement en os pour coiffure.
26 Fusil d'enfant à bouchon.
27 Jarretières en bandes de perles tissées. Fox, Oklahoma.
28 Raquette pour le jeu de Lacrosse. Oklahoma.
29 Paquet de bâtonnets de jeu.

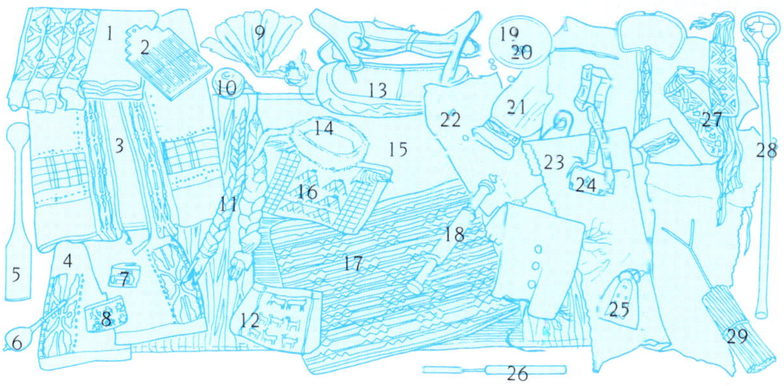

(couvrant la période de 1640 à 1700). On pense que ses membres tenaient à garder secrètes des pratiques religieuses qui s'opposaient radicalement à celles des missionnaires[20]. L'ancienneté de la Midewiwin semble attestée par son implantation dans toute la région des Grands Lacs, où ses cérémonies furent observées par les Potawatomis, les Menominees, les Winnebagos, les Sauks, les Foxes et les Kickapoos « depuis le début des temps historiques » (Ritzenthaler, éd. Trigger, 1978 : 755).

Malgré quelques différences locales dans ses rites, des principes éthiques stricts, le désir d'obtenir une longue vie, l'interprétation des rêves et le pouvoir sur le monde naturel étaient des constantes qui se retrouvaient dans toutes les activités de la Grande Société. La morale de base de la Midewiwin s'appuyait sur l'idée qu'une bonne conduite donnait une longue vie, et qu'une mauvaise conduite finissait toujours par entraîner un châtiment. Le vol, le mensonge, l'usage de l'alcool étaient interdits, tandis qu'était prôné le respect envers les femmes. Les membres masculins de la Midewiwin apprenaient à se montrer paisibles dans leurs manières, modérés dans leurs discours, réfléchis dans leurs actions. Comme le nota F. Densmore, « [mon] attention fut attirée par les voix calmes, la patience et la courtoisie des anciens qui avaient été formés par la Midewiwin » (Densmore, 1929 : 87). La cérémonie d'initiation avait pour but de conférer un pouvoir surnaturel au postulant, et s'achevait par la présentation d'un sac-médecine spécial qui lui faisait perdre connaissance. Les sacs-médecine étaient en peaux d'animaux terrestres ou d'oiseaux, symbolisant les quatre degrés de connaissance qui pouvaient être atteints par ceux qui étaient admis dans la Société. L'initiation d'un candidat a été décrite ainsi :

« Les chamans, au nombre de quatre ou cinq, arrivèrent en dansant et en portant de petits sacs. Les sacs étaient en peaux de castor, de loutre, d'hirondelle des rochers et de belette — toutes étirées comme des peaux de serpents. Les danseurs s'avancèrent [...] et, lorsqu'ils furent près de mon oncle, ils lancèrent leurs sacs sur lui. La magie qu'ils contenaient était si puissante qu'il tomba et s'évanouit. Chaque chaman ramassa alors son sac et le posa sur lui, et il retrouva ses esprits. »
(Hilger, 1951 : 69.)

Les sacs-médecine du Midewiwin contenaient un petit coquillage blanc particulier, appelé *migis*[21], qui était considéré comme le symbole sacré de la Société et traditionnellement associé à l'immortalité. Il conférait le pouvoir spirituel :

La voilà
La voilà
La peau de belette [le sac magique]
Avec elle je lance les coquillages blancs.
Ça n'échoue jamais
Le coquillage
Vole vers eux
Et ils tombent.

(Chants d'initiation de la Midewiwin, dans Densmore, 1910 : chants 52 et 63.)

L'initiation pouvait être décidée pour guérir un individu malade, ou pour répondre à un rêve ordonnant qu'il soit admis dans l'organisation. La cérémonie avait généralement lieu une fois par an, à la fin du printemps ou au début de l'automne, et pouvait durer jusqu'à cinq jours si le nombre des candidats était élevé. Une des raisons de la popularité que la Société connaissait chez les Chippewas est vraisemblablement, comme l'a relevé un anthropologue, le souci qu'ils avaient de leur santé, attesté par les nombreuses herbes et racines dont ils faisaient un usage médicinal courant.

Une des caractéristiques notables de la Grande Société était l'emploi de rouleaux d'écorce, d'environ 75 centimètres de longueur et de 30 centimètres de large, portant des picto-

Une habitation d'été des Sauks, en Territoire Indien, vers 1884. Il s'agit probablement de la maison du conseil du village, d'où ses dimensions. Le troisième homme à partir de la gauche est le chef Pashipaho, *connu sous le nom de* Little Stabber (Petit Tueur).

grammes gravés à l'aide d'un stylet en os, qui contenaient les directives à donner à ses membres, ainsi que ses chants et ses principaux enseignements. Pour les profanes, ces dessins étaient dénués de toute signification, mais pour ceux qui savaient les lire, leur valeur était inestimable. Les rouleaux étaient transmis de génération en génération. Les Chippewas n'étaient pas les seuls Indiens des Forêts à utiliser ainsi l'écriture pictographique, mais l'usage essentiellement religieux qu'ils en faisaient eut pour conséquence qu'elle attira chez eux plus qu'ailleurs l'attention de nombreux observateurs (Hoffman, 1891 ; Mallery, 1893 ; Densmore, 1929).

Des études ont permis de montrer des similarités dans les pictogrammes sur écorce de toutes les tribus du groupe linguistique algonquin, de la côte atlantique du nord-est à l'ouest des Grands Lacs, et les Abenakis du Maine modifièrent même leurs anciennes techniques pictographiques lorsque, à la fin du XIXe siècle, ils se trouvèrent « engagés dans des activités modernes dont ils jugèrent nécessaire de conserver des traces écrites » (Mallery, 1893 : 259). S'appuyant sur les études effectuées au XIXe siècle par Mallery, W. C. Sturtevant a montré que l'écriture hiéroglyphique des Iroquois[22] pouvait transmettre des notions abstraites et complexes à des lecteurs familiarisés avec les glyphes. Cette expression pictographique fut probablement la forme de communication la plus proche de l'écriture alphabétique à laquelle parvinrent les peuples autochtones de l'Amérique du Nord[23].

« Si les Blancs avaient retardé d'un autre siècle leur venue [...] ces Indiens auraient sans doute réussi à créer un État stable, basé sur les six fondements de la Ligue — santé, bonheur, droiture, justice, puissance et force de caractère. »[24]

CI-DESSUS *Wakusásse, un guerrier fox, peint par Karl Bodmer, 1833. Sa coiffure est en peau de cerf ornée de piquants de porc-épic, les deux plumes plantées à l'arrière rappelant ses victoires à la guerre. Son visage est peint à l'ocre brun et au vermillon, le dessin stylisé représentant probablement un éclair.*

A DROITE *Wah-com-mo (Fast Walker), un guerrier fox, photographié en 1868. Les Foxes, qui étaient étroitement liés aux Sauks, s'appelaient eux-mêmes les Mesquakies (« Terres Rouges »). Wah-com-mo arbore un collier de griffes d'ours et tient un éventail de plumes d'aigles et un tomahawk, emblèmes des guerriers sauks et foxes de haut rang.*

Références

1 Le district de l'île du Cap-Breton, appelé Onamag par les Micmacs, était, et est encore de nos jours, considéré comme le lieu de résidence de leur chef principal.
2 Bien que les premiers contacts avec les Anglais aient pu avoir lieu dès 1497, lorsque Sebastian Cabot ramena prétendûment trois Micmacs en Angleterre, les rapports amicaux que les Français entretinrent avec les Indiens furent à l'opposé de l'attitude de supériorité adoptée par la majorité des colons anglais.
3 La région de la Nouvelle-France comprenant la Nouvelle-Écosse et le Nouveau-Brunswick.
4 Deganawida était probablement d'ascendance huronne. Il fut fermement soutenu dans son action par le chef onondaga Hiawatha, ainsi que par la célèbre femme-chef des Neutres, Djigonsasen.
5 Les Tuscaroras adhérèrent à la Confédération après 1722, d'où sa désignation moderne de « Ligue des Six Nations ».
6 Il n'est pas impossible que les idéaux ayant servi de base à la fondation de la Ligue aient inspiré les rédacteurs de la Constitution américaine, dans la mesure où un grand nombre de ceux-ci, parmi les plus importants, connaissaient très bien les structures et le fonctionnement de la Confédération iroquoise.
7 Chant de célébration des femmes iroquoises.
8 Il s'agit vraisemblablement, dans ce contexte, d'une construction en bois mobile, plus haute que la palissade, semblable aux tours qu'utilisaient les Romains.
9 Cette bataille a été décrite comme l'une des plus importantes de l'histoire de l'Amérique du Nord ; si les Hurons et les Français l'avaient remportée, le territoire des Iroquois aurait été occupé par les Français, les Hollandais en auraient été chassés, et la colonisation du continent aurait pu prendre un cours complètement différent.
10 Une remarquable massue iroquoise à tête de bois magnifiquement ornée se trouve dans les collections du château de Skokloster, en Suède (Ryden, 1963 : 114-115). Une massue semblable, avec un lézard stylisé gravé sur le manche, est exposée au musée de l'Homme de Londres (King, 1982 : 85).
11 Champlain décrivit dans le détail la bataille entre les Hurons et les Iroquois à laquelle il participa en 1609, notant que les « boucliers en fils de coton tissés et en bois » n'offraient aucune protection contre les armes à feu (Bishop, 1949 : 148).
12 L'état de guerre entre les Hurons et les Iroquois était antérieur à l'époque coloniale ; la guerre de 1648-1650 détruisit la Confédération des Hurons, qui regroupait quatre tribus.
13 Dès que les Hurons capturaient un guerrier ennemi, ils lui arrachaient les ongles et coupaient les doigts avec lesquels il pouvait tendre la corde de son arc. Ces mutilations entraînaient souvent des infections graves, mais il était très rare qu'un captif meure avant d'avoir atteint le camp ou le village de ses gardiens ; de fait, les prisonniers étaient bien nourris, de façon « à mieux supporter les tortures qui les attendaient » (Trigger, 1969 : 48).
14 Les chamans et les guerriers les plus valeureux étaient souvent appelés *Oki*. Pour la description d'un Oki huron de 1616, voir Bishop, 1949 : 252.
15 C'est-à-dire juste avant que le riz parvienne à maturité ; si l'on avait tenté de le récolter plus tard, une grande quantité aurait été perdue.
16 Manitou, ou le Grand Manitou, parfois appelé aussi Manito, Manitto, Manetto, Manitoa, peut être décrit comme « les mystérieuses et impénétrables puissances de la vie et de l'univers » (éd. Hodge, 1907-1910 : 800).
17 A l'inverse, les Iroquois, qui étaient aussi de grands voyageurs, n'étaient pas de grands navigateurs. N'ayant qu'un accès limité à l'écorce de bouleau, ils construisaient et utilisaient des canoës en écorce d'orme, qui ont été décrits comme des « embarcations peu maniables, inadaptées aux longs voyages, dangereuses sur les lacs et suicidaires dans les rapides » (Fenton, éd. Trigger, 1978 : 303). Les Hurons les plus septentrionaux (Wyandots), qui vivaient plus près des forêts de bouleaux, maîtrisaient, eux, les techniques de construction et de navigation de leurs voisins algonquins. (Pour des précisions sur les canoës des Iroquois, voir Adney et Chapelle, 1964 : 214-215.)
18 Avec nos remerciements à Alikka Webber (1978 : 57-58). L'auteur tient à préciser ici qu'il ne sous-entend pas que ces dessins étaient déchiffrés et compris par tous ; néanmoins, leur symbolisme pouvait être interprété de cette manière par les chamans.
19 Pour la transcription de la langue chippewa, huit voyelles sont nécessaires : « a », comme dans balle ; « é », comme dans dé ; « è », comme dans lettre ; « i », comme dans mite ; « î », comme dans fouine ; « o », comme dans fagot ; « u », comme dans boule et « û », comme dans beurre (Densmore, 1929 : 10).
20 La prudente diplomatie des Algonquins n'avait pas d'équivalent chez les bouillants Iroquois. Le zèle bien intentionné mais parfois excessif des missionnaires parmi les Hurons et les Iroquois se solda par le martyre de plusieurs prêtres.
21 Hoffman affirme que le migis pouvait être n'importe quel coquillage blanc ; ces coquilles de porcelaine étaient utilisées dans une tradition (Hoffman, 1891 : 167), et Ritzenthaler, qui assista à une cérémonie du Midewiwin dans les années 1940, parle également d'une coquille de porcelaine qu'il appelle *migis* (Ritzenthaler, éd. Trigger, 1978 : 754).
22 American Indian Workshop, Vienne, avril 1989.
23 Nous précisons qu'il s'agit ici des peuples vivant au nord du Mexique. Pour l'histoire de l'écriture en Mésoamérique, voir Brotherston (1979, 15-19). L'écriture de la langue cree (voir « La Région subarctique », page 182) fut développée aux environs de 1840 par le missionnaire James Evans, tandis qu'en 1821 un métis cherokee ayant servi dans l'armée américaine, Sequoyah, élaborait un alphabet de la langue cherokee. Ces deux initiatives, toutefois, ont été directement ou indirectement inspirées par les Européens, et ne sont pas venues des Amérindiens eux-mêmes.
24 Remarques sur la Ligue des Iroquois (Palmer, 1949 : 102-103).

Bibliographie

Introduction

Fagan, B.M., *The Great Journey : The Peopling of Ancient America*. Thames et Hudson, Londres, 1987.
Mac Neish, R.F. *The Preceramic of Middle America*, dans *Advances in World Archaeology*, vol. 5 ; 93-130, 1986.
Martin, P.S., *The Discovery of America*. *Science* , vol. 179, 969-974, 1973.
Martin, P.S. et R. Klein, *A Pleistocene Revolution*. University of Arizona Press, Tucson, 1974.
Turner, C., *Advances in the Dental Search for Native American Origins*, dans *Acta Anthropogenetica*, vol. 8 (1 et 2) : 23-78, 1984.
Williams, R.C. et col., *Gm Allotypes in Native Americans : Evidence for Three Distinct Migrations Across the Bering Land Bridge*, dans *American Journal of Physical Anthropology*, vol. 66 : 1-19, 1985.

Le Sud-Est

Fagan, Brian M., *Ancient North America : The Archaeology of a Continent*. Thames et Hudson, New York, 1991.
Hudson, Charles, *The Southeastern Indians*. University of Tenessee Press, Knoxville, 1976.
Smith, Marvin T., *Archaeology of Aboriginal Culture Change in the Interior Southeast : Depopulation during the Early Historic Period*, dans Ripley P. Bullen *Monographs in Anthropology and History*, n°6. University Press of Florida, Gainesville, 1987.
Swanton, John R., *The Indians of the Southeastern United States*. Bulletin n° 137 du Bureau of American Ethnology. Smithsonian Institution. Washington, Government Printing Office, 1946 (réédité par la Smithsonian Institution Press, 1979).

Le Sud-Ouest

Bahti, Tom, *Southwestern Indian Tribes*. KC Publication, Flagstaff, 1968.
Baldwin, Gordon, *The Warrior Apaches*. Dale Stewart King, 1965.
Ball, Eve, *In the Days of Victorio*. University of Arizona Press, Tucson, 1970.
Bunzel, Ruth, *Introduction to Zuni Ceremonialism*, *Zuni Kachinas*, *Zuni Ritual Poetry*, *Zuni Prayers*. 47e bulletin annuel du Bureau of American Ethnology. Government Printing Office, Washington, 1932.
Collier, John, *Indians of the Americas*. W.W. Norton et cie, New York, 1947.
Dobyns, Henry F. et Robert C. Euler, *The Havasupai People*. Indian Tribal Series, Phoenix, 1971.
Dutton, Bertha, *Indians of the American Southwest*. Prentice-Hall, Englewoods Cliffs, New Jersey, 1975.
Eggan, Fred, *Social Organization of the Western Pueblos*. University of Chicago Press, Chicago, 1950.
Euler, Robert C., *The Paiute People*. Indian Tribal Series, Phoenix, 1972.
Goodwin, Grenville, *The Social Organization of the Western Apache*. University of Chicago Press, Chicago, 1942.
Hewett, Edgar Lee et Bertha P. Dutton, *The Pueblo Indian World*. University of New Mexico Press, Albuquerque, 1945.
Hoijer, Harry, *Chiricahua and Mescalero Apache Texts*. University of Chicago Press, Chicago, 1938.
James, Harry C., *The Hopi Indians*. The Caxton Press, Caldwell, Idaho, 1956.
Johnston, Bernice, *Speaking of Indians*. University of Arizona Press, Tucson, 1970.
Kluckhohn, Clyde et Dorothea Leighton, *The Navajo*. Doubleday and Co., Garden City, New York, 1962.
Lumholtz, Carl, *Unknown Mexico*. Charles Scribner's Sons, Mexico, 1902.
Lurie, Nancy O. et Stuart Levine ed., *The American Indian Today*. Everett/Edwards, Deland, Floride, 1968.
Matthews, Washington, *Navaho Legends*. American Folklore Society, New York, 1897.
Opler, Morris E., *Mescalero and Apache Texts*. Mémoires de l'American Folklore Society, vol. 31, New York, 1938.
Opler, Morris E., *An Apache Way of Life*. University of Chicago Press, Chicago, 1941.
Ortiz, Alfonso ed., *The Tewa World*. University of Chicago Press, Chicago, 1969.
Ortiz, Alfonso ed., *Handbook of North American Indians*, vol. 9 et 10, *Southwest*. Smithsonian Institution, Washington, 1979.
Parsons, Elsie Clews, *The Pueblo of Jemez*. Phillips Academy, Andover, Mass, 1925.
Reichard, Gladys A., *Navajo Religion*. Pantheon Books, New York, 1963.
Smith, Anne, *New Mexico Indians Today*. Muséum de New Mexico, Santa Fe, 1965.
Sonnichsen, C.L., *The Mescalero Apaches*. University of Oklahoma Press, Norman, Oklahoma, 1958.
Spicer, Edward, *Cycles of Conquest : The Impact of Spain, Mexico and the United States on the Indians of the Southwest*, 1533-1960. University of Arizona Press, Tucson, 1962.
Spier, Leslie, *Havasupai Ethnography*, American Museum Of Natural History, New York, 1928.
Underhill, Ruth M., *Singing for Power*. University of California Press, Berkeley, 1938.
Weawer, Thomas ed., *Indians of Arizona. A Contemporary Perspective*. University of Arizona Press, Tucson, 1974.
White, Leslie A., *The Pueblo of Santo Domingo, New Mexico*. Mémoires de l'American Anthropological Association, n° 43, 1935.

Les Plaines

Bell, W., *New Tracks in North America*. Londres, 1869.
Bourke, John G., *Mackenzie's Last Fight With The Cheyennes*. N.Y.H., Governors's Island, 1890 (réédité par The Old Army Press, Bellevue, Nebraska, 1970).
Brasser, Ted J., *The Tipi as an Element in the Emergence of Historic Plains Indian Nomadism*. Plain's Anthropologist, vol. 27, n° 98, Lincoln Nebraska, 1982.
Brasser, Ted J., *By the Power of their Dreams*, dans *The Spirit Sings*. McClelland et Stewart, Toronto, 1987.
Butler, W.F., *The Great Lone Land*. Sampson Low, Marston and Co, Londres, 1891.
Carver, Jonathan, *The Journals of Jonathan Carver, and related documents*, 1766-1770. Publié par John Parker. Minnesota Historical Society Press, St. Paul, Minnesota, 1976.
Catlin, George, *The North American Indians*, 2 vol., John Grant, Édimbourg, 1926.
Dempsey, Hugh A., *Crowfoot, Chief of the Blackfeet*. University of Oklahoma Press, Norman, Oklahoma, 1972.
Dodge, R. I., *Hunting Grounds of the Great West*. Chatto et Windus, Londres, 1876 (réédité en 1976).
Hassrick, Royal B., *The Sioux, Life and Customs of a Warrior Society*. University of Oklahoma Press, Norman, Oklahoma, 1964.
Hughes, Thomas, *History of Blue Earth County*, dans *Minnesota Historical Society Collections*, vol. XII, 1909.
Johnson, Barry C., « A Captain of Chivalric Courage » : *Thomas H. French, 7th Cavalery*. *The Brand Book*, vol. 25, nos 1 et 2. The English Westerner's Society, Londres, 1989.
Kroeber, Alfred L., *Cultural and Natural Areas of Native North America*. Publ. Amér. Archéol. et Ethnol. vol. 38. Université de Californie, 1939.
Laubin, Reginald et Gladys, *The Indian Tipi*. University of Oklahoma Press, Norman, Oklahoma, 1957.
Lavender, David, *The American West*. Penguin Books, Harmondsworth, Middlesex, 1965.
Lewis, Oscar, *The Effects of White Contact Upon Blackfoot Culture* (publication du centenaire de l'American Ethnological Society, 1842-1942). University of Washington Press, Seattle, 1942.
Mackenzie, Charles, *The Missouri Indians. A Narrative of Four Trading Expeditions to the Missouri*, 1804-1805-1806, dans Masson, vol. I, 1889.
Masson, L. R. ed., *Les Bourgeois de la Compagnie du Nord-Ouest*. vol.I, 1889.
McCann, Lloyd E., *The Grattan Massacre*. Repris de *Nebraska History*, vol. XXXVII, n° 1, mars 1956.
McDonald, J. Douglas, A. L. McDonald, Bill Tallbull et Ted Risingsun, *The Cheyenne Outbreak Revisited : The Employment f Archaeological Methodology in the Substantiation of Oral History*. Plains Anthropologist, vol. 34, n° 125 : 265-269. Lincoln, Nebraska, 1989.
Miles, N. A., *Personal Recollections and Observations of General Nelson A. Miles*. Chicago et New York, 1896.
Neihardt, John G., *Black Elk Speaks*. William Morrow, New York, 1932.
Nye, Wilbur Sturtevant, *Plains Indians Raiders*. University of Oklahoma Press, Norman, Oklahoma, 1968.
Pakes, Fraser J., *Making War Attractive*. *The Brand Book*, vol. 26, n° 2. English Westerners' Society, Londres, 1989.
Smith, DeCost, *Indian Experiences*. The Caxton Printers, Caldwell, Idaho, 1943.
Smith, Rex Alan, *Moon of Popping Trees : The Tragedy at Wounded Knee and the End of the Indian Wars*. University of Nebraska Press, Lincoln, 1975.
Swanton, John R., *The Indian Tribes of North America*. Bulletin n° 45 du Bureau of American Ethnology, Smithsonian Institution, Washington, 1952.
Taunton, Francis B., *Sufficient Reason* ? Édition spéciale de l'English Westerners' Society, n° 5, Londres, 1977.
Taunton, Francis B., *Custer's Field* : *« A Scene of Sickening Ghastly Horror »*. En collaboration avec Brian C. Pohanka. The Johnson-Taunton Military Press, Londres, 1986.
Taylor, Colin, *The Warriors of the Plains*. Hamlyn, Londres, 1975.
Taylor, Colin, *Ho, For The Great West* ! dans *The Silver Jubilee Publication* de l'English Westerners' Society, Londres, publié par Barry C. Johnson, 1980.
Taylor, Colin, *Crow Rendezvous : The Place of the River & Mountain Crow in the Material Culture Patterns of the Plateau & Central Plains circa* 1800-1807. American Indian Studies Series n° 1, English Westerners' Society, Londres, 1981.
Taylor, Colin, *Crow Rendezvous*, dans *Crow Indian Art*. Édité par D. et R. Lessard. Chandler Institute, Mission, S. Dakota, 1984.
Thompson, David, *David Thompson's Narrative of His Explorations in Western America*, 1784-1812. Édité par Joseph Burr Tyrell. The Champlain Society Publications, vol. 12, Toronto, 1916.
Utley, Robert M., *The Last Days of the Sioux Nation*. Yale University Press, New Haven, 1963.
Utley, Robert M., *Frontiersmen in Blue : The United States Army and the Indian*, 1848-1865. Macmillan, New York, 1967.
Utley, Robert M., *Bluecoats and Redskins : The United States Army and the Indian*, 1866-1891. Cassell, Londres, 1973.
Vestal, Stanley, *Warpath and Council Fire*. University of Oklahoma Press, Norman, Oklahoma, 1948.
Vestal, Stanley, *Sitting Bull, Champion of the Sioux*. University of Oklahoma Press, Norman, Oklahoma, 1957.
Wallace, Ernest et E. Adamson, Hoebel, *The Comanches : Lords of the South Plains*. University of Oklahoma Press, Norman, Oklahoma, 1952.
Wissler, Clark, *Decorative Art of the Sioux Indians*. American Museum of Natural History, vol. XVIII, New York, 1904.
Wissler, Clark et D.C. Duvall, *Mythology of the Blackfoot Indians*. American Museum of Natural History, vol. II, New York, 1908.

Le Plateau et le Grand Bassin

Brady, Cyrus Townsend, *Northwestern Fights and Fighters*. Doubleday, Page, New York, 1916.
Brown, Mark H., *The Flight of the Nez Perce : A History of the Nez Perce War*. Putnam's Sons, 1967.
D'Azevedo, Warren L. ed., *Great Basin*. Vol. 11 du *Handbook of North American Indians*. Washington, Smithsonian Institution, 1986.
De Smet, Pierre Jean, *Life, letters and Travels of Father Pierre-Jean De Smet*. Publié par Hiram M. Chittenden et Alfred T. Richardson. 4 vol. F. P. Harper, New York, 1905.
Ewers, John C., *The Horse in Blackfoot Indian Culture*. Bulletin n° 159 du Bureau of American Ethnology, Washington, Smithsonian Institution, 1955.
Fletcher, Robert S., 1930. The Spalding-Allen Indian Collection. Réédition de *The Oberlin Alumni Magazine*, Oberlin, Ohio.
Fowler, Catherine S., *Subsistence*, dans *Handbook of North American Indians*, vol. 11, *Great Basin* : 64-97. Publié par Warren L. d'Azevedo. Washington, Smithsonian Institution, 1986.
Garcia, Andew, *Tough Trip Through Paradise*. Publié par Bennett H. Stein. Abacus Sphere Books, Londres, 1977.
Harper, Kimball T., *Historical Environments*, dans *Handbook of North American Indian*, vol. 11, *Great Basin* : 51-63. Publié par Warren L. d'Azevedo. Washington, Smithsonian Institution, 1986.
Hultkrantz, Ake, *Shoshoni Indians on the Plains : An Appraisal of the Documentary Evidence*. Sonderdruck : Zeitschrift für Ethnologie, recueils 1 et 2, Braunschweig, 1968.
Hultkrantz, Ake, *The Peril of Visions : Changes of Vision Patterns Among the Wind River Shoshoni*, dans *History of Religions*, vol. 26, n° 1. University of Chicago Press, Chicago, 1986.
Lewis, Meriwether et William Clark, *The History of the Lewis and Clark Expedition*. Publié par Elliott Coues, 3 vol. Dover (réédition), New York, 1893.
Lowie, Robert H., *The Northern Shoshoni*. *Anthropological Papers*, vol. II, 2e partie. American Museum of Natural History, New York, 1909.
McWhorter, L.V., *Yellow Wolf : His Own Story*. Caxton Printers Ltd, Caldwell, Idaho, 1940.
Mooney, James, *The Gost-Danse Religion and the Sioux Outbreak of* 1890. 14e rapport annuel du Bureau of American Ethnology à la Smithsonian Institution, 1892-1893, Washington, Dover (réédition 1973), New York, 1896.
Thompson, David et Alexander Henry, *New Light on the Early History of the Greater Northwest. The Manuscript Journals of Alexander Henry and David Thompson*, 1799-1814. Publié par Elliott Coues, 3 vol., New York, 1897.
Ross, Alexander, *The Fur Hunters of the Far West : A Narrative of Adventure in the Oregon and Rocky Mountains*, 2 vol. Smith, Elder, Londres, 1855.
Shawley, Stephen Douglas, *Nez Perce Dress : A Study in Culture Change*. Université d'Idaho, 1974.
Spinden, Herbert Joseph, *The Nez Perce Indians*. *Mémoires de l'*American Anthropological Association, vol. II, 3e partie. Kraus Reprint Co. (1974), Millwood, New York, 1908.
Teit, James A., *The Salishan Tribes of the Western Plateaus*. Publié par Franz Boas. Extrait du 45e rapport annuel du Bureau of American Technology à la Smithsonian Institution, Washington, 1930.
Trenholm, Virginia Cole et Maurine Carley, *The Shoshonis : Sentinels of the Rockies*. University of Oklahoma Press, Norman, Oklahoma, 1964.
Wissler, Clark, *Material Culture of the Blackfoot Indians*. *Anthropological Papers de l'*American Museum of Natural History, vol. V, 1re partie, New York, 1910.
Wissler, Clark, *Costumes of the Plains Indians*. American Museum of Natural History, vol. XVII, New York, 1915.
Wood, C.E.S., *Chief Joseph, The Nez Perce*. *The Century Magazine*, VI, New York, 1884.

La Californie

Bannon, Francis ed., *Bolton and the Spanish Borderlands*. University of Oklahoma Press, Norman, Oklahoma, 1974.
Bolton, Herbert E. ed., *Historical Memoirs of New California by Fray Francisco Palou*. O.F.M., 4 vol. University of California Press, Berkeley, 1976.
Burnett, E.K., *Inlaid Stone and Bone Artifacts from Southern California*. Muséum des Indiens d'Amérique, Fondation Heye, New York, 1944.
Casebier, Dennis G., *The Battle at Camp Cady*. Dennis G. Casebier, Norco, Californie, 1972 a.
Casebier, Dennis G., *Carleton's Pah-Ute Campaign*. Dennis G. Casebier, Norco, Californie, 1972 b.
Chartkoff, Joseph L. et Kerry Kona Chartkoff, *The Archaeology of California*. Stanford University Press, Stanford, 1984.
Clark, Cora et Texa Bowen Williams, *Pomo Indian Myths*. Vantage Press, New York, 1954.
Cook, Sherburn F., *The Conflict Between the California Indians and White Civilization*. University of California Press, Berkeley, 1976 a.
Cook, Sherburn F., *The Population of California Indians*, 1769-1870. University of California Press, Berkeley, 1976 b.
Crampton, C. Gregory ed., *The Mariposa Indian War*, 1850-1851, *Diaries of Robert Eccleston : The California Gold Rush, Yosemite, High Sierra*. University of Utah Press, Salt Lake City, 1975.
Cullin, Stewart, *Games of the North American Indians*. Dover Publications, Inc., New York, 1975.
Davis, James T., *Trade Routes and Economic Exchange Among the Indians of California*. Ballena Press, Ramona, Californie, 1974.
Edwards, Malcom ed., *The California Diary of E. D. Townsend*. The Ward Ritchie Press, N.P., 1970.

Federal Writer's Project, *California : A Guide to the Golden State*. Mabel R. Gillis, New York, 1943.
Geiger, Maynard et Clement W. Meighan, *As the Padres Saw Them : California Indians Life and Customs as Reported by the Franciscan Missionaries*, 1813-1815. Santa Barbara Missions Archives, Santa Barbara, 1976.
Heizer, R.F. et M.A. Whipple Co. ed., *The California Indians : A Source Book*. Université de Californie, Berkeley, 1971.
Heizer, Robert F. ed., *The Destruction of the California Indians*. Peregrine Smith, Inc., Santa Barbara et Salt Lake City, 1974.
Heizer, Robert F. ed., *Handbook of North American Indians*. Vol. VIII, *California*. Smithsonian Institution, Washington, 1978.
Heizer, Robert F. et Adan E. Treganza, *Mines and Quarries of the Indians of California*. Ballena Press, Ramona, Californie, 1972.
Kroeber, A.L., *Handbook of the Indians of California*. California Book Company Ltd, Berkeley, 1970.
Lang, Kathryn M., *Golden Gate National Recreation Area : The Indian and Hispanic Heritage of a Modern Urban Park*. Golden Gate National Recreation Area, National Park Service, San Francisco, 1979.
Mason, Tufton, *Aboriginal American Indian Basketry*. Peregrine Smith, Inc., Santa Barbara, 1976.
Members of the Potomac Corral of the Westerners, *Great Western Indian Fights*. University of Nebraska Press, Lincoln, 1966.
Merrill, Ruth E., *Plants Used in Basketry by the Californian Indians*. Acoma Books, Ramona, Californie, 1980.
Reid, Hugo, *The Indians of Los Angeles County*. Éd. privée, Los Angeles, 1926.
Rolle, Andrew F. et John S. Gaines, *The Golden State : A History of California*. AHM Publishing Corporation, Arlington Heights, IL, 1979.
Thompson, Erwin N., *Modoc War : Its Military History & Topography*. Argus Books, Sacramento, 1971.
Tuska, Jon et Vicki Pierkaski, *Encyclopedia of Frontier and Western Fiction*. McGraw-Hill, New York, 1983.
Utley, Robert M., *The Indian Frontier of the American West 1846-1890*. University of New Mexico Press, Albuquerque, 1984.
Wax, Murray L., *Indian Americans Unity and Diversity*. Prentice-Hall, Englewood Cliffs, NJ., 1971.
Webb, Edith Buckland, *Indian Life in the Old Missions*. Warren F. Lewis, Los Angeles, 1952.
Wissler, Clark, *Indians of the United States*. Anchor Books, Garden City, New York, 1966.

La côte Nord-Ouest

Brown, Steve, *From Taquan to Klukwan : Tracing the World of an Early Tlingit Master Artist*, p. 173, dans Peter L. Corey ed., *Faces, Voices and Dreams : A Celebration of the Centennial of the Sheldon Jackson Museum*. Division Alaska State Museums et Friends of the Alaska State Museum, Seattle, 1987.
Carlson, Roy L. ed., *Indian Art Traditions of the Northwest Coast*. Simon Fraser University Archeology Press, Burnaby, 1976.
Cole, Douglas, *Captured Heritage : The Scramble for Northwest Coast Artifacts*. Douglas et McIntyre, Vancouver, 1985.
Cole, Douglas et Ira Chaikin, *An Iron Hand Upon the People : The Law against the Potlatch on the Northwest Coast*. Douglas et McIntyre, Vancouver, 1990.
Cook, Warren L., *Flood Tide of Empire : Spain and the Pacific Northwest*, 1543-1819. Yale University Press, New Haven, 1973.
Duff, Wilson, *The Indian History of British Columbia*, vol. I : *The Impact of the White Man*. *Anthropology in British Columbia*, mémoire n° 5. Muséum provincial de Colombie britannique, Victoria, 1964.
Duff, Wilson, *Images : Stone B.C. : Thirty Centuries of Northwest Coast Indian Sculpture*. University of Washington Press, Seattle, 1975.
Fisher, Robin, *Contact and Conflict : Indian-European Relations in British Columbia*, 1774-1890. University of British Columbia Press, Vancouver, 1977.
Fisher, Robin. Missions chez les Indiens de Colombie britannique, dans John Veillette et Gary White : *Early Indian Village Churches. Wooden Frontier Architecture in British Columbia* : 1-11. University of British Columbia Press, Vancouver, 1977.
Fladmark, Knut, *British Columbia Prehistory*. Musée de l'homme, Ottawa, 1986.
Gunther, Erna, *Indian Life on the Northwest Coast of North America as seen by the Early Explorers and Fur Traders during the Last Decades of the Eighteenth Century*. University of Chicago Press, Chicago, 1972.
Gustafson, Paula, *Salish Weaving*. Douglas et McIntyre, Vancouver, 1980.
Halliday, W. M., *Potlatch and Totem and the Recollections of an Indian Agent*. J. M. Dent, Toronto, 1935.
Hinckley, Ted C., *Alaskan John G. Brady : Missionary, Businessman, Judge and Governor*, 1878-1918. Université de l'Ohio, 1982.
Holm, Bill, *Northwest Coast Indian Art : An Analys of Form*. University of Washington Press, Seattle, 1965.
Holm, Bill, *Smoky-Top : The Art and Times of Willie Seaweed*. University of Washington Press, Seattle, 1983.
Holm, Bill, *Spirit and Ancestor : A Century of Northwest Coast Indian Art at the Burke Museum*. Burke Museum et University of Washington Press, 1987.
Holmberg, Heinrich Johan, *Holmberg's Ethnographic Sketches*, publié par Marwin W. Falk et traduit par Fritz Jaensch. University of Alaska Press, Fairbanks, Alaska, 1985.
Hou, Charles, *To Potlatch or Not to Potlatch : An In-Depth Study of Culture-Conflict Between the B.C. Coastal Indian and the White Man*. British Columbia Teacher's Federation, Vancouver, non daté.
Jackson, Sheldon, *Alaska and Missions on the North Pacific Coast*. Dodd, Mead, New York.
Jonaitis, Aldona, *Art of the Northern Tlingit*. University of Washington Press, Seattle, 1986.
Knight, Rolf, *Indians At Work : An Informal History of Native Indian Labour in British Columbia*, 1858-1930. New Star Books, Vancouver, 1978.
Laguna, Frederica de, *Under Mt. Saint Alias*. U.S. Government Printing Office, Washington, 1972.
LaViolette, Forrest E., *The Struggle for Survival : Indian Cultures and the Protestant Ethic in British Columbia*. University of Toronto Press, Toronto, 1973.
Lobb, Allan, *Indian Baskets of the Pacific Northwest and Alaska*. Graphic Arts Center Publishing Company, Portland, 1990.
MacDonald, George F. et Richard I. Inglis, *The Dig : An Archeological Reconstruction of a West Coast Village*. Musée de l'Homme, Ottawa, 1976.
Macnair, Peter L. et col., *The Legacy : Tradition and Innovation in Northwest Coast Indian Art*. Douglas et McIntyre, Vancouver, 1984.
Samuel, Cheryl, *The Chilkat Dancing Blanket*. Pacific Search Press, Seattle, 1982.
Sewid-Smith, Daisy, *Prosecution or Persecution*. Nu-Yum-Baleess Society, 1979.
Stewart, Hilary, *Artifacts of the Northwest Coast*. Hancock House Publishers, Vancouver, 1973.
Stewart, Hilary, *Indian Fishing : Early Methods on the Northwest Coast*. Douglas et McIntyre, 1977.
Stewart, Hilary, *Looking at Indian Art of the Northwest Coast*. University of Washington Press, Seattle, 1979.
Stewart, Hilary, *Cedar : Tree of Life to the Northwest Coast Indians*. Douglas et McIntyre, Vancouver, 1984.
Tennant, Paul, *Aboriginal Peoples and Politics : The Indian Land Question in British Columbia*, 1849-1989. University of British Columbia Press, Vancouver, 1990.
Vaughan, Thomas et Bill Holm, *Soft Gold : The Fur Trade and Cultural Exchange on the Northwest Coast*. Oregon Historical Society, Portland, 1982.
Wyatt, Victoria, *Shapes of Their Thoughts : Reflections of Culture Contact on the Northwest Coast*. Yale Peabody Museum of Natural History et University of Oklahoma Press, New Haven, 1984.
Wyatt, Victoria, *Alaskan Indian Wage Earners in the 19th Century : Economic Choices and Ethnic Identity of Southeast Alaska's Frontier*, dans *Pacific Northwest Quaterly* 78 (1-2) : 43-49.

La région subarctique

Boudreau, Norman J. ed., *The Athapaskans : Strangers of the North*. Musée de l'Homme, Ottawa, 1974.
Bourque, Jim, *This Land Is Our Life*. Government of the Northwest Territories, Yellowknife, NWT, 1986.
Brasser, Ted J., *Bo'jou, Neejee !* Musée de l'Homme, Ottawa, 1976.
Brody, Hugh, *Hunters and Bombers*. Dans *The Independent*, 30 juin 1990.
Cameron, Agnes D., *The New North*. Appleton and Co, New York, 1912.
Cory, Harper, *Grey Owl and the Beaver*. Thomas Nelson, 1935.
Dickason, Olive Patricia, *Indian Arts in Canada*. Département des Affaires indiennes, Ottawa, 1972.
Dickson, Lovat, *Wilderness Man : The Strange Story of Grey Owl*. Macmillan, Toronto, 1973.
Duncan, Kate C., *Northern Athapaskan Art : A Beadwork Tradition*. University of Washington Press, Seattle, 1989.
Duncan, Kate C. et Eunice Carney, *A Special Gift : The Kutchin Beadwork Tradition*. University of Washington Press, Seattle, 1988.
Godsell, Philip H., *Arctic Trader*. Putnam, Londres, 1935.
Godsell, Philip H., *Red Hunters of the Snows*. Robert Hale, Londres, 1938
Grey Owl (Wa-Sha-Quon-Asin), *Pilgrims of the Wild*. Lovat Dikson, Londres, 1935.
Hail, Barbara A. et Kate C. Duncan, *Out of the North : The Subarctic Collection of the Haffenreffer Museum of Anthropology*. Brown University, Bristol, Rhode Island, 1989.
Hatt Gundmund, *Arctic Skin Clothing in Eurasia and America : An Ethnographic Study*. *Arctic Anthropology*, vol. V, n° 2. University of Wisconsin Press, 1969.
Hearne, Samuel, *A Journey from Prince of Wale's Fort in Hudson's Bay to the Northern Ocean in the Years 1769, 1770, 1771 and 1772*. Publié par R. Clover. Macmillan, Toronto, 1958.
Helm, June ed., *Subarctic*. Vol. 6 de *Handbook of North American Indians*. Smithsonian Institution, Washington, 1981.
Honigmann, John J., *Expressive Aspects of Subarctic Indian Culture*, dans *Handbook of North American Indians*, vol. 6, *Subarctic* : 718-738. Publié par June Helm. Smithsonian Institution, Washington, 1981.
Hosley, Edward H., *Intercultural Relations and Cultural Change in the Alaska Plateau*, dans *The Handbook of the North American Indians*, vol. 6, *Subarctic* : 546-555. Publié par June Helm. Smithsonian Institution, Washington, 1981.
Hubbard, Mrs Leonidas, Junior, *A Woman's Way Through Unknown Labrador*. John Murray, Londres, 1908.
Irving, Susan et col., *Trapline Lifeline/ Sur la piste des trappeurs*. Prince of Wales Northern Heritage Centre. Northwest Territories Culture and Communications, 1985.
Kerr, Robert, Pour le Royal Scottish Museum, dans *The Beaver : A Magazine of the North*. Juin 1953. Hudson's Bay Company, Winnipeg, 1953.
Murray, Alexander Hunter, *Journal of the Yukon*, 1847-1848. Publié et annoté par L.J. Burpee. *Publications of the Canadian Archives*, n° 4. Government Printing Bureau, Ottawa, 1910.
Orchard, William C., *The Technique of Porcupine Quill Decoration Among the Indians of North America*. Muséum des Indiens d'Amérique, Fondation Heye, New York, 1916 (rééd. 1971).
Rogers, Edwards S. et Eleanor Leacock, *Montagnais-Naskapi*, dans *Handbook of the American Indians*, vol. 6, *Subarctic* : 169-189. Publié par June Helm, Smithsonian Institution, Washington, 1981.
Rogers, Edwards S. et James G. E. Smith, *Environment and Culture in the Shield and Mackenzie Borderlands*, dans *Handbook of the American Indians*, vol. 6, *Subarctic* : 130-145. Publié par June Helm, Smithsonian Institution, Washington, 1981.
Skinner, Alanson, *Notes on the Eastern Cree and Northern Saulteaux*. Publié par Clark Wissler. *Anthropological Papers of the American Museum of Natural History*, vol. IX (1912), New York, 1911
Smith, Donald B., *From the Land of Shadows : The Making of Grey Owl*. Western Producer Prairie Book, Saskatoon, Saskatchewan, 1990.
Smith, James G.E., *Economic Uncertainty in an « Original Affluent Society » : Caribou and Caribou Eater Chipewyan Adaptive Strategies*. *Arctic Anthropology*, vol. XV, n° 1, University of Wisconsin Press, 1978.
Smith, James G.E, *Chipewyan*, dans *Handbook of North American Indians*, vol. 6, *Subarctic* : 271-284. Publié par June Helm, Smithsonian Institution, Washington 1981.
Speck, Frank G., *Central Eskimo and Indian Dot Ornamentation*. *Indian Notes*, vol. 2, n° 3. Muséum des Indiens d'Amérique, Fondation Heye, New York, 1925.
Speck, Frank G., *Mistassini Notes*. *Indian Notes*, vol. 7, n° 4. Muséum des Indiens d'Amérique, Fondation Heye, New York, 1930.
Speyer, Arthur, *Indianer Nordamerikas* 1760-1860. Deutschen Ledermuseum-Deutsches Schuhmuseum, Offenbach, 1968.
Thompson, Judy, *Turn-of-the-Century Metis Decorative Art from the Frederick Bell Collection*, dans *American Indian Art*, automne 1983, Scottsdale, Arizona, 1983.
Thompson, Judy, *No Little Variety of Ornament : Northern Athapaskan Artistic Traditions*, dans *The Spirit Sings*. McClelland et Stewart, Toronto, 1987.
Turner, Geoffrey, *Hair Embroidery in Siberia and North America*. Pitt Rivers Museum, Université d'Oxford, 1955.
VanStone, James W., *Athapaskan Clothing and Related Objects in the Collections of the Field Museum of Natural History*. *Fieldiana Anthropology*, n° 4, Field Museum, Chicago, 1981.
Webber, Alika Podolinsky, *Ceremonial Robes of the Montagnais-Naskapi*, dans *American Indian Art*, hiver 1983, Scottsdale, Arizona, 1983.
Webber, Alika Podolinsky, *North American and Eskimo Footwear : A Typology and Glossary*. The Bata Shoe Museum Foundation, Toronto, 1989.

L'Arctique

Bergsland, Knut et Moses L. Dirks ed., *Aleut Tales and Narratives Collected by W. Jochelson*. Alaska Native Language Center, Fairbanks, Alaska, 1990.
Black, Lydia T., *Early History*, dans *Alaska Geographic*, Morgan, Laed ed., *The Aleutians*, vol. 7 (3) : 82-105. 1980.
Black, Lydia T., *Some Problems in the Interpretation of Aleut Prehistory*. *Arctic Anthropology*, vol. 20 (1) : 49-78 1983.
Black, Lydia T., *Atka : An Ethnohistory of the Western Aleutians*. The Limestone Press, Kingstone, Ontario, 1984.
Black, Lydia T., *The Story of Russian America*, dans *Crossroads of Continents : Cultures of Siberia and Alaska*, Fitzhugh, William W. et Aron Crowell. Smithsonian Institution Press : 70-82. Washington, 1988.
Black, Lydia T. et R.G. Liapunova, *Aleut : Islanders of the North Pacific*, dans *Crossroads of Continents : Cultures of Siberia and Alaska*, Fitzhugh, William W. et Aron Crowell. Smithsonian Institution Press : 52-57, Washington, 1988.
Brody, Hugh, *Living Arctic : Hunters of the Canadian North*. Douglas et McIntyre, Vancouver, 1987.
Chaussonnet, Valerie, *Needles and Animals : Women's Magic*, dans *Crossroads of Continents : Cultures of Siberia and Alaska*, Fitzhugh, William W. et Aron Crowell. Smithsonian Institution Press : 209-226, Washington, 1988.
Collins, Henry B. jr, *The Islands and their People*, dans *The Aleutian Islands : Their People and Natural History*, Collins, Henry B. jr, Austin B. Clark et Egbert H. Walker. Smithsonian Institution Press, Washington, 1945.
Colombo, John Robert ed., *Poems of the Inuit*. Oberon, Ottawa, 1981.
Comer, George, *Whaling in Hudson's Bay, with Notes on Southampton Island*, dans *Boas Anniversary Volume : Anthropological Papers Written in Honor of Franz Boas*. G.E. Stewart : 475-434. New York, 1906.
Damas, David, *Igluligmiut Kinship and Local Groupings : A Structural Approach*. *Anthropological Series* 64, bulletin n° 196 du Muséum national du Canada, 1963.
Dumond, Don E., *Prehistory : Summary*, dans *Handbook of North American Indians* vol. 5, *Arctic* : 72-79. Publié par David Damas. Smithsonian Institution, Washington, 1984.
Dyson, George, *Baidarka*. Alaska Northwest Publishing Company, Edmonds, Washington, 1986.
Eber, Dorothy H., *When Whalers were up North : Inuit Memories from the Eastern Arctic*. McGill-Queen's University Press, Kingston, Ontario, 1989.
Fienup-Riordan, Ann, *Eye of the Dance : Spiritual Life of the Bering Sea Eskimo*, dans *Crossroads of Continents : Cultures of Siberia and Alaska*, Fitzhugh William W. et Aron Crowell. Smithsonian Institution Press : 256-270. Washington, 1988.
Fitzhugh, William W. et Susan A. Kaplan, *Inua : Spirit World of the Bering Sea Eskimo*. Smithsonian Institution Press, Washington, 1982.
Freuchen, Peter, *Peter Freuchen's Book of the Eskimos*. The World Publishing Company, Cleveland, Ohio, 1961.
Guemple D. Lee, *Inuit Spouse Exchange*. Département Anthropologie, Université de Chicago, 1961.
Hansen, Craig A., *Exploration and Development*, dans *Alaska Geographic Islands of the Seals : The Pribilofs*, vol. 9 (3) : 75-85, Henning, Robert A. ed., 1982.
Heath, John D., *Baidarka Bow Variations*, dans *Faces, Voices and Dreams : A Celebration of the Centennial of the Sheldon Jackson Museum*, Corey, Peter L. Division des musées d'État d'Alaska : 93-96. Juneau, Alaska, 1987.
Houston, James, *Songs of the Dream People : Chants and Images from the Indians and Eskimos of North America*. Longman Canada, Ltd, Toronto, 1972.
Hudson, Raymond L., *Designs in Aleut Basketry*, dans *Faces, Voices and Dreams : A celebration of the Centennial of the Sheldon Jackson Museum*, Corey. Peter L. Division des musées d'État d'Alaska : 63-92. Juneau, Alaska, 1987.

Hughes, Charles C., *Siberian Eskimo*, dans *Handbook of North American Indians*, vol. 5, *Arctic* : 247-261. Publié par David Damas. Smithsonian Institution, Washington, 1984.
Jochelson, Waldemar, *Histoire, Ethnologie et anthropologie des Aléoutes*. Publications d'Anthropologie, Oosterhout, Pays-Bas, 1968.
Kan, Sergei, *The Russian Orthodox Church in Alaska*, dans *Handbook of the North American Indians*, vol. 4, *History of Indian-White Relations* : 506-521. Publié par Wilcomb E. Washburn. Smithsonian Institution, Washington, 1988.
Krauss, Michael E., *Many Tongues-Ancient Tales*, dans *Crossroads of Continents : Cultures of Siberia and Alaska*, Fitzhugh, William W. et Aron Crowell. Smithsonian Institution Press : 145-150. Washington, 1988.
Lantis, Margaret, *The Aleut Social System* 1750-1810, *Early Historical Sources*, dans *Ethnohistory in Southwestern Alaska and the Southern Yukon : Method and Content*. University Press of Kentucky, Lexington, 1970.
Lantis, Margaret, *Aleut*, dans *Handbook of North American Indians*, vol. 5, *Arctic* : 161-184. Publié par David Damas. Smithsonian Institution, Washington, 1984.
Laughlin, William S., *Aleuts : Survivors of the Bering Land Bridge*. Holt, Rinehart et Winston, New York, 1980.
Lyon, George F., *The Private Journal of Captain G.F. Lyon, of* H.M.S. *Hecla, during the recent voyage of discovery under Captain Parry*. John Murray, Londres, 1824.
Mary-Rousselière, Guy, *Issingut : The Starvation Camp*. *Eskimo*, vol.33 (décembre) : 9-13. 1954.
Mary-Rousselière, Guy, *Iglulik*, dans *Handbook of North American Indians*, vol. 5, *Arctic* : 431-446. Publié par David Damas. Smithsonian Institution, Washington, 1984.
Mather, Elsie, *Cauyarnariuq*. Lower Kuskokwim School District Bilingual-Bicultural Department, Bethel, Alaska, 1985.
Mathiassen, Therkel, *Culture matérielle des Esquimaux Iglulik*s : *Rapport de la Cinquième Expédition* 1921-1924, vol. 6 (1). Gyldendanske Boghandel, Copenhague, 1985.
McCartney, Allen P., *Prehistory of the Aleutian Region*, dans *Handbook of the North American Indians*, vol. 5, *Arctic* : 119-135. Publié par David Damas. Smithsonian Institution, Washington, 1984.
Merck, Carl Heinrich, *Siberia and Northwestern America* 1788-1792 : *The Journal of Carl Heinrich Merck, Naturalist with the Russian Scientific Expedition led by Captains Joseph Billings and Gavrill Sarychev*. The Limestone Press, Kingston, Ontario, 1980.
Michael, Henry N. ed., *Lieutenant Zagoskin's Travels in Russian America*, 1842-1844 : *The First Ethnographic and Geographic Investigations on the Yukon and Kuskokwim Valleys of Alaska*. *Anthropology of the North : Translations from Russian Sources* 7. Édité par University of Toronto Press, Toronto, pour l'Arctic Institute of North America, 1967.
Morgan, Lael ed., *Alaska Geographic - The Aleutians*, vol. 7 (3). 1980.
Morrow, Phyllis, *It is Time for Drumming* : *A Study of Recent Research on Yup'ik Ceremonialism*. *Etudes/Inuit/Studies*, vol. 8 : 113-140. 1984.
Nelson, Edward W., *The Eskimo about Bering Strait*. Smithsonian Institution Press, Washington, 1899.
Netsvetov, Iakov, *The Journals of Iakov Netsvetov : The Atkha Years*, 1828-1844. The Limestone Press, Kingston, Ontario, 1980.
Parry, William E., *Journal of a second voyage for the discovery of a Northwest Passage from the Atlantic to the Pacific : Performed in the years* 1921-1922-1923, *in his Majesty's Ships Fury and Hecla, under the orders of Captain William Edward Parry*, R.N., F.R.S., *and Commander of the Expedition*. John Murray, Londres, 1824.
Pierce, Richard A., *Russian and Soviet Eskimo Policies*, dans *Handbook of North American Indians*, vol. 4, *History of Indian-White Relations* : 119-127. Publié par Wilcomb E. Washburn. Smithsonian Institution, Washington, 1988.
Rasmussen, *Culture intellectuelle des Esquimaux Igluliks : Rapport de la Cinquième Expédition*, 1921-1924, vol. 7 (1). Gyldendanske Boghandel, Copenhague, 1929.
Robert-Lamblin, Joelle, *Women's Role and Power Within Traditional Aleut Society*. *Folk*, vol. 24 : 197-202. 1982.
Ross, W. Gillies, *Whaling and Eskimos : Hudson Bay* 1860-1915. Publications dans *Ethnology* n° 10. Muséum national du Canada, Ottawa, 1975.
Shalkop, Antoinette, *The Russian Orthodox Church in Alaska*, dans *Russia's American Colony*, Starr, S. Frederick ed. Duke University Press : 196-217. Durham, Caroline du Nord, 1987.
Stager, John K. et Robert J. McSkimming, *Physical Environment*, dans *Handbook of North American Indians*, vol. 5, *Arctic* : 27-35. Publié par David Damas. Smithsonian Institution, Washington, 1984.
Stefansson, Viljhalmur, *Not by Bread Alone*. MacMillan, New York, 1946.
Steller, Georg Wilhelm, *Journal of a Voyage with Bering*, 1741-1742. Stanford University Press, Stanford, Californie, 1988.
Tennant, Edward A. et Joseph N. Bitar ed., *Yupik Lore : Oral Traditions of an Eskimo People*. Lower Kuskokwim School District, Bethel, Alaska.
Turner, Christy G. II, *Ancient People of the North Pacific Rim*, dans *Crossroads of Continents : Cultures of Siberia and Alaska*, Fitzhugh, William W. et Aron Crowell : 111-116. Smithsonian Institution, Washington, 1988.
VanStone, James W., *Eskimos of the Nushagak River : An Ethnographic History*. University of Washington Press, Seattle, Washington, 1967.
VanStone, James W., *Mainland Southwest Alaska Eskimo*, dans *Handbook of North American Indians*, vol. 5, *Arctic* 224-242. Publié par David Damas. Smithsonian Institution, Washington, 1984.
Veniaminov, Ivan, *Notes on the Islands of the Unalaska District*. The Limestone Press, Kingstone, Ontario, 1984.
Woodbury, Anthony C. ed., *Cev'armiut Qanemciit Qulirait-llu : Eskimo Narratives and Tales from Chevak, Alaska*. Alaska Native Language Center, Fairbanks, Alaska, 1984.
Woodbury, Anthony C., *Eskimo and Aleut Languages*, dans *Handbook of North American Indians*, vol. 5, *Arctic* 49-65. Publié par David Damas. Smithsonian Institution, Washington, 1984.
Yesner, David R., *Effects of Prehistoric Human Exploitation on Aleutian Sea Mammal Populations*. *Arctic Anthropology*, vol. 25 (1) : 28-43. 1988.
Zimmerly, David W., *Qajaq : Kayaks of Siberia and Alaska*. Division des musées d'État, Juneau, Alaska, 1986.

Le Nord-Est

Adney, Edwin Tappan et Howard I. Chapelle, *The Bark Canoes and Skin Boats of North America*. Muséum d'Histoire et de technologie. Smithsonian Institution, Washington, 1964.
Bedford, June et col., *Mohawk Micmac Maliseet... and another Indian Souvenir Art from Victorian Canada*. Canada House Cultural Centre Gallery, Londres, 1985.
Bishop, Morris, *Champlain : The Life of Fortitude*. MacDonald, Londres, 1949.
Bock, Philip K., *Micmac*, dans *Handbook of North American Indians*, vol. 15, *Northeast* : 109-122. Publié par Bruce G. Trigger. Smithsonian Institution, Washington, 1978.
Brotherston, Gordon, *Image of the New World : The American Continent Portrayed in Native Texts*. Thames et Hudson, Londres, 1979.
Butler, Eva L., et Wendell S. Hadlock, *Uses of Birch-Bark in the Northeast*. The Robert Abbe Museum, Bar Harbor, Maine, 1957.
Catlin, Geo, *Letters and Notes on the Manners, Customs and Condition of the North American Indians*, 2 vol. Egyptian Hall, Piccadilly, Londres, 1841.
Cleland, Charles E., *Art of the Great Lakes Indians*. Flint Institute of Arts, Flint, Michigan, 1973.
Densmore, Frances, *Chippewa Music*, parties I et II. Bulletins n°s 45 et 53 du Bureau of American Ethnology. Smithsonian Institution, Washington, 1910 et 1913.
Densmore, Frances, *Chippewa Customs*. Bulletin n° 86 du Bureau of American Ethnology. Smithsonian Institution, Washington, 1929.
Fenton, William N., *Northern Iroquoian Culture Patterns*, dans *Handbook of the North American Indians*, vol. 15, *Northeast* : 296-321. Publié par Bruce G. Trigger. Smithsonian Institution, Washington, 1978.
Hilger, Sister M. Inez, *Chippewa Child Life and its Cultural Background*. Bulletin n° 146 du Bureau of American Ethnology. Smithsonian Institution, Washington, 1951.
Hodge, Frederick Webb ed., *Handbook of American Indians North of Mexico*, 2 vol. Bulletin n° 30 du Bureau of American Ethnology. Smithsonian Institution, Washington, 1907-1910.
Hodge, G. Stuart, *Art of the Great Lakes Indians* (avant-propos). Flint Institute of Art, Flint, Michigan, 1973.
Hoffman, Walter J., *The Midewiwin or « Grand Medicine Society » of the Ojibwa*. 7e rapport annuel du Bureau of American Ethnology pour les années 1885-1886, Washington, 1891.
J.R. = Thwaites, Reuben G. ed., *The Jesuit Relations and Allied Documents : Travel and Explorations of the Jesuit Missionaries in New France*, 1610-1791, 73 vol. Burrows Brothers, Cleveland, 1896-1901 (réédité par Pageant, New York, 1959).
Kenton, Edna ed., *Black Gown and Redskins : The Adventures and explorations of the first missionaries among the North American Indians*. Longmans, Green, Londres, New York et Toronto, 1954.
King, J. C. H., *Thunderbird and Lightning*. British Museum Publications Ltd, Londres, 1982.
Lyford, Carrie A., *Iroquois Crafts*. United States Indian Service, Haskell Institute, Lawrence, Kansas, 1945.
Lyford, Carrie A., *Ojibwa Crafts*. Bureau des Affaires Indiennes, Haskell Institute, Lawrence, Kansas, 1953.
Mallery, Garrick, *Picture Writing of the American Indians*, 2 vols. 10e rapport annuel du Bureau of American Ethnology. Government Printing Office, Washington, 1893.
Palmer, Rose A., *The North American Indians : An Account of the American Indians North of Mexico, Compiled from the Original Sources*. Vol. 4 de la collection de la Smithsonian Institution. Publié par Charles Abbot. The Series Publishers, New York, 1949.
Parkman, Francis, *La Salle and the Discovery of the Great West*. Little, Brown, Boston, 1883.
Pelletier, Gaby ed., *Micmac et Maliseet Decorative Traditions*. The New Brunswick Museum, Saint John, NB., 1977.
Phillips, Ruth B., *Souvenirs from North America : The Miniature as Image of Woodlands Indian Life*, dans *American Indian Art*, vol. 14, n° 2. Scottsdale, Arizona, 1989.
Pohrt, Richard A., *Pipe Tomahawks from Michigan and the Great Lakes Area*, dans *Bulletin of the Detroit Institute of Arts*, vol. 62, n° 1. Detroit, Michigan, 1986.
Quimby, George Irving, *Indian Life in the Upper Great Lakes* : 11 000 B.C. *to* A.D. 1 800. University of Chicago Press, Chicago, 1960.
Ritzenthaler, Robert E., *The Potawatomi Indians of Wisconsin*. *Milwaukee Public Museum Bulletin*, vol. 19, n° 3. Milwaukee, Wisconsin, 1953.
Ritzenthaler, Robert E., *Southwestern Chippewa*, dans *Handbook of North American Indians*, vol. 15, *Northeast* : 743-759. Publié par Bruce G. Trigger. Smithsonian Institution, Washington, 1978.
Ritzenthaler, Robert E. et Frederick A. Peterson, *The Mexican Kickapoo Indians*. *Milwaukee Public Museum Publications in Anthropology*, n° 2. Milwaukee, Wisconsin, 1956.
Ryden, Stig, *A 17-Century Indian Head Dress from Delaware*. *Ethnos* 2-4. Musée d'Ethnologie suédois, Stockholm, 1963.
Speck, Frank Gouldsmith, *The Iroquois : A Study in Cultural Evolution*. *Cranbrook Institute of Science, Bulletin n°* 23. Bloomfield Hills, Michigan, 1945.
Strong, William Duncan, *The Indian Tribes of the Chicago Region*. Field Museum of Natural History, Anthropologie, feuillet n° 24, Chicago, 1938.
Tooker, Elisabeth, *The League of the Iroquois : Its History, Politics and Ritual*, dans *Handbook of North American Indians*, vol. 15, *Northeast* : 418-441. Publié par Bruce G. Trigger. Smithsonian Institution, Washington, 1978.
Trigger, Bruce G., *The Huron : Farmers of the North*. Holt, Rinehart et Winston, New York, 1969.
Trigger, Bruce G., ed., *Northeast*, dans *Handbook of North American Indians*, vol. 15. Smithsonian Institution, Washington, 1978.
Turner, Geoffrey, *Hair Embroidery in Siberia and North America*. Pitt Rivers Museum, University Press, Oxford, 1955.
Webber, Alika, *Wigwamatew : Old Birch Bark Containers*, dans *American Indian Art*, vol. 4, n° 1. Scottsdale, Arizona, 1978.
Whitehead, Ruth Holmes, *Micmac Quillwork*. The Nova Scotia Museum, Halifax, 1982.

Ouvrages disponibles en français

Assiniwi, B., *Anish-nah-be, Contes adultes du pays algonkin*. Lemeac, Montréal, 1973.
Bancroft-Hunt, Norman et Werner Forman, *Les Peuples du Totem*. Éd. Atlas, Paris, 1979.
Carter, F., *Pleure Geronimo*. Stock, Paris, 1980.
Cochise, N., *Les Cent Premières Années de Nino Cochise*. Le Seuil, Paris, 1973.
Dee, B., *Enterre mon coeur à Wounded Knee*. Stock, Paris, 1973.
Deloria jr. V. et W.C. Sturtevant, *L'Univers de l'Indien d'Amérique*, National Geographic Society et Flammarion, 1974, 1979.
Farb, P., *Les Indiens, essai sur l'évolution des sociétés humaines*. Le Seuil, Paris, 1972.
Gates, Th., *La Colonisation du Kansas*, thèse. Paris, 1972.
Geronimo, *Mémoires*. Éd. Maspéro, Paris, 1972.
Lévi-Strauss, C., *Mythologies* (IV), *L'Homme nu*. Plon, Paris, 1971.
Mauss, M., *Essais de sociologie*. Le Seuil (coll. « Points »), Paris, 1971.
Page, Thomas, *Les Indiens d'Amérique du Nord*. Éd. Minerva, Genève, 1979.
Sapa, Héhaka, *Les Rites secrets des Indiens Sioux*. Payot, rééd. P.B.P., 1975.
Sebag, L., *L'Invention du monde chez les Indiens Pueblos*. Éd. Maspéro, 1971.
Snow, D., *Les Indiens d'Amérique, préhistoire et archéologie*, Éd. de la Courtille, Paris, 1977.
Talayesva, don C., *Soleil Hopi*. Plon, Paris, 1969.
Tassé, G. et S. Dewadney, *Relevés et travaux récents sur l'art rupestre amérindien*. Laboratoire d'archéologie de l'Université de Québec, Montréal, 1977.
Waters, F., *Le Livre de Hopi* (*Mythes et Rites*). Payot, Paris, 1978.

INDEX

Les numéros de pages en gras renvoient aux illustrations. Les notes importantes sont mentionnées (ex. : 127n24).

A

B

C

D

T

U

V

W

Y

Z